Seitenweise

Was das Buch ist

Seitenweise

Was das Buch ist

Herausgegeben von Thomas Eder,
Samo Kobenter und Peter Plener

Edition Atelier, Wien 2010
Lizenzausgabe mit freundlicher Genehmigung
des Bundespressedienstes der Republik Österreich
Grafisches Konzept und Satz: Amt 7 (Waldegg | Békési)
Schriften: Linotype Sabon, Berthold Akzidenz-Grotesk
Papier: Munken Pure 90 g
Druck: Ferdinand Berger & Söhne Ges.m.b.H. (Horn)
ISBN 978-3-902498-33-5

Inhalt

Notwendige Begleitung

Mit Verlust ist zu rechnen

Lektüre, Umgang & Handhabung

Bibliothek, Kartei & Sammlung

Ausrichtungen

Anhang

*Die Beiträge von David Axmann, Gerhard Ruiss und Daniela Strigl wurden
auf Wunsch der VerfasserInnen in alter Rechtschreibung belassen.*

Vorwort

Der vorliegende Sammelband widmet sich der Frage, was das Buch an sich ist. Es geht weniger um historische Entwicklungen des Mediums, worüber andernorts längst sich sehr kundige Auskunft einholen lässt, als vielmehr um die Beschaffenheit und insgesamt Charakteristik des Gegenstands. »Was ist das Buch?« könnte sich ironisch gewendet sogar als Aufgabe einer speziellen Metaphysik verstehen – doch von ontologischen Ansätzen heruntergebrochen geht es mit den hier versammelten Beiträgen zunächst so simpel wie komplex darum, über das gedruckte Buch, Grundlage der »Buchkünste und -wissenschaften« im weitesten Sinn, zu reflektieren. Zweifellos stellt es das zentrale Instrument vergangener Jahrhunderte für Bildung, Kunst, Wissenschaft, Politik, Religion, Propaganda dar – und nicht zuletzt bereitet es Vergnügen. Dass solche Komplexe auch unterschiedliche Erscheinungsformen des Sammelns, der Leidenschaften, Fixierungen, Fetischisierungen und Neurosen umfassen können, liegt nahe.

Die UNESCO ist dahingegen um verallgemeinerbare Formen von Klarheit bemüht und definiert seit 1964 in ihrer »Recommendation concerning the International Standardization of Statistics Relating to Book Production and Periodicals« das Buch als eine gedruckte, der Öffentlichkeit verfügbar gemachte, nicht periodische Veröffentlichung mit – zuzüglich der Umschlagseiten – mindestens 49 [!] Seiten Umfang. 45 Jahre später ist das digitale Buch (E-Book) nicht nur Diskussionsgegenstand, sondern bereits in den Verwertungskreislauf eingespeist; kaum verwunderlich, denn die Zuordnung *per definitionem* sichert oft genug die Ökonomisierung. Will man dies prinzipiell unterlaufen, bedarf es jedoch nur einer Ausweitung des Definitionsbereichs. Doch was genau nun ein Buch darstellen kann – und ob es sich nicht auch einfach als ökonomisch interessante Einheit begreifen ließe –, ob die Haptik oder eher die Anschaulichkeit entscheidend ist, ob moderne Literatur nicht immer wieder auch auf die förmliche Sprengung des Buchs als eines Katalysators im Dienste der Linearität abzielt, welche Relevanz Papier- und Druckqualität tatsächlich zukommt, inwieweit Sentimentalitäten eines bildungsbürgerlichen Kulturbegriffes eine Rolle spielen … Auf dieses Bündel von Fragen gibt es meist nur partielle und verstreut veröffentlichte Antworten.

»Seitenweise« hat sich zum Ziel gesetzt, ausgewiesene Kennerinnen und Kenner der Materie zu Essays und Statements anzuregen, die den gegenwärtigen Erkenntnisstand abbilden. Denn am besten wird man dem Buch, so die These, dadurch gerecht, dass man variantenreich darüber nachdenkt und von ihm erzählt.

Aber gibt es überhaupt das eine Buch, lässt sich dieses definieren (abgesehen von: ›bedruckte Blätter, die in einer festgelegten Reihenfolge gebunden werden und als Gesamtprodukt nicht periodisch erscheinen‹)? Wie schätzen die Beiträgerinnen und Beiträger dieses Bandes einen – wenn nicht den – zentralen Gegenstand ihres täglichen Handelns ein, können sie über die individuellen Anwendungsformen hinausgehende Anleitungen geben? Möglicherweise ist ja das Buch über die Jahrhunderte hinweg eine Art Sammelmedium geworden, dem in Ermangelung anderer probater Träger ähnlicher Verbreitungs- und Darstellungsqualität höchst heterogene Inhalte zugewiesen wurden, gerade weil eine zunehmende Überfülle des zu Vermittelnden zu bewältigen war – genau dies dürfte eine der Fähigkeiten sein, die dem Buch seine umfassende Bedeutung geben.

Ausgehend davon haben die Herausgeber in einem gewiss das Attribut »willkürlich« verdienenden Ansatz von Ordnungsschein die eingelangten Beiträge sieben Bereichen zugedacht. (Ist das Inhaltsverzeichnis nicht, mit Ernst Bloch gesprochen, eine Art »Vor-Schein« der Ordnung des Buchmachens?) Diesem Phantom der Ordnung folgend liegen nun mit den Abschnitten »Material, Arbeit & Form«, »Buchgeschichten«, »Notwendige Begleitung«, »Mit Verlust ist zu rechnen«, »Lektüre, Umgang & Handhabung«, »Bibliothek, Kartei & Sammlung« sowie »Ausrichtungen« sieben nominell und also nur grob sortierte Formen der Annäherung an den Gegenstand vor.

Das Buch trägt mehr als nur Spuren einer ›Außenwelt‹: Druckerschwärze, Fadenbindung, Seitenraster, Typografie, Grammatur, Abbildungen, Lesebändchen … (mithin »Material, Arbeit & Form«) stellen nicht einfach nur Nachweise seiner Materialität dar, sie sind vielmehr signifikante ›Fingerabdrücke‹ kulturellen Ausdrucksvermögens. Schriftstellerinnen und Schriftsteller haben über die Jahrhunderte den Gegenstand ihres Verbreitungsmediums in literarischen Texten verhandelt. Häufig kommen Bücher in Büchern vor, ist die Rede vom »Buch der Natur«, oder rückt die Buchform selbst vom Rand als gestalterisches Beiwerk in den thematischen Fokus. Die Beiträge im Abschnitt »Buchgeschichten« geben davon Zeugnis. Als »notwendige Begleitung« verändern Bücher, die doch – zumindest als literarische – von fiktiven Gegenständen handeln, durch den Akt der »Lektüre« das reale Leben derer, die sie (be)nützen. Erinnerungen an die eigene Biografie sind mit verschiedenen mit Büchern assoziierten Handlungen (Lesen, Erwerben, Verschenken etc.) untrennbar verknüpft. Bücher als Auslöser und Projektionsflächen lebensrelevanter Erfahrungen – in dem Kapitel »Notwendige Begleitung« eröffnen sich Einblicke in die intellektuellen Buch-Biografien von Leserinnen und Lesern unterschiedlicher Professionen. Bücher ziehen in ihren Bann, lassen die Lesenden versunken sein, transportieren sie in andere Welten: Gerade in dieser Hinsicht unterscheidet sich ein und derselbe Text, wenn er in elektronischer oder in Buchform gelesen wird. Zudem stellt sich, wie der Abschnitt »Lektüre, Umgang & Handhabung« zeigt, das Lesen von Büchern als nur eine der zahllosen Verwendungsmöglichkeiten von Büchern heraus; mit ihnen lassen sich noch ganz andere ›Wunder‹ vollbringen. »Mit Verlust ist zu rechnen« führt vor, dass Bücher – wie alle Gegenstände des Lebens und vielleicht sogar noch ein wenig mehr – vergessen werden können und wollen. Und werden sie zerstört, so wird mit dem ›Leib des Buchs‹ überhaupt viel mehr als nur ein raumzeitlicher Gegenstand aus Papier, Druckerschwärze, Bindfaden, Leder, Pergament o.Ä. vernichtet. Andererseits setzt die Aneignung von Büchern auch deren Nutzung voraus, wodurch das in ihnen Konservierte durch die Lesenden zu neuem Leben erweckt wird, auch und gerade um den Preis der physischen ›Verletzung‹ von Büchern. Neben der wesentlichen Unterscheidung zwischen variabler (Karteikasten) und fester Ordnung (Buch) setzt der Abschnitt »Bibliothek, Kartei & Sammlung« auf die These, dass eine Sammlung von Büchern, z.B. in Bibliotheken, eine Ganzheit aufbaut, die mehr als die Summe ihrer Teile ist. Und zudem: Mit dem Sammeln beginnt es, mit dem Verzeichnen der Massen in Bibliotheken hört's auf, Rares und Massenhaftes unterscheidet der Connaisseur, sei es einer aus Leidenschaft, sei es aus professioneller Berufung. Bücher haben Mediengeschichte geschrieben (›natürlich‹ in ihnen insgesamt und in dem Abschnitt »Ausrichtungen« nachzulesen). Was wir ohne das Buch wären und was wir mit ihm, trotz ihm bzw. durch es sind – hier wird's Ereignis.

Und mehr noch: Was ist eigentlich die Rede vom Buch? Ist sie mehr als eine, die – wie der vorliegende Sammelband demonstriert – einen weiteren Gegenstand ihrer selbst zu generieren hilft, ein weiteres Ungefähres? Denn das Buch an sich erscheint als etwas Ungefähres, nicht Festlegbares, als bereits im Augenblick seiner seriellen Produktion für den Handel und zugleich den einzelnen Käufer bestimmtes Medium. Aus dieser Spannung von

Vereinheitlichungszwang (alle verkauften Bücher einer Auflage müssen sich gleichen) und dem durch individuelle Aneignung bestimmten je Eigentlichen speist sich eine nicht aufzulösende – nicht bis ins Letzte bestimmbare – Paradoxie. Und kann man überhaupt von dem »Buch« im Singular sprechen und müsste nicht viel eher die Rede von den »Büchern« sein?

Den Betrachtungen, Fragestellungen und Bestimmungen sind kaum Grenzen gesetzt; dies hat historische, kulturelle und praktische Gründe. Und so viele Fragen es auch gibt – es gibt noch mehr Probleme bei den Antworten. Dagegen ist womöglich allein die Freude am Gegenstand zu setzen, das Interesse am Nachdenken und Schreiben über das Buch.

Auch wenn vielfach behauptet werden mag, dass die hier angedeuteten (und noch viele weitere, damit in Zusammenhang stehende) Fragen doch nun wirklich erledigt seien und es längst um ganz andere, nämlich fundamental neue Fragestellungen ginge, bleibt aus unserer Sicht immer noch Essenzielles offen. Und so greift auch der Einwand, dass die Überfülle möglicher Herangehensweisen ohnehin jedwede strukturierte Annäherung mit Wucht unterlaufen würde, unseres Erachtens zu kurz. In der so apostrophierten »Wendezeit« vom gedruckten zum digitalen Buch wissen wir über die Buchgeschichte dank umfangreicher wie kluger Arbeiten natürlich ausgezeichnet Bescheid im Hinblick auf die Entwicklung des Buches und seiner Artverwandten. Doch wissen wir auch Bescheid, wovon wir da an sich reden, was wir da überhaupt in der Hand haben – oder dereinst gehabt haben werden?

Der Anspruch bleibt vermessen, die Arbeit am so selbstverständlichen Gegenstand mit die schwerste. Und am Schluss steht: ein Buch. Denn dieses ist stets in souveräner Weise mehr als …

… die Herausgeber

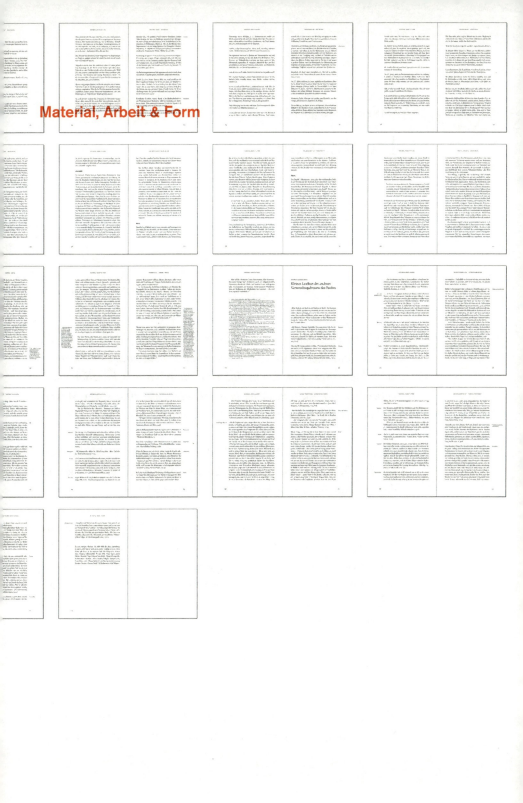

Material, Arbeit & Form

MANFRED MOSER

Heutzutage

Der Titel ist einem Interview entnommen, mit einem Schriftsetzer, der hat das Wort öfters verwendet, heutzutage. Es kommt auch hier öfters vor. Denn das Interview hat erst kürzlich stattgefunden, für Aktualität ist gesorgt. Für Faktizität sorgt Meyers Konversations-Lexikon 1874-1878, Suppl.-Bde. 1879-1881.

Gleich zu Beginn ein Missverständnis. Drucker? Nein, Schriftsetzer. Der Schriftsetzer bringt die Sachen in Form. Der Drucker ist der, der die in Form gebrachten Sachen druckt.

Buchdruckerkunst

Buchdruckerkunst (Typographie), im allgemeinen die Kunst, Schriften durch die Buchdruckerpresse zu vervielfältigen, was sowohl durch Abdrucken ganzer Tafeln, wie bei den Chinesen, als durch Zusammenstellen beweglicher Typen (Lettern) geschehen kann; im engeren und gewöhnlichen Sinn aber nur die Kunst, auf letztere Weise die Werke des Geistes zu fixiren und zu vervielfältigen.

Als man mich gefragt hat, was ich lernen will, nach der Hauptschule, hab ich gesagt, Schriftsteller.

Nur das Zusammenwirken vieler einzelner Gewerbe (des Stempelschneiders, Schriftgießers, Setzers und Druckers) und die außerordentliche, bloß durch lange Übung erreichbare Fähigkeit des Arbeiters macht die Leichtigkeit begreiflich, mit welcher die für geistige und industrielle Kultur so hochwichtige Kunst jetzt betrieben wird.

Eigentlich wollte ich Mechaniker werden. Ich dachte, Schriftsteller ist richtig. Staubfreier Beruf.

Mit dem Beginn des 15. Jahrh. sind die ersten Spuren nachweisbar, daß die Spielkarten und Heiligenbilder, welche bisher nur gemalt worden waren, durch Abdruck von gestochenen Holzplatten vervielfältigt wurden.

Ein Freund, von der Hauptschule, schon im zweiten Lehrjahr, hat mich dann aufgeklärt. Holt aus der Brieftasche so ein Dings raus, eine Letter. So und so wirst du arbeiten, in der Schriftsetzerei. War ein spanisches Dorf.

Kleinere hölzerne Typen dauernd zu verwenden, gehört zu den technischen Unmöglichkeiten.

Wie man weiß, der Johannes Gutenberg hat um 1450 die bewegliche Letter erfunden. Seine Bibel ist der Maßstab geblieben, gültig bis 1900, für den Hochdruck.

Gutenbergs nächster Schritt mag der Versuch gewesen sein, die Lettern in Metall zu schneiden [...] Da aber das Schneiden der Metalltypen aus freier Hand zu viel Zeit erforderte und die Buchstaben wegen der unvermeidlichen Ungleichheit nie ein richtiges Verhältnis zu einander bekamen, so gerieth er endlich auf den Gedanken, der seine Kunst zur höchsten Ausbildung befähigte, nämlich auf die Erfindung der Schriftgießerei.

Früher haben die Mönche geschrieben.

Da aber das Pergament zu theuer war, und seit der Eroberung Aegyptens durch die Araber die abendländischen Völker den Papyrus nicht mehr beziehen konnten, so kam es vor, daß Städte und selbst reiche Klöster höchstens mit einem Meßbuch versehen waren.

Der Johannes Gutenberg hat die Schablonen für die Lettern geliefert. Das war der Durchbruch.

Wie einfach und naheliegend uns auch dieser Gedanke erscheinen mag, so bedurfte es noch sehr vielfacher und bedeutender Versuche, um das zweckmäßigste Material der Patrizen und Matrizen und der daraus zu gewinnenden Lettern, sowie die beste Einrichtung der Gießform und so vieler anderer Apparate zu finden.

Heutzutage ist der Hochdruck praktisch verschwunden. Eher antiquarisch. Für Visitkarten und so kleinere Sachen.

In Wien führte ein fahrender Drucker, dessen Name unbekannt ist, die neue Kunst ein. Fünf noch vorhandene Drucke mit der Jahreszahl 1482 und dem Druckort Wien, aber ohne Name des Druckers, bestätigen die Zeit ihres ersten Auftretens.

In der Landwirtschaft aufgewachsen, angefangen in einem sehr katholischen Betrieb. Vier Jahre Schriftsetzerlehre. Dazu Maschinensatz. Ausbildung in Reproduktions- und Drucktechnik. Fotosatz. Und Computersatz.

Die Hast, womit jedoch jetzt fast alle Arbeiten geliefert werden müssen, hat [...] das in Frankreich geschaffene System der Mise-en-pages annehmen lassen, wobei einem tüchtigen Arbeiter, dem Metteur-en-pages, das Umbrechen der Seiten übertragen wird, während dem Setzer nur das Bilden der Zeilen überlassen bleibt [...]

Von Gutenberg bis heute alles durchgemacht. Bei Zeitungen, Zeitschriften und Büchern. Wie ich reingekommen bin, war ich komplett schockiert.

Zur Aufnahme der für den Satz bestimmten Typen dienen hölzerne Setzkästen von etwa 1 Meter Breite, 70–90 Centim. Höhe und circa 5
Centim. Tiefe.

Darin die Lettern, plus Sonderzeichen, macht 96 Fächer.

Die Typen (Lettern) [...] sind gegossene, genau winkelrechte Metallstäbchen, welche an ihrem obern Ende, dem Kopf, das Bild der Schrift
en relief in umgekehrter Zeichnung tragen, damit es nach dem Druck
in der richtigen Form erscheine.

Immer Spiegelschrift lesen, die Seite umgedreht, weg vom
Bauch.

Die Begriffe der großen (Anfangs-) und der kleinen Buchstaben drückt
der Buchdrucker durch Versalien und Gemeine aus, wozu bei der lateinischen Schrift noch die Kapitälchen kommen [...] Zur Vervollständigung
eines typographischen Schriftsortiments gehören außer den Buchstaben
auch die Interpunktionen, Ziffern, Kreuzchen, Sternchen, Paragraphen-
zeichen &c. und bei einer Anzahl Sprachen die Accentbuchstaben.

Wer jemals in einer Druckerei war, kennt das, alles schräg.

Zur Aufstellung der Setzkästen dienen pultartige Gestelle, Regale, mit
Fächern im untern Theil zur Aufbewahrung nicht im augenblicklichen
Gebrauch befindlicher Kästen, während derjenige, welcher für den Satz
dienen soll, schräg ansteigend auf dem Regal aufgestellt ist, und zwar in
solcher Höhe, daß die Hand des Arbeiters bequem in alle Fächer greifen
kann.

Sind wir gestanden den ganzen Tag.

Dieser Arbeiter, der Setzer, steht vor dem Kasten (Franzosen und
Engländer ziehen das Sitzen vor) und hält in der linken Hand ein In-

ſtrument auß Metall (Eiſen, Meſſing, Neuſilber), ſeltener auß Holʒ, den Winkelhaken, daß man alß ein nach ʒwei Seiten offeneß Käſtchen, deſſen linke Seitenwand verſtellbar iſt, beʒeichnen kann; durch letʒtereß wird eß ermöglicht, die Breite der Ʒeilen dem gewählten Format ſtetß genau anʒupaſſen.

Du hast das Format der Zeile eingestellt, sagen wir, 10 Cicero, Cicero ist ein halber Zentimeter, ein schwacher, also eine Spalte, die hast du dann ausgefüllt.

Den verſchiedenen Schriftgrößen oder Kegeln hat man ʒu ihrer leichtern Unterſcheidung auch verſchiedene Namen beigelegt, die ʒum Theil noch auß den erſten Jahren nach der Erfindung der B. datiren und von den Werken abgeleitet wurden, ʒu deren Herſtellung man ſich ihrer ʒuerſt bedient hatte, ſo ʒ. B. Cicero, Corpuß, Brevier, ʒum Theil aber leitete man ſie von dem Außſehen der Schrift ab [...]

Einiges weiß ich noch, Petit 8 Punkt, Garmond 10 Punkt, Cicero 12 Punkt, Mittel 14 Punkt. Bis zu der Größe konnte das die Maschine. Überschriften musste man mit der Hand setzen.

* In Süddeutschland *Garmond* genannt (nach dem berühmten, 1540 verstorbenen Schriftsetzer Claude Garamond)

Diamant 4 Punkt, Perl 5 Punkt, Nonpareille 6 Punkt, Colonel 7 Punkt, Petit 8 Punkt, Bourgeoiß (Borgiß) 9 Punkt, Corpuß* 10 Punkt, Cicero 12 Punkt, Mittel 14 Punkt, Tertia 16 Punkt, Text 20 Punkt.

Hat ein Franzose entwickelt, irgendwoher.

Erſt der Schriftgießer P. S. Fournier brachte Ordnung in daß Chaoß. Er nahm den pied du roi ʒur Baſiß und theilte die Linie deſſelben in 6 gleiche, Punkte genannte Theile, und dieſe Theile legte er alß unver‐ änderliche Einheit ſeinen Schriftkegeln ʒugrunde; ſie ſind eß biß heute geblieben und haben auch in Deutſchland faſt allgemeine Aufnahme ge‐ funden.

Es geht um die Dosis.

Ist es doch unerläßlich, daß die in einer Druckerei angewandten Typen von ganz gleicher Höhe sein müssen; der geringste Unterschied würde zu mangelhaftem Druck führen [...]

Der Metteur hat dann herumgeklopft, je nachdem, wie breit die Zeile, 20 Cicero ist weniger Arbeit als 10 Cicero.

Außer den Metallstäbchen mit Buchstabenbildern sind zur Herstellung eines Satzes, also einer gesetzten Seite, Kolumne, auch solche Stäbchen ohne Schriftzeichen nöthig zur Ausfüllung der Räume, welche nach dem Druck weiß erscheinen sollen; sie werden mit dem allgemeinen Namen Ausschließungen bezeichnet und sind ca. ein Fünftel niedriger als die zum Abdruck kommenden Typen; ihren Hauptklassen nach zerfallen sie in Spatien, Halbgevierte, Gevierte und Quadrate.

Stege, Blindmaterial für die Zwischenräume, Bund 4 Cicero, Kopf 2 Cicero und so weiter.

Der Durchschuß wird zwar nicht mit zu den Ausschließungen gerechnet, dient aber gleichwohl auch zum Ausfüllen im Druck weiß bleibender Räume.

Das hat montiert werden müssen, für das ganze Buch gleich, und immer für ganze Bogen, 16 Seiten oder 8 Seiten, je nach Format, in den Druckrahmen hinein.

Ehe der Druck [...] erfolgen kann, gehen ihm andere Arbeiten voraus, von denen die des »Zurichtens« die höchste Anforderung an die Geschicklichkeit des Arbeiters stellt; sie besteht in der Erzielung eines vollkommen gleichmäßigen, weder zu starken noch zu schwachen Drucks, was theils durch »Unterlegen« im Deckel, theils durch Wegnehmen von Unterlagen erreicht wird [...].

Wenn jemand schlecht zugerichtet hat, ist ja manchmal passiert, dass die ganze Form aus der Maschine rausgeflogen ist. Du musst denken, alles mechanisch befestigt, mit so Klemmen, Schnellklemmen, und schau, da ist das Papier heruntergekommen, da der Druckzylinder aus Stahl, da die Farbwalze, die Form ist vor und zurück gefahren, hm hm hm hm, und die Form hat Gewicht, so an die zwei-, dreihundert Kilo, alles nur Blei.

Das Material einer Druckerei, welche einigermaßen den Anforderungen der Neuzeit zu genügen bestimmt ist, erweist sich somit als viel umfassend und kostspielig zugleich.

Abgesehen davon, dass der Hochdruck diesen Charme gehabt hat, heutzutage ist die Arbeit schon leichter geworden. Beim Offsetdruck oder Flachdruck gibt es kein Zurichten mehr. Weiß ich, was unterm Gummizylinder ist? Das Vorgeschriebene geht in Druck. Zwei Minuten, und erledigt. Besonders leicht mit CTP, Computer to plate. Das ganze Buch geht über den Computer in die Maschine, dort schon belichtet.

Ehe die fertig gesetzten Formen dem Drucker übergeben werden können, liegt es dem Setzer ob, den Satz zu korrigiren, d. h. alle Fehler daraus zu entfernen, ausgelassene Worte (in der Buchdruckersprache Leichen) hineinzubringen, doppelt gesetzte (Hochzeiten) herauszunehmen, oder auch Aenderungen des Verfassers der Angabe gemäß zu machen.

An und für sich verlangt die Druckerei ein fehlerfreies Manuskript. Aber wenn ich da einen Blick hineinschmeiß, merk ich sofort, aha, der ist ein Pedant, der ist ein Schlamperter, und bei mehreren Autoren, die sind es gewohnt, die müssen noch lernen. Beistrich ohne Abstand oder von Beistrich überhaupt keine Ahnung. Dann die Zitierweise, die Fußnoten. Solche Sachen schau ich schon.

Korrektur (lat.), die gewöhnlich durch besondere Korrektoren besorgte **Korrektur** »Verbesserung« aller von dem Schriftsetzer gemachten Fehler (Corrigenda), auch in Bezug auf Inkonsequenzen in der Rechtschreibung, der Interpunktion, in Abkürzungen, Citaten &c. Auch hat der Korrektor seine Aufmerksamkeit auf das richtige Fortlaufen der Seitenzahlen, Normen, Signaturen, der Kapitel- und Paragrapheneintheilung, Kolumnenüberschriften, die Symmetrie bei Versen, Tabellen &c. zu richten.

Heutzutage kriegen wir Gott sei Dank zu 90 Prozent alles digital. Ich meine, das moderne Design entwickelt sich, und viele machen halt so, na ja, Computer daheim, Drucker daneben. Ende der Sechzigerjahre war es noch einigermaßen schwierig, da sind etliche Manuskripte, zum Beispiel auch Leserbriefe, handschriftlich ins Haus gekommen.

Die Verbesserungen werden am Rand »gezeichnet«, und zwar hat man für öfters wiederkehrende Satzfehler gewisse herkömmliche Zeichen (Korrekturzeichen).

Sobald du einen Fehler hattest, Zeile neu. Und sobald du ein Wort ausgelassen hattest, von da bis zum Ende des Absatzes alles neu, Zeile für Zeile. Es hat geheißen, zwei, drei Prozent sind erlaubt. Bei so einer Spalte, einer längeren, 20 Cicero breit, drei, vier Fehler, das war ein guter Setzer. Damals haben die Setzer überhaupt besser die Sprache beherrscht als heutzutage. Weil sie damit konfrontiert waren.

Schriftarten (Schriften, Lettern, Typen), in der Buchdruckerkunst die **Schriftarten** aus Metall gegossenen Buchstaben, welche zur Herstellung des Typendrucks dienen. Man unterscheidet dieselben 1) nach den Sprachen, 2) nach ihrer Größe und 3) nach Form oder Schnitt.

Ich bin ja schon früh auf Computersatz übergegangen. Der erste IBM-Computer hat damals 50.000 Schilling gekostet. So eine Maschine mit 30 MB Festplatte.

Sämmtliche andere Schriften, d. h. Letternsortimente, welche zum Druck germanischer und auch einer Anzahl slawischer Sprachen verwandt werden, gehören diesen Grundcharakteren an, ihre Bezeichnungen sind aber ebenso mannigfach wie ihr Aussehen.

Hat's ja einige Firmen gegeben. Heute sind zwei übrig, IBM und Apple. Größere Systeme, die sich ein bisserl konkurrieren.

Im allgemeinen theilt man die Fraktur- und Antiquaschriften auch noch in verschiedene Klassen, die man mit Werk- oder Brodschriften, Zier-, Accidenz- und Plakatschriften bezeichnet, von denen erstere die beim Bücherdruck angewandten S. umfassen, während die Zier- und Accidenzschriften bei den feineren Arbeiten (Accidenzien), auf Büchertiteln, Umschlägen &c. zur Verwendung kommen [...]

IBM, das war eine Courier-Schrift. Und du hast nichts gesehen, gell?

Die einzelnen Gattungen zerfallen dann vielfach noch wieder in fette, halbfette, breite, schmale, magere, enge, Skelett, verzierte, musirte, schattirte &c.

Um noch mal auf den Bleisatz zurückzukommen. Jede Seite ein Klotz, mit einem Strick zusammengebunden, und 16 Seiten ein Bogen, mit einer Platte drauf, in der richtigen Abfolge, das hat man dann gelagert, vier, fünf Jahre. Brauchte man Lagerraum. Weil so ein Buch mit 200 Seiten, sechzig, siebzig hoch, gibt was aus. Und dann hat man gesagt, jetzt brauchen wir wieder Blei, hat es eingegossen. Heutzutage wird eh alles gespeichert.

Nach Besorgung der Korrektur und deren Revision beginnt die Arbeit des Druckers oder Maschinenmeisters [...]

An und für sich können die Apparate schon sehr viel. Was mich stört, ist diese wahllose und beliebige Nutzung. Und immer schnell schnell. Dass man keinen Wert legt auf typografische Regeln, gestalterische Regeln. Vom Tisch aus publizieren, Desktop-Publishing. Damals mit dem Computersatz.

Buchbinden, das Verfahren, die Blätter eines Buchs gehörig zusammen-zuheften und mit einem aus Rücken und Deckeln bestehenden Umschlag zu versehen, war früher, zur Zeit des Zunftwesens, noch ein einfaches Handwerk, bei welchem vorausgesetzt wurde, daß jeder Buchbinder, vom Gesellen an, die Befähigung hatte, ein Buch in Goldschnitt und mit goldverziertem Lederdeckel durchweg selbständig anzufertigen. Obgleich dies in den kleineren Städten immer noch der Fall ist, so tritt dagegen in größeren Städten, durch das Umsichgreifen der Arbeitstheilung und Einführen von Hülfsmaschinen mit oder ohne Dampfbetrieb, das hand-werksmäßige Verfahren mehr und mehr zurück und wird Fabrikbetrieb. Buchbinden

Natürlich, ein Buch muss ansehnlich sein. Ich will es ansehen und wieder in die Hand nehmen können. Hardcover oder Paper-back, beides.

Im 17. Jahrh. erschienen die sogen. englischen und französischen Bän-de; die Deckel waren von steifer Pappe und mit Leder oder gefärbtem Papier überzogen. Zierlicher wurden die Büchereinbände in der letzten Hälfte des 18. Jahrh.; jetzt hat die Maschinenarbeit namentlich in An-fertigung mit farbiger Leinwand überzogener und gepreßter Einband-decken die kunstvolle Handarbeit fast gänzlich verdrängt.

Hardcover heißt, Einband und genäht, also klassisch, aus den vorigen Jahrhunderten. Paperback ist billiger.

Ist der Ueberzug aus Papier, so ist es ein Pappband. Ein provisorischer Einband ist die Broschur; bei einer steifen Broschur ist der Papierum-schlag mit dünner Pappe gefüttert; noch dauerhafter ist der Kartonband, ein Pappband und gewöhnlich mit gedrucktem Umschlag überzogen.

Genäht sieht man. Normalerweise. Zeig her. Klar, sieht man schon. Na, Moment. Hinten, wo so Fransen. Müsste man sehen. Nicht genäht.

In Hinsicht auf die Solidität stehen die deutschen Einbände im allgemeinen noch gegen die englischen und französischen zurück, und zwar beginnt der Unterschied bereits bei den broschirten Büchern; die Ueberproduktion in Deutschland hat das liederliche Heften mit einem Faden und das bloße Zusammenleimen der Druckbogen im Gefolge gehabt, und diese Manipulationen verpflanzen sich nur zu oft dahin, wo der äußere Anschein wenigstens eine Art der Befestigung verspricht, welche ein einmaliges Durchblättern überdauern werde.

Der Inhalt sollte mit dem Buch irgendwie eins sein. Zusammenstimmen. In einem Dings.

Im 18. Jahrh. wurde die Buchornamentation nüchtern und einförmig, Schnörkel der Rokokozeit und klassische Motive wurden ohne Wahl angewendet, bis in dem unserigen die Nützlichkeits- und Sparsamkeitstheorie die Kunst völlig verbannte und das Handwerk auch technisch sinken machte.

Gibt es keine generelle Regel. Geschmackssache. Was mir nicht gefällt, ist das Übertriebene, Überladene.

Gern reproducirt man auch Holzschnittillustrationen des Buches auf dem Deckel, welche dahin nicht gehören und in Golddruck auf dem streifigen Grund nothwendigerweise plump ausfallen müssen, oder man überträgt, frappirend Neues zu schaffen, die Rückverzierung auf die Deckel, druckt den Titel diagonal in eine rechtwinklige Umrahmung, und was dergleichen Bizarrerien mehr sind.

Zu viel hineingesteckt. Und den Inhalt vergessen.

Als Regel sollte gelten, daß der Einband auch in seiner Verzierung in Harmonie mit dem Inhalt des Buches steht, insbesondere auch der Stil sich der Zeit anpaßt, welcher das Buch angehört.

Wenn du das einmal angreifst. Merkst? Angenehm zum Blättern.

In früheren Zeiten mußten die Bücher vor dem Einbinden verschiedenen zeitraubenden Operationen unterworfen werden. Das ungeleimte Papier wurde, um Dauerhaftigkeit und Festigkeit zu erhalten, planirt, d. h. die Bogen wurden durch sogen. Planirwasser (12 Liter Wasser, in welchem ½–1 Kilogr. Leim und etwas Alaun aufgelöst sind) gezogen, getrocknet und lagenweise auf dem Schlagstein, eine ebene Stein- oder Eisenplatte, mit einem schweren Eisenhammer geschlagen.

Kunstdruckpapier. Für Reisebücher, Fotoalben, Kataloge nimmt man relativ glattes Papier. Für Romane eher Naturpapier.

Die jetzigen Papiersorten machen das Planiren unnöthig, sowie auch die Buchdruckereien dafür sorgen, daß die Bogen fest und glatt, indem sie dieselben durch die Satinirwalzen gehen lassen, in die Hände des Buchbinders gelangen.

Stell dir vor, die Oberfläche. Relativ grob oder wellig. Jetzt kann der Punkt bei Bildern, das heißt, bei Pixeln, da und da hineinfallen. Einer da, einer da, einer da. Säuft ab.

Das neueste Zinkätzverfahren ist jedoch von einem Franzosen Petit erfunden und von ihm Similigravüre genannt worden. Zweck und Wesen desselben besteht darin, die Flächentöne eines photographischen Negativs in Punkte und Strichlagen umzuwandeln und in solcher Weise druckbare Zink- und Kupferplatten für die Buchdruckpresse oder -maschine zu erzeugen, wodurch es möglich werden würde, direkt nach der Natur gemachte photographische Aufnahmen zur Illustration von Zeitschriften, Werken &c. zu verwenden, was bekanntlich bisher nicht möglich war, denn die Originale der zu reproducirenden Gegenstände mußten schon Punkte oder Strichlagen bieten.

War nichts anderes als eine Zerlegung des Bildes in Punkte. Kleine Punkte hell, große Punkte dunkel. Du konntest ja bei einem Schwarz-Weiß-Bild nicht weniger Farbe drauf tun. Oder mehr Farbe.

Der zu falzende Bogen wird auf einen Tisch unter die sich auf und nieder bewegende Klinge gelegt, beim Niedergang der letztern wird der Bogen in der Mitte zusammengebrochen und gelangt sodann zwischen ein Paar horizontal rotirende Walzen, welche den einmal gefalzten Bogen an zwei Stränge endloser Bänder abgeben. Während er sich zwischen denselben in geeigneter Lage befindet, wird er von einer zweiten Klinge und einem zweiten Walzenpaar abermals, und zwar rechtwinklig zum ersten Bruch zusammengefalzt. So wird nun der Bogen weiter gefalzt, bis er das verlangte Format hat, indem jeder Bruch durch eine sich wiederkehrend bewegende Klinge und ein Paar rotirende Walzen gebildet wird.

Da ist was passiert, was eigentlich, soviel Zufälligkeiten gibt's nicht, aber es ist so gewesen. Die Bogen werden gefalzt, dann in eine Zusammentragmaschine, übereinander gelegt, war die Seite 64 leer. Sonst bleibt die Maschine sofort stehen, und der Scanner, so ein optisches Dings, Kontrollauge, hat irgendwie.

Sofort beginnt man mit dem Kollationiren, um sich sowohl von der Vollständigkeit des zu bindenden Buchs, als auch von der richtigen Aufeinanderfolge der Bogen zu überzeugen. Ist dies geschehen, so werden die Bücher gleich gestoßen und in eine Presse gesetzt, um mehr Festigkeit und Gleichheit zu erhalten.

Früher ist mehr passiert. Heutzutage? Die neue Technologie hat die alte übernommen. Kann schon was schiefgehen.

Buchdruckerfarbe, als schwarze Farbe, deren sich der Buchdrucker beim   Buchdruckerfarbe
Drucken bedient, speciell Buchdruckerschwärze oder auch Druckerschwärze genannt. Notwendige Eigenschaften derselben sind, daß sie
leicht an allen Zügen der Schrift, den stärksten wie den feinsten, haften bleibe, scharfe, reine Abdrücke gebe, weder in sichtbarer Weise ins
Papier eindringe, noch gelbe Ränder um die Buchstaben bilde, schnell
trockne und ein schönes, dauerhaftes Schwarz zeige.

Die schwarze Farbe brauchen wir beim 4-Farben-Druck. Als Ver-
stärkung. Wir arbeiten mit vier Farben. Cyan-Magenta-Yellow-
Karo. Kommt aus dem Englischen, oder aus Amerika.

Zur Bereitung guter B. gibt es mancherlei Vorschriften. Die Basis
der B. bildete, so lange sie von den Buchdruckern selbst angefertigt
wurde, altes, abgelagertes Leinöl, das bis zur Konsistenz von Firnis,
der stärker oder schwächer sein mußte, je nachdem man die Farbe stärker oder schwächer haben wollte, eingekocht wurde, und dem man nach
dem Erkalten das erforderliche Quantum Ruß zusetzte. Das Verfahren
dabei erforderte, wollte man eines guten Resultates sicher sein, Einsicht
und Erfahrung, konnte aber in ungeübten Händen und bei nicht hinrei-
chender Vorsicht durch Ueberlaufen des Kessels oder, wo man sich zum
Kochen einer geschlossenen Kupferblase bediente, durch deren mögliche
Explosion höchst gefährlich werden, weshalb die Operation auch meist
im Freien, vor den Thoren, vorgenommen zu werden pflegte.

Was kostet eine Vierfarbdruckmaschine? 1,5 Millionen. Euro?
Euro.

In der Türkei verpönte man die Buchdruckerkunst geradezu als fluch-
würdige Schwarzkunst bei Todesstrafe [...] Scutari, die asiatische
Vorstadt Konstantinopels, sah erst 1793 unter Sultan Selim III. eine
Presse in seinen Mauern.

Zweimal gegautscht, nach der Berufsschule und nach der Matura. Zweimal getauft in einem Holzfass. Hier der Gautschbrief: »Nun bist du von allen Fehlern befreit und in sämmtliche uns überlieferten Rechte und Privilegien eingesetzt. Kraft derselben gebieten wir unseren Kunstgenossen, den obgenannten Jünger Gutenbergs als richtigen Schwarzkünstler anzuerkennen und ihn allerorts in zunftgerechter Weis als erprobt aufzunehmen.«

Buchdruckerwappen

Buchdruckerwappen, dasselbe wurde durch Kaiser Friedrich III. den Buchdruckern verliehen und zeigt in Gold einen schwarzen, zum Flug gerichteten Adler.

Im 17., 18. Jahrhundert sind die Schriftsetzer mit Zylinder und Frack zur Arbeit gegangen. Wir waren immer stark. Auch später, mit der Gewerkschaft. Weil wir eben Druck gemacht haben. Zeitung fertig? Morgen Streik.

Kleinod: Ein wachsender Greif, in den Klauen zwei aufeinander gesetzte Druckballen haltend.

Revolutionäres Potenzial? War einmal. Jetzt sind wir zusammen mit den Journalisten, weiß nicht, wie die Gewerkschaft heißt.

Aus den Briefmalern und Kartenmachern entstanden Briefdrucker und Formschneider, welche schon gegen Ende des 15. Jahrh. zunftmäßige Genossenschaften bildeten.

Zum Schluss ein letztes Missverständnis. Schriftsetzer? Druckvorstufentechniker. Tippen tun andere. Die Bilder kriegen wir zu vierzig, fünfzig Prozent digital, das Übrige in den Scanner eingeklatscht, zack, abgewichst, korrigiert, dann zum Layout und auf die Platte. Schriftsetzer gibt es nicht mehr.

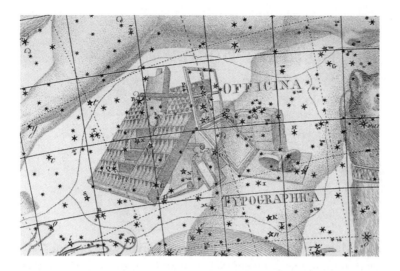

Buchdruckerwerkstatt, Sternbild des südlichen Himmels, zwischen dem Kopf des großen Hundes und der Argo, etwa in 110° gerader Aufsteigung, 15° südlicher Abweichung, aus kleinen Sternen bestehend, eingeführt von Bode.

Buchdruckerwerkstatt

WALTER BOHATSCH

Inhaltsraum Buch

Der Mensch ist fortdauernd genötigt, Räume zu begehen, diese zu durchschreiten, von einem in den anderen zu wechseln, und er tut dies aus innerem Antrieb oder aus extern verordneter Pflichterfüllung, mittels eigener oder fremder Kraft, mehr oder weniger bewusst. Räume erfahren wir sowohl physisch als auch geistig, und nicht selten finden wir uns gleichzeitig in mehreren Räumen wieder – je nachdem, mit welchem Grad an Aufmerksamkeit wir uns einer Beschäftigung und unserer Umgebung widmen.

Wenn wir kurz bedenken, wie viele Worte, egal ob Substantive oder Adjektive, Verben oder Adverbien, durch den Zusatz »Raum« oder »räumlich« eine Erweiterung erfahren, dann wird das enorme Ausdehnungspotenzial des Begriffs »Raum« im wahrsten Sinne des Wortes spürbar. Das Öffnen eines Buches ist gleichzusetzen mit dem Betreten eines Raums. Sie, geehrte Leserinnen und Leser, haben bereits den Inhaltsraum des vorliegenden Buches betreten. Sie haben erfahren, dass schon ein flüchtiges Durchblättern, wenn die Buchseiten über die Unterseite der Daumenkuppe laufen, eine gewisse Gliederung und Ordnung erahnen lässt, hingegen der sinnliche Inhaltsraum auf ganz andere Weise fassbar wird. Erst das bewusste Durchblättern der einzelnen Seiten, dessen Geschwindigkeit nicht ausschließlich durch den Lesevorgang selbst bestimmt sein muss, macht diesen Inhaltsraum individuell erfahrbar. Innerhalb der heterogenen Wahrnehmung all jener Aspekte, die zur Ganzheitlichkeit eines Buches beitragen, ist der Lesevorgang selbst nur einer von mehreren. Denn unsere Wahrnehmung steht wiederum in einer Wechselwirkung zu Format, Gewicht, Größe, Geruch (Papier, Leim und Druckfarbe), Haptik und Farbe des Papiers etc. ebenso wie zu deren Anmutung und der Handhabbarkeit des Buches als Körper. Damit sind all jene materiellen Bestandteile des Buchkörpers und deren Proportionen gemeint, die sich uns in ihrer Gesamtheit als dreidimensionales Medium präsentieren.

Eine ganzheitliche Aufbereitung aller Teile eines Buches beinhaltet dennoch mehr als bloß das Zusammenwirken von Papier, Druck und Endfertigung. Dies sind zwar wesentliche Parameter, um zu einer qualitätsvollen physischen Form zu gelangen, doch erfolgreiche Inhaltsvermittlung beruht im Zusammenhang mit materialer Ausstattung in entscheidendem Ausmaß auf sinnlich ästhetischen Entscheidungen – auf der visuell wirksam werdenden Anordnung und Gliederung von Schrift und Typografie ebenso wie von Bild und Text. Das typografische Layout bestimmt die Bandbreite der Lesbarkeit. Interessanterweise war und ist das, was unter Lesbarkeit verstanden wird, immer wieder Gegenstand heftiger Diskussionen, einhergehend mit einer erweiterten Sicht auf das Medium Buch selbst. Es sei aber an dieser Stelle darauf hingewiesen, dass Typografie von Schriftnutzung nicht zu trennen ist, wobei Schrift selbst nicht nur ein Speichermedium, sondern das Medium der Erkenntnis schlechthin darstellt.

Sieht man in der Typografie jene Funktion, die Anordnung, Verarbeitung und Austausch von Informationen durch gezielten Einsatz und bewusste Handhabung von Schrift regelt, wird man ihr zugestehen, dass sie dadurch auch das Denken verändert hat und verändern wird. Vorausgesetzt, Lesen bleibt weiterhin jener bedeutende Vorgang der Wissensaneignung, der er bis dato in der Geschichte der Zivilisation war, steht damit nicht nur die bedeutende Rolle der

Typografie in den Gesellschaften von heute fest, sondern auch die Verantwortung derer, die im Dienst der Typografie tätig sind.[1]

Dies ist freilich eine gewagte Behauptung insofern, als eine Interpretation auch lauten könnte, dass Erkenntnis ausschließlich durch Lesbarkeit von Schrift stattfindet. Dass dem nicht so ist, muss an dieser Stelle nicht extra betont werden, weil klar ist, dass Erkenntnis auch schriftunabhängig erlangt werden kann. Allerdings ist Wissenstransfer innerhalb eines Buches an das Medium Schrift gekoppelt, wenn sich Schrift als jenes Instrument erweist, um sowohl die Erkenntnis des Autors zu vermitteln als auch jene bei der Leserschaft zu erzeugen. Anders verhält es sich im reinen Bilder-Buch, wo neben der Materialität des Buches ausschließlich Bilder und deren Anordnung zu einer möglichen Erkenntnis beitragen.

Leere

Das leere Buch ist von Relevanz, weil es jenen Raum darstellt, der mit Inhalt zu befüllen ist. Sich diesen Ausgangszustand der Leere zu vergegenwärtigen, inkludiert auch die Konzentration darauf, nach welchen Kriterien der Vorgang der Befüllung erfolgen soll, sprich: wie Inhaltsraum entstehen kann.[2]

Als LeserInnen kennen wir nicht die Hintergründe der Entscheidung, die uns mit den Seiten eines nach bestimmten Regeln befüllten Konvoluts konfrontiert, doch wir dürfen davon ausgehen, dass die Vergegenwärtigung ihrer ursprünglichen Leere in Bezug zum künftigen Inhalt zumindest ausschlaggebend war für das Format und dessen gezielte Aufteilung zu Randräumen, Leer- und Zwischenräumen, Texträumen, konstanten und variablen Räumen etc. Solche und darüber hinausgehende Überlegungen und Entscheidungen beruhen auf einer Kenntnis des Inhalts, für dessen Verbreitung bzw. Veröffentlichung sich nach der Frage des Gefäßes ausdrücklich das Medium Buch als die adäquateste

Form herausgestellt hat; vielleicht auch gerade deshalb, weil ein Buch als eine rhythmische Sache erlebbar werden kann, die der Leser selbst entdeckt und auch bestimmen kann. Und da Rhythmus aus der Anordnung einzelner Elemente oder Teile eines Ganzen erfahrbar wird, ist auch der im Layout eines Buches erzeugte Leer- bzw. Weißraum ein wesentliches Element.[3] Die rhythmische Wiederkehr von Leerraum als weiße bzw. unbedruckte Flächen ist unter anderem ein Beitrag zur atmosphärischen Erfahrung des Inhaltsraums. Schlussendlich sind es der Leser, die Nutzerin selbst, die sich darauf einlassen, den Rhythmus und die darin verankerten weißen Pausen zu erleben. Was sich dabei an atmosphärischer Konnotation einstellt, lässt sich nicht vorhersagen, ist aber eine entscheidende Komponente in der individuellen Erfahrung des Mediums Buch.

Für den Buchgestalter ist die Vergegenwärtigung des Buchkörpers als leerer Raum gewissermaßen ein methodischer Ansatz, um sich der Bedeutung dessen bewusst zu werden, was mit welchem Inhalt zu befüllen ist. Dabei wird die Vorstellung des leeren inhaltslosen Raums bald abgelöst vom Verlangen, diesen zu betreten, wodurch dessen Inhaltslosigkeit aufgehoben und »das Eintretende« selbst zum Inhalt wird. Es ist bereit, eine Position im Raum einzunehmen. Wenn mit diesem Vorgang die Aktivierung von Verantwortungsbewusstsein gegenüber dem zu transportierenden Inhalt einhergeht, so sollte im visuellen Entwurfsprozess damit auch jener Stand erreicht sein, an dem die Entwicklung eines konkreten Reglements für die Positionierung von Inhaltselementen bekannt ist – das heißt: ein dem Inhalt entsprechendes Konzept und daraus resultierende Gliederungsparameter. Spätestens an diesem Punkt wird es auch interessant, sich die aus dem Begriff »Inhalt« ableitbare Interpretation von dessen möglicher Wirkung zu vergegenwärtigen. Denn wenn wir davon ausgehen, dass Inhalte individuell interpretierbar sind, so wissen wir auch, dass sie auf so viele Arten interpretiert werden können, als es Interpretationssysteme dafür gibt. Demnach ist die Formgebung des Buchkörpers als Inhaltsträger und die räumliche Positionierung seiner Inhalte nicht in erster Linie eine formale, sondern in Hinblick auf ein Lesepublikum immer auch eine kulturelle Angelegenheit.[4]

Intensität

Im Versuch, Inhaltsraum zu beschreiben, thematisieren diese Thesen gestalterische Inhaltsaufbereitung und Vermittlung, die über die klassische Positionierung von Text und Bild im Sinne rein linearen Lesens eines Buches hinausgehen. Trotzdem entsteht dieser Text jetzt, in diesem Moment, als linear zu lesendes Textkonvolut, da die Aufmerksamkeit des Verfassers auf die Beschreibung, aber nicht auf die visuelle Vermittlung des Inhalts fokussiert. Professionelles Typografieren von Text zum Zwecke rein linearen Lesens ist eine vorausgesetzte Grundlage dieser weiterführenden Überlegungen, denn selbst im reinen Textbuch entsteht durch die typografische Handhabung des Textes und dessen Inhalts in Bezug zur stofflichen und handwerklichen Qualität des Buches der Inhaltsraum. Unabhängig vom Buchtypus ist dieser weitgehend ein Raum des Entstehens im Zuge der Nutzung des Buches, wenn wir davon ausgehen, dass das Buch den Raum seines Werdens schon längst verlassen hat. Was der Inhaltsraum Buch evoziert, basiert in hohem Maße darauf, was jeder einzelne Nutzer, jede einzelne Leserin als gestaltete Gesamtheit vorfindet, individuell wahrnimmt und verspürt. Das Eintreten unvorhersehbarer Wirkungen des Inhaltsraums hinsichtlich seiner visuellen und materialen Komposition aller Einzelteile äußert sich im immateriellen Qualitätsgenuss; wofür – wie bereits erwähnt – Lesen nicht die einzige Voraussetzung ist. Durch die individuelle Aneignung des Inhalts wird das Buch zum persönlich nutzbaren/genutzten Objekt. Wer kennt nicht die Erfahrung, dass dem Buch etwas entsprungen ist, was nicht in Form von Schrift zu lesen war, uns aber trotzdem mit unerwarteter Intensität getroffen hat. Diese Besonderheit hat ihre Wurzeln nicht im Mystizismus, sondern vielmehr im gestalterischen Prozess und dessen Anlass selbst, wie André Vladimir Heiz treffend ausführt:

> Das Problem scheint wiederholt und ununterbrochen im ursächlichen Anlass einer gestalterischen Praxis zu begegnen, die durch den kultürlichen Bedarf an Visualisierungen begründet wird, nämlich Sachverhalte und Zusammenhänge sichtbar zu machen. Diese Praxis nun ist wiederum als Folge bestimmter Annahmen zu betrachten, die das Regelwerk erst in Gang setzen. Die gebräuchlichen Prozesse der Visualisierung vertrauen einem initialen Unterschied zwischen Inhalt und Form, an dem seit Generationen – auch in der Ausbildung – festgehalten wird. Der kreative Spielraum entsteht im offenen Uebergang, wenn für einen so genannten, meist begrifflich gefassten Inhalt aus dem Archiv des verfügbaren Inventars eine entsprechende Form gesucht und auch gefunden wird. Das Entwurfsprogramm hält an der substanziellen Konstanz des Inhalts fest; die Imagination lotet das hypothetische Innovationspotential der Form und die Variantenbildung mehrerer Möglichkeiten aus. Eine Lösung kristallisiert sich allmählich als angemessen heraus und wird in gegenseitigem Einvernehmen realisiert. Dieser Vorgang der Visualisierung deckt sich mit dem Bild, das die Praxis vermittelt, und dem Begriff des Handwerks. Die Anwendung der visuellen Rhetorik mit ihren Tropen und Topoi ist, wie die Maßnahmen des Layouts etwa andeuten, Auslegung und Interpretation zugleich.[5]

Aura

Standard und Stilistik des Layouts entwerfen und bestätigen also jenes Bild, das mit ihrer Hilfe zur Welt kommt. Damit wäre auch ein Plädoyer erbracht, von der Aura eines Buches sprechen zu dürfen, ohne dabei in den esoterischen Raum zu gleiten. Denn in den letzten rund 25 Jahren erlebt das Buch eine Veränderung, die nicht nur in seinen objekthaften Qualitäten zu finden ist, sondern auch eine Modulation seiner konventionellen Rolle als Wissensvermittler bedeuten könnte. Zweifelsohne büßte das Buch mit der Integration des Computers und der digitalen Medien in unsere Gesellschaft seine traditionelle Rolle als primäres Informationsmedium ein. Sein Verschwinden wurde viele Male angekündigt, wie seinerzeit der Malerei mit dem Aufkommen der Fotografie bzw. den darstellenden Künsten mit der Etablierung des Mediums Film der Tod prophezeit wurde. Diese Propheten wurden eines Besseren belehrt, indem beide Disziplinen in ihren inhaltlichen Konzepten thematisch und inszenatorisch auf jene Veränderung reagierten, die angeblich ihre Bedrohung darstellten. Im Falle des Buches findet ebenfalls eine Neuorientierung statt. Seine neue oder erweiterte Nutzung steht nicht mehr unter dem Zwang, das Buch als reinen Informationslieferanten zu begreifen, sondern sein Wesen wurde, um Günter Karl Bose zu zitieren, zu einem Medium unter anderen. Dazu schreibt Bose:

> In dem Maße wie die Gewohnheit abnahm, Wissen allein aus Büchern zu ziehen oder Wissen in Buchform zusammenzutragen, veränderte sich die Vorstellung vom Wesen und Charakter des Buches. Die Bewegung zwischen Bildern und Programmen, das Montieren von Bildern und Texten, das Mischen von Objekten und Daten setzte sich als neue Form der Produktion, Präsentation und Verwertung von Wissen und Information durch. Texte und Bilder lassen sich immer wieder neu formatieren, können in Teile zerlegt und neu zusammengefügt werden.[6]

Diese Beschreibung der Veränderung macht auch die Funktion des Ästhetischen als Vermittler zwischen den Sinnen und den daraus resultierenden Wahrnehmungen deutlich. Die Entwicklung der elektronischen Medien hat nicht zum Verschwinden des Buches geführt, sondern eine Neuorientierung bewirkt. Wenn wir bereit sind, diesem Phänomen gegenüber entsprechende Distanz einzunehmen, erleben wir nichts anderes als die Weitergabe von Zeichen von einer Generation an die nächste – kodifizierte Zeichen in Form von gebündelten Konvoluten, die mehr als einen singulären Sinneseindruck vermitteln und deren Wirkung offensichtlich der Realität eines erweiterten Zeichenbegriffs entspringt.[7]

Raum

Der Begriff »Inhaltsraum« spielt also eine umfassendere Rolle in der Einordnung des Mediums Buch hinsichtlich eines erweiterten Deutungsmusters als in jener Kategorie, welche das Buch ausschließlich als Informationslieferanten begreift. In diesem Zusammenhang scheint es interessant, den Begriff »Raum« unter dem Aspekt seiner Bedeutung – und in Bezug zur jeweiligen Art seiner Verwendung – zu beleuchten. Ausgehend von den dem Begriff innewohnenden Konnotationen lässt sich zwischen jenen unterscheiden, die den Raum dreidimensional und als in seiner Ausdehnung mathematisch berechenbar verstanden wissen wollen, und jenen anderen, die einen Raumbegriff evozieren, welcher die Grenzen seiner Ausdehnung oder Einschränkung im Verborgenen positioniert. Die einen beziehen sich auf den physischen, die anderen auf den geistigen Raum. In beiden Fällen sind wir mit Volumen konfrontiert, was in Verbindung mit der jeweils subjektiven Aufladung des Begriffsinhaltes von Volumen sowohl physische als auch geistige Raumerfahrung ermöglicht. Das schließt nicht aus, im physischen Raum geistiger wie auch im geistigen Raum physischer Raumerfahrung zu begegnen.

Das Betreten oder Verweilen in einem musealen Raum kann beispielsweise gekoppelt sein mit der Wahrnehmung des architektonischen Raums in Form seiner Kubatur und der gleichzeitigen Empfindung jener Atmosphäre, die über die Ausstattung bzw. die Gegenstände in diesem Raum hinaus sich als Aura einstellt. Ebenso ist es möglich, dass das Layout und die materielle

Ausstattung eines Buches dazu einladen, sich dessen Inhalt in konzentrierter Art und Weise anzunähern, um überrascht festzustellen, dass bei dessen Einverleibung Genuss mit im Spiel ist, der nicht ausschließlich Einzelteilen wie Text oder Bild entspringt, sondern der in Händen gehaltenen stimmigen Gesamtheit.[8] Diese Sichtweise zeigt, dass hier mehr als ein aktivierter Sinn an der Wahrnehmung beteiligt ist und dass die Erkenntnis der Gesamtheit dem eigentlichen Sinnesraum, also dem Raum unmittelbarer sinnlicher Erfahrung, entspringt. Diesen Sinnesraum beschreibt Alexander Gosztonyi folgendermaßen:

> Der Sinnesraum bildet die Basis des Wahrnehmungsraumes. Er stellt die räumliche Struktur des Sinnesfeldes dar. Das Sinnesfeld ist die Gesamtheit aktueller Sinneseindrücke. Es setzt sich aus den Erfahrungsbereichen der einzelnen Sinne zusammen. In ähnlicher Weise entsteht der Sinnesraum aus den einzelnen, aufeinander bezogenen »Räumen«, die durch die verschiedenen Sinne ermittelt werden.[9]

Demnach ist der Sinnesraum jener Raum, dem der Inhaltsraum entspringt, welcher sich je nach individueller Nutzung anders darstellt und/oder manifestiert. Wenn sich dieser Deutungsversuch von Inhaltsraum des Vergleichs Gebäude/Buch bedient und dabei den Begriff »Volumen« bezüglich seiner körperhaften Erscheinung in Verbindung mit Raumerfahrung benutzt, ist es – auf die jeweiligen Körper fokussierend – nicht uninteressant, sich die Beschaffenheit eines Volumens zu vergegenwärtigen. Im Falle eines Gebäudes setzt sich das Volumen – vereinfacht gesagt – hauptsächlich aus dessen Hohlräumen zusammen. Beim Buch entsteht Volumen durch Schichtung von Papier, das in Lagen gestapelt und gebunden den Buchkörper ergibt, welcher kaum über Hohlräume verfügt. Sind die als Inhaltsträger vorgesehenen Papierbogen einmal bedruckt, gefalzt, beschnitten und gebunden, ist damit sowohl die Buchform als auch die Inhaltsanordnung fixiert. Dies bedeutet eine irreversible Festlegung und Verbindung von Inhalt und Form. Eine Veränderung würde einer Zerstörung oder schweren Verletzung gleichkommen und eine Ergänzung bliebe ein Fremdkörper. Im Gegensatz zu Büchern werden Gebäude heute bereits auf Nutzungsvarianten hin konzipiert und erfahren im Laufe ihres Bestehens oft gravierende Veränderungen hinsichtlich ihrer inneren Volumensaufteilung oder ihrer Ausdehnung in den Außenraum.

Ausdehnung, Ergänzung und Veränderung sind ebenfalls Merkmale des virtuellen Raumes, der sich innerhalb der digitalen Medien auftut. Das I-Net ist mittlerweile zu einem kolossalen Publikationsraum angewachsen, dessen Charakteristikum auch in der unkomplizierten Austauschbarkeit, Ergänzung und Veränderbarkeit seiner Inhalte liegt. Was heute als lesbare Information Gültigkeit hat, kann morgen diese restlos verloren haben, weil sie schlicht nicht mehr existiert. Nicht nur der Begriff Beständigkeit erfährt damit eine andere Bedeutung als in jenen Publikationen, deren Form und Inhalt im Buchkörper festgelegt wird. Auch der Faktor Zeit, welcher in der Gegenüberstellung der Medien Buch und I-Net in Anbetracht ihrer Nutzung auf verschiedenen Werteskalen stattfindet, erlangt im Zusammenhang mit Wissensaneignung unterschiedliche Dimensionen. Das schließt nicht aus, dass der Inhalt eines analogen Buches Inhalt digitaler Bestandsaufnahme werden kann, um ihn dort medienkonform zugänglich zu machen. Auch wenn die Frage nach sinnlicher Vermittlung dabei nicht unberührt bleibt, wird uns das nicht der Analyse entheben, ob bestimmte Inhalte nur in Buchform sinnvoll vermittelt werden können.

Das Zusammenspiel mehrerer gestalterischer Faktoren – sich in einer bewussten Selektion für ein bestimmtes konzeptionelles Vorgehen und Verfahren entschieden zu haben – ist eine er- und anregende Angelegenheit innerhalb des Gestaltungsprozesses im Allgemeinen, aber auch in Bezug auf jedes einzelne Buchgestaltungsprojekt. Die hier angestellten Betrachtungen sind jenseits einer wissenschaftlichen Beweisführung angesiedelt und hegen auch keinen diesbezüglichen Anspruch. Schon eher sind sie als ein Bericht aus der realen Welt der Buchgestaltung in Kommunikation mit Autorinnen, Lektoren, Herstellern, Gestalterinnen, Verlagen und anderen an der Entstehung eines Buches Beteiligten zu verstehen.

Und da dieser Prozess immer wieder erneut in Gang gesetzt wird, aufregende Ergebnisse zeitigt, weitere Projekte evoziert, der Inhaltsraum Buch also keineswegs ausgelotet ist, scheint es dem Verfasser unmöglich, vom Ende der Geschichte des Buches zu berichten.

1 BOHATSCH, Walter: Continuously. Salzburg, München 2007, S. 125.
2 Siehe dazu auch HARA, Kenya: Weiss. Baden/Schweiz 2009 (Kapitel 3: Der leere Raum).
3 Siehe BOHATSCH (2007), S. 71 (Rhythmus).
4 Siehe ebda., S. 31.
5 HEIZ, André Vladimir: Aug' um Auge: Gesetze als ästhetische Merkmale des Uebergangs. In: BAUR, Ruedi (Hg.): Das Gesetz und seine visuellen Folgen. Baden/Schweiz 2005, S. 369.
6 BOSE, Günter Karl: Liner Notes. Vom Buch im Plural. Einige Erinnerungen. Leipzig 2009, S. 235.
7 Siehe dazu auch BOHATSCH, Walter: bauen mit zeichen. In: aut. architektur und tirol (Hg.): adambräu. geschichten einer transformation. Innsbruck 2005, S. 22-25, hier S. 24.
8 Siehe auch BOHATSCH (2007), S. 123 (Typografischer Genuss).
9 GOSZTONYI, Alexander: Der Raum: Geschichte seiner Probleme in Philosophie und Wissenschaft. Freiburg, München 1976, S. 37.

STEPHAN KURZ

»Allerlei in Akzidenz Grotesk und Lauftext in Sabon«. Schrift- und Druckgeschichte als Faktoren für die Lektüre

Es fängt damit an, dass man nicht gleichzeitig lesen und schau-
en kann, denn das sind zwei verschiedene Handlungen. [...] Die
schwarzen Druckbuchstaben lösen sich in unseren Gedanken auf
wie eine Brausetablette in einem Glas Wasser. All die schwarzen
Zeichen verschwinden sozusagen kurz von der Bühne, ziehen sich
blitzschnell um und kehren als Ideen, Bilder und auch als Stimmen
und Geräusche wieder zurück.[1]

Im Zentrum dieses kurzen Aufrisses zur Rolle der Schriftgestaltung stehen die Druckbuchstaben. Um zu illustrieren, was
Schriftgestaltung heute heißt und wie sie sich auf heutige Bücher auswirkt, werden einige konkrete Elemente des Schriftsatzes
(Schriftarten, Satzsoftware) und daraus resultierende Herausforderungen vorgestellt. In einem zweiten Schritt behandle ich die
im vorliegenden Band verwendeten Schriften – Akzidenz Grotesk
und Sabon – und das Umfeld ihrer Entstehung. Am Schluss steht
die Frage danach, wie man Wissen über Buchgestaltung in wissenschaftliche Lektürestrategien integrieren kann.

*

Jedes Buch, mit Ausnahme von solchen, die keinen gedruckten
Text aufweisen (Notizbücher, Alben, die Dummys der Verlags-

vertreter), verfügt über ein gewisses Repertoire gedruckter Buchstaben. Diese können gelesen werden – schon vor dem Lesen aber wird sich jemand darüber Gedanken machen, wie diese Buchstaben aussehen werden, wie sie aussehen sollen und ob damit eine mehr oder weniger subtile Botschaft an das Publikum übermittelt werden soll. Der Vielfalt heute verfügbarer Schriften sind kaum Grenzen gesetzt: Da gibt es Altbewährtes, das seit Jahrhunderten in allen möglichen Varianten und zu einer schier ungreifbaren Menge unterschiedlicher Inhalte verwendet wird, da gibt es Extravaganzen, die ganz deutlich dem Buch einen bestimmten Anstrich geben sollen, es gibt Schriften mit subtiler Varianz gegenüber ewiggültigen Formen (ewig heißt hier: seit ca. 1500). Es gibt Versuche, komplett Neues in das Repertoire unserer Lesegewohnheiten einzubringen, es gibt Subversion in der Schriftart, wenn sich die Schrift gegen den von ihr erst verursachten Text wendet. Es gibt Schriften, die absichtsvoll ihrer Lesbarkeit entgegenarbeiten, es gibt Schriftexperimente, die nicht nur optisch aus der Reihe tanzen, sondern das Buchstaben- bzw. Letternreservoir einer Sprache umzuwälzen vorschlagen. Es gibt, überlegt sich jene Person, für die einst die Berufsbezeichnung »Setzer« zutraf und die nicht nur im Wissenschaftsbereich mittlerweile durch autodidaktische Funktionspersonalunionen von Autor, Korrektor, Lektor und Setzer ersetzt wird, eine ganze Fülle von Optionen, aus denen gesetzt werden kann.

Eine Schrift zu gestalten ist kein kleines Unterfangen. Man muss nicht auf so herausragende Beispiele wie die Type der 42-zeiligen Bibel von Gutenberg zurückgreifen, um zu illustrieren, was die Herausforderungen und Leistungen heutiger Setzer sind (und die der Programmierer, die das gültige Werkzeug, sei es eine Bürotextverarbeitung wie das allgegenwärtige Word, Grafik- bzw. Satzprogramme nach dem Motto »What you see is what you get« – Indesign / XPress – oder exotischere Lösungen wie die Markupsprachen LaTeX oder TUSTEP geschaffen haben): Das Ziel ist ein Rahmen, innerhalb dessen alles Platz finden könnte,

was zu sagen wichtig sein könnte (bei Gutenberg war die Text-
vorlage noch gottgegeben, die Folge war »der Anfang aller Aufklärung«*).

Die Konsequenz Gutenbergs beruhte auf dem Prinzip der
Abstraktion von dem, was zu erzählen war (und das war eben
vorgegeben): Man schaffe ein funktionales Gerüst, innerhalb
dessen größtmögliche Varianz möglich ist. Die beweglichen
Lettern sind insofern eine geniale Erfindung – und sie sind es
nicht. Sie sind es nicht, weil die Ingredienzen bereits vorhanden
waren – Gutenberg nahm die besten klösterlichen Handschriften zum Vorbild, deren er habhaft werden konnte; sie sind es
doch, weil er diese Handschriften in ihre Einzelheiten zerlegte
und operabel machte, indem er die Einzelteile auf Bleikegel mit
zwei (von drei möglichen) gleichbleibenden Maßen goss. Um
die Sache verwendbar zu halten und einen gleichmäßigen – den
besten Handschriften der Zeit gleichkommenden – Dichtegrad
von Schwarz auf dem Weiß der Seite zu erhalten, sah er sich gezwungen, zumindest die häufigsten Buchstaben gleich auf mehrere Breiten (Typografen sprechen von »Dickten«) zu gießen. Dies
lief der eigentlich umwerfendsten Zutat von Gutenbergs Rezept
zuwider, doch mit dieser Vorgehensweise war er den heutigen Al-
gorithmen zum Schriftsatz immer noch meilenweit voraus. Gutenbergs 42-zeilige Bibel hat ein Gesamttypenrepertoire von 290
Lettern, wobei er bspw. allein 63 Kleinbuchstaben (63 Glyphen
für 26 Zeichen!) einsetzte. Die IBM-Kugelkopfschreibmaschinen
ab den 1960er Jahren hatten insgesamt maximal 88 Lettern am
Kopf, davon allerdings keine doppelten. Heutige gut ausgebaute
OpenType-Schriften haben manchmal zwei Varianten, die eine
ähnliche Varianz ermöglichen, ohne aber die Texte zu kennen,
die aus ihnen gesetzt werden sollen. Die Textgrundlage Gutenbergs in eine andere Schrift zu bringen ist heute eine Aufgabe,
die vom technischen Aufwand her (wenige Klicks) etwa zwei Minuten in Anspruch nimmt. Hat man allerdings vor, alle Raffines-
sen der ersten Drucke nachzubilden, Abbreviaturen, breitere und

* So die Behauptung
in Roland Emme-
richs Film »The Day
After Tomorrow« (USA
2004), vermittels
deren ein Atheist eine
Gutenbergbibel vor
der Verwendung als
Brennmaterial rettet.

schmälere Varianten derselben Zeichen einzusetzen und nicht bei Buchstaben- und Wortabstand zu schummeln, so wird man gut und gerne ein paar Jahre darauf zu verwenden haben, und zwar auch, um der Satzprogramme Herr zu werden (über 60 % der im Grafikdesign tätigen Herren sind im Übrigen Damen; das gilt sonderbarerweise nicht für die Schriftgestaltung, wo der Frauenanteil stark im Wachsen ist, aber die Wahrnehmungsschwelle der Schriftindustrie auf seltsame Weise verzerrt ist, wie Susanne Dechant zeigen konnte[2]), die jede Zeile in einem Absatz mit jeder anderen in einen Zusammenhang bringen: Verlangt sind rekursive Fehlerbeseitigung und Optimierung.

Es scheint fast so zu sein, dass Gutes eben länger dauert, besonders wenn der zu setzende Text ein höheres Maß an Komplexität aufweist. Ein gutes Gegenbeispiel zu schnelllebigen Satzaufgaben, die keine besonderen Anforderungen an Satzprogramme und ihre Benutzer stellen, ist die über zehn Jahre andauernde Satzarbeit an Arno Schmidts dreispaltigem Opus Magnum »Zettels Traum«: Eine der Hauptschwierigkeiten ist die vertikale Positionierung der drei Textspalten des Romans – die Marginalien links und rechts der Hauptkolumne sollen einerseits an der richtigen Zeile anfangen, andererseits möglichst selten an den Seitengrenzen stehen. Um die anfallenden Probleme zu verdeutlichen, hat der verantwortliche Typograf Friedrich Forssmann im Jahr 2001 einen erklärenden Essay geschrieben, der viele weitere Schwierigkeiten auflistet.[3]

Bevor das Buch in Arbeit gehen kann, haben sich im Idealfall bereits einige Leute Gedanken gemacht – und sei es nur, sie hätten ein Vorbild zum Beispiel gewählt und beschlossen, so, mit dieser Type, diesem Satzspiegel (Seitenproportionen in Relation zu Papierproportionen) und diesem Durchschuss (Zeilenabstand) auf jenem Papier, sollte das fertige Buch erscheinen. Das erforderliche Spezialwissen äußert sich nicht zuletzt auch in einer eigenen Fachsprache (dem »Setzerlatein«[4]); diese Sprache ist nicht immer durchsichtig. Die Wortgeschichte der »Groteskschrift« für seri-

fenlose Schriften bspw. liegt im Dunkeln – James Mosley vermutet einen Zusammenhang mit der ursprünglichen Bedeutung von
»grotesk« als »der Antike, antiker Höhlenmalerei bzw. der Höhle insgesamt zugehörig« und schreibt die Entstehung des Begriffs
in der Druckersprache der starken britischen Antike-, vor allem
Ägypten-Rezeption in Architektur und Kunst kurz vor 1800 zu;
von Großbritannien ausgehend seien die Serifenlosen mitsamt ihrer Bezeichnung in den deutschen Druckgebrauch gekommen.[5]

*

In dem Konzept, mit dem ich eingeladen wurde, einen Beitrag
für den vorliegenden Band zu liefern, waren bereits die beiden
Schriften genannt, aus denen dieses Buch gesetzt werden sollte
– damals hieß es: »Titelei in Akzidenz Grotesk und Lauftext in
Sabon«.

Beides sind untadelige *work horses* der Typografie, die bereits einige Zeit lang ihre Dienste tun. Die Akzidenz Grotesk
kam 1898 auf den Markt und wurde von der Schriftgießerei
Berthold erstellt (über die personelle Urheberschaft ist nichts
bekannt) und vertrieben. Vertrieben hieß unter den Vorzeichen
des Bleisatzzeitalters, dass hunderte Kilo Schrift aus einer Blei-
Antimon-Zinn-Legierung verschickt wurden, für jeden Schrift-
grad und nach einer sprachspezifischen Häufigkeitstabelle auf
die einzelnen Lettern aufgeteilt. Der Name der Schrift verrät es
bereits: Sie war für die Gestaltung von Anzeigen-, Werbe- und
sonstiger kleiner Drucksachen, eben »Akzidenzien«, vorgesehen
und wies als »Grotesk« keine Serifen (Häkchen, Querstriche) an
den Strichenden auf. Die Akzidenz Grotesk ist eine der meistver-
wendeten serifenlosen Schriften zumindest im deutschsprachigen
Raum (rechnet man nach der Zahl der originären Verwendungen und nicht nach der Auflage; sonst würden vermutlich die
Telefonbuchschriften die Liste anführen – Bell Gothic und Bell
Centennial oder ähnliche für den platzsparenden Einsatz in Lis-

ten und Tabellen von Namen, Anschriften und Telefonnummern geschaffene Schriften). Die Verwendung von Groteskschriften – das kann man bei Mosley (1999) nachlesen – reicht zurück bis ins späte 18. Jahrhundert, wobei es speziell ab 1816, im deutschsprachigen Raum etwas verspätet ab den 1830er und 1840er Jahren, zu einer Durchdringung von Markt und Lesergewohnheiten gekommen ist. Die Akzidenz Grotesk ist von ihrer Geometrie her eine relativ geometrische Serifenlose, relativ auch zur Helvetica von Max Miedinger, die ab 1957 (zunächst als »Neue Haas Grotesk«) ihren internationalen Siegeszug als *die* Serifenlose antrat – dem Humanismus der Helvetica (über die es die meines Wissens einzige Dokumentation über eine Schriftart in Spielfilmlänge gibt[6]) entspricht bei der Akzidenz Grotesk vornehmlich Statik. Die Akzidenz Grotesk wäre daher als Fließtextschrift nicht die ideale Wahl gewesen – ihre Grundgeometrie liegt einer anderen Type nahe, die es gerade nicht auf ihre Lesbarkeit abgesehen hat, sondern die problemlose fortlaufende Lektüre eher verunmöglichen soll: die Stefan-George-Schrift, in der George ab 1904 seine lyrischen Texte gedruckt haben wollte (die Type des Dichters ist zugleich Markenzeichen und Alleinstellungsmerkmal).

Die Akzidenz Grotesk ist die älteste heute noch gebräuchliche Groteskschrift. Zugleich ist sie aber auch Inbegriff der »modernen Typografie«, die sich in einer Abwendung von national konnotierter Schriftverwendung (am deutlichsten vermutlich in dem Ende des 19. Jahrhunderts kulminierenden »innerdeutschen« Schriftstreit um Antiqua oder Fraktur) äußerte.[7] Dem typografischen Internationalismus der »modernen« (»neuen«, »elementaren«) Typografie, die nach dem Ende des Zweiten Weltkriegs in Basel als »Schweizer Typografie« ihre neue Heimat fand, entspricht die Benennung der Akzidenz Grotesk für den englischen Sprachraum: Sie hieß dort schlicht »Standard«.[8]

Die Fließtextschrift, in der Sie dieses Buch konsumieren, ist die von Jan Tschichold 1967 geschnittene Sabon – eine französische Renaissance-Antiqua (das wäre die Klassifikation nach der

DIN-Norm 16518, die v.a. nach der Form der Serifen vorgeht), also eine garamondeske Serifenschrift – die Tschichold mit einem konkreten technischen Problem im Hintergrund zeichnete. Die Sabon war die erste Schrift, die für alle drei in den 1960er Jahren gängigen Satzsysteme dieselbe Zeichnung aufwies und die in den aufrechten und kursiven Schnitten eines Grades exakt dieselbe Dickte jedes Buchstaben hatte. Die Sabon konnte damit im Handsatz, mit dem Monotype-Einzelletterngieß- und Satzverfahren und mit den Linotype-Zeilengussmaschinen gleichermaßen verwendet werden und erzielte in allen drei Verfahren dasselbe Satzbild. Dies war natürlich ein gewaltiger Vorteil für die Verbreitung der Schrift, die damit keine Einschränkung mehr auf ein bestimmtes Satzsystem aufwies. Ihre technische Versatilität hat – neben dem Namen Tschichold – auch dazu beigetragen, dass die Sabon bis heute verwendet wird, denn es gibt mindestens 150 andere Garamondesken, die der Sabon an klassischer Linienführung bei gleichzeitig unverschnörkelter Klarheit um nichts nachstehen. Der Name der Schrift ist direkt mit ihrer Form verbunden: Der Beitrag von Jacques Sabon (1535-1590) zur Druckgeschichte ist bis heute kaum ausreichend gewürdigt, doch immerhin war er es, der gemeinsam mit Christoph Plantin nach dem Tod von Claude Garamond die Stempel (Patrizen) von dessen Schriften übernahm und die immer noch gültigen Grundformen dieser Schriftklasse in den deutschen Sprachraum brachte – Sabon starb in Frankfurt. Das Wissen darüber, wer für welche Stempel verantwortlich war (so etwas wie ein »Schöpfer«: Im Anfang war das Wort, doch es musste erst gesetzt werden), ist im Lauf der Jahrhunderte verlorengegangen, sodass viele der »Garamonds« möglicherweise eigentlich auf Jacques Sabon zurückgehen. Tschichold, der die Geschichte der Frühzeit des Buchdrucks intensiv studierte, erwies dem Druckpionier aus Lyon mit der Benennung seiner eigenen Garamondesken seine Reverenz.[*]

Jan Tschichold (1902-1974) hatte eine bemerkenswerte Biografie mit gleich zwei klassisch gewordenen Positionen – er war

[*] Der weltweit einzige komplette Satz von Originalstempeln aus dem Besitz von Claude Garamond ist im Plantin-Moretus-Museum in Antwerpen zu besichtigen.

in den 1930er Jahren einer der Hauptvertreter der Bauhaus-Moderne in der selbsternannten »Neuen Typografie« gewesen, nach seiner Emigration in die Schweiz 1933 hatte er sich aber klassizistischen Gestaltungsmaximen zugewendet und publizierte als einer der zentralen Theoretiker typografischer Praxis zahllose Essays, die vielfache Antwort darauf geben, wie ein flächengestalterisches Problem *richtig* zu lösen sei (Grafikdesigner in Ausbildung sind bis heute einmal mehr, einmal weniger dankbares Publikum dieser Rezeptliteratur, die allerdings eine enorme Stärke hat: Sie ist historisch rückgebunden und entscheidet niemals willkürlich – von Glaubensfragen einmal abgesehen). Die Rolle der Erfahrung von Vertreibung (Entzug der Lehrstelle in München) und Emigration für den Gesinnungswandel vom frühen Modernisten, der mit den sowjetischen Konstruktivisten, mit El Lissitzky, mit den Niederländern des Stijl, mit Paul Renner, und nicht zuletzt mit dem Werbegrafiker und Randlagen-Dadaisten Kurt Schwitters zusammengearbeitet hatte, zum traditionsbewussten Klassizisten, der vornehmlich Lehrer im Dienste einer gereinigten – protestantischen – und im besten Sinne zurückgenommenen Gestaltung sein wollte, ist meines Wissens noch nicht ausreichend eingeschätzt worden.* Tschicholds Texte jedenfalls sind, das kann man mit dem niederländischen Schrift-Gelehrten Gerard Unger sagen, zu den einflussreichsten geworden:

> Von allen Werken über Regeln und Gesetze der Typografie und Schriftgestaltung, die jemals geschrieben worden sind, hatten die Texte von Tschichold und Morison den größten Einfluss. Man kann hier ruhig von typografischen Dogmen sprechen. Die Autoren haben sich als Hüter der Rechte und Anliegen der Leser hervorgetan.[10]

Hinzu kommt – und das ist nicht zu vernachlässigen –, dass Tschichold seine Ideen (die er in beiden Phasen seiner typografischen Tätigkeit mit Vehemenz vertrat) auch in der Praxis umsetzte und damit seine Einflusssphäre gewissermaßen durch die

* Als Stichwortgeber in diese Richtung kann man sich die Memoirenliteratur Emigrierter vorstellen, die ihre Erfahrungen (anders als Tschichold) thematisieren. Parallelisieren ließe sich dies zu dem Titel der Memoiren des Sohns von Arthur Schnitzlers später Kinogefährtin Clara Katharina Pollaczek: »Two Halves of a Life«.[9]

stumme Zeugenschaft zahlloser Bücher absicherte (allen voran durch die Gestaltung der Penguin-Taschenbücher, die er in den 1940er Jahren verantwortete).[11]

In der Person Jan Tschichold kulminieren die Dogmen der Typografie des 20. Jahrhunderts. In einem Aufsatz der zweiten Lebenshälfte nimmt er den Begriff »Grotesk« für Serifenlose wörtlich, eine ganze Schriftenfamilie gerät zum »Monster« des 19. Jahrhunderts,[12] dessen Zeit vorbei sei. Tschichold, der in den 1920er Jahren selbst Experimente zu einem neuen (selbstverständlich serifenlosen) vereinfachten Alphabet anstellte, wird mit Schriften wie der Sabon zum Fürsprecher der klassischen Serifenschriften. Die Bedeutung Tschicholds geht so weit, dass seine Lehren (und seine Schriften bzw. Schriftempfehlungen*) es bis in die Gestaltung dieses Bandes geschafft haben: »Die Gestalter sind den Lesern und den Wissenschaftlern oft einen Schritt voraus und es zeigt sich, dass man mit Kreativität und Beharrlichkeit eine Menge auf die Beine stellen kann.«[13]

*

Nimmt man solche hier eher anekdotisch vorgetragenen Beobachtungen zur Anatomie und Geschichte der Buchstaben ernst, so kommt man zwangsläufig zu einem Plädoyer für eine Literaturgeschichte des Artefakts Buch und für eine Geschichte der bei seiner Erstellung beteiligten Personen und ihrer Funktionen. Eine solche Geschichte beinhaltet neben der Frage nach den verwendeten Lettern und ihrer Vorgeschichte auch die nach dem Format, dem Material, den beteiligten Druckereien und Verlagen, der Bindung, den Wasserzeichen, dem mikrotypografischen Umgang mit Weißraum und Buchstaben, dem Buch als Kind seiner Zeit.

Eine solche Geschichte zeigt: Das Äußere eines Buches (oder eines Textes in einem Buch) hat Aussagekraft. Es kann genauso gelesen werden wie der Inhalt – und bringt Zusatzinformationen, die sonst verborgen blieben.[14]

* Der Schriftenvertrieb FontShop hat 2008 eine Liste der »Besten 100 Schriften« erstellt; hier landeten auf den ersten zehn Plätzen Helvetica vor Garamond und Frutiger, gefolgt von Bodoni, Futura, Times, Akzidenz Grotesk, Officina, Gill Sans und Univers. Tschicholds Sabon ist immerhin noch auf Platz 25 zu finden. Die Kriterien der Auswahl waren in der von hochkarätigen Typografen besetzten Jury folgendermaßen gewichtet: Verkaufszahlen 40 % und historische Bedeutung 30 % und ästhetische Qualität 30 %. Schriftfamilien wie die Garamond, die Futura, die Times und die Bodoni wurden »unifiziert bewertet« (alle Interpretationen dieser Schriften wurden in einen Topf geworfen). Zum gesamten Ranking siehe www. 100besteschriften.de

Eine solche Geschichte liefert Erkenntnisse über Kommunikationswerkzeuge und -strukturen auch als alltagskulturelles Phänomen, über durch Schrift- und Materialeinsatz widergespiegelte Mechanismen der (sozialen, wertbezogenen) Distinktion, über *die* Bedingung der Möglichkeit von Literatur – »So wird Text eigentlich verletzlich.«[15]

1 UNGER, Gerard: Wie man's liest. Sulgen 2008, S. 39 u. 48.

2 Zu statistischen Daten vgl. den vom Bureau of European Design Associations [BEDA] in Zusammenarbeit mit Design Austria erstellten »European Design Report« (2007) und für Österreich die ebenfalls von Design Austria herausgegebene Broschüre »Facts & Figures«. Susanne Dechant hielt am 28.4.2009 an der Universität für angewandte Kunst einen Vortrag, »Type Persons who happen to be female«, in dem sie zeigte, dass in der Schriftgestaltung das Verhältnis der Geschlechter etwa eine Frau zu zehn Männern beträgt.

3 FORSSMANN, Friedrich: »Warum dauert denn das so lange?« Zum Satz von »Zettel's Traum«. In: DREWS, Jörg/PLÖSCHBERGER, Doris (Hg.): »Des Dichters Aug in feinem Wahnwitz rollend ...«: Dokumente und Studien zu »Zettel's Traum«. Sonderlieferung zum Bargfelder Boten. München 2001, S. 91-96.

4 Auf die Spitze getrieben wurde die Suche nach der Bedeutung der Druckersprache für die Germanistik bereits in den 1970er Jahren mit dem Aufsatz von WAGENKNECHT, Christian/WIECKENBERG, Ernst-Peter: Die Geheimsprache der Kustoden. Voruntersuchungen zu ihrer Erforschung. In: DVjs 50 (1976), S. 259-280.

5 MOSLEY, James: The Nymph and the Grot. The revival of the sanserif letter. London 1999. Vgl. auch den Eintrag in KLENZ, Heinrich: Die deutsche Druckersprache. Straßburg 1900, auf den sich das DWB beruft.

6 HUSTWIT, Gary: Helvetica. A documentary film. New York, London 2007.

7 Zur Akzidenz Grotesk vgl. KAPR, Albert: Schriftkunst. Geschichte, Anatomie und Schönheit der lateinischen Buchstaben. Dresden 1971, S. 331; zur »modernen Typografie« vgl. vor allem TSCHICHOLD, Jan: elementare typographie. Sonderheft der Typographischen Mitteilungen. Leipzig 1925; über die Bedeutung dieses Sonderhefts KINROSS, Robin: Modern typography: an essay in critical history. London ²2004, S. 106.

8 Vgl. KINROSS (2004), S. 153.

9 POLE, K.F.M. (Karl Frederick Michael): Two Halves of a Life. Gillingham 1982.

10 UNGER (2008), S. 26f.

11 Zu Tschicholds (Werk-)Biografie vgl. den jüngst erschienenen Band JONG, Cees de/PURVIS, Alston/LECOULTRE, Martijn: Jan Tschichold. Meister der Typografie: Sein Leben, Werk und Erbe. Köln 2008, der allerdings wenig Neues enthält.

12 TSCHICHOLD, Jan: Zur Typographie der Gegenwart. Bern 1960, zit. n. KINROSS (2004), S. 152.

13 UNGER (2008), S. 35.

14 Als *bibliography* sind solche Studien vor allem im angloamerikanischen Bereich gut etabliert: Als herausragendes Beispiel sei auf die Arbeiten von D.F. McKenzie verwiesen, vgl. etwa die Sammlung seiner Aufsätze: Making Meaning: »Printers of the Mind« and Other Essays. Hg. v. Peter D. McDonald u. Michael F. Suarez. Amherst 2002. Im deutschen Sprachraum werden *grosso modo* andere, weltfremdere (dem Artefakt als Objekt verhaftete) Formen der Buchwissenschaft verfolgt.

15 UNGER (2008), S. 192.

MICHAEL ROHRWASSER

Kleines Lexikon der *anderen* Verwendungsformen des Buches

»[E]in Buch ist ein Buch ist ein Buch ist ein Buch« hat Gertrude Stein vielleicht irgendwann gemurmelt, als man von ihr eine Definition dessen verlangte, was sie in ihrer Bibliothek versammelt hatte. Aber es gibt auch Bücher, so liest man am Anfang von Italo Calvinos Roman »Wenn ein Reisender in einer Winternacht« (1979; dt. 1983), »Die Zu Anderen Zwecken Als Dem Der Lektüre Gemacht Sind«:

»Ich blättere. Obenauf: ›Schröder: Vom papierenen Stil‹. Ein damals vielgerühmter Angriff gegen die Schreibart der Zeitungen und des Tintenvolkes. Das hatte ich zufällig gelesen. Viele Sätze und immer die schärfsten sind mit Bleistift angestrichen. Wäre auch darin *Absicht*? Die Bücher, die zuunterst liegen, sind nicht einmal aufgeschnitten.« (Theodor Lessing, Einmal und nie wieder, 1935)

Angeberei

Theodor W. Adorno erzählt von einer »Potemkinschen Bibliothek, die ich in der als Dépendance einem Hotel angegliederten Villa einer alten amerikanischen Familie in Maine fand. Sie kehrte mir alle erdenklichen Titel zu; als ich der Lockung folgte und hineingriff, brach die ganze Pracht leise klatschend zusammen, alles Attrappen.« (Theodor W. Adorno, Bibliographische Grillen, 1963)

Attrappe

»Ein Nachtstuhl aus fünf in Schweinsleder gebundenen Folianten gehört zu den originellsten Schaustücken des Aschaffenburger Schloßmuseums. Das oberste Buch kann aufgeklappt werden, und es kommt eine Klosettschüssel zum Vorschein.« (Badische Zeitung, 16.7.1978)

(Ort der) Aufbewahrung

»[...] schicke ich zugleich ein Buch als Mappe, worin ich die an Herrn von Diez addressirten Gedichte zu legen bitte, [...] doch wünsche ich dass solche zwischen den beygelegten weißen Bogen gelegt werden, weil die Noten abfärben könnten.« (Brief von Johann Wolfgang Goethe an J.H. Meyer, 17.5.1815)

Jochen Meyer öffnet im Keller des Marbacher Literaturarchivs ein mächtiges Buch in grünem Leder, und ein getrockneter Schmetterling flattert heraus, auf den Boden: Es handelt sich um ein Tagebuch von Ernst Jünger, dessen Einband von einem Pariser Buchbinder angefertigt worden ist, mit dem Jünger befreundet war.

Befreiung

»Dafür zählt aber zu den schönsten Erinnerungen des Sammlers der Augenblick, wo er einem Buch, an das er vielleicht nie im Leben einen Gedanken, geschweige einen Wunsch gewendet hat, beisprang, weil es so preisgegeben und verlassen auf dem offenen Markt stand und es, wie in den Märchen aus Tauseindundeiner Nacht der Prinz eine schöne Sklavin, kaufte, um ihm die Freiheit zu geben. Für den Büchersammler ist nämlich die wahre Freiheit aller Bücher irgendwo auf seinen Regalen.« (Walter Benjamin, Ich packe meine Bibliothek aus, 1931)

Besitz

Flaubert porträtiert in seiner Jugenderzählung »Bibliomanie« (1836) den besessenen Büchersammler Giacomo, der seine Besitztümer nicht liest, sondern sich darauf beschränkt, sie zu betrachten und zu streicheln. »Er liebte das Buch um des Buches willen, er liebte den Geruch, das Format, den Titel [...]. Mit Wonne sog er den betörenden Duft des Staubes ein, der die Seiten bedeckte.« Schließlich wird er zum Mörder, um in den Besitz neuer Schätze zu kommen, und er zerstört Bücher, um sich im Besitz eines Unikats zu wissen.

Bücherverbrennungen sind verhinderte Hinrichtungen des Autors, so erzählt Heinrich Heine in seinem Jugenddrama »Almansor« (1823). In ihm findet sich der berühmte Satz »Das war ein Vorspiel nur, dort, wo man Bücher/Verbrennt, verbrennt man auch am Ende Menschen«, den Erich Kästner mit Blick auf die Bücherverbrennungen der Nazis am 10. Mai 1933 zitiert. Weniger bekannt ist, dass Heine sich hier auf die Verbrennung des Koran durch kirchliche Inquisitoren bezieht. 1492, nach dem Fall der letzten maurischen Stadt, Granada, verbrannten die spanischen Inquisitoren zahlreiche Bibliotheken, bevor sie sich auch der Menschen bemächtigten, die davor zur Taufe gezwungen worden waren (denn die Inquisition war nur für Christen zuständig). Nach dem Fall von Granada soll Kardinal Ximenes fünftausend Exemplare des Koran den Flammen übergeben haben.

(Objekt der) Bestrafung

»In der Schweiz ordnete Zwingli an, die katholischen Bücher in die Flammen zu werfen, Luther und Melanchthon ließen Scheiterhaufen aus den Schriften Zwinglis errichten, die Katholiken verbrannten die protestantischen Bibeln und die Kalvinisten die der Katholiken. Am schlechtesten kam Spinoza davon, dessen Werke von allen Konfessionen verbrannt wurden, selbst von den Juden.« (István Ráth-Végh, Die Komödie des Buches, 1967)

»Wir mußten Zeugen von verschiedenen Exekutionen sein, und es ist wohl wert zu gedenken, daß ich auch bei der Verbrennung eines Buchs gegenwärtig gewesen bin. Es war der Verlag eines französischen komischen Romans, der zwar den Staat, aber nicht Religion und Sitten schonte. Es hatte wirklich etwas Fürchterliches, eine Strafe an einem leblosen Wesen ausgeübt zu sehen. Die Ballen platzten im Feuer, und wurden durch Ofengabeln aus einander geschürt und mit den Flammen mehr in Berührung gebracht. Es dauerte nicht lange, so flogen die angebrannten Blätter in der Luft herum, und die Menge haschte gierig darnach. Auch ruhten wir nicht, bis wir ein Exemplar auftrieben, und es waren nicht wenige, die sich das verbotne Vergnügen gleichfalls zu verschaffen wußten. Ja, wenn es dem Autor um Publizität zu tun war, so hätte er selbst nicht besser dafür sorgen können.« (Johann Wolfgang Goethe, Aus meinem Leben. Dichtung und Wahrheit, 1811)

Bibliothek der ungelesenen Bücher

»General Stumm dringt in die Staatsbibliothek ein und sammelt Erfahrungen über Bibliothekare, Bibliotheksdiener und geistige Ordnung.« Vom Bibliothekar, der ihn durch die labyrinthischen Bücherhallen führt, will er endlich wissen, wie er bei dieser Masse an Büchern den Überblick bewahren könne. Der Bibliothekar erklärt es dem Besucher: »›Herr General‹, sagt er ›Sie wollen wissen, wieso ich jedes Buch kenne? Das kann ich Ihnen nun allerdings sagen: Weil ich keines lese!‹« (Robert Musil, Der Mann ohne Eigenschaften, 1930)

In David Lodges erstem Campus-Roman, »Changing Places« (1975), wird an einer fiktiven britischen Universität (Rummidge) das *humiliation game* gespielt, bei dem der gewinnt, der die bekanntesten Werke nicht gelesen hat. Als der amerikanische Gastprofessor gewinnt, weil er behauptet, »Hamlet« nicht gelesen zu haben, verliert er in den USA seinen Job.

Blattbeschwerer

»Ein Buch kannst du auch verwenden, um [...] das Davonfliegen von losen Zetteln bei Windstößen zu verhindern.« (Das Übungsbuch zur Deutschstunde 2, 2. Klasse HS und AHS, 2008)

Bombe

In Fritz Langs Film »Ministry of Fear« (1944) taucht ein Buchkoffer auf, der eine Bombe enthält. Die Bombe explodiert.

Brennstoff

Rudolf Schönwald, ein Wiener Grafiker und Maler, erzählt in einem Gespräch mit Albrecht Götz von Olenhusen von seinen Exiljahren in Ungarn, wo er im Winter 1944/45 mit anderen Zi-

vilisten von den russischen Truppen dazu gezwungen wurde, »bei
klirrender Kälte Schützengräben im Südwesten der Stadt zu graben [...]. Der Ort hieß Sóskut, das heißt Salzbrunnen, und befindet
sich vom Stadtzentrum Budapests 35-40 km entfernt. [Es gab] ein
großes landwirtschaftliches Gebäude, in das diese Zwangsarbei-
ter, also wir, am Abend hineingetrieben wurden und das wie eine
große Scheune war oder irgend so etwas, wo man auch mit Wagen reinfahren konnte, es war in dem Gebäude nichts außer turm-
hoch gestapelte Bücher. Das war eine ganze Bibliothek, die dort
ausgelagert war, und zwar war das die Bibliothek der Technischen
Universität Budapest, die man vorsorglich vor dem Bombenkrieg
gerettet und dorthin gebracht hatte. Das war eine schlechte Idee –
es werden immerhin 100 oder 200 Unglücksraben gewesen sein,
die dort die Nacht auf dem nackten Boden zugebracht haben, und
dann kam man bald auf die Idee, diese Bücher anzuzünden, damit
es ein bißchen warm wird. Nach zehn Nächten war von der Bibliothek der Technischen Hochschule nicht mehr viel übrig [...].
Ich sehe mich noch heute sitzen die ganze Nacht, die schönsten
Folianten mit den feinsten Elektromotoren, Dampfmaschinen
und Kompressoren und weiß der Kuckuck was, in das Feuer hi-
neinwerfen, und ich sehe Glückliche, die irgendwo am Weg eine
Kartoffel gefunden hatten, die sie ängstlich bewacht haben, dass
ihnen die nicht jemand anders wegnimmt, sie im Papierfeuer rös-
ten und dann essen.« (In: Die Aktion. Zeitschrift für Politik, Literatur, Kunst, H. 214, Oktober 2008)

In Roland Emmerichs Katastrophenfilm »The Day After Tomorrow« (2004) stellen sich Überlebende, die in der Manhattan
Public Library gelandet sind (die Bibliothek ist ein beliebter Ort
des Rückzugs in Katastrophenfilmen), die Frage, welche Bücher
sie verbrennen dürfen, um sich aufzuwärmen. Nietzsches Werke
und das amerikanische Steuerrecht fliegen ins Feuer, eine Gutenberg-Bibel wird dagegen vor der Verbrennung bewahrt, denn, so
erklärt ein atheistischer Bibliothekar, »sie repräsentiert die An-
fänge der Aufklärung«.

»Mein Freund Boris Eichenbaum verheizte seine Bibliothek. Aber das ist eine furchtbare Arbeit. Man muß die Seiten einzeln herausreißen und sie zusammenknüllen.« (Viktor Sklovskij, Sentimentale Reise. 1917-1922, 1964)

Auf Carl Spitzwegs berühmtem Gemälde »Der arme Poet« (1839) sieht man den Dichter in seiner Dachkammer frieren. Er wärmt sich mit seinen Manuskripten, die er in den Ofen gesteckt hat, die sich deshalb nicht mehr in Bücher verwandeln können. Sie verwandeln sich aber in Wärme, die dem Poeten zur Fortsetzung seiner Schreibtätigkeit dient. Hans Blumenberg hat in diesem Bild das Perpetuum mobile entdeckt.

Bügeleisen   »Ich hatte in meiner Heimatstadt einen Schulkameraden, einen kleinen Arzt für kleine Übel und kleine Leute. Er war so arm wie seine Patienten. Immerhin besaß er eine ›Enzyklopädie der Medizin‹. Und wenn seine Hosen schon ganz verkrumpelt waren, legte er sie nachts auf den Fußboden und über sie die zwölf Bände der Enzyklopädie. So ersparte er sich das Plättenlassen. [...] Ein Beweis für die Richtigkeit des Spruches: Bücher sind Freunde in der Not.« (Alfred Polgar, Dilemma mit Büchern, 1927)

Dekoration   Das Bildungsbürgertum und seine repräsentativen Klassikerausgaben: »Solche Reihen von Gesamtausgaben protzen nicht nur, sondern ihre glatte Harmonie verleugnet unbillig das Schicksal, welches das lateinische Sprichwort den Büchern zuspricht und das allein von allem Toten sie mit Lebendigem gemein haben. Die einheitlichen und meist allzu geschonten Blöcke wirken, als wären sie alle auf ein Mal, geschichtslos oder, wie das zuständige deutsche Wort lautet, schlagartig erstanden worden [...].« (Theodor W. Adorno, Bibliographische Grillen, 1963)

Ding   »Seit langem schon sehe ich Bücher, die mir ins Haus kommen, nicht mehr, wie eben unsereins Bücher sieht, sondern ich sehe sie, und vor allem, als Gegenstände. Als etwas, das ein Gewicht hat,

Platz wegnimmt, dann und wann in Koffer gestopft werden muß, in die es nicht hineingeht. Das Dingliche der Bücher drängt sich vor! Das ist die *Crux*!« (Alfred Polgar, Dilemma mit Büchern, 1927)

»[...] Weiht Stanze, Sonnett und Sinngedicht/Cytherens hin-kendem Gatten! Wo nicht,/So sammelt, indeß wir an Griechen und Römer/Uns halten, fort für – Käsekrämer.« (Joseph Franz Ratschky, Herzenserleichterung an die Herausgeber der neuesten Musenalmanache, Wien im Wintermond 1803)

Einwickelpapier

»Sie hacken mir meine Lorbeerwälder um und pflanzen da-rauf Kartoffeln [...] und ach! Mein ›Buch der Lieder‹ wird der Krautkrämer zu Tüten verwenden, um Kaffee oder Schnupftabak darin zu schütten für die alten Weiber der Zukunft – Ach! [...] und am Ende ergreift mich eine verzweiflungsvolle Großmut, wo ich ausrufe: gesegnet sei der Krautkrämer, der einst aus meinen Gedichten Tüten verfertigt.« (Heinrich Heine, Vorrede zu »Lutetia«, 1854)

»Das sind alle meine Papiere, Feldwebel. Da ist ein ganzes Meßbuch dabei, aus Altötting, zum Einschlagen von Gurken [...].« (Bertolt Brecht, Mutter Courage, uraufgeführt 1941)

In Christian Petzolds Film »Die innere Sicherheit« aus dem Jahr 2000 (und wohl auch in der Realität) dient Melvilles Roman »Moby-Dick« als Erkennungszeichen für die Mitglieder der RAF. Moby-Dick, der Leviathan – das ist der Staat.

Erkennungszeichen

Ernst Jünger fantasiert (in einem seiner späten Tagebücher – eine Passage, die einst in einem FAZ-Magazin veröffentlicht war), dass er sich ein Buch auswählt, für die nächtliche Lektüre, so wie der Sultan, der sich eine Geliebte für die Nacht bestimmt. Entgegengesetzt Walter Benjamins Verbindung von Buch und Serail (↑ Besitz).

Erotisches Objekt

Karl Wolfskehls Fantasie funktioniert wiederum wie die Jünger'sche: »Zu Hause beginnen die eigentlichen süßen Pflichten. Hat man das Buch auch persönlich erstanden und durchprüft, so war das doch nur wie ein Ansprechen auf der Straße, oder eine wenn auch ergebnisvolle Vorstellung im fremden Salon. Nun erst ist man ›endlich allein!‹ Mit welchem gierigen und hütenden Verlangen werden die Umschläge entfernt, die geliebten Wesen herausgehoben! Überraschung, Schmerz, Freude wogen durcheinander [...]. Aber noch bleibt der eigentliche Liebesgenuß verboten. Ein Buch ist wie eine Haremsschöne, die erst nach tausendfachem Zurüsten, gebadet, durchknetet, besalbt, wohlausgeruht und mit zarten Würzen sinnenhaft erschlossen, der Arme des Gebieters würdig ist.« (Bibliagogik oder Über den erziehlichen Umgang mit Büchern, 1928)

»Kien gehorcht seinem genialen Impuls. Er trägt eine Menge von Bänden zusammen und türmt sie vorsichtig auf dem Diwan auf. [...] Vier bis fünf schwere Stücke legt er übereinander und streichelt sie in der Eile, bevor er neue holt. Schlechtere Sachen nimmt er nicht, um die Frau nicht zu kränken. [...] Gleich wird sie da sein. Sobald sie den überladenen Diwan sieht, wird sie, ordnungsliebend, wie sie ist, darauf zugehen und fragen, wo die Bände hingehören. So lockt er das ahnungslose Geschöpf in die Falle. [...] Er schlottert vor Angst, er betet zu den Büchern, der letzten Schranke. Therese fängt seinen Blick, sie bückt sich und fegt mit einem umfassenden Schlag des linken Armes sämtliche Bücher zu Boden. Er macht eine hilflose Bewegung, zu ihnen hin, er will aufschreien, Entsetzen schnürt ihm die Kehle zu, er schluckt und bringt keinen Laut hervor. [...] Therese zieht sich den Unterrock aus, faltet ihn besorgt zusammen und legt ihn auf die Bücher am Boden. Dann macht sie sich's auf dem Diwan bequem, krümmt den kleinen Finger, grinst und sagt: ›So!‹« (Elias Canetti, Die Blendung, 1935)

»*Dieses Abenteuer von einem Weibe ! ! :* da stand sie; nackt; meine Staatshandbücher unter dem Arm (so daß die linke Brust zum Teil drauflag: auf dem kalkblauen Jahrgang 1843 ! !): oben ein kaltes Lächeln, unten Pantoffeln.« (Arno Schmidt, Das steinerne Herz. Historischer Roman aus dem Jahre 1954 nach Christi, 1956)

Walter Benjamin »stand auf, zeigte mit einer großen Geste auf die Bücher und sagte: Nimm ein Buch [...] welches du willst. Einfach gesagt. In seinem Zimmer waren ringsum Bücher – von der Diele bis zur Decke: große, kleine, in einfachen Umschlägen und in alten kostbaren Lederbänden: Ich ging und schaute die Bücher an: Plötzlich sah ich einen schmalen goldgelben Streifen – ich ging dicht heran, zog das Büchlein heraus, zeigte es Benjamin: ›Dieses will ich!‹ Er wurde blaß, nach einer Pause sagte er leise und heiser: Das ist die Erstausgabe der ›Stella‹. (Vielleicht irre ich mich und es war die Erstausgabe der ›Natürlichen Tochter‹, denn in seinem Testamententwurf vermachte er mir die Erstausgabe der ›Natürlichen Tochter‹). Er flüsterte vor sich hin: ich mußte es doch wissen ... [/] Ich kannte seine Leidenschaft für Bücher und verstand, daß der Verlust der ›Stella‹ ihn sehr schmerzen mußte. Aber wenn ich ihm das Buch zurückgebe, nimmt er es um keinen Preis. Mir kam ein Einfall: ich warf das Büchlein auf den Tisch und sagte: Hundert Mark. – Er zog rasch die Brieftasche heraus.« (Asja Lacis, Revolutionär im Beruf, 1971)

Erstausgabe

Der Lehrer schlägt seinem Schüler das Buch auf den Kopf. »Wir werden schon einen Weg finden, dir dein Wissen einzubläuen.«

Erziehungshilfe

»Romane zum Beispiel sind dazu da, verschlungen zu werden [...]. Mag man beim Essen, wenn es sein muß, die Zeitung lesen. Aber niemals einen Roman. Das sind Obliegenheiten, welche sich schlagen.« (Walter Benjamin, Einbahnstraße, Nachtragsliste, 1927)

Essen

Der Künstler Dieter Roth stellte in den 1960er Jahren so genannte Literaturwürste her, bei denen Bücher oder Magazine mit Gewürzen und Fett nach einem Wurstrezept vermischt und in einen Wurstdarm oder in Plastikpelle gepresst wurden (Hegels gesammelte Werke in 20 Würsten, Alfred Anderschs »Die Rote« oder Martin Walsers »Halbzeit«, 1961).

Geschenk Wolfgang Kolbenhoff über den Ersten Deutschen Schriftsteller-
kongress, 1947: »Die Alliierten gaben anläßlich dieses Schriftstel-
lerkongresses am Abend Empfänge: die Russen machten in einem
der Schinkelgebäude ›Unter den Linden‹ den Anfang. Natürlich
strömten die deutschen Schriftsteller schon deshalb dorthin, weil
es hieß, daß es reichlich zu essen gäbe. [...] Als die Völlerei der
ausgehungerten, schlecht gekleideten deutschen Schriftsteller be-
endet war, und niemand mehr auf den anderen hörte, strömten
wir mit leicht glasigen Augen dem Ausgang zu. Neben dem Ausgang standen zwei russische Soldaten und drückten jedem die gesammelten Werke Stalins in die Arme. Da sie sehr schwer waren,
fünf dicke Bände, rutschten sie manchen schon bei den ersten
Schritten wieder weg und fielen auf die Straße. Ich verlor meine
Bücher an der Stelle, an der einst Friedrich der Große auf seinem
Pferd saß. Ein ganzes Straßenstück ›Unter den Linden‹ war mit
den Werken Stalins bedeckt. Wegen des ungewohnten üppigen
Essens und der vielen Wodkas mußten einige sich erbrechen. Sie
taumelten ohne Stalins Werke auf die wartenden Autos zu. Soviel Kotze hatte die ehemalige Prachtstraße bestimmt noch nicht
gesehen. Manche rutschten darauf aus. Es war eine ziemliche Katastrophe.« (Schellingstraße 48. Erfahrungen mit Deutschland,
1984)

Gewicht Nach dem Tod des muslimischen Aufklärers und Aristoteles-
Kommentators Ibn Rushd in Marakesh wird seine Leiche auf
einem Esel zurück nach Cordoba transportiert, zur Stätte seines
Wirkens. Sein Sarg auf dem Rücken des Esels wird von seinen
Werken im Gleichgewicht gehalten.
   »Wenn der Geist heiligt, so ist jedes ächte Buch Bibel. Aber
nur selten wird ein Buch um des Buchs willen geschrieben, und
wenn Geist gleich edlem Metall ist, so sind die meisten Bücher
Ephraimiten. Freylich muß jedes nützliche Buch wenigstens stark
legirt seyn. Rein ist das edle Metall in Handel und Wandel nicht
zu gebrauchen. Vielen wahren Büchern geht es wie den Gold-

klumpen in Irland. Sie dienen lange Jahre nur als Gewichte.«
(Novalis, Blüthenstaub, Nr. 102)

In französischen Intellektuellenkreisen kursierte nach 1943
die üble Nachrede, dass Jean-Paul Sartres philosophisches
Hauptwerk, »L'être et le néant« (1943; dt. »Das Sein und das
Nichts«), sich darum so gut verkaufe, weil die Ausgabe genau
ein Kilogramm wiege und daher von den Fischhändlern gerne als
Gewicht benutzt würde.

Der Mörder weiß, dass der Leser die Ecken der Seite anfeuchtet,
mit seinem Finger zur Zunge, dann zur Buchseite, dann wieder
zurück. Also muss er ein starkes Kontaktgift auf die Ecken der
Buchseiten verteilen. Umberto Ecos blinder Mönch Jorge von
Burgos verwendet diese Methode in »Der Namen der Rose«
(1980; dt. 1982), um die Leser der letzten Abschrift von Aristoteles' verschollener Abhandlung »Über das Lachen« zu töten,
weil diese Schrift der Kirche gefährlich ist, denn das Lachen tötet
die Furcht.

Gift

»Index Tumuli Coelii Calcagninus, qui ibidem sepeliri voluit ubi
semper vixit« lautet die Inschrift auf einem Grabstein im Biblio-
thekssaal in Ferrara: »Hier ist das Grab des Coelius Calcagninus,
der dort begraben werden wollte, wo er ständig lebte.«

Der Gelehrte und Büchersammler kann von den Büchern begraben werden, wie die Geschichte des Mathematikers Johann
Stöffler lehrt, der 1531 unter seinen Büchern begraben wird: »Er
hatte aus der Nativität wahrgenommen, daß ein gewisser Tag
seinem Leben sehr gefährlich seyn würde. Weil er aber in seinem
Hause nichts Boeses vermuthete, so wolte er an solchen Tage
nicht ausgehen, sondern bat einige gelehrte Leute zu sich, mit denen er die Zeit kürtzen, und sich darueber aller Bekümmernisse
entschlagen möchte. Da er nun mit demselben in einen Discours
gerieth, und dabey ein Buch vom obersten Brete seines Reposito-
rii herab langen wollen, fiel ihm der gantze Buecher-Schranck auf

Grab

den Kopff, und verwundete ihm dergestalt, dass er bald darauf sterben muste.« (Großes vollständiges Universal-Lexikon aller Wissenschaften und Künste, hg. von J.H. Zedler, 1732-54)

Auf der Rückseite der »Zwiebel«, Almanach des Berliner Wagenbach-Verlages für das Jahr 1987, findet sich folgendes Zitat: »Seine Leidenschaft für Bücher ist einem 81-Jährigen in San Diego während eines Erdbebens fast zum Verhängnis geworden: zwölf Stunden lag er unter einem riesigen Bücherberg, bis sich die Feuerwehrleute endlich zu dem verschütteten Bücherwurm durchgegraben hatten. Dabei mußten sie Broschüren, Zeitschriften und dicke Wälzer aus dem Fenster und vor die Türe werfen.«

Handwerk Die Verleger Erich Brinkmann und Günter Bose wählten als Einband für Géza Csáths Novellensammlung »Muttermord« (1989) grobes Sackleinen und besorgten sich beim Schlachtermeister ihres Vertrauens einige Liter Rinderblut. Sie verteilten die Bücher auf dem Boden des Verlags und ließen auf jedes Exemplar mehrere Tropfen Blut fallen, womit jedes der Bücher zum Unikat wurde.

Hintergrund »[W]irkungsvolles Relief für Heimfotografien«. (Kurt Tucholsky, Bibliothekskadaver, 1922)

Humus »Und um zu etwas Handfestem zu kommen, machte ich mich daran, zwischen die Seiten zu spähen, indem ich sie ein paar Zentimeter auseinander spreizte; dabei fiel alles mögliche heraus: gelbliches Sägemehl, ausgedörrte Larven von Insekten, Spinnenhäute und schwarzer vulkanischer Sand, wohl die berüchtigten, schon erwähnten Defäkationen.« (Ermanno Cavazzoni, Le tentazioni di Girolamo, 1991; dt. Mitternachtsabitur, 1994)

Klopapier Edgar Wibau stößt auf die Reclam-Ausgabe von »Die Leiden des jungen Werther«: »Und kein Papier, Leute. Ich fummelte wie ein

Irrer in dem ganzen Klo rum. Und dabei kriegte ich dann dieses berühmte Buch oder Heft in die Klauen. Um irgendwas zu erkennen, war es zu dunkel. Ich opferte also zunächst die Deckel, dann die Titelseite und dann die letzten Seiten, wo erfahrungsgemäß das Nachwort steht, das sowieso kein Aas liest. Bei Licht stellte ich fest, daß ich tatsächlich völlig exakt gearbeitet hatte.« (Ulrich Plenzdorf, Die neuen Leiden des jungen W., 1973)

»Jid sagte: ›Eva hat es genommen. Eva reisst Seiten heraus für den Abort. Ich erlaube das nicht. Wenn man die halben Seiten aus einem Buch herausreisst, stört es einen beim Lesen.« (Robert Neumann, Kinder von Wien, 1948)

Johann Wolfgang Goethe nagelt im August 1779 in Anwesenheit seiner Freunde Friedrich Heinrich Jacobis Werther-Buch »Woldemar« im Ettersburger Park an eine Eiche (die so genannte »Woldemar-Kreuzigung«).

Kreuzigung

Eine kleine Sammlung von Buch-Kunstwerken ist in einem Ausstellungskatalog der Freiburger Universitätsbibliothek versammelt. (Buchobjekte, Freiburg, 1980)

Kunstwerk

Dicke Bücher können das Leben retten, indem sie Kugeln oder Dolche ablenken (↑ Schutzwall). Aber der Wiener Kommissar Richard Lukastik wird durch ein schmales rotes Bändchen der Edition-Suhrkamp-Reihe gerettet, nämlich Ludwig Wittgensteins »Tractatus Logico Philosophicus«. Als sein Kollege Jordan in der Spalte eines Türstocks auf ein gefaltetes Blatt aus diesem Buch stößt, weiß er, dass der Kommissar in Lebensgefahr schwebt. (Heinrich Steinfest, Nervöse Fische, 2004)

Lebensretter

In Carlos Maria Dominguez' Erzählung »Das Papierhaus« (2004) verwendet ein Bibliomane, der eine Bücherwand gegen die Welt errichtet hat, seine Bücher auch als reale Bausteine, mit denen er eine reale Mauer errichtet, die ihn gegen den Seewind schützt.

Mauer

Elias Canettis Sinologe, Peter Kien, ist der berühmteste der Romanhelden, die mit Hilfe ihrer Bücher eine Mauer gegen die Außenwelt zu errichten versuchen. Alle Fenster sind zugemauert, doch die Wohnungstüre ist offen. Und so dringt die Wirklichkeit doch noch in die Wohnung Kiens. Zwar ist er ein belesener Wissenschaftler, aber am Ende läuft er geschlossenen Auges durch seine Bibliothek. Seine Bücher sind Soldaten, die ihn gegen die Außenwelt schützen sollen. (Elias Canetti, Die Blendung, 1935)

(Mittel gegen) Mäuse

»Als der Kaplan vor dem ruhigen Kopf des sechswöchentlichen Kindes vorbeiging, den schon die heutige Tressenhaube preßte: so ging er aus Ärger über dessen Gleichgültigkeit wieder zurück, hob seinen geputzten Kopf empor mit der rechten Hand und fuhr in den Schacht des Wiegenstrohes ein mit der linken und wollte da die Bibel – die gewöhnlich das Kopfkissen und die Amulett-Unterlage der Kinder (besonders der *Dauphins*) ist – ausgraben, indem er sagte: ›Der miserable kleine Fratz läge bei unserem Elend nur kalt da, mir nichts dir nichts, wenn ich ihn nicht aufstörte.‹ – Und hier fiel etwas, nicht wie ein Schuß, sondern wie ein Buch, wiewohl mans durch meinen Kiel bis ins dreißigste Jahrhundert hören kann. Eymann sprang denkend ins zweite Stockwerk und fand zu seinen Füßen eine erschmissene – Maus unter seiner gesuchten Bibel. Den protestantischen Reichskreisen können die Studenten- oder Doktor Luthers-Mausfallen niemals unbekannt gewesen sein, zu denen man nichts braucht als *ein* Buch, und die für Mäuse sind, was symbolische Bücher für Kandidaten. Sebastian zog die Leiche beim Schwanze unter der biblischen Quetschform und Seilerischen Bibelanstalt hervor, schwenkte den Kadaver gegen das Licht und hielt diesen Leichensermon ex tempore: ›Armer Schismatiker! dich erschlug das Alte und Neue Testament, aber du und die Testamente sind außer Schuld! – Sei nur froh, daß die Bibel dich nicht gar zu Asche sengte, wie einen portugiesischen Israeliten; aber du fielest in aufgeklärte Zeiten, wo sie nichts nimmt als Pfarrdienste. Es ist echter Witz, wenn

ich frage: da sonst die Bibel die Feuerbrünste, worein man sie
warf, auslöschte: warum denn Autodafés nicht?‹ – « (Jean Paul,
Hesperus, 6. Hundposttag, 1795/98)

»Wir überließen das Manuskript der nagenden Kritik der Mäu- (Opfer der) Mäuse
se um so williger, als wir unsern Hauptzweck erreicht hatten –
Selbstverständigung.« (Karl Marx, Zur Kritik der politischen
Ökonomie, Vorwort, 1859)
    »Ein Paragraph über marxistische Philosophie und Gesell-
schaftstheorie wurde das Opfer der nagenden Kritik meiner
inzwischen verstorbenen Känguruhmäuse Wawa und Wutzi.«
(Hans Peter Dürr, Ni Dieu – ni mètre, Vorwort, 1974)

Marco Fogg, der Protagonist in Paul Austers Roman »Mond Möbel
über Manhattan« (Moon Palace, 1989; dt. 1992), bekommt von
seinem Onkel Bücher geschenkt, die in Kartons verpackt sind.
»Die Kartons erwiesen sich dann als recht nützlich. Die Wohnung in der 112th Street war unmöbliert, und anstatt mein Geld
für Dinge zu verschwenden, die ich nicht wollte und mir auch
nicht leisten konnte, machte ich aus den Kartons etliche ›ima-
ginäre Möbelstücke‹. Das Ganze glich ein wenig einem Puzzle-
spiel. […] Sechzehn dienten als Gestell für meine Matratze, zwölf
wurden zu einem Tisch, sieben bildeten einen Sessel, zwei einen
Nachttisch und so weiter. […] Bedenkt, wie befriedigend es ist,
erklärte ich ihnen, wenn man ins Bett kriecht und weiß, daß man
auf der amerikanischen Literatur des neunzehnten Jahrhunderts
träumen wird. Stellt euch das Vergnügen vor, sich zum Essen hin-
zusetzen, und unter dem Teller lauert die komplette Renaissance.
In Wahrheit hatte ich keine Ahnung, welche Bücher in welchen
Kisten waren, aber damals war ich ganz groß im Geschichten-
erfinden, und mir gefiel der Klang solcher Sätze, auch wenn sie
falsch waren« – später muss er die Bücher verkaufen, und als
alle verkauft sind, kann er fortfliegen (Fogg erklärt, einer seiner Vorfahren habe Fogelmann geheißen, was sich vom Vogel

ableite, das sei im Einwanderungsbüro von Ellis Island zu Fogg abgekürzt worden).

Nachlass Der Sammler schafft sich eine Bibliothek, die alle Merkmale seiner Person in sich vereinigt, einen vergrößerten Körper, den er einem seiner Kinder, einem Freund oder einer Institution vermachen kann. »Den vornehmsten Titel einer Sammlung wird darum immer ihre Vererbbarkeit bilden.« (Walter Benjamin, Ich packe meine Bibliothek aus, 1931)

»Wenn sie den Nachlaß ordnen, werden sie staunen über die Vielfältigkeit deiner Interessen. Und wissen nicht, daß du jahre-, jahrzehntelang die Bände reihenweise nicht mehr angerührt hast.« (Kurt Tucholsky, Bibliothekskadaver, 1922)

Nippes »Es ist ja auch sonst nicht leicht, ein deutsches Buch von einer Nippessache zu unterscheiden.« (Joseph Roth, Bücher und Karotten, 1930)

Ornament Die Edition Suhrkamp, die in den 1960er Jahren von Willi Fleckhaus entworfen wurde, ergibt, wenn man sie nicht nach dem Alphabet der Autoren, sondern im Nacheinander der Nummern aufstellt, einen sich wiederholenden Regenbogen. Dass die richtig geordneten Buchrücken einer Reihe ein Bild oder einen Schriftzug ergeben, wird in den Jahren danach gebräuchlich. Kinder wurden auf diese Weise dazu verführt, die Donald-Taschenbücher komplett zu erwerben, weil die Rücken Bilder entstehen ließen. Erwachsene erwarben die SZ-Jahresbände der Rockgeschichte, um auf deren Rücken Neil Youngs Vers zu lesen: »Hey hey, my my, Rock'n'Roll will never die.«

Papierdrachen »Leidenschaftlicher sah wohl niemand aus als ich in der ersten Stunde, wo ich das 13te Kapitel aus dem Juden-Buche ausgerissen fand, man müßte denn mich selber in der zweiten ausnehmen, wo ich die Sache dennoch bekam, als eine spielende Knapp- oder

Knabschaft (es war nicht meine biographische,) das Kapitel an mein Fenster steigen ließ, als Papierdrachen. Ein artiger Schicksals-Wink! Er will damit wohl sagen: so heben wir Autoren auf Papier uns sämtlich hoch genug (höher vielleicht, als unsere Bescheidenheit anerkennen will); Wind, (er bedeutet das Publikum) trägt auf- und fortwärts; an der Schnur hält den Drachen ein Knabe (er soll den Kunstrichter vorstellen), welcher durch sein Leitseil dem Flugtiere die ästhetische Höhe vorschreibt.« (Jean Paul, Leben Fibels, 1812)

»Schreibt man denn Bücher bloß zum Lesen? oder nicht auch zum Unterlegen in die Haushaltung? Gegen eins, das durchgelesen wird, werden Tausende durchgeblättert, andere Tausend liegen stille, andere werden auf Mauslöcher gepreßt, nach Ratzen geworfen, auf andern wird gestanden, gesessen, getrommelt, Pfefferkuchen gebacken, mit andern werden Pfeifen angesteckt, hinter dem Fenster damit gestanden.« (Georg Christoph Lichtenberg, Sudelbücher, E 308)

Pfefferkuchen backen (und anderes)

Dem Gelehrten Diego Hervás widerfährt das Missgeschick, dass die ganze Auflage seines mathematischen Werks vom spanischen Finanzminister konfisziert und verbrannt wird. In den folgenden 15 Lebensjahren versammelt er das Wissen der Welt in 100 handgeschriebenen Oktavbänden. »Hervás wollte, bevor er abreiste, den Anblick genießen, den seine hundert Bände, nebeneinander auf einen einzigen Tisch gestellt, boten. Er besaß ein Manuskript vom gleichen Format, in dem es auch gedruckt werden sollte. Er überließ es einem Buchbinder und gab ihm genaue Anweisung, auf den Rücken eines jeden Bandes, in seiner Länge, den Namen der Wissenschaft und die Nummer des Bandes zu drucken, vom ersten, der universalen Grammatik, bis zur Analyse, dem hundertsten Band. Der Buchbinder brachte das Werk nach drei Wochen zurück. Der Tisch, der es aufnehmen sollte, stand schon bereit. Hervás ordnete darauf die imposante Reihe und veran-

Rattenfutter

staltete ein Freudenfeuer aus allen Entwürfen und überflüssigen Abschriften. Darauf verschloß er die Tür seines Zimmers, indem er den Schlüssel zweimal umdrehte und sein Siegel darauf drückte, und reiste nach Asturien ab. […] Er machte sich wieder auf den Weg zur Hauptstadt, er kam nach Hause, fand das Siegel noch unverletzt an der Tür, öffnete und … sah die hundert Bände zerfetzt, aus den Einbänden herausgerissen, alle Seiten verstreut und durcheinander auf dem Fußboden liegend! Dieser entsetzliche Anblick verwirrte seine Sinne; er sank inmitten der Reste seiner Bücher zu Boden und verlor sogar das Gefühl seines Daseins. [/] Weh und ach! Das Unglück hatte diese Ursache: Hervás nahm seine Mahlzeiten nie zu Hause ein. Die Ratten, die sich so zahlreich in allen Häusern Madrids finden, hüteten sich wohl, das seine aufzusuchen: Sie hätten dort nur ein paar Federn zu benagen gefunden. [/] Anders aber wurde es, als man hundert Bände, mit frischem Kleister gebunden, in das Zimmer gebracht hatte, das zudem noch am gleichen Tage von seinem Herrn verlassen wurde. Die Ratten, angelockt vom Duft des Kleisters, ermutigt durch die Einsamkeit des Ortes, versammelten sich in Scharen, zerrten, nagten, fraßen […].« (Jan Potocki, Die Handschriften von Saragossa, dt. 1962)

Samen

»Hier aber fielen mir nun am Ende zwei verschossene Pappbände in die Hand, die streng genommen gar nicht in eine Bücherkiste gehören: zwei Alben mit Oblaten, die meine Mutter als Kind geklebt hat, und die ich geerbt habe. Sie sind der Samen einer Sammlung von Kinderbüchern, die noch heut ständig fortwächst, wenn auch nicht mehr in meinem Garten.« (Walter Benjamin, Ich packe meine Bibliothek aus, 1931)

Sammelobjekt

»Gegen die Haltung des Sammlers mag eingewendet werden, ihm sei Bücher zu besitzen wichtiger als ihre Lektüre. Soviel indessen bekundet er, daß die Bücher etwas sagen, ohne man sie liest, und daß es zuweilen nicht das Unwichtigste ist.« (Theodor W. Adorno, Bibliographische Grillen, 1963)

»Besitz und Haben sind dem Taktischen zugeordnet. Sammler sind Menschen mit taktischem Instinkt; ihrer Erfahrung nach
kann, wenn sie eine fremde Stadt erobern, der kleinste Antiqui-
tätenladen ein Fort, das entlegenste Papiergeschäft eine Schlüs-
selstellung bedeuten. Wie viele Städte haben sich mir nicht in den
Märchen erschlossen, mit denen ich auf Eroberung von Büchern
ausging.« (Walter Benjamin, Ich packe meine Bibliothek aus,
1931)

Michael Clayton (George Clooney) kehrt zurück in die Wohnung   Schlüssel
seines ermordeten Freundes, um dort nach Spuren zu suchen, die
die Bösen und die Polizei übersehen haben. Er stößt auf einen
Science-Fiction-Roman, von dem sein Sohn immer wollte, dass
er ihn liest, was er bislang immer versäumt hat. Sein Freund ist
aber dem Hinweis seines Sohnes gefolgt und hat in diesem Buch
sein Leben vorgezeichnet gefunden. Er hat im Buch einen Abhol-
zettel einer Druckerei versteckt, mit dessen Hilfe Clayton dann
den Schlüssel zur Lösung in der Hand hält. Bei der Suche wird er
überrascht von der Polizei. »Was haben Sie in der Hand?« – »Ein
Buch.« (Michael Clayton, Regie: Tony Gilroy, 2008)

Natürlich eignet sich kein anderes Buch besser als die Bibel dazu,   Schutzwall
Kugeln und Dolchstöße aufzufangen oder abzulenken. Als ein
junger Mann in das abgelegene Haus eines bibelfesten Mannes
kommt, hüllt ihn dessen Ehefrau beim Abschied in den Mantel
ihres Mannes. In der Innentasche verborgen ist eine Bibel, und
diese hält die Pistolenkugel auf, die man kurz darauf auf ihn ab-
feuert (The Thirty Nine Steps, Regie: Alfred Hitchcock, 1935).
Auch in Fritz Langs Film »Spione« (1927) wird eine Pistolenkugel durch ein in Leder gebundenes Buch (keine Bibel, sondern ein
Kursbuch) aufgehalten.

    H.C. Artmann wird am 11. Juni 1941 durch ein Langen-
scheidt-Wörterbuch (Spanisch-Deutsch) gerettet, das in seiner
Brusttasche steckt und eine Kugel aus einem russischen MG

bremst und ablenkt. Das Wörterbuch war 2006 in einer Ausstellung der Wien-Bibliothek zu besichtigen – eine Wörterbarriere gegen den Tod.

Schwurstütze   Geschworen wird mit der Hand auf der Bibel.

Sichtschutz   Auf Schulbänken werden Bücher als Sichtschutz verwendet, damit man ungestört abschreiben kann. Und man kann im Wartezimmer des Arztes oder auf der Bahnreise hinter dem Buch verborgen die Anwesenden beobachten.

(Objekt der) Sinne   »Zum ersten Mal hatte ich den Eindruck, mich an einem Ort zu befinden, an dem ich mich wohlfühlte. Ich zog ein Buch heraus, doch bevor ich auf den Titel sah, hielt ich es mit der rechten Hand am Rücken und ließ mit dem Daumen der linken die Seiten rasch von hinten nach vorne durchlaufen. Mir gefiel das Geräusch [...].« (Umberto Eco, Die geheimnisvolle Flamme der Königin Loana, 2004)

Ein türkischer Buchhändler in Anamur erzählt, dass er die Bücher an ihrem Geruch erkenne – so vermag er Raubdrucke von Originalausgaben zu unterscheiden.

»Ich werde, wenn ich je hier herauskommen sollte, alle Bücher, die ich finde, liebevoll und sehnsüchtig streicheln, aber ich werde sie nicht mehr lesen.« (Marlen Haushofer, Die Wand, 1963)

Spielzeug   Bücher dienen Kindern zum Bau von Tunneln, wenn sie ihre Modelleisenbahn ausprobieren; sie können auch als Frisbee-Scheiben oder Wurfgeschosse verwendet werden.

John Steinbecks Hund zerfetzte das Manuskript des Romans »Von Mäusen und Menschen«. (Rainer Schmitz, Was geschah mit Schillers Schädel, 2006)

Franz Schuh berichtete in einem seiner Feuilletonstücke der 1970er Jahre von ›Steckbüchern‹ nach neuester Mode, die man in Wien beim Flanieren getragen habe, beispielsweise einen Band »Lacan«.

›Steckbücher‹ → *Steckbücher*

»Da kann man darüber stolpern und sich die Haxen brechen.« (Franz Schuh, mündlich)

Stolperstein

Der Kriminalroman wird mit dem Umschlag eines Klassikers getarnt, so wie der Schüler sein verbotenes Buch durch den Einband eines Schulbuches schützt.

Tarnung

Victor Zaslavsky berichtet von den Verhaltensregeln im sekretierten Lesesaal einer Moskauer Bibliothek. Wer sich dort nur trotzkistische Literatur auswählt, gerät schnell in Verdacht, deshalb tarnt man sich mit anderen, zusätzlich ausgeliehenen Büchern. (Mein Nachbar Ramon Mercader, in: Freibeuter 29)

Briefmarken, die im Wasser von den Umschlägen getrennt wurden, werden gerne in Büchern getrocknet, mit Vorliebe allerdings auf deren leeren Seiten.

Trockner

Bernhard Suphan, »unbestechlicher Philologe, Redakteur der 143-bändigen Weimarer Goethe-Ausgabe und auch der 33-bändigen kritischen Herder-Ausgabe«, bediente sich am Ende seines Lebens der Bücher als Unterlage. »Als diese Werke, die er mit unerbittlicher Strenge gegen sich selbst betreut hatte, 1910 fertiggestellt waren, sah Suphan sein Lebenswerk getan. Er stellte sein Entlassungsgesuch an den Großherzog, das ohne Dank genehmigt wurde. Vier Wochen später, Anfang Februar 1911, türmte er, wie berichtet wird, einige Bände seiner Herder-Ausgabe aufeinander, stellte sich darauf, öffnete das Fenster und stürzte sich, die Bücher von sich stoßend, zu Tode. Auch dies war ein Weimarisches Schicksal.« (Paul Raabe, Spaziergänge durch Weimar, 1991)

Unterlage

Verführung mit Büchern   Jemand wird verführt, weil sein Gegenüber ein bestimmtes Buch liest – in Martin Scorseses Film »After Hours« (1985) zieht eine Frau, die ein Buch liest, den Mann damit in ihren Bann.

Versicherung   Der Wissenschaftler, der sämtliche Bücher um sich versammelt, die er für eine Abhandlung benötigt, schafft sich damit die Versicherung oder Illusion, diese jederzeit schreiben zu können.

Versteck   Bücher können mit Rasierklingen ausgehöhlt, die Seiten verklebt werden, und dienen dann als Verstecke für Waffen, Whisky, Kamera oder Schmuck. Vom Colt in der ausgehöhlten Bibel erzählen eher Filme als Romane, bevorzugt Western, beispielsweise »Buck and the Preacher« von Sidney Poitier (1972; dt. Der Weg der Verdammten), wenn Harry Belafonte in die Bibel greift.

Bücher sind beliebte Verstecke für Geld. Uwe Nettelbeck erzählte, dass er bei einem Antiquariat die Langen-Müller'sche Strindberg-Ausgabe bestellt und in einem der Bände ein Bündel Geldscheine gefunden habe, mehr, als er für die Ausgabe habe bezahlen müssen.

Wärmepolster   Beim großen Kälteeinbruch empfiehlt ein Obdachloser den in der Bibliothek Gestrandeten, ihre Kleidung mit Buchseiten auszupolstern (The Day After Tomorrow, Regie: Roland Emmerich, 2004).

Waffe   Der Italowestern »Tempo di Massacro« (Regie: Lucio Fulci, 1966) trug den deutschen Titel »Django – sein Gesangbuch war der Colt«.

»Mordwaffe ›Zettels Traum‹ von Arno Schmidt, Herr Kommissar«. (Karikatur aus dem Börsenblatt, 1970er Jahre)

In Ian Flemings Roman »From Russia with Love« (1957; dt. 1963), den John F. Kennedy zu seinen zehn Lieblingsbüchern zählte, steigt Red Grant, der Henker von »Smersh«, in den Orientexpress, mit einem dicken Buch unter dem Arm. Später, im Abteil, bringt er das Buch zum Einsatz: »Das Buch lag noch immer aufgeschlagen auf Nashs Knien, doch jetzt erhob sich ein dünner Rauchfaden aus dem Loch zwischen Einbanddecke und Buchrücken und ein schwacher Geruch wie von Feuerwerkskörpern schwebte im Raum. Bonds Mund trocknete aus.« Grant sagt: »Das wird uns eine Menge Gerede ersparen, alter Knabe. Eine kleine Demonstration. Diese kleine technische Raffinesse gehört zu meinen Spezialitäten. Sie enthält zehn .25er-Dumdumgeschosse, die mit einer elektrischen Batterie abgefeuert werden. Sie müssen zugeben, daß die Russen ein erfindungsreiches Volk sind. Zu schade, daß Ihr Buch nur zum Lesen taugt, alter Knabe.«

In der Verfilmung (Regie: Terence Young, 1963) trägt Grant seine Waffe in der Socke.

Galilei: »O unwiderstehlicher Anblick des Buches, der geheiligten Ware! Das Wasser läuft im Mund zusammen.« (Bertolt Brecht, Leben des Galilei, 1938)   *Ware*

Vom Buch als Tauschware im ukrainischen Konzentrationslager Nowo-Gorlowka erzählt Herta Müller in ihrem Roman »Atemschaukel« (2009).

Ein Album besteht (am Anfang) aus leeren Blättern, und dies gilt auch für eine Reihe von Büchern, angefangen von den Dummys der Verlagsvertreter bis zu jenen Büchern, die von Verlagen zu Werbezwecken verschenkt oder verkauft werden, beispielsweise für einen nicht nummerierten Band der gelben Reclam-Universal-Bibliothek, der auf seinem Einband den Titel trägt: »Schreib was auf!«, vereint mit der Wilhelm Busch'schen Illustration von Balduin Bählamm, der auf der Gartenbank zur Feder gegriffen hat, und auf der Rückseite mit einem Zitat aus Jean Pauls »Schulmeisterlein Maria Wutz« an einen Büchermann erinnert, der sich seine Bibliothek selbst erschrieben hat: »Der wichtigste Umstand [...] ist nämlich der, dass Wutz eine ganze Bibliothek – wie hätte der Mann sich eine kaufen können? – sich eigenhändig schrieb. Sein Schreibzeug war seine Taschendruckerei [...].«   *Weiße Bücher*

Es gab in den 1990er Jahren auch »weiße Bücher« mit Titeln wie »Geständnisse eines Erotikers«, »Aus dem Tagebuch eines Genies«.

Werkzeug
Mit einem Wahrig-Wörterbuch lässt sich zur Not ein Nagel einschlagen.

Wertanlage
Gotthold Ephraim Lessing verdiente zum ersten Mal in seinem Leben genügend Geld, während seiner Monate in Breslau in Diensten des Generals Tauentzien, während des Siebenjährigen Krieges. Außerdem gewann er dort noch etliche Summen beim Glücksspiel. Er legte das Geld bei Versteigerungen an und erwarb sich da mit der Zeit eine wertvolle Bibliothek, die er später wieder veräußerte, um sich den Luxus zu erlauben, als Dramaturg in Hamburg zu arbeiten.

Die Kinder sind beeindruckt von der Bibliothek ihres Vaters. Was für ein Kapital! Aber der Tag kommt, an dem sie es genau wissen wollen und einen Antiquar befragen. Der zögert mit der Antwort und lässt sich einige Kostproben bringen. Kopfschüttelnd schiebt er danach die Bücher zurück – der Kurssturz des Vaters.

Würmerbehausung
»In einem Bücherschrank, um den sein anonymer/Nur Jagdlust liebender vornehmer Eigenthümer/Sich Jahre lang bereits aus träger Apathie/Nicht kümmerte, ließ eine Kolonie/Von Würmern einst sich nieder, und verheerte,/Da niemand sie in ihrem Unfug störte,/Heuschrecken gleich, die Früchte des Genies,/Die leider! Ihr Geschick in diesen Sarg verwies [...]/Mit scharfen Rüsseln fiel das Ungeziefer dreist/Her über dich, verehrungswerther Kleist.« (Joseph Franz Ratschky, Die Bücherwürmer, Wien im März 1802)

Wurfgeschoss
Luc Bondy hat 2002, bei einem *Jour Fixe* des Zsolnay-Verlags, ein Buch von Karl Markus Gauß (»Mit mir, ohne mich«) nach

dem Autor geworfen, weil er in diesem Buch ein, wie er fand, bösartiges Portrait von sich entdeckt hatte.

»Ich hob einen Stapel schwerer, gebundener Bücher auf – einen kompletten Shakespeare, einen kompletten Oscar Wilde, die Variorum-Ausgabe der Theaterstücke von Yeats, ein ›Concise Oxford Dictionary‹ und Thomas Hardys ›Gesammelte Gedichte‹ – und stellte mich in die Mitte des Zimmers, meine Augen auf die Katze gerichtet. Elendes Katzenpack, allesamt geprägt von rassistischen weißen Dreckvotzen. Shakespeare betäubte sie, Wilde war ein Blindgänger. Yeats niederschmetternd. Ich nahm einen Band der ›Encyclopaedia Britannica‹ und hämmerte das Vieh zu Tode.« (Dambudzo Marechera, Das Mark eines Schriftstellers, 1981)

»Etwa im vierten Lebensjahr hatte ich eine schmerzlich süße Liebe für ein in wunderbar vergoldetes grün gebundenes Buch, aus dem mir vorgelesen worden war. Es waren die Märchen von Hans Christian Andersen. Noch heute könnte ich die Bilder dieses Buches Blatt für Blatt aus dem Kopf nachzeichnen. Auf dem Buchdeckel in Gold gepreßt, stand das geliebte Bild der *Kleinen Seejungfer. Das schöne stumme Mädchen mit dem Fischleib.* Wohl ein Jahr lang und länger forderte ich an jedem Abend beim Schlafengehn das für mich unverständliche Buch. Es wurde zu mir in das Gitterbett gelegt. In dem danebenstehenden Bettchen meiner Schwester lag ihre Puppe. War es dunkel und ich allein, dann tastete ich, ob das Buch bei mir sei. Durch das Buch fühlte ich mich geborgen. Das Buch war ›heilig‹. Was an schönen Geschichten während meiner Krankheit daraus gelesen wurde, das schrieb ich dem Buch zu als Eigenschaft.« (Theodor Lessing, Einmal und nie wieder. Lebenserinnerungen, 1935)

Zauber

In Jean Luc Godards Film »La Chinoise« (1967) dient Michel Foucaults Buch »Les Mots et les choses« als Zielscheibe für Bogenschützen.

Zielscheibe

Zimmerschmuck »Immerhin sind Bücher ein Zimmerschmuck. Gern genießt das Auge die Exaktheit ihrer ausgerichteten Linien und erfreut sich der Farbigkeit ihrer Trachten. Am linken Flügel die Großen, am rechten die Kleinen, gestellt zum Parademarsch des Geistes. Wie glänzend die Fähnchen der gesammelten Werke! Wie bunt und malerisch abgerissen das Gewimmel des broschierten Volkes!« (Alfred Polgar, An den Rand geschrieben, 1927)

*

In den wenigen Wochen, die Zeit blieb für diese Sammlung, konnten viele Spuren noch nicht weiter verfolgt werden. Mein Dank gilt daher in besonderem Maß den Ratgebern: Marcel Atze, Matthias Blumenfeld, Thomas Eder, Franz Eybl, Ágnes Fekete, Dominik Hagel, Roland Innerhofer, Wynfrid Kriegleder, Stephan Kurz, Helmut Lethen, Matthias Meyer, Annegret Pelz, Paul Peters, Peter Plener, Stefan Porombka, Selma Rohrwasser, Günther Stocker, Daniela Strigl, Ulli Steinwender, Karl Wagner.

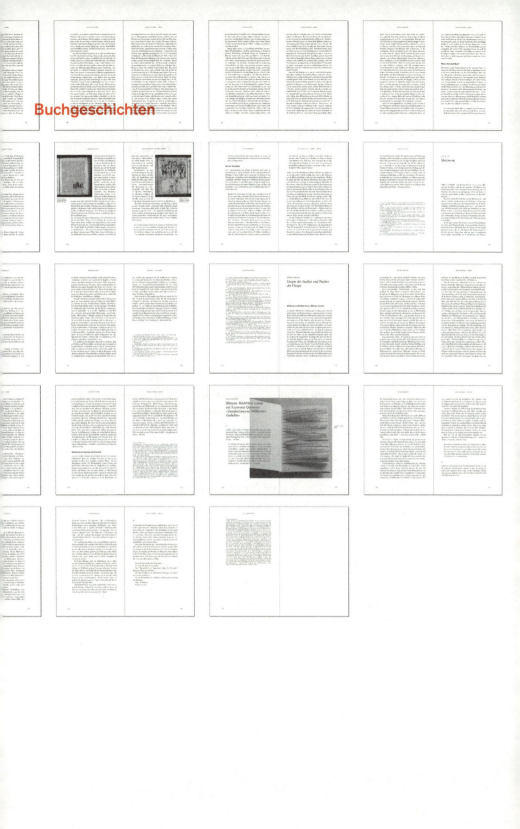

Buchgeschichten

ALFRED DUNSHIRN

Das Buch vor dem Buch – Schriftlichkeit der Antike. Die vielen Bücher vor dem einen Text

Blickt man in eine moderne (d.h. neuzeitliche) wissenschaftliche Ausgabe eines antiken Textes, so kann man im Regelfall bald erkennen, dass dieses Buch den Blick freigibt nicht auf *ein* Buch, sondern auf viele Bücher, die vor diesem Buch liegen. Auf diesen Sachverhalt weist der so genannte »textkritische Apparat« hin. Damit ist das Klein(er)gedruckte gemeint, das sich unterhalb des Haupttextes findet. Die in diesem Apparat enthaltenen Anmerkungen dienen nicht dazu, den darüber befindlichen Text etwa in ästhetischer oder kommentierender Weise zu kritisieren. In einem textkritischen Apparat sind vielmehr Abweichungen von dem Text verzeichnet, den der moderne Herausgeber als den richtigen (oder zumindest als die beste vorhandene Textform) erachtet.

Aus diesen schlichten Betrachtungen kann man einige wesentliche Schlüsse darüber ziehen, was das »Buch vor dem Buch« hinsichtlich antiker Literatur ist bzw. nicht ist und wie es überhaupt zu dem geworden ist, was es ist. Das »vor« im Sinne von »hinter« einer modernen Textausgabe stehende Buch sind meistens Bücher. Diese Bücher sind vorwiegend Handschriften, so genannte *Codices*. Diese wiederum stammen großteils aus dem Mittelalter oder der Spätantike. Seltener werden in Textausgaben Papyri wiedergegeben, die dann im Regelfall älter als die Handschriften sind. Wenn man nun konkret an Autoren der klassischen griechischen Literatur wie Platon oder Sophokles denkt, die im fünften und vierten vorchristlichen Jahrhundert wirkten, so sieht man leicht, dass diese »Überlieferungsmedien« wesentlich jünger sind als die Texte, die sie zu überliefern vorgeben (auf die Formulierung »vorgeben« werde ich unten zurückkommen). Was man ebenfalls aus den obigen Beobachtungen erschließen kann, ist, dass ein antikes Buch – im modernen Gewande gelesen – immer mindestens zwei Autoren (im Sinne von »Urheber«) hat. Der zeitlich nähere Urheber des antiken Textes ist sein Herausgeber, der aus den vielen Codices, die mehr oder weniger denselben Text enthalten, ein Buch »wiederherstellt«. Man könnte auch von einem »Wiedererkennen« oder »Rekognoszieren« des antiken Textes sprechen, welches der moderne Editor vornimmt. Ist doch in der Fachsprache von einem *recognoscere* die Rede, das man mit »wiedererkennen« oder »anerkennen« übersetzen kann. So liest man etwa in den so genannten Oxford-Ausgaben antiker Autoren als stehende Wendung unter der Titelangabe den Vermerk: »recognovit brevique adnotatione critica instruxit n.n.« – »herausgegeben und mit einem knappen textkritischen Apparat versehen von N.N.« Dieses Wort *recognoscere* wiederum kann man mit dem griechischen ἀναγιγνώσκειν/*anagignóskein* in Verbindung bringen, welches ebenso eigentlich »wiedererkennen« heißt, aber auch ein gängiges griechisches Wort für »lesen« ist. Man kann also sagen, dass die Tätigkeit des Herausgebers ein »Wiedererkennen« im Sinne eines Lesens ist, und zwar ein Wiedererkennen meist nicht eines Buches, sondern mehrerer Bücher, die er zu einem Buch macht (dass ein antiker Text in nur einer Handschrift überliefert ist, ist ein eher seltener Fall).

Bevor wir gemeinen »Gebrauchsleser« antike Texte irgendwelcher Autoren zur Hand nehmen, hat immer schon jemand vor uns verändernd in das eingegriffen, was der zeitlich weiter entfernte Autor, der so genannte Originalautor, geschrieben hat. Aus der Tätigkeit jenes Editors lässt sich erschließen, dass es im Umgang mit einem antiken Text durchaus sein kann, dass eine Schrift in der Form, in der wir sie lesen, nie existiert hat. Darüber hinaus ist stets zu bedenken, dass Texte eventuell gar nicht von dem Autor stammen, dem sie zugeschrieben werden. Texte werden bestimmten Autoren entweder von den sie konservierenden Handschriften zugeschrieben oder, sollte ein solcher Eintrag fehlen oder sollte man aufgrund bestimmter Überlegungen zu einer von der handschriftlichen Notiz abweichenden Einschätzung gekommen sein, von den modernen Herausgebern. Es war zu vielen Zeiten beliebt, Texte unter dem Namen einer berühmten Persönlichkeit zirkulieren zu lassen, um ihnen eine möglichst lange Lebensdauer zu verschaffen. Häufig geschah dies zum Beispiel mit Predigten, die dem heiligen Augustinus oder sonstigen kirchlichen Autoritäten untergeschoben wurden, deren ehrfurchterheischende Namen eine Konservierung des ihnen Untergeschobenen zu garantieren schienen. Solche »Bastardtexte« (so genannte *Spuria*) können sich in viele Textcorpora eingeschlichen haben. Bis heute wird hinsichtlich einiger unter dem Namen Platon überlieferter Texte diskutiert, ob sie von ihm stammen oder nicht. Gerade in diesem Fall kann sich jedoch zeigen, dass die Frage nach der Echtheit unter Umständen aus mehreren Gründen absurd ist (dazu später). Zunächst sei angemerkt, dass schon aus vordergründigen Überlegungen und ohne, dass man philosophische Betrachtungen anstellen müsste, erhellt, dass »Buch« und »Autor« Felder bezeichnen, die von Brüchen und Pluralitäten gekennzeichnet sind. Bei einem heutzutage produzierten Roman etwa kann man sich naiver Weise vorstellen, man halte damit im Wesentlichen in der Hand, was der Autor gedruckt haben wollte. Es liegt sogar die Vermutung nahe, dass man unter Umständen mit der Druckfassung etwas Originaleres vor sich hat, als der Autor selbst je in Form eines Manuskriptes nachträglich vorweisen kann, zumal er selbst bei der Fertigstellung des Buches eingebunden gewesen sein mag und im Vergleich zur »Vorlage« Änderungen vornahm, die sich nicht mehr im »Originalmanuskript« finden, sondern ausschließlich im gedruckten Buch. Freilich kann auch bei einem solchen »aktuellen« Buchprodukt immer zweifelhaft bleiben, ob man je das liest, was der Autor meinte. Beim Blättern in einem antiken Text erhebt sich wie gesagt immer schon die Frage, ob er je von dem Autor, dem er zugeschrieben ist, so verfasst wurde, und ob er überhaupt zu Recht diese Zuschreibung trägt. Darüber hinaus kann man die schon in Betracht gezogenen modernen Herausgeber auf ihre Kritikfähigkeit hin befragen und erwägen, ob sie etwa Falsches ausgewählt oder zu viel oder zu wenig aus den handschriftlichen Vorlagen gestrichen haben. Es sei angemerkt, dass diese Herausgeber im Regelfall keine mechanisch vorgehenden Wiedergeber von Handschriften sind. Man darf von ihnen erwarten, dass sie die Texte, die sie edieren, auch verstehen (oder gegebenenfalls ihr Unverständnis des Textes anzeigen).

Damit ist auf das nächste Problem, auf die nächste Bruchlinie hingedeutet. Die Einstellung dieser Herausgeber zu den Texten kann durchaus ihre Herausgebertätigkeit beeinflussen. So ist es beispielsweise nicht uninteressant zu wissen, ob der Editor eines der großen homerischen Epen der Ansicht war, diese seien gar nicht als Einheit konzipiert, sondern eine Sammlung von Einzelliedern, oder ob er sehr wohl ein »Unitarier«, ein Verfechter der Ganzheitlichkeit dieser Dichtungen war (oder ist). Bei sehr schlecht überlieferten Texten hängt es oft von der Interpretation des handschriftlichen Materials durch die Herausgeber ab, wie sie den Text, den sie drucken lassen, gestalten. (Umgekehrt liefert diese Vagheit des edierten Textes den Lesern antiker Schriften die Lizenz, sich beim Unverständnis mancher Textstellen über die schlechte Überlieferung oder den unverständigen Herausgeber zu beklagen und eine weitere Auseinandersetzung mit den Sachproblemen zu vermeiden.) Freilich geben die modernen Herausgeber gar nicht vor, mit ihrer Ausgabe ein antikes Buch zu reproduzieren. Blättert man in den Vorwörtern zu Editionen antiker Bücher, so stößt man meist auf einen Hinweis darauf, aus welchen Quellen der vorliegende antike Text »konstituiert« wurde. Hier trifft man mitunter auf Schaubilder, die so genannten *Stemmata*, die ein Art Stammbaum der Handschriften darstellen. Am Anfang eines solchen Stemmas steht der *Archetypus*. Darunter versteht man grob gesagt die (meist verlorene) »Ursprungshandschrift«, von der die vielen erhaltenen Handschriften abstammen. Die Textvariante dieses Archetypus soll nach Möglichkeit aus dem Vergleich der erhaltenen Handschriften erschlossen werden. Man könnte also sagen, dass die Genese eines neuzeitlichen Buches mit antikem Gehalt sich der Suche nach dem verschollenen Archetypus verdankt.

Auf der Suche nach der verlorenen Einheit; Buch und Philosophie

Hier könnte eine philosophische Kritik des Getues der abendländischen Tradition einsetzen und darlegen, dass es sinnlos sei, nach einem solchen Archetypus, einem »Ur-« oder »Erzvorbild« zu suchen, nach dem vermeintlichen »Original« oder einem »Autograph«. Ein Text sei, sobald er geschrieben vorliegt, immer schon ein zitierter und weiteren Zitaten offenstehender. Er könne nie als direkte Mitteilung einer Autorintention gelesen werden. Diesbezüglich soll anhand von einigem, was uns an Aussagen platonischer Dialogsprecher zum Thema Buch und Schrift überliefert ist, dargelegt werden, dass man für eine solche Kritik nicht unbedingt auf die jüngere französische Philosophie zurückgreifen muss. In einem Kernstück der antiken Philosophie ist das Problembewusstsein hinsichtlich Autorschaft und Originalität dokumentiert.

Als Anhang zu dem soeben über den immer gesuchten, aber nie gefundenen Archetypus Gesagten möchte ich zuvor noch zwei Extrempositionen zum Thema Buch in der Antike erwähnen. Die beiden Extreme dessen, was »vor« einem einzelnen Buch steht, könnte man mit *dem* Buch benennen und mit der so genannten »ungeschriebenen Lehre« (Näheres dazu weiter unten), also mit demjenigen, in dem alles, und mit demjenigen, in dem nichts geschrieben steht. Beide Vorstellungsbilder haben durchaus ihr je eigenes Potenzial, zu Spekulationen anzuregen. Entsprechend der religiösen Neigung kann man einerseits ein Buch anbeten, in dem alles geschrieben steht und das in Gottes Schoß ruht, und andererseits einem nie geschriebenen Buch und den von Platon angeblich vor der Verschriftlichung bewahrten Prinzipien alles Seienden nachgrübeln. Während das göttliche Buch alles von Anbeginn der Welt bis zu ihrem Untergang umfasst und damit eigentlich jede Einzelbuchproduktion unnötig macht, beschreibt Letzteres eine Leerstelle, die der ideale Referenzpunkt für diverse Spekulationen ist, die den Aufbau des gesamten Kosmos und seiner Grundkonstanten aus einfachen Prinzipien betreffen. Zugleich mahnt diese Leerstelle ebenso vor ernsthafter Buchproduktion, da das Wesentliche entweder nicht schriftlich mitgeteilt werden sollte oder nicht mitteilbar sei.

Aber zurück zum Thema des raum-zeitlich existenten Buches in der antiken Philosophie: Es ist wohl jedem, der sich in den letzten Jahrzehnten nur oberflächlich mit antiken Dingen befasst hat, zur Kenntnis gelangt, dass eines der großen Themen der Altertumsforschung in jüngerer Zeit dasjenige des Medienwechsels von der Mündlichkeit zur Schriftlichkeit war und ist. Vor allem im Zusammenhang mit den Forschungen zu den großen Epen »Ilias« und »Odyssee« entwickelte sich eine Forschungsrichtung zur Oralität und Literalität in der Antike. Es wäre eine einigermaßen naive Vorstellung, wenn man davon ausginge, dass mit dem Einsetzen der Verschriftlichung von mündlich Tradiertem eine Vereinheitlichung und Sistierung des lebendig Überlieferten eintrat. Mit dem Niederschreiben geht vielmehr eine Tendenz zur Vervielfältigung und Veruneinheitlichung einher. Setzt man mit der Buchwerdung antiker Literatur eine Verfestigung an, muss man zugleich von einer Verflüssigung derselben ausgehen. Man darf annehmen, dass ein Text, sobald er niedergeschrieben wurde, auch abgeschrieben wurde. Dieses Abschreiben war oftmals ein modifizierendes Kopieren, sei es, dass der Ausgangstext »falsch«, sei es, dass er auswahlweise wiedergegeben wurde. Dadurch sind die Texte vielleicht in einem viel weiteren Raum verbreitet und in höherem Maß modifiziert worden als die epischen Lieder, die von Sängern tradiert wurden, welche in gesellschaftlich beschränktem Rahmen agierten. Über die Umstände dieses oftmals besprochenen Überganges von der Mündlichkeit zur Schriftlichkeit können viele Bücher informieren, dies soll hier nicht besprochen werden.

Ein damit zusammenhängendes, für die Rekonstruktion geistiger Epochen und Entwicklungen nicht minder spannendes Thema ist dasjenige der antiken Buchkultur, über die nach wie vor wenig bekannt ist. So haben wir kaum Informationen darüber, wie und in welcher Zahl »Bücher« in der Antike zirkuliert sind. Es lässt sich selbst für kaiserzeitliche Autoren wie den Historiografen und Mittelplatoniker Plutarch schwer erschließen, welche Bücher er in seinem Heimatort Chaironeia tatsächlich zur Hand hatte, wenn er in seinen gelehrten Werken ausgiebig zitiert, und was er bloß von Studienreisen kannte und somit bestenfalls in Exzerptform vorliegen hatte. Auch darüber, über das antike Buchwesen, sollen hier keine Ausführungen erfolgen. Aber diese Thematik leitet zu dem oben angekündigten Thema des Buches in der antiken Philosophie über, zumal eine der Informationen zum Buchhandel in der Antike einem Dialog Platons entstammt. Platon fällt wohl bald jemandem zum Thema Buch in der Antike ein, der in den letzten Jahrzehnten in deutschen Landen etwas über diesen Ahnherrn der Philosophie gehört hat. Dort wird er seit geraumer Zeit schwerpunktmäßig in Hinblick auf die bei ihm zu findende Schriftkritik diskutiert. Diese Schriftkritik kann man potenziert als Buchkritik lesen. Einer der im »Phaidros« zu lesenden Kritikpunkte an dem Niederschreiben von Gesagtem ist, dass Geschriebenes bei den Leuten »herumrollt« und von solchen gelesen wird, denen die Texte nicht »zukommen« (Phaidros 275e). Auf das Buch bezogen kann man sagen, dass es nicht nur überall herumrollen und gelesen werden, sondern auch abgeschrieben werden kann, wodurch sich das Herumrollen des Ausgangstextes vervielfacht. Daraus resultiert, dass der Schreiber des Textes immer weniger seinem Text »zu Hilfe kommen« kann. Dass ein Autor dem von ihm Verfassten nicht zur Hilfe kommen kann, ist ein weiterer Punkt der Schriftkritik. Tatsächlich lässt sich nachzeichnen, dass die Platon zugeschriebenen Texte bald intensiv abgeschrieben und verbreitet wurden, wobei es zu einer Verschlechterung des Textes kam – es gab über weite Strecken keine »Qualitätssicherung« bei der Verbreitung billiger Textausgaben –, bis in spätrepublikanischer Zeit in Rom eine Phase der Texteditionen einsetzte, in der man sich unter anderem bemühte, aus den besten Handschriften den »originalen« Platon zu erstellen. Damit sind wir aber erst bei einem der Gründe dafür angelangt, warum es eventuell absurd ist, nach dem Autor Platon zu fragen. Ein weiterer Grund (neben dem, dass durch die Überlieferung »seine« Texte entstellt oder ihm fremde unterschoben wurden) ist die Überlegung, dass Schüler Platons unfertige Texte des Meisters nach dessen Tod fertig gestellt und als Werke Platons verbreitet haben. Ein weiterer Anlass, die Autorschaft Platons anzuzweifeln, ist, dass man fragen kann, ob Platon überhaupt als Autor verstanden werden wollte. Zunächst ist bemerkenswert, dass Platon keinem seiner Texte einen direkten Stempel aufgedrückt hat in der Weise eines »Platon schrieb dies« – aus der Literaturgeschichte ist bekannt, dass Hesiod lange vor ihm damit begonnen hatte, einem Schreibprodukt in dieser Weise ein Siegel, die σφραγίς / *sphragís*, aufzudrücken. Platon tritt auch nie als auktorialer Erzähler oder Kommentator (nach dem Motto: »wie ich schon in der ›Politeia‹ sagte«) in dem unter seinem Namen Kursierenden auf, geschweige denn als redende Figur in einem Dialog. Im »Corpus Platonicum« taucht der Name Platon nur in zwei Werken auf (abgesehen von den Briefen).[1] Warum diese Zurückhaltung? War Platon sich darüber im Klaren, dass jedes Schreiben, sobald es schreibt, einem Zitiertwerden in je anderem Kontext ausgesetzt ist? Es sei daran erinnert, dass eine der

Standardannahmen bezüglich antiker Buchproduktion diejenige ist, dass Texte diktiert wurden. Damit wird das Zitiertwerden schon aus handgreiflichen Gründen eine Grundkonstante antiken Buchwesens. Sobald jemand ein Buch einem Diktat folgend schreibt, ist es bereits in gewisser Weise ein Zitat und somit etwas Wiederholtes.

Platon selbst situiert zu Schreibendes im Bereich der (geistigen) Wiederholbarkeit, insofern Geschriebenes ein Bindeglied geistiger Vermittlung und Wiederholung von Gesprächen ist. Mit ihm könnte man sagen, dass das Buch vor dem Buch der Geist ist und das Buch nach dem Buch ebenso (statt Geist mag auch »Seele« gesetzt werden). Lässt doch der platonische Sokrates eindringlich im »Phaidros« verlauten, dass die Redner und Redenschreiber vor allem »sich auf etwas verstehen« müssten, wenn sie gut Reden halten und schreiben wollen. Somit sollte dem Schreiben eine gewisse geistige Disposition vorausgehen, nämlich ein Sachwissen, eine ἐπιστήμη / *epistéme*. Auf der anderen Seite erfährt man im »Phaidros«, dass das Verschriftlichen von etwas eine παιδιά / *paidiá*, ein »Scherz« oder »Spiel«, eine »Kinderei« sei. Der Ernst bestehe darin, mit Kenntnis in die Seele von geeigneten Leuten einzuschreiben (!). Das wahre Buch soll also die Seele eines dem Seelen-Einschreiber geeignet Erscheinenden sein. Der Seele kommt zu, Lebensprinzip zu sein, und als solches kann sie der Defizienz entkommen, die das materielle Geschriebene laut dem »Phaidros« neben seinem Herumrollen und Kritisiertwerdenkönnen ohne Hilfsmöglichkeit hat. Wenn man Geschriebenes befragt, erhält man immer nur dieselbe Antwort. Befragt man dagegen, so könnte man die komplementäre Seite der Schriftkritik erläutern, einen lebenden Platonschüler, so kann einem dieser eine Frage aus verschiedenen Gesichtspunkten beantworten und auch den Urheber dessen, was in seiner Seele eingeschrieben ist, verteidigen (freilich nur, sofern er dazu Lust hat; Aristoteles hat offensichtlich seinen Seeleneinschreibmeister nicht nur verteidigt). Man könnte daraus folgern, Platon wolle mitteilen, dass die Geistigkeit nicht in der Schrift oder einem Buch gebannt werden kann. Das ist einer Platonstelle zu entnehmen, an der wir etwas über antike Buchkultur erfahren. Im »Phaidon« berichtet Sokrates, dass er von einem Buch (βιβλίον/*biblíon*) des Anaxagoras gehört habe, in dem der Geist als die Ursache von allem angeführt werde (97c). Er habe sich dieses Buch zugelegt, gelesen und eine Enttäuschung erlebt. Der Geist komme darin gar nicht vor, es seien nur notwendige, keine hinreichenden Bedingungen der Ordnung der Welt genannt worden. In unserem Kontext können wir diese Stelle so verstehen, dass der Geist sich eben nicht im Buchstaben bannen lässt, sondern nur vom Geist erkannt wird. Jedenfalls ist es Platon selbst gelungen, sich den Löwenanteil im geistigen Buch der abendländischen Philosophie zu sichern, wenn, glaubt man dem whiteheadschen Diktum, alle Philosophie nach ihm Fußnoten dazu sind und er demnach den Haupttext stellt.

Dennoch hat dasjenige, was wir mit unterschiedlich großer Gewissheit als Platons *geschriebene* Werke ansprechen können, sicherlich keine geringe Bedeutung bei der Entwicklung der Philosophie gehabt. Nicht zuletzt deshalb soll nun nach den Streiflichtern, die auf die Buchkritik geworfen wurden, etwas über die positiven Funktionen von Geschriebenem, die ihm in Platons Texten zugesprochen werden, gesagt werden. Wenn Sokrates im »Phaidros« seinem Gegenüber mitteilt, dass das Schreiben eine παιδιά/*paidiá*, eine Kinderei sei, so antwortet Phaidros begeistert, dass dies eine wunderbare Art von Spiel sei (276d-e) – besser beim Gelage einen Platondialog zu lesen, als sich volllaufen zu lassen. Man kann aus den platonischen Texten erschließen, welch große Bedeutung der παιδιά/*paidiá* allgemein zukommt und im Besonderen derjenigen, welche darin besteht, Texte zu lesen. An einer zentralen Stelle zur Erziehung in den »Nomoi« empfiehlt der Gesprächsführer das Gespräch, das er seit dem Morgengrauen mit seinen beiden Begleitern führt, als idealen Grundtext für die Erziehung (811c-e) – man kann sehen, dass sich der platonische Text in nicht unbescheidener Weise selbst als Schullektüre empfiehlt. Eine weitere Funktion, die dem Buch bei Platon zugeschrieben wird, ist die Erinnerungsfunktion. Was man aufschreibt, kann als Erinnerungsmittel dienen (ὑπόμνημα / *hypómnema*) – davon erzählt Eukleides im Dialog »Theaitetos«, an dessen Beginn er berichtet, wie es dazu kam, dass er ein Gespräch zwischen Theaitetos und Sokrates, dem er beiwohnte, in der vorliegenden Weise aufzeichnete (143a). Für spätere Benutzer, die selbst nicht die Autoren solcher schriftlicher Erinnerungen sind, können diese die Funktion übernehmen, die Autoren »anwesend« sein zu lassen. Davon spricht Sokrates im »Phaidros«. Dieser Dialog, in dem die Schriftlichkeit problematisiert wird, besteht bemerkenswerter Weise zu einem Gutteil daraus, dass aus einer Buchrolle vorgelesen wird. Die Ausgangssituation dieses Gesprächs ist, dass Phaidros auf Sokrates trifft und ihm von einem Zusammensein mit Lysias, einem der berühmtesten Redner der Antike, erzählt. Er, Phaidros, habe eine wundervolle Rede gehört. Mit dieser Information erweckt er die Neugier des Sokrates, der Phaidros um weitere Ausführungen bittet. Phaidros will nun anscheinend zu einer Wiedergabe der Rede aus dem Gedächtnis ansetzen. Doch Sokrates entgeht nicht, dass Phaidros eine Schriftrolle unter dem Arm trägt, und er vermutet – wie sich kurz danach zeigt – zu Recht, dass es sich dabei um die besagte Rede des Lysias handelt. Sokrates äußert nun deutlich, dass er nicht gewillt ist, Phaidros beim Einlernen der Rede Gesellschaft zu leisten, wo doch »Lysias anwesend ist« (Phaidros 228e). Gegenüber der in jüngerer Zeit stark betonten Schriftkritik stellt dies eine durchaus beachtenswerte Aussage über die Funktion von Schrift dar: Sie kann einen Autor anwesend sein lassen.

Mit der Erinnerungsfunktion von Schrift, von der bei Platon im »Theaitetos« die Rede ist, hängt eine politische Funktion von Verschriftlichtem zusammen. Im »Politikos«, dem »Staatsmann«, wird deutlich ausgesprochen, dass sich eine Gemeinschaft, wenn sie nicht auf einen idealen Staatsmann zurückgreifen kann, der das in jedem Augenblick genau Passende festsetzt, auf verschriftlichte Gesetze stützen muss. Diese hinterlasse ein idealer Staatsmann den Bürgern, so wie ein Arzt seinen Patienten, wenn er auf Forschungsreise gehe, ein Rezept zurücklasse. Den unkundigen Benützern dieser Rezepte sei es verboten, daran etwas zu ändern. Freilich wird diese Variante, auf Verschriftlichtes gestützt vorzugehen, als »zweite Fahrt« bezeichnet (300c), was auch als »zweitbeste Fahrt« verstanden wird. Höher zu schätzen ist die lebendige Geistigkeit eines idealen Staatsmannes (der aber äußerst selten zu finden ist, sofern man ihn überhaupt als solchen erkennen kann).

Warum überhaupt Buch?

Die soeben zitierte Redewendung von der »zweiten Fahrt« erlaubt, zum Abschluss etwas über die Frage zu sagen, warum sich in der Antike nach Platon Leute, die wohl behauptet haben würden, sich geistig zu betätigen, immer wieder dem Buch zuwandten und Bücher produzierten (oder zumindest solche diktierten oder Vorlagen für spätere Bücher schrieben). Die Antike behielt ja den Buchgebrauch nicht nur aus pragmatischen Gründen bei (um Verwaltungskataloge zu verfassen, wie dies seit den frühesten Hochkulturen üblich war, oder Belletristik zu verbreiten). Es kam zu der die gesamte antike Welt erfassenden Verehrung »des Buches« in den so genannten semitischen Buchkulturen. Zu dieser Entwicklung soll hier freilich nichts gesagt werden, aber es mag eine Stimme zu Wort kommen, die als Bindeglied zwischen zwei großen Denkern der Schrift dienen kann. Johannes Chrysostomos spricht am Anfang seiner Predigten zum Matthäusevangelium von der Notwendigkeit von Büchern:

> Den Beistand der Schrift sollten wir eigentlich nicht brauchen, unser Leben müßte sich so rein anbieten, daß die Gnade des Geistes die Bücher in unsrer Seele ersetzen, und sich in unsere Herzen wie

die Tinte auf den Büchern einschreiben könnte. Weil wir die Gnade ausgeschlagen haben, müssen wir das Geschriebene, das eine zweitrangige Schiffahrt ist, benützen.[2]

Deutlich erkennbar ist der Bezug einerseits auf den »Phaidros«, in dem von der Einschreibung in die Seele die Rede ist, und andererseits auf den »Politikos«, in dem von der Benutzung der Schrift als einer zweiten Fahrt die Rede ist. In jüngerer Zeit ist diese Passage des Johannes Chrysostomos dadurch bekannt geworden, dass sie von Jacques Derrida zitiert wird. Sie zeigt, dass auch im vierten Jahrhundert nach Christus das platonische Ressentiment gegenüber der Schrift bekannt war – besser wäre es (so die christliche Abwandlung der Schriftkritik im »Phaidros«), wenn sich der Geist in die lebende Seele einschreibe. Umgekehrt wird aber der Buchgebrauch in derselben Stelle mit einer platonischen Wendung gerechtfertigt. Wir sind der Gnade des Geistes verlustig gegangen und brauchen die zweite Fahrt der Schrift. Dass vor dem Hintergrund dieser auch im vierten Jahrhundert nach Christus bekannten Thematik und vor dem Hintergrund des antiken Kopierwesens von Büchern die Buchreligionen in besonderer Weise die Einheit betonen, welche den offenbarten Büchern durch die Einwirkung göttlicher Macht zukommt, nimmt nicht wunder. Erstaunlicher ist, dass viele dieser autoritativen Bücher im Gewand ihrer modernen Ausgaben den Blick auf die Kontingenz ihres eigenen Textes freigeben. So ist zwar der Haupttext dessen, was man in der abendländischen Tradition als die »hebräische Bibel« zu nennen pflegt, in den meisten neueren Druckausgaben hauptsächlich nach einem einzigen Textzeugen, dem »Codex Leningradensis« gestaltet, der textkritische Apparat jedoch verweist auf Varianten des Haupttextes.[3] Stärker noch zeigt die Uneinheitlichkeit der Textüberlieferung die Standardedition des »Neuen Testamtens« von Nestle/Aland auf,[4] die als Musterbeispiel neuzeitlicher Editionstechnik gelten kann. Ein kurzer Blick in ihren Text und in den textkritischen Apparat genügt, um zu sehen, wie viele Bücher in diesem Fall vor dem einen Buch liegen, das man in Händen hält.

Am äußersten Ende sei noch erwähnt, dass es neben Leuten, die Bücher aus praktischen Gründen (sei es als Kataloge, sei es als Erinnerungsmittel) oder als Hilfsmittel zur Erlangung der verlorenen Gnade des Geistes ansahen, auch in der Antike Menschen gab, die Bücher um der Bücher willen anhäuften (sei es in mehr oder weniger staatlichen Sammlungen wie derjenigen der Bibliothek zu Alexandria oder in eher privaten wie derjenigen der Villa dei Pisoni, der wir wertvolle Papyrusfunde verdanken). Und manchem dieser Sammler lag wohl ähnlich wie manch heutigem Bibliomanen weniger die Frage am Herzen, ob er durch die Bücher in den Himmel gelange, als diejenige, ob es im Jenseits auch Bücher gäbe – *on verra.*

---

1 »Apologie« 34a und 38b sowie »Phaidon« 59b.
2 Zit. n. DERRIDA, Jacques: Die Schrift und die Differenz. Aus d. Franz. v. Rodolphe Gasché. Frankfurt/M. 1976, S. 23.
3 Vgl. z.B. WÜRTHWEIN, Ernst: Der Text des Alten Testaments. Eine Einführung in die Biblia Hebraica. Stuttgart ⁴1973, S. 12-14; KELLEY, Page H./MYNATT, Daniel S./CRAW-FORD, Timothy G.: Die Masora der Biblia Hebraica Stuttgartensia. Einführung und kommentiertes Glossar. Aus d. Engl. v. Martin Rösel. Stuttgart 2003, S. IX-X.
4 NESTLE, Eberhard/ALAND, Barbara (Hg.): Novum testamentum Graece. Stuttgart ²⁷2007.

LYDIA MIKLAUTSCH

Schrift – Körper

Es ist ein weißes Pergament
Die Zeit und jeder schreibt
Mit seinem roten Blut darauf
Bis ihn der Strom vertreibt.
(Gottfried Keller, Die Zeit geht nicht)

Der ursprünglichste Träger des kulturellen Gedächtnisses, das erste Speichermedium, ist der menschliche Körper. Das Körpergedächtnis besteht aus Markierungen, die auf die Haut geschrieben, ins Fleisch eingebrannt sind, quasi universelle Tätowierungen, als Zeugnisse jener menschlichen Erinnerungstätigkeit, die Friedrich Nietzsche in der »Genealogie der Moral« als eine besonders grausame beschreibt:

> [...] vielleicht ist sogar nichts furchtbarer und unheimlicher an der ganzen Vorgeschichte des Menschen, als seine *Mnemotechnik*. »Man brennt Etwas ein, damit es im Gedächtniss bleibt: nur was nicht aufhört, *weh zu thun*, bleibt im Gedächtniss« – das ist ein Hauptsatz aus der allerältesten (leider auch allerlängsten) Psychologie auf Erden. [...] Es gieng niemals ohne Blut, Martern, Opfer ab, wenn der Mensch es nöthig hielt, sich ein Gedächtniss zu machen; die schauerlichsten Opfer und Pfänder [...], die widerlichsten Verstümmelungen

[...], die grausamsten Ritualformen aller religiösen Culte [...] – alles Das hat in jenem Instinkte seinen Ursprung, welcher im Schmerz das mächtigste Hülfsmittel der Mnemonik errieth. [...] Je schlechter die Menschheit »bei Gedächtniss« war, um so furchtbarer ist immer der Aspekt ihrer Bräuche; die Härte der Strafgesetze giebt in Sonderheit einen Maassstab dafür ab, wie viel Mühe sie hatte, gegen die Vergesslichkeit zum Sieg zu kommen [...].[1]

Nach den Worten Nietzsches ist das Körpergedächtnis auf Verwundungen und Schmerz gegründet und dies vor allem in einem rituellen Zusammenhang. In der Kultur des europäischen Mittelalters, die bereits wesentlich geprägt ist von der Ablösung und Verlagerung des Körpergedächtnisses auf neue Aufzeichnungs- und Speicherformen, zeigt sich dieser ursprüngliche Zusammenhang von Körper und Buch und Schrift und Schmerz noch in vielfältiger Weise.[2]

Narbe und Schrift

Das in erster Linie als Buchreligion verstandene Christentum inszeniert den Körper durch die Menschwerdung des Gottessohns als authentisches Medium der Offenbarung, Erinnerung und Beglaubigung. Obwohl das aufgezeichnete Wort Gottes in der heiligen Schrift die Basis des christlichen Glaubens bildet, ist es erst durch die dialektische und spirituelle Verbindung mit dem Körper lebendig und gegenwärtig. Das erste greifbare, sichtbare und lesbare Dokument des Heilsgeschehens sind die Male, Spuren und Zeichen auf der Haut Christi noch vor den schriftlichen Zeugnissen durch die Evangelisten. Der Zeichenwert der Narbe steht in seiner Rechtsbedeutsamkeit über dem gesprochenen Wort. Im 20. Kapitel des Johannesevangeliums ist zu lesen:

Thomas, genannt Didymus (Zwilling), einer der Zwölf, war nicht bei ihnen, als Jesus kam. Die anderen Jünger sagten zu ihm: Wir haben den Herrn gesehen. Er entgegnete ihnen: Wenn ich nicht die Male der Nägel an seinen Händen sehe und wenn ich meinen Finger nicht in die Male der Nägel und meine Hand nicht in seine Seite lege, glaube ich nicht. Acht Tage darauf waren seine Jünger wieder versammelt und Thomas war dabei. Die Türen waren verschlossen. Da kam Jesus, trat in ihre Mitte und sagte: Friede sei mit euch! Dann sagte er zu Thomas: Streck deinen Finger aus – hier sind meine Hände! Streck deine Hand aus und leg sie in meine Seite und sei nicht ungläubig, sondern gläubig! Thomas antwortete ihm: Mein Herr und mein Gott! Jesus sagte zu ihm: Weil du mich gesehen hast, glaubst du. Selig sind, die nicht sehen und doch glauben. (Joh 20, 24 - 29)

Michelangelo Merisi da Caravaggio – Der ungläubige Thomas (1601 / 02) [Quelle: Wikipedia]

In der mittelalterlichen Vorstellungswelt werden Wundmale und Schriftzeichen auf merkwürdige Art verknüpft. Im »Dialogus miraculorum« des Zisterziensermönchs Caesarius von Heisterbach (1222), in der Übersetzung Johann Hartliebs (um 1460), ist die Haut Christi ein Schriftstück, das wie ein Pergament beschrieben ist:

Das vorbenant puoch des lebens hatt Christus selber geschriben, wann er wolt mit aygem guotten willen gemartet werden umb unnser erloszung willen. Er hatt an seiner menschlichen hawt die geschrifft der chlainen swarczen puochstaben gehabt durch die gaiselsleg, die im an seiner heyligen hawt swarcz fleck, mosen und pluotvarb straym gemacht hetten, und die groszen roten puochstaben bedewttent die wunden, die im mit den nageln und sper durch sein heyligen leichnam gestochen wurden und punckt und stricklein der virgeln durch unterschaydung willen bedeuttent die loechlein durchstochen mit der durneyn kron.[3]

Hier zeigt sich jener »Graphismus des Schmerzes«,[4] von dem Dietmar Kamper in Anlehnung an Nietzsche spricht. In diesem kurzen Text des Caesarius geht es um eine doppelte Beglaubigung – der Körper wird zum Buch, die Haut zum Schreibmaterial, die Narben zur Schrift: Die schwarzen Kleinbuchstaben sind die Striemen der Geißelhiebe, die fünf Wundmale der Kreuzigung die Initialen, die Interpunktionszeichen die Eindrücke der Dornenkrone. Entscheidend ist, dass diese Zeichen einer derart grausamen Erinnerungsarbeit nicht einfach Male und Signaturen des Schmerzes sind, sondern dass sich die blutigen Körperzeichen als Schriftzeichen im

Geertgen tot Sint Jans / Gerrit van Haarlem – Christus als Man van smarten (um 1486) [Quelle: Wikipedia]

Sinne einer Buchstabenschrift lesen lassen. Entscheidend ist auch das »Sowohl als auch« der Lesbarkeit. Die Narben sind auch für ein semiliterates Publikum verständlich, sie sind zählbar und somit zahlenmystisch auswertbar. Der »gezeichnete Körper«[5] ist als Erinnerungs- und Erfahrungsmedium den beschrifteten Buchseiten voran- und gleichgestellt.

Blutschriften

Der Vorgang des Ritzens und Einkerbens bezeichnet eine grundlegende Technik früherer Schreibvorgänge. Da Papyrus und Pergament knappe und kostbare Materialien waren, wurden parallel dazu Wachs, Ton, Holz und Stein als Speichermedien verwendet. Platon vergleicht das Gedächtnis mit einer Wachstafel, in der die Erinnerungen gleichsam eingeritzt sind, Aristoteles spricht von Erinnerungen als Siegel, die sich einem fest einprägen. Die Metaphorik von Beschreibstoffen und Schreibmaterialien ist im christlichen Europa allerdings am ausgeprägtesten. Die ganze Welt wird zum beschreibbaren und beschrifteten Buch.[6] Dementsprechend wird der Vorgang des Schreibens mit dem Pflügen gleichgesetzt, die Schriftzeile wird zur Furche, das Pergament zum Acker. Der Schreiber sät mit seinem Griffel den schwarzen Samen auf das weiße Feld. Deutlich sind auch die geschlechtsspezifischen Implikationen, die in dieser Metaphorik enthalten sind.

Für unseren Zusammenhang von Interesse ist die Tatsache, dass bereits in den frühchristlichen Schriften die Wunden der Märtyrer mit der Verwendung der purpurnen Schrift verglichen werden. Das kostbarste Material für diese purpurne Blutschrift war das aus Tierhäuten gewonnene Pergament, ein Substitut für die menschliche Haut. Das edelste Pergament, das so genannte Jungfrauenpergament, wurde aus der Haut ungeborener Lämmer gewonnen. Die auf dem Pergament aufgetragenen Schriftzeichen sind also auch Zeichen auf der Haut, sind Tätowierungen auf totem Material.

Das was in den Büchern äußerlich bleibt, geht auf der lebendigen menschlichen Haut ins Innere. Gemeint ist hier das Motiv der Herzensschrift, das sich sowohl im Alten als auch Neuen Testament findet: Im 2. Korintherbrief spricht der Apostel von den »fleischernen Tafeln des Herzens«, in die die wahre Schrift eingetragen ist. Es ist dies eine Schrift, die keinen menschlichen Schreiber hat, ein *Acheiropoieton*. In der »Legenda Aurea« wird vom

Martyrium des Heiligen Ignatius von Antiochia, mit Beinamen
Theoporus (Gottesträger), berichtet, dass sich die Namensschrift
des Herrn in seinem Herzen befindet. Als die Folterer das Herz
des Märtyrers in der Mitte durchschneiden, finden sie dort den
Namen des Herrn in goldenen Buchstaben eingraviert. Das zer-
schnittene Herz gibt Zeugnis ab für die Zugehörigkeit zu Christus, die Schrift ist nicht mehr blutig, sondern golden. Wiederum
haben wir den Zusammenhang von Grausamkeit, Schmerz und
Vergegenwärtigung in Verbindung mit der Schrift, der so wohl
nur im christlich geprägten Abendland zu finden ist.

Ein besonders bemerkenswertes Beispiel ist die Vita des
mittelalterlichen Mystikers und Theologen Heinrich Seuse
(1295-1366). Im 4. Kapitel seiner in der dritten Person verfassten Autobiografie schildert er, wie er seinen Bund mit Christus
gegen das Vergessen besiegeln will:

> In disem inbrunstigen ernste warf er vornan sinen scharpren uf und
> zerlies vornan sinen buosen, und nam einen grifel in die hand und
> sach sin herz an und sprach: »ach gewaltiger got, nu gib mir hut
> die kraft und macht ze vollbringen min begirde, wan du muost hut
> in den grunt mins herzen gesmelzet werden. Und vie an und stach
> dar mit dem grifel in daz flaisch ob dem herzen die richti, und stach
> also hin und her und uf und ab, unz er den namen IHS uf sin herz
> gezeichnet. Von den scharpfen stichen wiel das bluot vast uss dem
> fleische und ran uber den lip abe den buosen. Das waz ime als min-
> neklich an ze sehent von der furinen minne, daz er dez smerzen nicht
> vil ahtete, [...] Herr, ich enkan noch enmag dich nit furbaz in mich
> gedruken; owe herr, ich bite dich, daz du es volbringest und daz du
> dich nu furbaz in den grund mins herzen drukest und dinen heiligen
> namen in mich also zeichnest, daz du uss minem herzen niemer me
> gescheidest.«[7]

Seuse beschreibt, wie er sich als Diener Gottes die Tunika
über die Schulter wirft und seine Brust entblößt. Er ergreift

Straßburger Seuse-
Handschrift [Quelle:
BNU Strasbourg]

einen spitzen Griffel, betrachtet sein Herz, betet und sticht sich immer wieder in die Brustpartie, bis die Zeichen IHS darauf geschrieben sind. Der Diener bemerkt das aus den Wunden fließende Blut mit Wohlgefallen, die Schmerzen, die er als lebendiger Schreibstoff ertragen muss, beachtet er kaum. Im zweiten Gebet bittet er die göttliche Hand, das mit der Menschenhand getätigte Zeichen ins Innere, direkt auf das Herz, zu pressen, es hineinzudrücken. Das Dienerherz wird zu einer Materie, in der durch die göttliche Berührung das heilige Zeichen eingraviert werden kann. Das äußerliche Zeichen verweist auf ein inneres, verweist auf ein Zusammenspiel von menschlicher und göttlicher Hand(schrift) und auf einen Übergang von einer wörtlichen zur geistlichen Bedeutung. Nicht zufällig handelt es sich hierbei um ein blutiges Bild, das Zeichen IHS ist ein Verweis auf die Passion Christi, es ist aber auch ein Verweis auf den menschlichen Schreiber HS, Heinrich Seuse.

Die Narbenschrift auf der Brust bewegt sich im Rhythmus des Herzens und bleibt bis zu seinem Tod sichtbar. In einer anderen Vision nimmt Seuse ein Kreuz auf seinem Herzen wahr, womit sich für ihn bestätigt, dass Gott seinen Schreibakt gegengezeichnet hat. Elsbeth Stagel, die geistliche Schülerin Seuses, materialisiert die Symbolik des Zeichens und des schmerzhaften Schreibens auf den Körper auf ganz andere Weise. Anstatt eines Griffels führt sie eine Sticknadel, statt ins eigene Fleisch, sticht sie in den Stoff und

stickt das Zeichen IHS in roter
Seide auf ein weißes Tüchlein.
Sie schickt Kopien davon an
ihren Lehrer, der sie – wie eine
Kopie der Tätowierung – auf
seine nackte Brust legt.

Bemerkenswert an die-
ser Beschreibung ist, dass der
Gläubige hier beides ist, Material der Beschriftung und
Beschreibe(nde)r, dass schrei-
bende Hand und beschrifteter
Körper zusammenkommen.
Die Tätowierung als Auto-
kalligrafie stellt einen Akt
der gezielten Selbstformung
dar, allerdings im Dienste einer fremden Macht. Es ist der
Schreiber selbst, der sich die
fremde Macht einschreibt, um sich so mit ihr zu identifizieren.

Straßburger Seuse
Handschrift [Quelle:
BNU Strasbourg]

Alois Hahn hat darauf hingewiesen, dass die Zugehörigkeit
zu einer »fremden Macht« zweideutig wird, sobald die darauf
verweisende Tätowierung nicht mehr in Form der »Selbst-Er-
zeugung der eigenen Gestalt«, also nicht als Auszeichnung und
Schutz, sondern als Brandmarkung und Strafe dient.[8] Solche Tä-
towierungspraktiken funktionalisieren die damit verbundenen
Schmerzen als unvergessliche Machtlektionen. Pierre Bourdieu
erklärt dies so:

Alle sozialen Gruppen vertrauen ihr kostbarstes Vermächtnis dem
Körper an, der wie ein Gedächtnis behandelt wird; und daß in allen Gesellschaften die Initiationsriten mit dem Leiden arbeiten, das
sie dem Körper zufügen, wird verständlich, wenn man weiß, daß
– wie zahlreiche psychologische Experimente erwiesen haben – die

Menschen einer Institution umso stärker anhängen, je strenger und schmerzhafter die Initiationsriten waren, die ihnen von dieser Institution auferlegt wurden.[9]

Der tote Buchstabe

Der Zusammenhang von Schrift, Gedächtnis und Strafe als Einschreibung in den menschlichen Körper wird besonders eindringlich in Franz Kafkas 1914 entstandener Erzählung »In der Strafkolonie« beschrieben. Es ist offensichtlich, dass Kafka auch auf jüdisch-christliche Traditionen von Körperschriften anspielt. Dem Verurteilten wird das übertretene Verbot mit einem furchtbaren Schreibapparat mit spitzen Nadeln so lange auf dem Leib geschrieben, bis er an der immer tiefer ins Fleisch gehenden Tätowierung stirbt:

Begreifen Sie den Vorgang? Die Egge fängt zu schreiben an; ist sie mit der ersten Anlage der Schrift auf dem Rücken des Mannes fertig, rollt die Watteschicht und wälzt den Körper langsam auf die Seite, um der Egge neuen Raum zu bieten. Inzwischen legen sich die wundbeschriebenen Stellen auf die Watte, welche infolge der besonderen Präparierung sofort die Blutung stillt und zu neuer Vertiefung der Schrift vorbereitet. Hier die Zacken am Rande der Egge reißen dann beim weiteren Umwälzen des Körpers die Watte von den Wunden, schleudern sie in die Grube, und die Egge hat wieder Arbeit. So schreibt sie immer tiefer die zwölf Stunden lang. Die ersten sechs Stunden lebt der Verurteilte fast wie früher, er leidet nur Schmerzen. Nach zwei Stunden wird der Filz entfernt, denn der Mann hat keine Kraft zum Schreien mehr. [...] Wie still wird dann aber der Mann um die sechste Stunde! Verstand geht dem Blödesten auf. Um die Augen beginnt es. Von hier aus verbreitet es sich. Ein Anblick, der einen verführen könnte, sich mit unter die Egge zu legen. Es geschieht ja weiter nichts, der Mann fängt bloß an, die Schrift zu entziffern, er spitzt den Mund, als horche er. Sie haben gesehen, es ist nicht leicht, die Schrift mit den Augen zu entziffern; unser Mann entziffert sie aber mit seinen Wunden. Es ist allerdings viel Arbeit; er braucht sechs Stunden zu ihrer Vollendung. Dann aber spießt ihn die Egge vollständig auf und wirft ihn in die Grube, wo er auf das Blutwasser und die Watte niederklatscht. Dann ist das Gericht zu Ende, und wir, ich und der Soldat, scharren ihn ein.[10]

Anders als in der christlichen Tradition wird die Speicherfunktion der tätowierten Schrift hinfällig, das, was von der Maschine auf die Haut geschrieben wurde, ist nicht entzifferbar. Wichtig ist einzig und allein der Akt des Schreibens, der Körper als Beschreibstoff ist nur so lange wertvoll, solange die Maschine auf ihm arbeitet. Damit ist nichts mehr gesichert, Schriftzersetzung und Sprachzerstörung gehen Hand in Hand, alles erscheint unglaubwürdig und zweifelhaft. Lesbar wird die blutige Schrift nur durch den Beschreibstoff selbst, durch die Haut und damit durch den durch sie empfundenen Schmerz. Am Ende sind sowohl der Körper als auch die Schrift als auch der Apparat zerstört. Was an Schriftzeichen übrig bleibt, ist eine Inschrift aus Stein. Sie ist auf dem Grabstein des alten Kommandanten zu finden. Die Schrift auf diesem Stein ist klein, schmucklos und kaum lesbar und verkündet die Prophezeiung einer Wiederauferstehung des Kommandanten, die mit den Worten endet: »Glaubet und wartet!« Als der Reisende daraufhin die Kolonie verlässt, verhindert er mit einem zusammengeknoteten Tau, mit dem er ihnen droht, dass der Soldat und der Verurteilte ihm folgen.

Ich sehe in dem Tau ebenfalls eine Anspielung auf die christlich-jüdische Tradition, denn es gibt einen homonymen Begriff, der in einem engen Zusammenhang mit Gerichtsszenen steht, das Signum tav oder tau (T), möglicherweise die ursprünglichste Form der Körperschrift. Es ist ein Zeichen auf der Stirn der Gerechten, wie es im Buch Exodus (12,3) und in Echzechiel (9,3) beschrieben wird. Im Alten Testament hat das Signum die Funktion eines Schutzzeichens, die Gerechten werden dadurch vor dem

Todesgericht Gottes bewahrt. Die Aspekte Strafe und Schutz sind allerdings nicht voneinander zu trennen, wie beim Kainsmal, das beide Grundfunktionen in sich vereinigt: Und Jahwe machte an Kain ein Zeichen, dass ihn nicht jeder töte, der ihn fände (Gen. 4,15). Bei Kafka ist das Tau weder ein Schutzzeichen noch ein Symbol für Strafe, es ist ein Instrument für Drohung und Abwehr, die Erinnerungsspur verliert sich im Gleichklang. Der beschriftete Körper wird verscharrt, er hat keine Funktion mehr im kollektiven Gedächtnis, es fehlt ihm ein Heilssinn. Der Buchstabe tötet nicht nur, er ist ein totes Zeichen, wir sehen nur noch das Ritual des Einschreibens als einen Akt absurder und lächerlicher Epigrafie (den Grabstein), welches Geschichte in einen zerstörerischen Mythos verwandelt. Was bleibt, ist die Erzählung selbst, festgehalten auf Papier, verborgen im Buch.

1 NIETZSCHE, Friedrich: Jenseits von Gut und Böse. Zur Genealogie der Moral. Kritische Studienausgabe. Hg. v. Giorgio Colli und Mazzino Montinari. Bd. 5. München 1988, S. 295f.
2 Dazu KÜSTERS, Urban: Narbenschriften. Zur religiösen Literatur des Spätmittelalters. In: MÜLLER, Jan-Dirk/WENZEL, Horst (Hg.): Mittelalter. Neue Wege durch einen alten Kontinent. Stuttgart, Leipzig 1999, S. 81-110.
3 DRESCHER, Karl (Hg.): Johannes Hartliebs Übersetzung des Dialogus miraculorum von Caesarius von Heisterbach. Berlin 1929, S. 132.
4 KAMPER, Dietmar: »Der Geist tötet, aber der Buchstabe macht lebendig«. Zeichen als Narben. In: GUMBRECHT, Hans Ulrich/PFEIFFER, K. Ludwig (Hg.): Schrift. München 1993, S. 192-200, hier S. 195.
5 BAUDRILLARD, Jean: Der symbolische Tausch und der Tod. München 1982.
6 Zahlreiche Belegstellen bei CURTIUS, Ernst Robert: Europäische Literatur und lateinisches Mittelalter. Bern, München ¹¹1993.
7 SEUSE, Heinrich: Deutsche Schriften. Hg. v. Karl Bihlmeyer. Stuttgart 1907 (Neudruck Frankfurt/M. 1961), S. 16.
8 HAHN, Alois: Handschrift und Tätowierung. In: GUMBRECHT/PFEIFFER (1993), S. 201-217, hier S. 215.
9 BOURDIEU, Pierre: Was heißt Sprechen? Die Ökonomie des sprachlichen Tausches. Wien 1990, S. 90.
10 KAFKA, Franz: In der Strafkolonie. Eine Geschichte aus dem Jahre 1914. Mit Quellen, Chronik und Anmerkungen. Hg. v. Klaus Wagenbach. Berlin 1995, S. 40f.

UWE WIRTH

Blattweise

»Was ist ein Buch?«, fragt Immanuel Kant 1797 in seiner »Metaphysik der Sitten« und gibt zur Antwort: »Ein Buch ist eine Schrift (ob mit der Feder oder durch Typen, auf wenig oder viel Blättern verzeichnet, ist hier gleichgültig), welche eine Rede vorstellt, die jemand durch sichtbare Sprachzeichen an das Publikum hält.«[1]

Das Buch ist eine blattweise Rede an das Publikum, die – und dies ist ein Punkt, auf den Kant großen Wert legt, weil die Frage nach dem Buch im Kontext einer heftigen Debatte um die Rechtmäßigkeit des Büchernachdrucks gestellt wird – von einem Verleger öffentlich gemacht wird: durch das Herstellen von vielen Kopien im Namen des Autors. Dieses Kopien-Herstellen im Namen des Autors ist für Kant die entscheidende Differenz zwischen dem rechtmäßigen Verleger und dem unrechtmäßigen Nachdrucker, denn der Autor erteilt dem Verleger eine Vollmacht, Kopien herzustellen.

Aber Kopien wovon? Nun, Kopien von einer Handschrift, die der Autor dem Verleger übergibt, um sie zu drucken. Doch was ist das Buch? Ist es die Handschrift des Autors, von der Kopien gemacht werden – oder ist es die Summe aller Kopien einschließlich der Urschrift? Diese Frage wird seit dem 18. Jahrhundert immer wieder aufgeworfen: sei es im Rahmen von Urheberrechtsdebatten; sei es im Rahmen philologischer Überlegungen zum Werk- und Autorschaftsbegriff; sei es im Rahmen poetischer Thematisierungen des Buches als Dreh- und Angelpunkt der schriftstellerischen Tätigkeit.

Das Faszinierende am Buch besteht vielleicht gerade in der Schwierigkeit, die Frage: »Was ist ein Buch?« zu beantworten. Das trifft nicht nur auf die Differenz zwischen Urschrift und Kopie zu, sondern auch auf die eigentümliche Verwandlung, die ein Bündel von handschriftlich beschriebenen Papierblättern erfährt, sobald es drucktechnisch moduliert und durch eine Bindung zu einer körperlichen Einheit gebracht wird:

Die Blätter der Handschrift werden zu Seiten eines Buches. Aus blattweise Beschriebenem wird seitenweise Vervielfältigtes und Veröffentlichtes. Hier spielt aber noch ein zweiter Unterschied eine wichtige Rolle, auf den Johann Gottlieb Fichte in seinem 1793 erschienenen »Beweis der Unrechtmäßigkeit des Büchernachdrucks« hinweist: der Unterschied zwischen dem »körperlichen« Aspekt des Buches, also dem »bedruckten Papier« und dem geistigen Aspekt, der Form der Gedanken: »die Ideenverbindung in der, und die Zeichen, mit denen sie vorgetragen werden«.[2]

Während wir das Eigentum an einem Buch erwerben, sobald wir ein Exemplar – eine körperliche Einheit aus zusammengebundenem, bedrucktem Papier – kaufen, bleibt die Form der Ideenverbindung auch nach dem Verkauf des Buches das geistige Eigentum seines Verfassers. »Da man jedoch«, schreibt Fichte,

> ein Buch selten auch darum, am seltensten bloß darum kauft, um mit seinem Papier und Drucke Staat zu machen, und damit die Wände zu tapeziren; so muß man durch den Ankauf doch auch ein Recht auf sein Geistiges zu überkommen meinen.[3]

Mit anderen Worten: Wir erkaufen uns mit dem Erwerb des bedruckten Papiers das Recht, das Buch zu lesen und uns so »die

Gedanken des Verfassers zu eigen zu machen«. Damit wird die Frage nach dem geistigen Eigentum aus der juristischen in die intellektuelle Sphäre versetzt: Im Akt des Lesens eignen wir uns Gedanken und Ideenverbindungen eines anderen an, indem wir mitdenken, aber ohne, dass wir ein Eigentumsrecht im juristischen Sinne an ihnen erwerben. Umgekehrt verliert der Urheber sein ausschließliches Eigentumsrecht an seinen Gedanken, sobald er sie im Medium gedruckten Papiers veröffentlicht: Sein Eigentum kann »vermöge seiner geistigen Natur Vielen gemein sein«. Was jedoch unveräußerlich ist und bleibt, das ist die »Form dieser Gedanken, die Ideenverbindung in der, und die Zeichen, mit denen sie vorgetragen werden«, also das, was man als *Denkstil* und als *Schreibstil* bezeichnen könnte.

Auch hierbei oszilliert das Buch zwischen »Geist und Buchstab«,[4] zwischen der Äußerlichkeit des buchstäblich geschrieben Worts auf einem Blatt Papier und dem inneren Zusammenhang der durch das Wort ausgedrückten Gedanken. Dieses Spannungsverhältnis wird nicht nur im Rahmen philosophischer Fragestellungen virulent, sondern auch im Kontext der Philologie und der Poesie. So unterteilt Schleiermacher die philologische Kritik in eine niedere, nach der »Echtheit oder Unechtheit der einzelnen Buchstaben und Worte« fragende, urkundliche Kritik einerseits sowie in eine höhere Konjekturalkritik andererseits, die sich auf ganze Schriften und deren gedanklichen Zusammenhang bezieht.[5] Die philologische ›Liebe zum Wort‹ ist also gewissermaßen zwischen der körperlichen Liebe zum Wort in seiner Buchstäblichkeit und der geistigen Liebe zum Wort als Vehikel eines Gedankens hin und her gerissen. Dabei ist anzumerken, dass es Philologie qua Editionsphilologie gar nicht unbedingt mit Büchern zu tun hat, sondern vielmehr mit Blättern, auf denen Entwürfe, Varianten und Fassungen verzeichnet sind, aus denen Bücher wurden. Am Ende der philologischen Tätigkeit steht zwar fast immer ein Buch – eine kommentierte, gedruckte Ausgabe von Handschriften –, doch das Interesse der Philologie liegt vor dem

Buch: Philologie will den »Performance-Akt der Textwerdung« rekonstruieren:[6] ›Textwerdung‹ verstanden als vor der Buchwerdung liegende Schreibprozesse, die körperlich und buchstäblich auf Manuskriptblättern als *iconic page*[7] sichtbar sind.

Das Spannungsverhältnis zwischen »Geist und Buchstab« findet sich aber nicht nur in der Philologie, sondern auch in der Poesie, wie Schlegel in seinen »Kritischen Fragmenten« andeutet: »In den Alten sieht man den vollendeten Buchstaben der ganzen Poesie: in den Neuern ahnet man den werdenden Geist.«[8] Wahre Poesie entsteht in der produktiven Spannung zwischen Buchstabe und Geist: »Verhülle und binde den Geist im Buchstaben«, heißt es in der »Lucinde«, »Der echte Buchstabe ist allmächtig und der eigentliche Zauberstab«.[9]

Festzuhalten bleibt, dass mit der Betonung der Dichotomie zwischen »Geist und Buchstab« die Differenz zwischen Buchstaben, die sich handschriftlichen »Gesten der Skription«[10] verdanken und gedruckten Buchstaben, die als »typographisches Dispositiv«[11] in Erscheinung treten, in den Hintergrund rückt. Möglicherweise ist diese Differenz für die Frage: »Was ist ein Buch?« gar nicht relevant. Wenn wir Kant folgen, dann ist es gleichgültig, ob die Schrift »mit der Feder oder durch Typen« auf die wenigen oder vielen Blätter verzeichnet wurde. Hauptsache, es handelt sich um sichtbare Sprachzeichen. Tatsächlich haben ja auch die handgeschriebenen, mittelalterlichen Kodizes Buchcharakter. Wenn wir also das Buch als körperliches ›Ding‹ betrachten, dann geht es zunächst noch gar nicht um die drucktechnische Vervielfältigung und die damit implizierten juristischen Fragen, auch die Frage nach der Ideenverbindung steht nicht im Mittelpunkt, sondern die Verbindung des beschriebenen oder bedruckten Papiers und seine Verhüllung durch Buchdeckel. Es sind gerade die körperlichen Aspekte der Buch*bindung*, die das Buch zum Buch machen und es von einer losen Sammlung beschriebener Blätter (seien es Manuskripte, seien es Flugblätter) unterscheiden.

Wenn ich nun eingangs behauptet habe: »Die Blätter der Handschrift werden zu Seiten eines Buches«, dann muss man klären, wodurch diese Verwandlung vollzogen wird. Vervielfältigen und Veröffentlichen ist ja nicht nur im Rahmen des Buchdrucks möglich. Das abschreibende Kopieren hat dieselbe Funktion. Entscheidend scheint mir zu sein, dass das Abgeschriebene oder drucktechnisch Modulierte körperlich verbunden und durch die Bindung zu einer Buchseite wird.

Vor dem Buch gibt es nur Blätter. Lose Blätter. Blätter, die beschrieben sind. Blätter, die als Manuskripte die Vorlage für das Herstellen von Buchseiten sind. Vor-dem-Buch, *Hors Livre*, meint aber auch all jene Schriften am Rande, die man gemeinhin als *Paratexte* bezeichnet. Also jenes »Beiwerk«, wie es Gérard Genette nennt, »durch das ein Text zum Buch wird und als solches vor die Leser und, allgemeiner, vor die Öffentlichkeit tritt«.[12] Das Vorwort erklärt *warum* und *wie* zu lesen sei. Es sollte – sagt Lessing – »nichts enthalten, als die Geschichte: des Buchs«,[13] zugleich – sagt Novalis – wird der »Gebrauch des Buches [...] in der Vorrede gegeben«.[14] Das Vorwort steht also sowohl in körperlicher als auch in pragmatischer Hinsicht vor dem Buch: Es ist eine Vorschrift und es macht Vorschriften.

Doch es gibt nicht nur ein Vor-dem-Buch, sondern auch ein Nach-dem-Buch: Sobald man das Buch seiner Bindung beraubt, ja allein schon, wenn man eine Seite aus einem Buch herausreißt, löst man die körperliche Verbindung der Seiten auf und die herausgerissene Seite wird wieder zum Blatt, etwa zum Makulaturblatt.

Eben dies geschieht in E.T.A. Hoffmanns Roman »Lebens-Ansichten des Katers Murr nebst fragmentarischer Biographie des Kapellmeisters Johannes Kreisler in zufälligen Makulaturblättern«.[15] Der Titel zeigt an, dass sich die heterogenen »Papierstöße«, aus denen der Roman zusammengemischt wurde, einer »strikten Unifizierung«[16] entziehen, ja dass er blattweise zusammengewürfelt wurde. Zu Beginn seines Vorworts

berichtet der Herausgeber, ein Freund, mit dem er »ein Herz und
eine Seele ist« (S. 11), habe ihn gebeten, für die Veröffentlichung
der Autobiografie des Katers zu sorgen. Weiter heißt es: »Der
Herausgeber versprach, sein bestes zu tun für den schriftstellerischen Kollegen« (ebda.). Erst nachdem er das Manuskript in den
Druck gegeben hat und die ersten »Aushängebogen« zu Gesicht
bekommt, bemerkt der Herausgeber, »daß Murrs Geschichte hin
und wieder abbricht und dann fremde Einschiebsel vorkommen«
(S. 12). Dafür gibt er folgende Erklärung:

> Nach sorgfältiger Nachforschung und Erkundigung erfuhr der He-
> rausgeber endlich folgendes. Als der Kater Murr seine Lebensansich-
> ten schrieb, zerriß er ohne Umstände ein gedrucktes Buch, das er bei
> seinem Herrn vorfand, und verbrauchte die Blätter harmlos teils zur
> Unterlage, teils zum Löschen. Diese Blätter blieben im Manuskript
> und – wurden, als zu demselben gehörig, aus Versehen mit abge-
> druckt! De- und wehmütig muß nun der Herausgeber gestehen, daß
> das verworrene Gemisch fremdartiger Stoffe durcheinander lediglich
> durch seinen Leichtsinn veranlaßt, da er das Manuskript des Katers
> hätte genau durchgehen sollen, ehe er es zum Druck beförderte [...].
> (S. 12).

Hier kommt es nicht nur zu einer Vermischung »fremdartiger
Stoffe durcheinander«, sondern zu einer Interferenz zwischen
dem Vor-dem-Buch-Sein des Murr'schen Manuskripts und dem
Nach-dem-Buch-Sein der ›zufälligen Makulaturblätter‹, die aus
Kreislers Biografie stammen.

Bei der Makulatur handelt es sich, wie es im Zedler heißt,
um »[i]n der Druckerey bedrucktes Papier«, das »entweder ver-
dorben« ist oder »keinen Abgang findet, und anders nicht, als
zum einwickeln, oder einpacken dienet«.[17] Doch wieso sollte es
sich bei der gedruckten und gebundenen Biografie Kreislers um
Makulatur handeln, wo dieses Buch doch »höchstwahrscheinlich gar nicht in den Buchhandel« gelangt ist, ja womöglich nur

als Einzelexemplar existiert? Offensichtlich wird die Kreisler-Biografie durch die zufälligen Akte des Zerreißens und durch die Verwendung der herausgerissenen Seiten als Löschpapier überhaupt erst in Makulatur verwandelt.

Insofern ist dieser Roman E.T.A. Hoffmanns ein Buch über das Entstehen von neuen Büchern aus anderen Büchern. Bücher, die ihre körperliche Einheit durch das Herausreißen von Seiten verloren haben, wobei diese Seiten mit dem Akt des Herausreißens zu Blättern, zu Makulaturblättern werden, die im Zuge einer Art von *Biblio-Recycling* Eingang in ein neues Buch finden. Der entscheidende Moment der Buchwerdung ist hierbei nicht nur die Übergabe an den Drucker, also das im Falle der »Lebens-Ansichten des Katers Murr« höchst leichtsinnige *Imprimatur!* des Herausgebers; mindestens ebenso wichtig ist das Vermischen der Manuskriptblätter mit den Makulaturblättern in einem Papierstoß, der durch den Akt des Druckens eine körperliche Verbindung im Rahmen eines Buches erfährt. Dass diese Unifizierung nur auf der typografischen Oberfläche stattfindet, wird deutlich, sobald man die Anweisung des Herausgebers für den Gebrauch des Buches zur Kenntnis nimmt: »Fürs erste wird der geneigte Leser sich leicht aus der Sache finden können, wenn er die eingeklammerten Bemerkungen, ›Mak. Bl.‹ (Makulatur-Blatt) und ›M. f. f.‹ (Murr fährt fort) gütigst beachten will« (S. 12). Hier werden in einem Buch, das seitenweise vor uns liegt, die Ränder von Blättern durch editoriale Indices markiert: Ränder, die zwar auf der Druckseite ihre Körperlichkeit verloren haben, die aber die Differenz zwischen der gedruckten, ins Buch gebundenen Seite und dem beschriebenen, losen Blatt, das vor dem Buch liegt, markieren.

Ein Ideengeber für diese poetische Form, das Medium Buch im Medium Buch zu thematisieren, ist Jean Paul, der mit seinem wenige Jahre vor den »Lebens-Ansichten des Katers Murr« erschienenen Roman »Leben Fibels«[18] ein Werk vorgelegt hat,[19] in dem das romantische Programm einer Transzendentalpoesie durch die permanente »Selbstbespiegelung der Schrift und der Schriften« eingelöst wird.[20] Ganz im Sinne des *Letterismus* wird in »Leben Fibels« das »Medium der Schrift« zur Botschaft:[21] Die fiktive Biografie erzählt die Entstehungsgeschichte der Bienrodischen Abc-Fibel: ein Buch von wenigen Seiten, das dem Roman *in toto* als Anhang beigefügt ist, aber auch die Lebensgeschichte ihres Verfassers – Herr Fibel. Ihre quasi-transzendentale Relevanz gewinnt die Abc-Fibel dadurch, dass die Kenntnis des Abc die »Bedingung der Möglichkeit« für alles Lesen und Schreiben ist. Da die Abc-Fibel »Millionen Leser nicht bloß gefunden, sondern vorher dazu gemacht [hat]« (S. 369), wird sie als »Buch der Bücher« (S. 427), als »wahre Wissenschaftslehre jeder Wissenschaftslehre« (S. 489) bezeichnet. Damit verkehrt die Struktur von »Leben Fibels« Fichtes Behauptung ins Gegenteil, die Wissenschaftslehre sei »von der Art, dass sie durch den blossen Buchstaben gar nicht, sondern dass sie lediglich durch den Geist sich mittheilen lässt«,[22] und folgt zugleich dem polemischen Rat, »die Wissenschaften nach der Folge der Buchstaben im Alphabete vorzutragen«.[23] Da jeder Buchstabe mit einem Merkvers versehen ist und da die Merkverse auf recht unterschiedliche Wissensgebiete Bezug nehmen, wird die Abc-Fibel zur »Fibelsche[n] Enzyklopädie« (S. 491). Dies liegt nicht zuletzt daran, dass Fibel sein Weltwissen durch wilde Akte des Zusammenlesens erworben hat. Genauer gesagt: durch das Lesen von Makulaturblättern, die als Papiertüten zum Aufbewahren von Gewürzen dienen. Fibel liest, »was er poetisches, juristisches, chemisches Gedrucktes aus dem Gewürzladen, seiner Lese-Bibliothek« (S. 388) in die Hände bekommt. Dieses, vom jungen Fibel praktizierte Verfahren, sein Wissen blattweise zusammenzulesen, findet seine Reprise in Jean Pauls Verfahren, Fibels Leben durch das Zusammenlesen verstreuter Blätter zu rekonstruieren. In der »Vor-Geschichte« berichtet Jean Paul, wie er auf seiner Suche nach dem Verfasser der »Bienrodischen Fibel« bei einem jüdischen Papierhändler die Reste von 135 Bänden »jedes Formats und jeder Wissenschaft«

entdeckt, die »sämtlich (zufolge des Titelblattes) von *einem* Verfasser namens Fibel geschrieben« wurden (S. 373). Darüber hinaus habe er leere »Buchschalen« einer 40-bändigen Biografie Fibels entdeckt, deren Inhalt jedoch teils zum Materialwert verkauft worden, teils in Kriegswirren verloren gegangen sei; sowie das Titelblatt:

> Curieuse und sonderbare Lebens-Historie des berühmten Herrn Gotthelf Fibel, Verfassern des neuen Markgrafluster, Fränkischen, Voigtländischen und Kur-Sächsischen Abc-Buchs, mit sonderbarem Fleiße zusammengetragen und ans Licht gestellt von Joachim Pelz. (S. 374)

Dieses Titelblatt scheint der Beleg dafür zu sein, dass sich der Name der Abc-Fibel von ihrem Verfasser herleitet, wobei zwischen dem Namen des Autors und dem Namen des Buches eine metonymische Relation unterstellt wird: Der Name des auktorialen Verursachers wird auf das von ihm hervorgebrachte Produkt, das Abc-Buch, übertragen. Ironisch überboten wird dieses *metonymische misreading* dadurch, dass eine ganz ähnlich verfahrende Fehllektüre kurz darauf explizit als Irrtum ausgewiesen wird.

»Es gibt glückliche Menschen«, schreibt der Vorredenverfasser Jean Paul mit Blick auf Fibel,

> welchen ein Buch mehr ein Mensch ist als ein Mensch ein Buch, und welche in der Wahrheit den Irrtum des Franzosen Mr. Martin nachtun, der in seinem Verzeichnis der Bibliothek des Mr. de Bose das Wort gedruckt als einen Schriftsteller unter dem Titel Mr. Gedruckt an- und fortführt. (S. 389)

Ähnlich wie der Verfasser »Fibel« verdankt der Verfasser »Gedruckt« seine Existenz einem *metonymischen misreading*. Zugleich impliziert diese Vertauschung genau jenes Konzept von Autorschaft, dessen performative Rahmenbedingungen in »Leben Fibels« dargestellt und vorgeführt werden. Gemäß Furetières »Dictionnaire universel« von 1690 kann der Begriff des *Auteur* nur für denjenigen verwendet werden, dessen Werke in gedruckter Form zirkulieren, also für jenen, »qui en ont fait imprimer«.[24] Während nach dieser Definition der Druck den Schreiber zum Autor macht, werden die Blätter erst durch die Bindung zum Buch. Auch dafür steht der Name ›Fibel‹: nicht nur für eine Spange, die dem Zusammenstecken von Kleidung dient, sondern für die Möglichkeit, lose Blätter zu verbinden.

Dies gilt insbesondere für Jean Pauls Verfahren, Fibels Leben durch das Zusammenlesen verstreuter Blätter zu »Leben Fibels« zu verbinden: In seiner »Vor-Geschichte« berichtet Jean Paul, er habe dem Papierhändler Judas »um den Ladenpreis die Erlaubnis ab[gekauft], alles Gedruckte aus den Werken auszuziehen, nämlich auszureißen« (S. 375). Das »Ausziehen aus den Werken« wird nicht als exzerpierendes »Herauslesen« oder als zitierendes »Herauslösen« vollzogen, sondern als körperlicher Akt des *Herausreißens*. Dieser »Akt des Reißens« wird zum ersten Akt eines *Biblio-Recyclings*: *Er* spiegelt und vollendet jenen Zustand der unverbundenen, blattweisen Existenz, in den die 40-bändige Biografie Fibels durch die »französischen Marodeurs« und die pragmatischen »Heiligenguter« versetzt worden war. Die französischen Marodeurs hatten auf ihrem Rückzug die Lebensbeschreibung Fibels »zerschnitten und aus dem Fenster fliegen lassen« (S. 374), woraufhin die »guten Heiligenguter« die »übriggebliebenen Quellen« auflasen und »zu Papierfenstern, Feldscheuen und zu allem« *verschnitten* (S. 375).

Der Auflösung des Syntagmas durch die körperlichen Akte des Reißens und Verschneidens von Buchseiten, die dadurch in Makulaturblätter verwandelt werden, folgt die Verbindung der Blätter zu einer neuen Einheit, zu einer zweiten Bibliografie. Das Vorspiel für diesen zweiten Schritt des *Biblio-Recyclings* ist das *Zusammenlesen* der »fliegenden Blätter fibelschen Lebens« durch die analphabetische Dorfjugend, das offensichtlich nicht als *Lek-*

türe, sondern als körperlicher Akt der *Kollektion* zu verstehen ist. Gleiches gilt für den Akt des *Zusammenschreibens*: Auch er wird als körperlicher Akt geschildert, nämlich als »Zusammenleimen« von »biographischen Papierschnitzeln« (S. 375). Diese blattweise zusammengetragenen Papierschnitzel werden mit dem Druck der Biografie von »Leben Fibels« in ein seitenweise lesbares Buch verwandelt, dem ein anderes Buch, die von Fibel verfasste Abc-Fibel, nachgestellt ist.

Dabei entgeht der Herausgeber Jean Paul nur knapp der Gefahr, mit dem ›Zusammenleimen‹ einen Akt der Aneignung zu vollziehen: So bekennt er am Ende seiner Vorrede, er bereue es *beinahe*, »daß ich nicht das Ganze für mein eigenes Gemächt ausgegeben« (S. 377): Nicht die Ideenverbindung und die Zeichen, mit denen die eigenen Gedanken vorgetragen werden, erscheinen hier als Grundlage geistigen Eigentums. Das Eigentumsrecht wird vielmehr für das Zusammenleimen einer losen Blattsammlung reklamiert. Die von Fichte so stark gemachte Kategorie der ›Ideenverbindung‹ ist hier der Kategorie der Blattverbindung gewichen. Was ist ein Buch? Eine Verbindung beschriebener Blätter!

1 KANT, Immanuel: Die Metaphysik der Sitten. In: Ders.: Werke in zwölf Bänden. Hg. v. Wilhelm Weischedel. Bd. 8. Frankfurt/M. 1977, S. 388-406, hier S. 404.
2 FICHTE, Johann Gottlieb: Beweis der Unrechtmäßigkeit des Büchernachdrucks (1793). In: Ders.: Johann Gottlieb Fichtes sämmtliche Werke. Hg. v. I.H. Fichte. Bd. 3. Berlin 1846, S. 223-244, hier S. 227.
3 Ebda., S. 225.
4 FICHTE, Johann Gottlieb: Ueber Geist und Buchstab in der Philosophie (1794). In: Ders.: Johann Gottlieb Fichtes sämmtliche Werke. Hg. v. I.H. Fichte. Bd. 8. Berlin 1846, S. 270-300.
5 SCHLEIERMACHER, Friedrich Daniel Ernst: Hermeneutik und Kritik. Hg. v. Manfred Frank. Frankfurt/M. 1977, S. 242.
6 GRÉSILLON, Almuth: »Critique génétique«: Gedanken zu ihrer Entstehung, Methode und Theorie. In: Quarto 7 (1996), S. 14-24, hier S. 23.
7 Vgl. hierzu BORNSTEIN, George/TINKLE, Theresa (Hg.): The Iconic Page in Manuscript, Print, and Digital Culture. Ann Arbor 2001.

8   SCHLEGEL, Friedrich: Kritische Fragmente (1797). In: Kritische Friedrich-Schlegel-Ausgabe. Hg. v. Ernst Behler u.a. Bd. 2. München u.a. 1967, S. 147-163, hier S. 158.

9   SCHLEGEL, Friedrich: Lucinde (1799). In: Kritische Friedrich-Schlegel-Ausgabe. Hg. v. Ernst Behler u.a. Bd. 5. München u.a. 1962, S. 20.

10 Vgl. BARTHES, Roland: Variation sur l'écriture (non publié) (1973). In: Ders.: Œuvres complètes. Tome II: 1966-1973. Hg. v. Éric Marty. Paris 1994, S. 1535-1574, hier S. 1535.

11 WEHDE, Susanne: Typographische Kultur. Eine zeichentheoretische Studie zur Typographie und ihrer Entwicklung. Tübingen 2000, S. 14.

12 GENETTE, Gérard: Palimpseste. Die Literatur auf zweiter Stufe (1982). Aus d. Franz. v. Wolfram Bayer u. Dieter Hornig. Frankfurt/M. 1993, S. 10.

13 LESSING, Gotthold Ephraim: Fabeln. In: Ders.: Werke. Hg. v. Herbert G. Göpfert u.a. 8 Bde. Bd. 5. München 1970-1979, S. 354.

14 NOVALIS: Schriften. Die Werke Friedrich von Hardenbergs. Hg. v. Paul Kluckhohn, Richard Samuel u. Hans-Joachim Mähl. Bd. 3. Stuttgart ³1983, S. 361.

15 HOFFMANN, E.T.A.: Lebens-Ansichten des Katers Murr nebst fragmentarischer Biographie des Kapellmeisters Johannes Kreisler in zufälligen Makulaturblättern (1820-1821). In: Ders.: Sämtliche Werke. Hg. v. Hartmut Steinecke u. Gerhard Allroggen. Bd. 5. Frankfurt/M. 1992. Im Folgenden im Text mit der bloßen Seitenangabe zitiert.

16 KITTLER, Friedrich A.: Aufschreibesysteme 1800/1900. München 1987, S. 127.

17 Zedlers Grosses vollständiges Universal-Lexicon aller Wissenschafften und Künste. 64 Bde. u. 4 Suppl.-Bde. Halle, Leipzig 1732-1754 (ND Graz 1961-1964), hier S. 95: Artikel »Mackeltur«.

18 PAUL, Jean: Leben Fibels (1811). In: Ders.: Werke in zwölf Bänden. Hg. v. Norbert Miller. Bd. 11. München 1975. Im Folgenden im Text mit der bloßen Seitenangabe zitiert.

19 Vgl. hierzu auch WIRTH, Uwe: Die Geburt das Autors aus dem Geist der Herausgeberfiktion. Editoriale Rahmung im Roman um 1800: Wieland, Goethe, Brentano, Jean Paul und E.T.A. Hoffmann. München, Paderborn 2008.

20 SCHMITZ-EMANS, Monika: Das »Leben Fibels« als Transzendentalroman: Eine Studie zu Jean Pauls poetischen Reflexionen über Sprache und Schrift. In: Aurora. Jahrbuch der Eichendorff Gesellschaft 52 (1992), S. 143-166, hier S. 159.

21 Vgl. GRIMMINGER, Rolf: Aufstand der Dinge und der Schreibweisen. Über Literatur und Kultur der Moderne. In: Ders./MURASOV, Jurij/STÜCKRATH, Jörn (Hg.): Literarische Moderne. Europäische Literatur im 19. und 20. Jahrhundert. Reinbek b. Hamburg 1995, S. 12-40, hier S. 23.

22 FICHTE, Johann Gottlieb: Grundlage der gesammten Wissenschaftslehre (1794/95). In: Ders.: Johann Gottlieb Fichtes sämmtliche Werke. Hg. v. I.H. Fichte. Bd. 1. Berlin 1845/1846, S. 284.

23 FICHTE, Johann Gottlieb: Die Grundzüge des gegenwärtigen Zeitalters (1804/1805). In: Ders.: Johann Gottlieb Fichtes sämmtliche Werke. Hg. v. I.H. Fichte. Bd. 7. Berlin 1845/1846, S. 73.

24 FURETIÈRE, Antoine: Dictionnaire universel contenant generalement tous les mots françois. Den Haag, Rotterdam 1690, Artikel »auteur«.

WERNER MICHLER

Utopie des Buches und Bücher der Utopie

Weltbuch, Enzyklopädie, Roman, Märchen (Novalis)

In Novalis' »Heinrich von Ofterdingen« (1802), dem romantischen Muster- und Programmroman, unternimmt man im fünften Kapitel des Ersten Teils unter Führung eines alten und erfahrenen Bergmanns und mit einer kleinen, gut ausgerüsteten Expedition den Gang in eine Höhle. Man betrachtet Knochen von Urwelttieren, als plötzlich Gesang von noch tiefer unten heraufdringt. Vor seinem eigenen Sarkophag sitzt dort ein Friedrich von Hohenzollern, der nach einer abenteuerreichen Kriegerbiografie als Einsiedler sein Leben beschließen will; vor ihm liegt ein aufgeschlagenes Buch. Tatsächlich aber sind schon die Naturforscher Leser im Buch der Natur; wie ein erbauliches Gespräch ergibt, sind die Bergleute die umgekehrten Astrologen: Wo diese im Himmel das Buch der Zukunft haben, so die Bergleute in der Erde die Denkmäler der Urwelt (eine Metapher, die noch Darwin benützen wird). Heinrich, dem Dichter-Helden des Romans, gelingt es, einen Blick in ein weiteres Buch unter den Papieren des Einsiedlers zu werfen; ist auch die Sprache unverständlich (es handelt sich um die Minnesängersprache Provenzalisch, die romantische Ursprache der Poesie), erkennt er doch an den Illuminationen der Handschrift, dass dieses Buch – ein Roman, dessen Schluss verloren gegangen ist – seine eigene Geschichte enthalten muss; nach hinten, Szenen, die der Leser des Romans »Heinrich von Ofterdingen« und sein Held schon kennen, wie nach vorne, Szenen, die beide nicht mehr kennen werden, da der Roman wie der Roman im Roman unvollständig, *Fragment*, bleiben werden.

Jenes provenzalische ›Buch-im-Buch‹ ist aber nicht bloß Schulfall des Kurzschlusses getrennter Fiktionsebenen, einer Spiegelung der Handlung eines Textes in einem Teil der Handlung, einer *mise en abyme*, mit Wirkungen bis zu Michael Endes »Unendlicher Geschichte« (1979), es verweist als Reflexionsbewegung auch auf den symptomatisch-systematischen Charakter, den das *Buch* in Novalis' Version der Romantik hat. Das Verfahren der inneren Spiegelung, das man später Metafiktion nennen wird, gehört in die Reihe der romantischen Reihen, Potenzen, Potenzierungen; es sind Operationen, die man an Wirklichkeit, Natur, Mimesis und Literatur vollzieht, um »dem Bekannten die Würde des Unbekannten« (N 2, 545) zu geben. Zudem ist das Buch nicht nur Papier aus Papier, weil es den papierenen Lebensgang des Dichters Ofterdingen spiegelt, auch die Idee selbst ist Literatur aus Literatur; sie stammt aus Wielands Feenmärchen »Der goldene Zweig«; selbst wieder eine Übertragung eines Feenmärchens der Madame d'Aulnoy. Verhältnisse mithin, die selbst eine an den Babel-Bibliotheken Jorge Luis Borges' und Umberto Ecos geschulte Narratologie unruhig machen könnten, mit aller Meta-, Archi-, Para- und Intertextualität.

Das romantische »Buch« ist ein Projekt, dem nur zu bewusst ist, dass es schon andere Bücher gibt – und zwar eine ganze Menge. Romantiker sind Bibliomanen und Bibliophagen (wie Novalis, Tieck, Brentano, Arnim), manchmal sind sie Philologen (wie die Schlegels und die Grimms) und machen aus alten Handschriften neue Bücher. Sie treiben eine enthusiastische Philologie der Fülle, gegen die »auszehrende« Philologie (Novalis) der Buchzerleger gerichtet, die einstweilen die Basisnarrative der europäischen Kultur in ihre vermeintlichen oder tatsächlichen Einzelteile auftrennt: wie die Bibelkritik die Bibel, Friedrich August Wolf den Homer und Karl Lachmann die »Nibelungen«.

Dass der Roman ein romantisches Buch ist, weiß man aus Friedrich Schlegels »Athenäum«-Fragmenten. Das ist aber, wie gesehen, längst nicht alles. Solche Poetik ist zugleich Universalpoetik von Kunst, Natur und Geschichte; und schließlich zeichnen sich hinter der Gattungsskepsis, Gattungsauflösung und Gattungsmischung, die als Merkmal romantischer Literatur gilt, die Konturen des *Buches* selbst ab. Diese neue »Gattung Buch« nimmt Maß an den größten Büchern, das *Buch* wird Buch der Natur oder Bibel sein. (Der Idee einer ›neuen Bibel‹ wegen gerät Novalis mit seinem Freund Friedrich Schlegel an den Rand eines Prioritätsstreits und ist erleichtert, als sich dessen Bibelpläne als reichlich trivial erweisen.) Novalis schreibt keine Romane, sondern Bücher, oder: das Buch, das in wenigstens drei Anläufen vorliegt: als Fragment der »Lehrlinge zu Sais«, als Fragment des »Heinrich von Ofterdingen« und als Fragment des »Allgemeinen Brouillon«, des ambitioniertesten romantischen Enzyklopädieprojekts, Wissenschaftslehre und Summe des Wissens als produktive Synthese von Wissenschaften und Kunst, geschrieben mit dem ›Zauberstab der Analogie‹. Wer das *Buch* besitzt, oder, was dasselbe ist, hervorgebracht haben wird, wird alles lesen können: »Mein Buch wird eine scientifische Bibel werden – ein reales, und ideales Muster – und Keim aller Bücher.« (N 3, 363) Wohl kein Schriftsteller hat bis dahin so große Erwartungen an das *Buch* gehegt: »So selten wird ein Buch um des Buchs willen geschrieben.« »Die Kunst Bücher zu schreiben ist noch nicht erfunden. Sie ist aber auf dem Punct erfunden zu werden.« (N 2, 462) »Eine Bibel ist die höchste Aufgabe der Schriftstellerey.« (N 3, 321) »Wenn der Geist heiligt, so ist jedes ächte Buch Bibel.« (N 2, 462) Der Roman ist ein Gefäß von generischen Spiegeln, das Märchen Stellvertretung des poetischen Geistes auf Erden; das *Buch* muss intensional Märchen und extensional Roman sein. Die ›scientifische Bibel‹ wird vom Register her geschrieben und kann alle Gattungen und Textsorten annehmen, alles, »was ein Gelehrter thut, sagt, spricht, leidet, hört etc. muß ein artistisches, Technisches wissenschaftliches Produkt oder eine solche Operation seyn. Er spricht in Epigrammen, er agirt in einem Schauspiel, er ist Dialogist, er trägt Abh[andlungen] und Wissenschaften vor – er erzählt Anecdoten, Geschichte, Märchen, Romane, er empfindet poëtisch [...]; Sein Leben ist ein Roman – so sieht und hört er auch alles – so ließt er.« (»Ars litteraria«, N 3, 339)

Und das nicht von ungefähr; denn Novalis' enzyklopädische und poetische Projekte des jeweils ›universalen Buches‹, das wohl ein ›letztes Buch‹ hätte werden sollen, haben einen utopischen Fluchtpunkt. Soll die Enzyklopädie durch eine kühne Kombinatorik der Wissenschaften die Analogien im modernen Wissen so weit treiben, bis dieses Wissen auf eine platonisch-plotinische *analogia entis* hin transparent wird und das Buch als Zauberbuch der Moderne einen Beitrag zur Transzendierung der Moderne selbst leisten kann, soll das poetische Buch einen märchenhaften poetischen Weltzustand konstituieren, als Vorgriff auf ein Goldenes Zeitalter, dessen Spuren hinter dem Mobiliar der Welt von 1800 zu entziffern die nobelste Mission des Dichters ist. Wer rechten Sinnes in die Zukunft geht, geht wie im »Ofterdingen« ›immer nach Hause‹, und in der triadischen Geschichte der Welt ist das kommende Reich die Aufhebung der entfremdeten Gegenwart und die Wiederherstellung des verlorenen Paradieses. In den Fragmenten »Glaube und Liebe« entdeckt Novalis hinter einer Fürstenhochzeit die Spuren eines kommenden Staates, der kein mechanischer, sondern ein ›poetischer Staat‹ sein wird, was ihm der preußische mit der Verhinderung des Abdrucks der letzten Lieferung des Textes dankt.

Lebens-, Brief-, Königs-, Armenbücher (Bettine v. Arnim)

Gegenüber diesen etwas gespannten und paradoxen Projekten kann an ein anderes erinnert werden, das mit jener romantischen

»Gattung Buch« ein anderes Spiel versucht. Bettine v. Arnim, Schwester Clemens Brentanos, beginnt ihre schriftstellerische Karriere nach dem Tod ihres Ehemannes Achim. In rascher Folge erscheinen ihre Bücher der Erinnerung an Goethe (»Goethes Briefwechsel mit einem Kinde«, 1835), an Karoline v. Günderode (»Die Günderode«, 1840) und an Clemens (»Clemens Brentanos Frühlingskranz«, 1844; zunächst Zensurverbot); nicht bloß als Zeitzeugin vermittelt sie Werthaltungen und Themen der Romantik in den Vormärz. Mit dem so genannten »Königsbuch« (»Dies Buch gehört dem König«, 1843) und dem Projekt eines »Armenbuches« (dessen Ausführung unterbleibt, da ihr in Berliner Regierungskreisen Mitschuld am Ausbruch des schlesischen Weberaufstands gegeben wird) greift sie auf liberaler Seite in die preußische Politik ein, im »Königsbuch« in der Fiktion von Gesprächen mit und Aussprüchen der »Frau Rath«, Goethes Mutter, über Gefängniswesen, Pauperismus und Konstitution; dazu bringt sie, wie auch im »Armenbuch«, sozialstatistisches Material, Familienbudgets der Einkünfte und Lasten armer Weberfamilien sowie Biografien der Geringen und Verarmten im Berliner Vogtland und in Schlesien. Bettines Publikationen haben eine eigentümliche und originelle Form; ihre eigentliche Gattung, das »Buch«, verbindet dokumentarisches Material (Briefe, Gedichte, Schriften Dritter und Vierter) mit nachträglichen Reflexionen, die sie in die »Dokumente« interpoliert. Ein solches »Buch« ist damit ein flexibles Format, das für die Erprobung anderer als narrativer oder dokumentarischer Ordnungsprinzipien zur Verfügung steht: für die Überblendung von Gegenwartsinteressen und literarischer Zeitgeschichtsschreibung der Romantik; für romantische Mythopoetik, die als Hintergrundstrahlung die Zufälligkeiten eines Lebens zusammenhält; für kühne Diskurskombinationen, die absichtsvoll jede Hierarchie der Diskurse unterlaufen. Dass es sich um eine genuine Kunstform handelt (die Forschung hat sie unter »Briefroman« oder »Briefkunst« rubriziert), ergibt sich schon daraus, dass die Bände als »Editionen« kaum zu gebrauchen sind. Das Goethe-Buch wurde zur *bête noire* der sich etablierenden wissenschaftlichen Goethebiografik und zum reinen Fantasieprodukt – wo nicht zur Fälschung – erklärt (Bettine v. Arnim sagt einmal: »[a]uch die wahrsten Briefe sind meiner Ansicht nach nur Leichen«, A 833). Zu den Vorbildern dürfte Karl August Varnhagens Rahel-Varnhagen-Komposition »Rahel. Ein Buch des Andenkens für ihre Freunde« von 1833/34 zählen.

Dass Bettines »Büchern« immer wieder eine utopische Funktion zugeschrieben wurde, so von Christa Wolf und anderen, liegt nicht an der Nähe zu Novalis' »Buch«-Projekten, obwohl auch hier romantische Naturphilosophie keine geringe Rolle spielt. Es liegt an der mit großer Umsicht verfolgten Strategie, sich auf keinen Kompromiss mit dem nach Gattungen formierten Literaturbetrieb und seinen Sanktionen durch zugeschriebenes oder verweigertes Prestige einzulassen und damit auch der strukturellen Gewalt, die in den tradierten, aber auch in den avantgardistischen literarischen Gattungen gespeichert ist, zu entkommen. Es ist so gerade nicht die programmatische romantische Aversion gegen Gattungsreinheit und die Idee einer transzendierenden »progressiven Universalpoesie« (F. Schlegel), die v. Arnims Schreiben antreiben, sondern der Versuch, jenseits des männlich codierten literarischen Gattungssystems zu agieren, dessen Beschränkungen gerade Karoline v. Günderodes abgebrochene literarische Karriere illustriert (mit Günderode entwickelt Bettine eine »Schwebe-Religion«, A 449). Als Clemens von ihr verlangt, sie solle ›ein Buch schreiben‹, gelingt das nicht, weil es eine »Fessel meiner Freiheit« (A 521) wäre; unterdessen entsteht entlang des Freundschaftstextes für die und mit der Günderode Text für das eigene Projekt. Seitwärtsbewegung und Volte sind die zentralen Verfahren eines »Buches«, durch das ›Bettine‹ als zwei- und mehrdeutiges Kind Mignon wirbelt und als Zentralmetapher das »Fließen« propagiert. Den Beschränkungen auf weibliche Textsorten, gegen die Günderode mit scheiternden Trauerspielen angehen will, fügt sich v. Arnim mit List, indem sie die ›weiblichen‹

und ephemeren Gattungen von Brief, Briefroman und Tagebuch zu ihrer Version von »Buch« umbaut.

Konterbande, Pläne, Enzyklopädien (19. Jahrhundert)

Diese beiden sehr unterschiedlichen Fälle lassen eine romantische Utopie vom Buch sichtbar werden, die sich – vermittelt über Stéphane Mallarmés Welt-Buch-Projekt »Le Livre« – zu Maurice Blanchot (»Le Livre à venir«, 1959) und Jacques Derrida (»La loi du genre«, 1980) weiterverfolgen ließe, ebenso wie zur Genealogie der Dekonstruktion aus der deutschen Frühromantik bei Jean-Luc Nancy und Philippe Lacoue-Labarthe (»L'absolu littéraire«, 1978).

Doch gibt es, und nur wenig später, auch eine andere postromantische Geschichte von Büchern und Utopie. Während im Vormärz die preußischen Zöllner die Koffer des Einreisenden nach Büchern durchsuchen, ist die »Konterbande« im Kopf, wo ein »Vogelnest« aus »konfiszierlichen Büchern« zwitschert, in Heines saint-simonistisch-utopischer Satire »Deutschland. Ein Wintermärchen« (1844), im Druck dann doch wieder von der Zensur gezaust. Der Bergarbeitersohn, Bauer, Wirt und autodidaktische Denker Konrad Deubler aus Bad Goisern, später Freund Ludwig Feuerbachs und Ernst Haeckels, wird wegen unstandesgemäßen und subversiven Bücherbesitzes im Nachmärz jahrelang auf dem Brünner Spielberg eingekerkert. Entsetzt berichtet der angehende Literat Friedrich Engels vom Analphabetismus der englischen Arbeiterklasse. Die berühmteste Rede Ferdinand Lassalles will die ›beiden entgegengesetzten Pole der Gesellschaft‹: die Wissenschaft und die Arbeiter zusammenbringen.

Arbeiterbewegung und Liberalismus gruppieren sich im 19. Jahrhundert um die Bücher herum, versuchen das eine verbliebene Buch für die Massen, die Bibel, durch die vielen Bücher zu ersetzen. Die Sozialdemokratie konstituiert sich in Österreich um einen Bildungsverein mit Lesezimmer, der zu erkämpfende

Achtstundentag soll Zeit zu Studium und Lektüre freimachen. Adelheid Popp, Minna Kautsky, dann Ludo Moritz Hartmann, Josef Luitpold Stern, aber auch schon Ludwig Anzengruber, »Bildungsfunktionäre« und »Volksschriftsteller«, übernehmen das Geschäft einer Aufklärung, das andere hätten übernehmen müssen. Die von der Literaturwissenschaft ebenfalls weitgehend vergessenen sozialliberalen Utopisten der Jahrhundertwende, von Edward Bellamy über Theodor Hertzka und Bertha v. Suttner zu Theodor Herzl, bauen ihre Idealstädte, das Boston des Jahres 2000 wie das Jerusalem der Zukunft, um Bücher und Bibliotheken herum, schließen an die Wissenszentriertheit der frühneuzeitlichen Utopie an, auf dem technisch-ideologischen Niveau der Jahrhundertwende, auch um den Preis von ›Literarizität‹. In Hertzkas Hauptstadt »Edenthal« spielen die Bibliotheken »im öffentlichen Leben« »ungefähr die Rolle [...] wie die Agora in dem des alten Athen oder das Forum in demjenigen des alten Roms«, doch machen stündlich 10.000 »Personen beiderlei Geschlechts« »sehr eingehenden Gebrauch von den 980.000 Bänden« (H 314). Herzls neues Jerusalem in »Altneuland« (1902), technisch-sanitär auf Stand gebracht und nach der Lehre des »Mutualismus« ökonomisch reguliert, lässt sich in eine Kontinuität zu den (sei es arkanwissenschaftlich, sei es technisch-empiristisch orientierten) Wissens-Räumen der alten frühneuzeitlichen Utopie stellen, bei Andreae, Campanella, Bacon. Zur selben Zeit schließt William Morris' ökosozialistische Utopie »News from Nowhere« (1890), die gegen Bellamys Technizismus protestiert und in deren Zukunft London eine Gartenstadt geworden sein wird, an Morris' eigene »Arts-and-Crafts«-Unternehmungen an, deren Herzstück die Wiedergeburt der Buchkunst aus dem Geist der mittelalterlichen Buchmalerei ist.

Und auch Novalis' Buch-Idee lässt sich durchaus in die Geschichte der literarischen Utopien einreihen, und zwar als radikale Übersteigerung von in der Gattungstradition angelegten Tendenzen. Erinnern wir uns, dass die Bücher und die Bibliothek

zentrale Requisiten der neuzeitlichen Utopietradition gewesen
sind. Bei Johann Valentin Andreae (»Christianopolis«, 1619)
nimmt neben Museen und Laboratorien eine riesige Bibliothek
das Stadtzentrum ein. In Bacons »Nova Atlantis« (1627) wird
Amerika durch eine angeschwemmte Bibel und ein Pfingstwun-
der christianisiert, die Insulaner schaffen durch »mercatores lu-
cis« planmäßig und international Bücher herbei, die – durch »de-
praedatores« – auf neue Erkenntnisse durchsucht werden, diese
wieder werden systematisch experimentell reproduziert und,
wofern möglich, validiert. In Louis-Sébastien Merciers zeitnähe-
rem »L'An 2440« (1771), der ersten »Zeitutopie«, wird zwar
ein Autodafé der schädlichen Bücher der Vergangenheit stattgefunden haben, doch ist das Schreiben allgemein geworden, die
Zensur abgeschafft, jeder Bürger Schriftsteller, indem er für seine
Nachkommen »die lautersten Gedanken, die er in seinem Leben gehabt hat«, niederschreibt. Als Elementarbuch benützen
die Schulkinder die »Encyclopédie« von Diderot und d'Alembert
(1751-80), die hinter Novalis' Enzyklopädistik steht und selbst
von Bacons »Novum Organum« (1620) befeuert ist, das wieder
von Novalis zu Rate gezogen wird.

Grünseidene Vorhänge (Stifter)

Auch in der anderen, der artistischen, hochliterarischen Tradition hört die Geschichte der Utopie der Bücher und der utopischen
Bücher nicht auf. Adalbert Stifters der »Schlechtigkeit« in Staat,
Sitten und Dichtung wegen (an Heckenast, 11.2.1858) verfass-
tes Buch, der nachrevolutionäre Roman »Der Nachsommer«
(1857), ist mit guten Gründen in die Utopietradition eingereiht
worden. Die Welt des Rosenhauses ist ein hinreichend autonomer,
befriedeter Mikrokosmos, eine Welt, die dem Schönen und den
Wissenschaften geweiht ist; durch Berührung mit ihr, schließlich
Integration in sie, erhält das Leben des jungen Heinrich Drendorf
am Ende »Einfachheit Halt und Bedeutung« (S 3, 282). Als enzy-

klopädischer Roman reiht sich »Der Nachsommer« in die utopischen Totalentwürfe ein, das Rosenhaus mit seinen Sammlungen und seiner Bibliothek lässt sich als modernisierte Kunstkammer im hellen Tageslicht des 19. Jahrhunderts lesen; viele Züge im Roman weisen andererseits, unerwartbar, auf Morris' sozialistische Utopistik voraus.

Der Roman auratisiert das Buch in seiner Materialität auf radikale Weise. Die Dichter sind, wie bei Novalis, »die Priester des Schönen, und vermitteln als solche bei dem steten Wechsel der Ansichten über Welt über Menschenbestimmung über Menschenschicksal und selbst über göttliche Dinge das ewig Dauernde in uns und das allzeit Beglückende.« (S 2, 39) Der Schrank, in dem die Dichter stehen, ist ein »Schrein«. (S 2, 38, 43; S 1, 10) Risach sammelt die Werke der Weltliteratur in der Originalsprache, ohne sie alle auch lesen zu können; die Bibliothek der Weltliteratur wird hier zum Archiv des Humanen, auch wenn es nicht benützt werden kann. In der Bibliothek des Rosenhauses fällt auf, »daß man nirgends Bücher oder etwas, das an den Zweck des Lesens erinnerte, herumliegen sah.« (S 1, 93) Risach gibt kein Buch aus dem Haus, doch jedes Mitglied dieses ›ganzen Hauses‹ darf sie benützen; wenn auch aufgrund des hier vorwaltenden literarischen Kanons für die Angestellten des Hauses wenig Wert in dieser Liberalität gelegen haben mag. Für den jungen Gustav gibt es eine Auswahl *ad usum delphini*. Auf die Verbundenheit mit der Herkunftswelt Drendorfs und die vorordnende Gnade der Erzählerregie verweist auch schon der ähnliche Umgang mit Büchern im Vaterhaus und bei Risach: Schon der dritte Absatz des Romans ist den Bücherschränken des Vaters gewidmet, deren Glastüren mit »grüne[m] Seidenstoff« versehen sind, damit nicht »die Aufschriften der Bücher, die gewöhnlich mit goldenen Buchstaben auf dem Rücken derselben standen, hinter dem Glase von allen Leuten gelesen werden konnten, gleichsam als wolle er mit den Büchern prahlen, die er habe.« (S 1, 10) Ebensolche grünseidenen Vorhänge hat das Lesezimmer im Rosenhaus. Beim Vater und bei Risach müssen die Bücher immer sogleich zurückgestellt werden, damit »kein Zimmer die Spuren des unmittelbaren Gebrauches« (S 1, 11; vgl. S 1, 58) zeige. Risach ist erfahrener und passionierter Leser, Drendorf trägt »Homeros Äschilos Sophokles Thukidides fast auf allen Wanderungen« (S 2, 34) mit sich.

Schon Drendorfs erster Kontakt mit dem Rosenhaus ist von Lektüre geprägt, und schon im »Ausruhezimmer«, das außer Tisch und Sitzgelegenheiten nur ein Bücherregal enthält, sind anstelle von Unterhaltungslektüre die Klassiker aufgestellt: »Es waren aber blos«, wie Drendorf am Anfang seiner Beziehungen zur utopischen Welt Risachs noch absprechend wahrnehmen darf, »beinahe lauter Dichter. Ich fand Bände von Herder Lessing Göthe Schiller [...].« (S 1, 57) Eher als deren Besitzer wird mit diesen Namen die utopische Sphäre exponiert, in die der Wanderer da geraten ist, sie wird bereits im »Ausruhezimmer« von einer ästhetischen Erziehung im Sinn Schillers überwölbt. Die vielleicht defensivste aller literarischen Utopien soll diese Erziehung in aller Langsamkeit auch dem Leser vermitteln; wenige Utopien haben bei so vielen gemeißelten Sätzen weniger Programm, das sich als Vereinsziel verwenden ließe. Dass sie ihre Protagonisten und sich selbst in den Dienst der Bücher eines purgierten Klassikerkanons setzt, reiht sie selbst wieder in den Kanon der Klassiker des Genres ein.

Doch hat Stifters Projekt mehr mit Novalis' »Ofterdingen« zu tun, von dem er Namen (Heinrich und Mathilde) und Gliederungsprinzipien (dort: »Die Erwartung«/»Die Erfüllung«) entlehnt, als literaturgeschichtliche Logik erwarten ließe. Novalis' Schreibregel ist performativ: Der Roman muss tun, was er sagt; der Bezug von ›Inhalt‹ und ›Form‹ ist nicht mehr der rhetorische von Leib und Kleid, *ornatus*, sondern der performative, dass der Roman tun muss – und mit dem intendierten Leser tun muss, was er propagiert. Im Unterschied zum herkömmlichen Roman ist die Untermengung von Digressionen, Liedeinlagen, Binnenerzählungen, Märchen im »Ofterdingen« nicht dem Prinzip der *variatio* geschuldet, sondern einer unerhörten Intensivierung der internen Strukturierung, die ohne alle Redundanz in »wiederholten Spiegelungen« (Goethe) eine intensive semantische Totalität konstituiert. Das Gefüge der Analogiebeziehungen im Text führt dazu, dass eine durchaus nicht unbewegte Handlung tendenziell ersetzt wird durch eine Handlung, die sukzessive Einlass in ein hermetisches Symbol- und Motivgeflecht gewährt, das den Eindruck erweckt, alles werde von einem zentralen Geheimnis aus gesteuert, das in der ›Erfüllung‹ enträtselt werde. Tatsächlich nehmen aber die existierenden Passagen des Zweiten Teils eine ganz andere Wendung. Der Leser tritt ein in eine universalisierte Märchenwelt, in der ihm schon von Anfang an zugemutet wird, es mit sprechenden Bäumen aufzunehmen; die Grenze zwischen Utopie und Heterotopie verschwimmt. Stifters pädagogische Version des Performativen verlässt sich weitgehend auf lineares Erzählen, doch mit der eigentümlichen Gewalt der ungeheuren Verlangsamung des Erzählfortgangs wird der Leser ebenso unerbittlich zum Bürger der utopischen Welt gemacht, wie ihm das von Novalis zugemutet wird. Auch der programmatisch geheimnislose »Nachsommer« vermittelt in seiner Faktur die Utopie des »Buches« selbst.

Wörterbuch und Neuntes Land (Handke)

Mit dem bloßen Hinweis auf ein Buch, das auf zarte und unaufdringliche Weise sehr ähnliche Strategien verfolgt, soll geschlossen werden. Peter Handkes »episches Werk«, wie der Klappentext verhieß, »Die Wiederholung« (1986), Heimat- und Spurensuche, Meditation über die Möglichkeit des Erzählens, beginnt als Jugoslawienreise und endet mit einem Abschnitt »Die Savanne der Freiheit und das neunte Land«, im Märchenland der slowenischen Mythologie; in einer Karstdoline blitzt das Bild einer Sozialutopie auf. Handkes Literatur, von Stifter ebenso inspiriert wie von Novalis, arbeitet sich an der Materialität von

Sprache und Schrift ab, stets an Grenzen situiert, die Integration möglich erscheinen lassen, wenn auch nicht immer geboten. Filip Kobal nun, Protagonist der »Wiederholung«, führt ein altes slowenisch-deutsches Wörterbuch auf seiner Wanderung mit sich, das zur Peripetie des Romans führt. Es ist kein ›heiliges Buch‹, keine Bibel, kein Klassiker, sondern das Wörterbuch gerade in seiner Zweisprachigkeit – Kobal heißt »der Raum zwischen den gegrätschten Beinen« (W 10) –, das sich als »Weisheitsbuch« (W 207) herausstellt, als Sammlung von »Ein-*Wort*-Märchen, mit der Kraft von Weltbildern« (W 205); an den mythischen Orpheus wird erinnert. Aus der nacktesten aller Enzyklopädien rekonstruiert sich über das »Märchen« ein defensives »Volk«, und »als Antwort auf jedes mich befragende Wort, auch wenn ich die Sache nie gesehen hatte, und auch wenn diese längst aus der Welt war, kam von der Sache immer ein Bild, oder, genauer, ein Schein.« (W 209)

Verwendete Literatur:
Novalis (Friedrich v. Hardenberg) ist zitiert nach NOVALIS: Schriften. Hg. v. Richard Samuel, Hans-Joachim Mähl u. Gerhard Schulz. Stuttgart 1960ff. (»N«, Bandzahl, Seitenzahl); ARNIM, Bettine v.: Werke und Briefe in vier Bänden. Hg. v. Walter Schmitz. Bd. 1. Frankfurt/M. 1986 (»A«, Seitenzahl); STIFTER, Adalbert: Werke und Briefe. Historisch-kritische Gesamtausgabe. Hg. v. Alfred Doppler u. Hartmut Laufhütte. Bd. 4/1-3: Der Nachsommer. Stuttgart 1997-2000 (»S«, Teilband, Seitenzahl); HERTZKA, Theodor: Freiland. Ein sociales Zukunftsbild. Leipzig 1890 (»H«, S.); HANDKE, Peter: Die Wiederholung. Frankfurt/M. 1989 (»W«, Seitenzahl).
Zu Novalis: SCHEFFEL, Michael: Formen selbstreflexiven Erzählens. Eine Typologie und sechs exemplarische Analysen. Tübingen 1997 sowie MÄHL, Hans-Joachim: Die Idee des goldenen Zeitalters im Werk des Novalis. Studien zur Wesensbestimmung der frühromantischen Utopie und zu ihren ideengeschichtlichen Voraussetzungen. Tübingen ²1994; zur Geschichte des Buch-Motivs: BLUMENBERG, Hans: Die Lesbarkeit der Welt. Frankfurt/M. 1986 sowie die Artikel »Buch« (Monika Schmitz-Emans) und »Bibliothek« (Kirsten A. Dickhaut) in: BUTZER, Günther/JACOB, Joachim (Hg.): Metzler Lexikon literarischer Symbole. Stuttgart, Weimar 2008; zur Utopie der frühen Neuzeit: BRAUNGART, Wolfgang: Die Kunst der Utopie. Vom Späthumanismus zur frühen Aufklärung. Stuttgart 1989 sowie als Überblick allgemein GNÜG, Hiltrud: Utopie und utopischer Roman. Stuttgart 1999; zur Rolle der Bücher vgl. den Artikel »Libraries« (Raymond Trousson) in: FORTUNATI, Vita/TROUSSON, Raymond (Hg.): Dictionary of Literary Utopias. Paris 2000 sowie MICHLER, Werner: Träume der Vernunft. Utopien und Apokalypsen von der Spätaufklärung bis zum Ersten Weltkrieg. In: PETSCHAR, Hans (Hg.): Alpha & Omega. Geschichten vom Ende und Anfang der Welt. Wien 2000, S. 57-86.

ERNST STROUHAL

Blättern. Rückblick voraus auf Raymond Queneaus »Hunderttausend Milliarden Gedichte«

I

Im Jahr 1964 erschien im Walter-Verlag (Olten) der heute längst vergessene Band »Sachen und Privatsachen« von Markus Kutter. Der Baseler Autor und Werbefachmann war Gründer der legendären Werbeagentur GGK, er machte folgende Beobachtung über Zeitgeist und Buch:

> Die Schriften, die man hat, ohne sie zu lesen, sondern nur um sie zu haben, nehmen in den Büchersammlungen zu. Gerstner zum Beispiel kauft »Silence« von John Cage und besitzt »Finnegans Wake« von Joyce, wie man einen Talisman aufbewahrt. Die Epoche auf Flaschen gezogen, Konzentrate einer Generation (die langsam alt wird), Max Benses »Bestandteile des Vorüber« habe ich auch nicht ›gelesen‹ – was man so lesen heißt. Michaux' »Infini turbulant« gehört dazu, Queneaus »Cent mille milliards de poèmes«. Es sind ›unbrauchbare‹ Bücher, die man – merkwürdigerweise – nötig hat.

Der Pampakönig stolz die Jacke sich auszieht
um sie zum Trocknen auf das Stiergehörn zu strecken
die Dosenleberwurst verpestet das Gestüt
die ... Chauffeur steht in der Bö stupid
und fermentiert zugleich die Felle und die Decken

Auf diese schöne Zeit mein Rück...
die Gauchos in der Au hoch ihre Fahnen recken
... die Heringsschwärme strecken
erfroren sind wir fast und nackt im Eisgebiet
wir pflanzen Balken auf einander uns zu ...
Vom Pol bis Santa Fé ist eine gute Kant
... weht unentwegt dur...
man wittert die Gefahr denn Reisen ist riskant
... so wie am Meer den Sand
wer einen Mate trinkt wird argentinisch sein

Amerika verführt mit Doppelsinn zumal
es wird das Spanische zum Ohrenbacchanal
sobald die Glocke schweigt mit ihren Bimmelein

Die Betrachtung Kutters über die vielen unbrauchbaren, aber nötigen Bücher mutet gegenwärtig an, blickt man sich in den Wohnzimmern von Freunden um. Die Bibliotheken sind seitdem nicht kleiner geworden, im Gegenteil, sie haben sich dekorativ ausgewachsen, aber die Bücher darin wirken merkwürdig unberührt im Vergleich zur Tastatur der Computer und zu den ausgemergelten Tasten der Fernbedienungen.

Kutters Bemerkung ließe sich noch in eine andere Richtung verschärfen, es ließe sich darüber spekulieren, ob die *Autoren* ihr Werk gelesen haben. Hat also James Joyce »Finnegans Wake« jemals gelesen, Arno Schmidt »Zettels Traum« oder – die Liste ließe sich beliebig verlängern – etwa Thomas Pynchon »Against the Day«, in der deutschen Übersetzung immerhin 1.596 Seiten? Sie haben wohl darin geblättert, vielleicht mit katerhafter Zufriedenheit, vielleicht stolz (oder verzweifelt), aber ob sie ihre Bücher tatsächlich gelesen haben – »was man so lesen heißt« –, bleibt offen.

Im Fall des von Kutter erwähnten Raymond Queneau ist die Antwort eindeutig: Mit Sicherheit nicht, denn es ist unmöglich. »Cent mille milliards de poèmes« ist 1961 bei Gallimard in Paris erschienen. Es ist heute eine Kostbarkeit, wie die Erstauflage der deutschen Übertragung der »Hunderttausend Milliarden Gedichte« von Ludwig Harig im lachsrosa Schuber 1984 bei Zweitausendeins. Das Buch, wenn es denn ein Buch ist, besteht aus zehn Sonetten, jedes Sonett ist regelgerecht aus 14 Gedichtzeilen gebaut, jeweils aus zwei Quartetten und zwei Terzetten im klassischen Reimschema (abba abba ccd eed).

Das Besondere an Queneaus Gedichtband ist nun, dass jede Sonettzeile auf einer Lamelle gedruckt ist. Indem diese einzeln umgeblättert werden kann, erscheint darunter die Zeile des nächsten Gedichts und wird auf diese Weise Bestandteil des ersten. Beliebig viele Lamellen können umgeblättert werden, sodass sich aus den zehn Gedichten zu je 14 Versen insgesamt 10^{14}, also Hunderttausend Milliarden verschiedene Sonette ergeben. Der

Leser produziert sie im Akt des Blätterns. Die einfachste Form der Gedichtkonstruktion ist es, ein Messer vom Bug aus durch die Papierlamellen zu stecken. Der Zufall erledigt dann als poetischer Motor die Arbeit des Schreibens.

Queneaus Aufgabe, die Vorbereitung des kombinatorischen Spieles mit den Zeilenstreifen, war nicht trivial. Jedes der zehn Sonette folgt einem Thema. Um die poetische Struktur in jeder erdenklichen Variante zu realisieren, musste Queneau (bzw. sein Übersetzer Harig) zunächst einen ausreichenden, nicht zu geringen Vorrat an identen Endreimen schaffen. Zugleich musste die linguistische Struktur der einzelnen Zeilen rhythmisch stabil und syntaktisch so harmonisch gehalten werden, dass sie eine grammatisch korrekte Kombination aller Verse mit allen ermöglicht. Die Semantik, die Generierung des Textsinnes beim Lesen, besorgt dann der Leser, der das Gedicht zuvor selbst produziert hat.

Über die Zeit, die eine Gesamtlektüre erfordert, bemerkt Queneau am Ende der »Gebrauchsanleitung«, die er seinen Gedichten voranstellt, nicht ohne Stolz:

> Wenn man 45 Sekunden zum Lesen eines Sonettes und 15 Sekunden zum Umblättern der Lamellen rechnet, 8 Stunden pro Tag, 200 Tage pro Jahr, hat man mehr als eine Million Jahrtausende zu lesen, und wenn man 365 Tage im Jahr den ganzen Tag über liest, für 190258751 Jahre, ohne die Gequetschten, die Schaltjahre und andere Kleinigkeiten in Betracht zu ziehen.

II

Queneaus Spiel, die Betonung der mathematisch-erhabenen Zahl der möglichen Kombinationen und der Äonen, die das Durchspielen der Varianten dauert, lässt an das Schachspiel denken bzw. legt eine Ästhetik nahe, in der die Differenz zwischen Spiel und Kunst eingeebnet ist.

Obwohl der erstaunliche poetische Vorrat zwischen Buchdeckeln steckt, ähnelt »Cent mille milliards de poèmes« eher einer Maschine oder Apparatur als einem Buch. Mit minimalem Aufwand – 10 Seiten, 14 Zeilen – vermag sie, mithilfe eines kleinen buchbinderischen Tricks eine Unzahl von Gedichten, ja ganze Gedichtbände in nachgerade unendlicher Zahl hervorzubringen.

Das Verfahren lässt an die Erzählung »Die Bibliothek von Babel« von Jorge Luis Borges denken, deren Bestand durch die Permutation der Buchstaben des Alphabets alle geschriebenen und ungeschriebenen Bücher enthält und allerlei verzwickte philosophische Probleme aufwirft. Die Bibliothek hat gewaltige Dimensionen, aber sie ist endlich wie die Zahl der Buchstaben des Alphabets, ja sie würde sogar in ein einziges Buch passen – freilich eines mit sehr dünnen Seiten.

Der Permutation können Buchstaben wie Töne, im Grunde alle Materialien unterworfen werden. Im »Zwölftonspiel« von Josef Matthias Hauer (1883-1959) etwa ergeben sich durch die Permutation von zwölf Tönen rund 476 Millionen verschiedene Melodien. Konsequent verzichtete Hauer (im Gegensatz zu Arnold Schönberg) auf Opus-Zahlen. Das Werk ist der Algorithmus, der Komponist selber sieht sich nicht mehr als Künstler im emphatischen Begriff, sondern als Entdecker der Spielregeln, als »Deuter des Melos«, des »kosmischen Spiels«. Nachdem der Algorithmus einmal decouvriert ist, ist das Zwölftonspiel nach Hauer »wie das Schachspiel« erlernbar von jedem und spielbar von Menschen wie von Maschinen.

Spielerisch-aleatorische Verfahren haben in der Kulturgeschichte eine lange nigromantische Tradition und wurden in den Avantgardebewegungen des 20. Jahrhunderts auf unterschiedliche Weise produktiv gemacht. Die Kunst des Spiels ist dabei immer auch ein Spiel mit der Kunst.

Raymond Queneau (1903-1976), Mitglied des College de Pataphysique von Alfred Jarry in Paris und Mitbegründer von OULIPO, der Werkstatt für Potenzielle Literatur, hatte Erfahrung mit derlei Kunstspielen. 1947 erschien »Exercises de style«, das Queneaus bekanntestes Werk geblieben ist. Die Kürzestgeschichte vom Autobus der Linie S, dem ein junger Mann entsteigt, wird 99-mal stilistisch durchgespielt: Erzählen ist eine kunstimmanente, artistische Stilübung – nicht mehr, aber auch nicht weniger.

Die Homologien zwischen spielerischen und künstlerischen Handlungsformen eröffneten den Avantgarden jenseits der Limits des bürgerlichen Kunstbegriffs den Blick auf neue ästhetische Strategien wie Zufall, Montage oder das Experiment mit Sprach-, Bild- und Tonmaterial.

Zugleich unterminiert Kunst als spielerisch experimentierendes Verfahren den divinatorischen Geniebegriff: Der Hinweis auf die Affinität von Spiel und Kunst, auf die heimliche Wahlverwandtschaft des Homo ludens und des Künstlers, ist bedrohlich für die »Legende vom Künstler«. Anstelle des Todes, der durch die Werke des Künstlers überwunden wird, wird im immanenten ästhetischen Spiel vom Künstler nur noch die Langeweile besiegt. Wenn Spiel und Kunst deckungsgleich werden, brechen die Vorstellungen über das überzeitlich Gute, Wahre und Schöne in der Kunst auseinander. Bei Arnold Schönberg wendet sich Spiel im Konzept der Dodekaphonie zu Beginn der 1920er Jahre gegen Geschmack oder Gefühl als zentrale Erkenntnisinstanzen in der Musik, bei Marcel Duchamp, Pataphysiker wie Queneau, ist die Anwendung des Spielbegriffs das End-Spiel jeder Metaphysik in der Kunst, das Duchamp begrüßt und in seinen Werken, die keine mehr sind, lustvoll zu Ende spielt. »Wir spielen, bis uns der Tod abholt«, notiert der Merz-Künstler Kurt Schwitters in einem späten Brief und bringt damit die Stimmungslage einer am Kunstideal ermüdeten Avantgarde auf den Punkt.

Was die Literatur betrifft, wird Sprache im »poetischen Experiment« vom Instrument der Repräsentation zum Material und büßt zugunsten der Objektivität des Experiments ihre Abbildungsfunktion ein. Der radikalste (und klügste) Protagonist einer in diesem Sinn »modernen Ästhetik« war in den Sechzigerjahren

Max Bense (1910-1990). Modern meint bei Bense, dass rationale und empirische Verfahren der Untersuchung gegenüber spekulativen und metaphysischen Interpretationen vorgezogen werden, in der Praxis der Poesie wie in der ästhetischen Theorie. An die Stelle der Hegel'schen Ästhetik soll eine neue informationstheoretische Ästhetik »Galileischen Typs« treten. Sie arbeitet objektiv und material, misst, statt spekulierend zu interpretieren, »numerisch zugängliche Merkmale der ästhetischen Realität«. Ob es sich dabei um Poesie, Schachzüge oder um eine Anordnung von Betonbrocken handelt, macht keinen wesentlichen Unterschied.

Der perspektivische Fluchtpunkt einer solchen formalen Spielästhetik liegt dabei in der Abschottung der Sprache gegenüber der Welt und deren Ideologien: »erst die sprache ohne wirklichkeitsbezug«, schreibt Oswald Wiener in der »verbesserung von mitteleuropa, roman« ganz im Sinne Benses, »ermöglicht objektivität«. Sprache repräsentiert nichts, sie wird zumindest tendenziell zur Wirklichkeit für sich. Indem im poetischen Experiment der ästhetische Prozess semiotisch (also am Signifikant) verläuft, ist das Zeichenmaterial beliebig von einem System in das andere transformierbar, ein Spiel der Signifikanten, in dem es nichts mehr zu deuten gibt, indem es nichts mehr bedeutet. Zu denken ist allenfalls die »Leere des Subjekts« im infiniten Spiel der Zeichen, ob es sich nun um den Autor oder um den Leser handelt.

Vorbereitet wurden die Spielästhetik der Avantgarde und ihr programmatischer Antihumanismus bereits eine Generation zuvor im Russischen Formalismus und in der strukturalen Sprachanalyse von Ferdinand de Saussure. Die Spielregeln der *langue*, des Sprachsystems, sind dem Sprecher vorgeordnet. »Eine Partie Schach«, heißt es in Saussures »Cours de linguistique générale« noch vor dem Ersten Weltkrieg,

> ist gleichsam die künstliche Verwirklichung dessen, was die Sprache in ihrer natürlichen Form darstellt. [...] Der Wert der einzelnen Figuren hängt von ihrer jeweiligen Stellung auf dem Schachbrett ab,

ebenso wie in der Sprache jedes Glied seinen Wert durch sein Stellungsverhältnis zu den anderen Gliedern hat.

Wie ein Spieler aktualisiert der Mensch die Spielregeln der Sprache, er vermag sie aber während seiner Rede, der *parole*, nicht zu verändern. In strukturalistischer Sicht gleicht die Arbeit des Künstlers der eines Schachspielers. Er kann die Verfahren sichtbar machen – durch das formale Spiel mit dem Material, durch die neue Verknüpfung von Zügen, die in dieser Kombination noch nicht gespielt wurden.

Das Ingangsetzen des Spiels bedarf nicht mehr des Künstlergenies, sondern eines klug kalkulierten Impulses, je nachdem welches Spiel gespielt werden soll. »Mein Einfall wäre es«, so Helmut Heißenbüttel programmatisch für die Konkrete Poesie, »die in der Wahrscheinlichkeitsrechnung jahrtausender Sprachgeschichte noch nicht vorgekommene Kombination zu finden, die, einmal an einer noch so nebensächlichen Stelle angebracht, die Vibrationen eines ganzen Netzes beeinflusste.«

Das selbstreferenzielle Spiel der Zeichen, die Entpathetisierung der Sinnproduktion durch die Kombinatorik, das Nachvollziehen der Spielregel macht Vergnügen, es wird aber deutlich, was Poesie als aleatorisches Spiel auch ist: Es ist beliebig, maschinell produzierbar und reproduzierbar.

Als Maschine müsste man sich auch den Bibliothekar in Borges' Bibliothek denken, unermüdlich auf der Suche nach dem richtigen Buch, wie den Hauerschen Zwölfton-Spieler, der die 476 Millionen Melodien der Reihe nach abarbeitet, ebenso wie den Leser von Raymond Queneaus 100.000.000.000.000 Sonetten.

Tatsächlich gibt Queneau einen Hinweis auf den veränderten Status seines Lesers. Den Gedichten stellt er ein Zitat von Alan M. Turing voran. »Nur eine Maschine vermag«, so Turing, »ein für eine andere Maschine geschriebenes Sonett zu würdigen.«

Das hermeneutische Problem, dass sich unter den hunderttausend Milliarden Gedichten auch eine Vielzahl von schlechten

Gedichten befindet, ja dass das Buch vielleicht ausschließlich aus *schlechten* Gedichten besteht, die einfach keinen Sinn ergeben, wird mit Verweis auf Turing *en passant* durch Negation jeder Hermeneutik aufgelöst: Die Würdigung der quasi maschinell erzeugten Gedichte ist nur einer Maschine möglich respektive einem Menschen, der denkt oder zumindest so agiert wie eine Maschine. Zur Bedeutung des Gedichts hat sie/er dasselbe indifferente Verhältnis wie ein Schachcomputer zur Schönheit des Schachspiels.

Kurz nach dem Zweiten Weltkrieg arbeitete Turing an einer Sonette schreibenden Maschine parallel zu den ersten Modellen für einen Schachcomputer. Am menschlichen Gehirn, war Turing überzeugt, ist nichts »Geheimnisvolles« oder gar »Heiliges«, die Entwicklung einer Poesiemaschine oder eines Schachcomputers, die passable Sonette und Partien hervorbringen, ist möglich, sie wären, indem sie »zum Innersten des menschlichen Könnens vordringen«, nach Turing ein bedeutender Schritt zur »Auslöschung aller metaphysischen Illusionen über den Menschen«.

Bereits 1937 hatte Turing in »On Computable Numbers with an Application to the Entscheidungsproblem« ein radikales Gedankenexperiment formuliert, das die denkende Maschine vorwegnimmt: Jedes Denken, das klaren Vorschriften folgt, kann mechanisch vollzogen werden. Alle Formalisierung etwa in der Mathematik bedeutet nach Turing nur eine Mechanisierung, durch welche Denkprozesse in eindeutig definierbare Handlungsprozesse überführt werden. Eine Maschine kann daher jede gewünschte Operation ausführen, wenn diese eindeutig bestimmt ist und in einer kontextfreien, formalen Sprache beschrieben werden kann.

Das gedankliche Experiment führte Turing zur Idee der Konstruktion einer universalen Maschine, zunächst eines Papiercomputers. Die Maschine Turings hat allgemeinen Charakter. Sie kann nicht nur jede Operation ausführen, sondern jede denkbare Maschine simulieren. Der Stachel an Turings Idee ist, dass auch

jede Funktion, die von einem Menschen nach Vorschriften ausgeführt wird, von einer solchen universellen Maschine ausgeführt
werden kann, indem jedes regelgeleitete menschliche Verhalten
sich nach Turing in Elementaroperationen aufspalten lässt, die
nachzuvollziehen auch einer einfachen Mechanik mit Band und
Lese-/Schreibvorrichtung möglich ist. Invers betrachtet ist der
Mensch in Turings Verständnis nichts als eine universale Maschine:

> Es ist möglich, den Effekt einer Rechenmaschine zu erreichen, indem
> man eine Liste von Handlungsanweisungen niederschreibt und einen
> Menschen bittet, sie auszuführen. Eine derartige Kombination eines
> Menschen mit geschriebenen Instruktionen wird »Papiermaschine«
> genannt. Ein Mensch, ausgestattet mit Papier, Bleistift und Radier-
> gummi sowie strikter Disziplin unterworfen, ist in der Tat eine Uni-
> versalmaschine.

Die auf diese Weise disziplinierten Bediener nennt Turing mit der
ihm eigenen Schnoddrigkeit »Sklaven«. Der Turing'sche Sklave
ist von jeder (ästhetischen) Verantwortung befreit: Er folgt den
Regeln des Spiels bzw. wird, wie in jedem Spiel, von den Regeln des Spiels gespielt. Zu Hilfe kommt ihm, da die Spielzeit
des Menschen begrenzt ist, im Lamellenwald der Queneau'schen
Sonette einzig der Zufall, wenn er mit dem Messer durch das
Buch fährt.

III

Das Buch ist freilich keines mehr. In Queneaus »Cent mille milliards de poèmes« sind Sequenz und Linearität der Lektüre abgeschafft, es definiert einen Raum mit einer bestimmten Höhe, Breite
und Tiefe, ein poetischer Container, in dem die Versstreifen montiert sind. Durch seine Dreidimensionalität ist keine bestimmte
Leserichtung vorbestimmt. Der Leser ähnelt einem Ausstellungs-

besucher, der den von Queneau geschaffenen Raum durchmisst und die Kunstwerke darin durch seinen Blick erzeugt.

»Cent mille milliards de poèmes« kann in der Tradition der Künstlerbücher des 20. Jahrhunderts betrachtet werden, in der die Räumlichkeit und Materialität des Mediums Buch auf vielerlei Art und Weise thematisiert und nachgerade endlos variiert wurde.

Entstanden sind im Laufe des Jahrhunderts Bücher aus Beton, gestapelte, verbrannte, gefaltete, gefesselte, verschachtelte, an- und durchgebohrte Bücher, Bücher von enormer Dimension oder Winzigkeit, groteske wie parodistische, selbstreferenzielle wie lakonische Objekte. Gemeinsam ist den Künstlerbüchern einzig, dass sie nicht gelesen werden können. Sind die Bücher einmal von ihrer ursprünglichen Funktion befreit, sind der Fantasie des Künstlers, wie es heißt, keine Grenzen gesetzt, und das scheint auch das Problem: Selbstreflexion kann auch in Nabelschau übergehen, Ausstellungen über Künstlerbücher tendieren deshalb regelmäßig dazu, etwas ermüdend zu sein.

Queneaus Spiel mit dem Medium Buch, seine Idee der Verräumlichung der Poesie, der Inthronisierung des Zufalls und der miteinander kombinierbaren Streifen weist allerdings in zwei andere Richtungen. Zum einen verweist es in die Kindheit: Das Spiel mit den Wort- und Bildstreifen, aus denen endlos Tiere oder Gesichter kombiniert werden können, wird, seit es Kindheit gibt, in verschiedenen Varianten gespielt. Von Generation zu Generation bilden Kinder »Krokofanten« und »Eledile«, ohne dass die kindliche Lust am Immer-Neuen (und Immer-Gleichen) zu versiegen droht. Die »Hunderttausend Milliarden Gedichte« sind ein Krokofant für Erwachsene.

Die andere Tradition, die Queneau material aufnimmt, ist seltsamerweise eine religiöse. Die Papierstreifen wurden Mitte des 17. Jahrhunderts zur Erleichterung der Beichte angewandt. In »Excellente et facile Methode pour se preparer à une Confession generale de toute sa vie« von Christophe Leutbrewer, erschienen im Jahr 1659 in Brüssel, sind alle nur möglichen Vergehen auf streifenförmigen Textbausteinen abgedruckt, eine allumfassende Buchhaltung der Sünden. Die Sündenstreifen konnten aus dem Buch herausgenommen und nach der Beichte zurückgegeben werden.

Auch das aleatorische Prinzip, der Zufall, den Queneaus Sonettproduktion vorsieht, findet sich überraschend im Kontext des christlichen Glaubens wieder. Das divinatorische, mantische Prinzip hat in Form des Nadelns, Däumelns, des Bibelstechens und der Bibellotterie Eingang in die christliche Kultur gefunden, auch wenn die antike Fortuna erst zur Providentia umgeschminkt werden musste. Die »religiösen Praktiken der Kontingenz« (Shirley Brückner) waren seit dem frühen 18. Jahrhundert selbst im spielefeindlichen Pietismus weit verbreitet. Bei der Bibellotterie wurden aus einer Schale nummerierte Lose gezogen, die auf Bibelverse oder Lehrtexte wie auf Bogatzkys »Güldenes Schatzkästlein«, einen heimlichen Bestseller des Jahrhunderts, verwiesen. Die frommen Seiten des Schatzkästleins konnten, wie Bogatzky in seinem »Vorbericht. Vom rechten Gebrauch dieses güldenen Schatz-Kästleins« 1753 vermerkt, als gebundenes Buch, aber auch als Zettel-Kasten »nach Art der bekanten Spruch-Kästlein mit zerschnittenen Blättern« Verwendung finden. Zum »andächtigen Spiel« (Leibniz) gehörte es auch, Bibelstellen durch das Hineinstechen einer Nadel oder eines Messers in die Bibel auszuwählen, um sie dann der tagesaktuellen Deutung zu unterziehen.

Das Buch schließlich als ein Ding, das primär nicht zum Lesen bestimmt ist, wurde weder von Queneau noch von den Buchkünstlern des 20. Jahrhunderts entdeckt, sondern lange zuvor von den Zauberkünstlern und Gauklern.

Im Katalog des Wiener Zauberladens »Zauberklingl«, dem »Ersten Wiener Zauberapparate-Hauptdepot«, aus dem Jahr 1911 wird neben Zauberfächern, Changierkästchen und Zauberstäben auch ein »Wunderbuch« angeboten, »dessen Bilder sich neunmal verwandeln, wobei jedesmal andere Bilder zum

Vorschein kommen.« Das Kunststück des wandlungsfähigen
Buches war in der säkularen Magie seit Jahrhunderten bekannt:
Beschreibungen der so genannten »Flickbücher« oder »Blow-
books« finden sich in Daniel Schwendters »Mathematischen
und philosophischen Erquickstunden« aus dem Jahr 1636 wie
bereits in Reginald Scots »The Discoverie of Witchcraft« aus
1584. Auch der »Seltsame Springinsfeld« im zweiten Band der
»Simplicianischen Schriften« von Grimmelshausen verfügte über
ein solches Buch.

Der Taschenspieler blättert vor seinem Publikum durch die
Seiten des Buches und verändert jedes Mal heimlich die Position
der blätternden Hand. Durch konische Bindung und unsichtbare
kürzere oder längere Einschnitte am Bug wird nur jede zweite
oder vierte Seite sichtbar, sodass je nach Griff eine andere Bilder-
oder Textfolge erscheint. Durch Wenden des Buches und durch
Blättern in die Gegenrichtung kann der Effekt verdoppelt und
vervierfacht werden.

Bei Grimmelshausen heißt das Zauberbuch, das in vielem
den Hunderttausend Milliarden Gedichten ähnelt, die »Gaukeltasche«. Es war nicht zur frommen Andacht, sondern zur Unterhaltung des Publikums gedacht. Und ganz wird auch Queneau
die Magie nicht los, am Höhepunkt der Rationalität kippen Mathematik und Spiel entweder in Mystik – oder in Täuschung. Das
ist nicht abwertend gemeint: »Woran erkennt man den Echtn
Künstler?«, lässt Arno Schmidt in »Zettels Traum« fragen, um
sogleich die Antwort zu geben: »dass er sich, außerhalb der Arbeitszeit, für'n Betrüger hält.«

Wohlgemerkt (lesen wir genau!) »außerhalb der Arbeitszeit«,
schreibt Schmidt. *Während* der Arbeitszeit sieht die Sache anders aus. Soviel Aura muss schon sein, für Schmidt, für Queneau,
auch und gerade wenn der Leser die Arbeit macht.

IV

Der Künstler: ein Prestigiateur oder Spieledesigner; der Leser: ein endlos Spielender oder Turing'scher Sklave; das Kunstwerk: ein Kunststück, eine Gaukeltasche. Das Nicht-Buch von Raymond Queneau scheint die Diagnose aus Adornos »Ästhetischer Theorie« einzulösen, dass Kunst »sich ihren Untergang einverleibt«. Bei Queneau freilich nicht »mit geschlossenen Augen und zusammengebissenen Zähnen«, wie Adorno empfiehlt, sondern mit Achselzucken und Augenzwinkern.

Man kann das Konzept der »Cent mille milliards de poèmes« aber auch als ironischen, meditativen Kommentar *avant la lettre* zur Gegenwart des Buches betrachten. Am Gartentisch liegend, flattern die Lamellen des Buches wie tibetanische Gebetsfahnen im Wind. Das Buch, das keines mehr ist und nie zu Ende gelesen werden kann, braucht keinen Leser. Der Wind blättert die Reime auf, einen nach den anderen, wahllos.

Es wird mehr geschrieben als je zuvor.

Es wird mehr gelesen als je zuvor.

Die Datenspeicher der Gegenwart haben die Dimension Queneaus längst überschritten.

Die Scanner haben sich entscheidend verbessert: Sie können automatisch umblättern.

Die durchschnittliche Verweildauer auf Internetseiten beträgt vier Sekunden.

Lesen ist Blättern.

Blättern Sie um.

Verwendete Literatur:
ADORNO, Theodor W.: Ästhetische Theorie. Frankfurt/M. 1973 | BENSE, Max: Zusammenfassende Grundlegung moderner Ästhetik. In: KREUZER, Helmut/GUNZENHÄUSER, Rul (Hg.): Mathematik und Dichtung. München 1965 | BOGATZKY, Carl Heinrich v.: Güldenes Schatzkästlein. Halle ²⁰1753 | BORGES, Jorge Luis: Die Bibliothek von Babel. In: Ders.: Labyrinthe. München 1979 | BRÜCKNER, Shirley: Losen, Däumeln, Nadeln, Würfeln. Praktiken der Kontingenz als Offenbarung im Pietismus. In: SCHÄDLER, Ulrich/STROUHAL, Ernst (Hg.): Spiel und Bürgerlichkeit. Passagen des Spiels I. Wien, New York 2010 (i.E.) | DEINERT, Katja: Künstlerbücher. Historische, systematische und didaktische Aspekte. Hamburg 1995 | GRIMMELSHAUSEN, Hans Jacob Christoffel von: Der abenteuerliche Simplicissimus Deutsch. Aus dem Deutschen des 17. Jahrhunderts von Reinhard Kaiser. Frankfurt/M. 2009 | HAUER, Josef Matthias: Manifest des Zwölftonspiels für Orchester. In: WEISS, Robert Michael (Hg.): Josef Matthias Hauer. 80 Jahre Zwölftonmusik. Wiener Neustadt 1999 | HEISSENBÜTTEL, Helmut: Konkrete Poesie heute? In: Protokolle 1 (1978) | HUBER, Volker: Geschichten um das Flickbuch. Ein Begleitheft zu dem Flickbuch von Horst Antes. Offenbach/M. 2001 | LACH, Friedhelm: Der Merzkünstler Kurt Schwitters. Köln 1971 | LEUTBREWER, Christophe: Excellente et facile Methode pour se preparer à une Confession generale de toute sa vie. Bruxelles 1659 | KUTTER, Markus: Sachen und Privatsachen. Olten 1964 | QUENEAU, Raymond: Cent mille milliards de poèmes. Paris 1961 | QUENEAU, Raymond: Hunderttausend Milliarden Gedichte. Aus d. Franz. übertragen v. Ludwig Harig. Frankfurt/M. 1984 | QUENEAU, Raymond: Exercices de style. Paris 1947 | QUENEAU, Raymond: Stilübungen. Aus d. Franz. übertragen v. Ludwig Harig u. Eugen Helmlé. Frankfurt/M. 1977 | SAUSSURE, Ferdinand de: Grundlagen der allgemeinen Sprachwissenschaft. Berlin 1967 | SCHMIDT, Arno: Zettels Traum. Frankfurt/M. 2002 | SCOT, Reginald: The Discoverie of Witchcraft. London 1584 (Reprint 1995 by R. Kaufman & A. Greenberg) | SPIESS, Werner: Nimm hin und verschling's! In: FAZ (25.7.1977) | SCHWENDTER, Daniel: Deliciae Physico-Mathematicae Oder Mathemat: und Philosophische Erquickstunden [...]. Nürnberg 1636 | TURING, Alan M.: On Computable Numbers with an Application to the Entscheidungsproblem. In: Ders.: Intelligence Service. Schriften. Hg. v. Bernhard Dotzler u. Friedrich A. Kittler. Berlin 1987 | WIENER, Oswald: die verbesserung von mitteleuropa, roman. Reinbek b. Hamburg 1969.

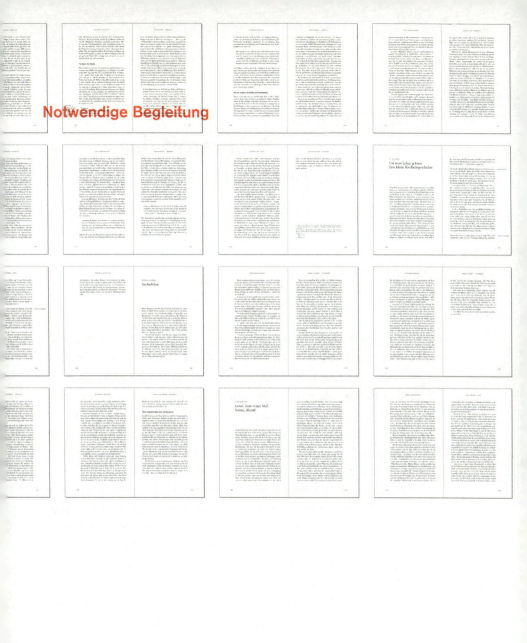

ALEIDA ASSMANN

Das Buch – Nährstoff des Geistes, politische Waffe und Lebensbegleiter

Wenn wir es unbefangen betrachten, können wir gar nicht anders als zu dem Schluss kommen: Das Buch ist eine geniale Erfindung. Durch die Komprimierung arbiträrer Zeichen bietet es auf engstem Raum eine enorme Informationsdichte an. Für sich genommen ist die gedruckte Buchseite reine Flachware, aber durch die Beschriftung von Vor- und Rückseiten und die Bündelung von Blättern kombiniert das Buch auf raffinierte Weise die Dimensionen der Fläche und Tiefe. Es kombiniert dabei auch die lineare mit der nicht-linearen Darbietungsform. Entlang der Anordnung und Nummerierung der Seiten kann man es brav von Anfang bis zu Ende lesen, man kann aber auch (was bei der Papyrusrolle nicht möglich war) gezielt eine bestimmte Seite aufschlagen, und Ungeduldige können ins letzte Kapitel springen, wenn sie der Spannung des Krimis nicht standhalten. Wenn wir die Geschichte des Buches mit den Schminkpaletten in Altägypten und den Tontafeln in Mesopotamien beginnen lassen, hat das Buch für seine technische Evolution circa 4.500 Jahre gebraucht, um seine optimale Gestalt für Gebrauch und Verbreitung zu finden. Das geschah zur Zeit der Erfindung des Buchdrucks. Mit diesem Ereignis hat sich die Buchform stabilisiert und nicht mehr wesentlich verändert. Wenn man die Lösung eines Problems gefunden hat, muss man diese nicht mehr in Frage stellen. Das E-

Book ist in diesem Sinne keine neue Mutation in der Geschichte des Buchs, sondern ein alternatives Angebot, von dem erst noch abzuwarten ist, wie und wofür es sich bewährt. Auch wenn das E-Book bereits ein kommerzieller Erfolg ist – es heißt, Amazon habe 2009 mehr E-Books als konventionelle Bücher verkauft –, ist eine Verdrängung des alten Buchformats durch das neue elektronische derzeit nicht abzusehen. Wenn wir in Zukunft alternative Angebote vor uns haben, dann sind wir zum Vergleich aufgefordert. Deshalb rufen wir uns an diesem Punkt unserer historischen Entwicklung noch einmal die Vorzüge und Nachteile des älteren Mediums in Erinnerung.

Zwei Definitionen

Gleich zu Anfang meines Studiums stieß ich auf eine Definition des Buches, die mein Verhältnis zu Büchern stark geprägt hat. Sie findet sich im ersten Satz des Vorworts der »Principles of Literary Criticism« (1924) von I.A. Richards: »A book is a machine to think with.« Ich habe den Satz so verstanden, dass das Buch ein Dialogpartner ist, mit dem man interaktiv ins Gespräch kommen soll. Man darf also mitsprechen, und das bereits im ersten Semester! Meine Umsetzung dieser Lesepraxis lässt sich auf einen Satz reduzieren: »Nicht ohne meinen Bleistift!« Das beginnt mit dem Unterstreichen von Schriftzeilen und setzt sich auf den Seitenrändern und auf der letzten Leerseite des Buches fort. Wichtige Bücher müssen Lesespuren aufweisen. Es geht darum, sich gewisse Hausnummern zu merken, wo man später noch mal vorbeikommen und anklopfen möchte. Lesen bedeutet ja ursprünglich Zusammenklauben und kann dazu führen, aus dem linearen Strom der Buchstaben Erinnerungswürdiges mitzunehmen und Anschlussstellen fürs Weiterdenken zu entdecken. Viele LeserInnen haben ein ephemeres Verhältnis zum Buch: Man versenkt sich, ohne sich einzugraben, und gibt es aus der Hand, wenn es ausgelesen ist. Für mich haben dagegen Lesespuren eine eigene

Faszination. Sie sind nicht nur Selektionshilfen für die Aufmerksamkeitssteuerung, sondern ermöglichen auch Selbstbegegnungen bei einer Re-Lektüre nach längerem Intervall.

All das funktioniert so gut, weil Menschen seltsame Wesen sind, die im Kopf eines anderen denken können. Das haben uns die Hirnforscher in den letzten Jahren mitgeteilt. Durch Empathie, Intuitionen und ihren angeborenen Nachahmungsdrang haben Menschen einen leichten Zugang zu dem, was im Kopf eines anderen vor sich geht. Diesen leichten Zugang brauchen wir aber auch dringend, um selber weiterdenken zu können. Interaktion, sei es mit Menschen oder mit Büchern, ist der wichtigste Nährstoff für die Entwicklung des Gehirns. All das funktioniert aber auch deshalb so gut, weil Menschen dafür irgendwann einmal die technologischen Grundlagen gelegt haben. Wir kennen innovative Druckunternehmer wie Gutenberg und Caxton mit Namen, aber wir kennen nicht die Namen derjenigen, die das Layout der Druckseite erfunden haben, von der wir bis heute profitieren. Für Ivan Illich übertraf diese kulturgeschichtliche Leistung sogar noch die der Drucker selbst. Erst nachdem man um 1200 die Schnittstelle Buch/Leser gründlich umgebaut und das Layout der Pagina erfunden hatte, konnte das Buch zum Medium des Lernens, des Überzeugens, der Unterhaltung, der Aufklärung werden. Das Buch, das bis dahin ausschließlich zur Versenkung in auratische religiöse Texte gedient hatte, wurde zum Spiegel und Medium des Denkens und damit zum wichtigsten Instrument der gleichzeitig neu gegründeten Universitäten. Wieviele Denkhilfen sind bereits selbstverständlich in das Druckbild eingebaut: Die Überschrift ist vorgeordnet und steht frei, um den Fokus des Folgenden und seine thematische Allgemeinheit anzuzeigen, Absätze gliedern den Gang der Argumentation, Seitenränder werden von kuriosen Malereien freigehalten, Schrift und Bild (inklusive Schmuck und Ornament) werden kategorisch getrennt und Bilder werden auf ihre illustrative Funktion zurückgestuft. Hinzu kommt noch das Titelblatt mit obligatorischer Autorangabe und

Druckort sowie eine auf Eindeutigkeit und Transparenz ausge-
richtete Drucktype: alles in allem geniale technische Errungenschaften, um den Wert des Buches als Kommunikationsmittel
und Denkmaschine zu steigern.

Gegen Ende meines Studiums bin ich auf eine zweite Definition des Buches gestoßen. Sie stammt von dem englischen Dichter
John Milton und lautet: »Das Buch ist eine Energiekonserve.«
Diese Definition hat ihren speziellen historischen Kontext, auf
den wir hier kurz eingehen müssen. Milton schrieb 1644 während
des englischen Bürgerkrieges eine flammende Verteidigungsrede
für das Medium Buch, als klar wurde, dass das Parlament die
Zensur wieder einführen wollte. Unter diesen Umständen einer
unmittelbaren Gefährdung hat Milton Wert und Würde des Buches aus puritanisch-protestantischer Perspektive herausgestellt.
Dass seine Definition nicht untergegangen ist, sondern eine nachhaltige Wirkung gehabt hat, zeigt ihre Anbringung in goldenen
Lettern (ohne Namensnennung) am Eingang des Lesesaals in die
Public Library in New York.

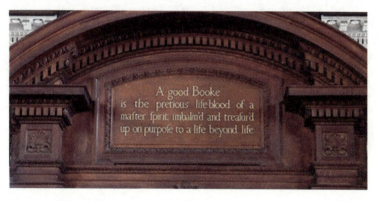

A good Booke / is
the pretious life-
blood of a / master
spirit, imbalm'd and
treasur'd / up on purpo-
se to a life beyond life
[Ein gutes Buch / ist das
kostbare Lebensblut
eines / Meistergeistes,
einbalsamiert und ge-
speichert / für ein Leben
nach dem Leben]

Wir müssen hier daran erinnern, dass die westliche Kulturgeschichte eine andere Wendung genommen hätte ohne die pro-
testantische Bewegung, die die technologische Revolution nutzte
und das Buch zu ihrer politischen Waffe machte. Die katholi-

schen Länder setzten auf Theatralik, Ritus und einen Bilderkult zur Einbindung der Gläubigen in die Gemeinde, Protestanten wie Milton setzten auf einen Bücherkult. Das Ziel der Reformation war der direkte Zugang zu den Heilsgütern ohne Vermittlung institutionalisierter Machthierarchien. Das gedruckte Buch, das überallhin getragen werden konnte und in einsamer oder gemeinsamer Lektüre Individuen und Kleingruppen erreichte, hat die Fundamente der katholischen Kirche untergraben. Kein Wunder, dass angesichts dieser zentralen kirchenpolitischen Rolle Miltons Beurteilung des Buches hymnisch ausfiel. Anderthalb Jahrhunderte vor Kant sprach er bereits vom »Ausgang des Menschen aus der selbst auferlegten Unmündigkeit«:

[Gott hält den Menschen nicht in einer ewigen Kindheit der Vorschriften gefangen, sondern vertraut ihm die Gabe der Vernunft an, um seine eigenen Entscheidungen zu treffen.]

[...] God uses not to captivate under a perpetual childhood of prescription, but trusts him with the gift of reason to be his own chooser [...][1]

Unabhängig von seinem Inhalt betrachtete Milton das Buch als wichtigsten Nährstoff für die Entwicklung eines freien Geistes. Im Gegensatz zu vielen Theoretikern des 18. Jahrhunderts hielt er nichts von der Polarisierung von Geist und Buchstabe. Im Gegenteil sah er in der Schrift das kongeniale Medium des Geistes, mit dessen Hilfe – und damit artikulierte er ein Lieblingsmotiv der »Re-naissance« – die Gedanken der toten Autoren und damit in einem gewissen Sinne auch sie selbst »wiedergeboren« und »wiederbelebt« werden können. Er bediente sich dabei einer Metaphorik aus dem altägyptischen Totenkult: Gedanken werden »einbalsamiert« in Buchstaben, die von den Lesern wieder zum Leben erweckt werden. So kam Milton zu seiner berühmt gewordenen Formulierung von einem geistigen »Leben, das eingemacht ist in der Konserve Buch«. Deshalb sind Bücher »keineswegs tote Gegenstände, sondern enthalten eine Wirkmacht von Leben in sich«.[2] Hieran schließt sich das oben genannte Zitat an.

In seinem Kampf gegen alle Mittler – seien es Priester, Väter, Heilige, Bischöfe, Würdenträger, Könige oder autorisierte Traditionen – setzt Milton das Buch als seine zentrale Waffe ein. Das Buch ist für ihn primär ein Medium der Selbstaufklärung. Es geht ihm um die Stärkung des Individuums gegenüber kollektiven Ansprüchen, Vorgaben und Forderungen. Milton ist ein religiöser Aufklärer, von dem wir lernen können, dass Religion zugleich eine wichtige Schubkraft aufklärerischen Denkens sein kann. Er setzte sich ein gegen ein sakrales Königtum, für Gewissensfreiheit, gegen die Zensur, die erst 100 Jahr später in den amerikanischen Kolonien abgeschafft wurde, für die Möglichkeit der Scheidung (die erst 300 Jahre später durchgesetzt wurde) und insgesamt für die Freiheitsrechte jedes Einzelnen. Ob wir uns heute noch an ihn erinnern oder nicht, seine Vorstellungen von Freiheit sind in die Konstitution westlicher Demokratien eingegangen.

Miltons Hymne auf das Buch reflektiert die hochgeschraubten Erwartungen des neuen Printmedienzeitalters. Manche würden heute einiges von seiner Überschwänglichkeit abstreichen und Gegenargumente ins Feld führen. Lebensblut eines Meistergeistes? Das ist ein Kurzschluss; zwischen Geist und Buch schiebt sich doch das Medium der Sprache, und Sprache verbirgt in demselben Maße, in dem sie mitteilt. Gedanken werden also nicht so einfach übertragen, Texte bedürfen der Kunst der Hermeneutik, um aus ihnen wichtige Gedanken herauszudestillieren etc., kurz: Milton überspringt mit seiner naiven Gleichsetzung von Geist und Buch die mediale und historische Dimension geistiger Kommunikation. Und der andere Punkt: dauerhafte Energiekonserve? Die Dauer eines Buches hängt doch nicht von ihm selbst ab, sondern davon, ob es in Bibliotheken ein schützendes Dach findet, ob es in Katalogsystemen geführt ist und ob es innerhalb kultureller Rahmen erinnert und lesbar gehalten wird, kurz: ob der Dialog mit diesem Buch abbricht oder andauert. Über die Langlebigkeit eines Buches entscheidet also nicht allein seine robuste Materialität, sondern das Interesse oder Desinteresse der Nachwelt. All das ist richtig, und doch hat Miltons Auffassung von der dauerhaften Triebkraft schriftlich konservierter Ideen auch ihre Überzeugungskraft. Jede Renaissance kündet von ihr: Aus der Konserve Schrift können Gedanken über Phasen des Vergessens hinweg grundsätzlich immer wieder neue Triebe bilden. Was die Langzeitstabilität als Hoffnung am Beginn des Buchzeitalters angeht, so müssen wir Milton bestätigen, dass sich das gedruckte Buch sehr viel länger hält, als wir es von seinen digitalen Varianten erwarten dürfen.

Die Macht der Bücher

Bücher sind aber nicht nur Denkmaschinen und Ideenkonserven, sondern auch Objekte mit magischem, symbolischem und affektivem Wert. Beginnen wir mit dem magischen Wert. In Shakespeares »Sturm« herrscht der weise Prospero auf einer einsamen Insel, auf der er Zuflucht gefunden hat. Der Grund für seine Vertreibung waren die Bücher seiner Bibliothek, in die er sich so sehr vertiefte, dass er darüber die Belange seiner Herrschaft ebenso aus den Augen verlor wie den Kontakt zu seinem Stellvertreter, den er eingesetzt hatte. Nach seinem Sturz konnte er bei seiner Vertreibung durch ein gütiges Geschick seine Bücher mitnehmen, die es ihm erlauben, eine Machtposition auf der Insel auszubauen und über deren Geister zu gebieten. Caliban, einer seiner Untergebenen, der einen Anschlag auf seinen Herrn plant, macht seinen Komplizen klipp und klar deutlich: Prosperos Macht kann nur gebrochen werden, wenn er von seinen Büchern getrennt wird.

[Denkt dran/
Bringt erst die Bücher
in euren Besitz, denn
ohne die/
Ist der so dumm wie
ich. [...]/
Verbrennt nur seine
Bücher!]

Remember
First to possess his books, for without them
He's but a sot, as I am. [...]
Burn but his books. (»The Tempest«, III, 2, S. 85 ff.)

Leo Löwenthal hat diese Szene in einen historischen Zusammenhang gestellt und die Bücherverbrennung am 10. Mai 1933 als »Calibans Erbe« bezeichnet. Bücher sind nicht nur eine Stütze für Magier wie Prospero, sondern auch eine intellektuelle Ressource und – ganz im Sinne Miltons – eine Quelle selbständigen Denkens. Caliban hofft, durch Bücherverbrennung seinen verhassten Gebieter von der Macht zu trennen. Die Nationalsozialisten verbrannten Bücher, weil sie selbst um ihre Macht fürchteten. Mit dem öffentlichen Ritual stigmatisierten sie die Geisteskraft ihrer Widersacher und schlossen sie symbolisch aus ihrer Volksgemeinschaft aus. Die Bücherverbrennung ist ein magisches Ritual der Demütigung und Vernichtung; als Zensurmaßnahme ist sie nicht effizient. Die Dauerhaftigkeit gedruckter Bücher geht im Druckzeitalter nicht auf das haltbare Material zurück, aus dem sie gemacht sind, sondern auf ihre Vervielfältigung. Wenn ein Buch in einem Land Europas zensiert wurde, konnte es in einem anderen gedruckt werden. Wenn es an einem Ort vernichtet wurde, gab es an einem anderen immer noch eine Kopie. Der Herausgeber einer Sammlung deutscher Barockdramen im 17. Jahrhundert setzte deshalb nicht mehr auf die Stabilität des Materials, sondern auf die Vervielfältigung als die sicherste Form von Dauer:

In bedenckung dessen, das die Pyramides, Seulen und Büldnussen allerhand materien mit der zeit schadhafft oder durch gewalt zerbrochen werden oder wol gar verfallen … das wol gantze Städt versuncken, vntergangen vnd mit wasser bedeckt seien, da hergegen die Schrifften vnd Bücher dergleichen vuntergang befreyet, dann was jrgendt in einem Landt oder Ort ab vnd vntergeht, das findet man in vielen andern vnd vnzehlichen orten vnschwer wider, also das, Menschlicher weiß davon zu reden, nichts Tauerhaffters vnd vnsterblichers ist, als eben die Bücher.[3]

Thomas Jefferson kam zum selben Ergebnis. Er fragte: »Wie viele der kostbaren Werke der Antike gingen verloren, als sie nur

als Handschrift existierten? Ist bisher ein einziges verloren gegangen, seit die Kunst des Buchdrucks die Vervielfältigung und
Verbreitung von Kopien ermöglichte?« Er war überzeugt, dass
demokratische Vervielfältigung und Verbreitung die beste Siche-
rungsform für Texte ist:

> Was verloren gegangen ist, kann man nicht wiedergewinnen; retten
> wir daher das, was geblieben ist; nicht indem wir es wegsperren oder
> in die Tresore legen, die eine Besichtigung und Benutzung durch die
> Öffentlichkeit verhindern und es dem zeitlichen Verfall anheimgeben,
> sondern durch eine Vervielfältigung der Kopien in einem solchen
> Ausmaß, dass ihnen Unglücksfälle nichts mehr anhaben können.[4]

Sind Bücher wirklich durch ihre Auflagenhöhe geschützt? Dagegen spricht, dass die Bestseller einer Epoche nicht unbedingt
auch die Longseller sind. Wenn keine kulturelle Entscheidung für
ein Werk fällt, wenn es nicht in den Kanon aufgenommen und im
kulturellen Gedächtnis einen Platz angewiesen bekommt, kann
es schnell im Orkus des Vergessens verschwinden. Von dem auf-
lagenstärksten deutschsprachigen Buch des 19. Jahrhunderts mit
dem Titel »Der Henker von Nürnberg« ist heute kein vollständiges Exemplar mehr erhalten.[5]

Bücher zwischen Reduktion und Ausdehnung

Bücher sind nicht nur ein intellektuelles Gut, sondern stehen
auch in einem engen Verhältnis zu politischer Macht. Daneben
haben sie eine wichtige symbolische Bedeutung, von der im Folgenden die Rede sein soll. Bis zum Einzug der Fernsehgeräte in
die Wohnungen ab den 1950er Jahren war der Bücherschrank als
säkularer Schrein des Bildungskanons unverzichtbarer Bestandteil bürgerlichen Mobiliars. Ich selbst bin noch mit einem solchen
Bücherschrank aufgewachsen. Er stand im Wohnzimmer meiner
Eltern und bildete dort zusammen mit einem Blüthner-Flügel die

bürgerliche Bildungsachse. Es handelte sich um einen Biedermeierschrank mit Glastüren, die nicht sehr oft geöffnet wurden. In handlichen Leinenbändchen beherbergte er die Werkausgaben u.a. von Goethe, Schiller, Wieland, Körner, Shakespeare, Conrad Ferdinand Meyer und Gottfried Keller. Die meisten der Bände hatten sich meine Eltern in jungen Jahren selbst gekauft, andere waren ihnen zu Geburtstagen und zur Hochzeit geschenkt worden. Sie stellten sozusagen ihre geistige Aussteuer dar, die neben Fachbüchern und Belletristik einen geschlossenen Zusammenhang bildete, der immer gegenwärtig war, auch wenn nicht sehr oft von dieser Ration Gebrauch gemacht wurde. Erst nach dem Tode meiner Eltern stellten meine Geschwister und ich mit einiger Verblüffung fest, dass dieser bislang nicht weiter auffällige Bücherschrank etwas Sakrosanktes hatte. Wir kamen spontan überein, dass dieser Bestand nicht angetastet werden sollte: Er blieb als geschlossene Sammlung in seinem Behälter und befindet sich heute an einem gemeinsam zugänglichen Familien-Ort.

Bücher spielen eine entscheidende Rolle im Prozess der Identitätsbildung und Persönlichkeitsentwicklung. Der Bildungskanon des 19. und 20. Jahrhunderts umfasste verpflichtende Texte der persönlichen und nationalen Erziehung. Dieser Kanon kultureller Texte wurde nicht nur in den Bildungsinstitutionen traktiert, sondern auch außerhalb von ihnen mit Hingabe gelesen und teilweise memoriert. Nach dem Herauswachsen aus religiösen Traditionen und Verbindlichkeiten boten sich Werke der Kunst und Literatur als Kristallisationspunkte kultureller Identifikation an.

Wenn es um den affektiven Wert von Büchern geht, müssen wir auf ›Kopfkissenbücher‹ zu sprechen kommen. Ein Kopfkissenbuch reduziert den Bücherschrank auf ein einziges Buch, das als Vademecum zum Lebensbegleiter wird. Die Kategorie des Kopfkissenbuchs habe ich bei Heinrich Heine gefunden. In seinem »Romanzero« erzählt er die Geschichte von Alexander dem Großen, der bei einem Feldzug ein wertvolles Kästchen des Darius eroberte, das mit Juwelen angefüllt war. Alexander leerte die

Juwelen aus und legte die Werke Homers hinein. Dieses Kästchen hatte er immer bei sich und legte es nachts unters Kopfkissen. Heine erzählt die Geschichte weiter: Wenn er selbst in den Besitz des Kästchens des Darius käme, würde der die Schriften Homers daraus entfernen und durch die Poesie des mittelalterlichen jüdischen Dichters Jehuda Halevi ersetzen.

In meiner Bibliothek befindet sich ein Kopfkissenbuch. Es stammt vom Anfang des 19. Jahrhunderts (1823) und ist in ornamental geriffeltes braunes Leder eingebunden. Das Besondere an diesem Buch ist seine Größe, oder besser: sein Miniaturformat, das das eines Taschenbuchs weit unterbietet. Das Büchlein ist deutlich kleiner als der Handteller. Aber nicht nur aufgrund seines Formats, sondern auch wegen seines Inhalts erfüllt es das Kriterium eines Kopfkissenbuchs. Der Autor ist Edward Young, der Titel heißt »Night Thoughts on Life, Death and Immortality«. Das Buch erschien 1743 und löste (wie später der »Werther«) einen europäischen Hype aus. Überall ließ man sich von den melancholischen Versen des 60-jährigen Pfarrers rühren, der in diesem Werk den Tod seiner Frau verarbeitete, mit der er nur zwei Jahre zusammengelebt hatte. Youngs Trauer über ihren Verlust und sein Verlangen nach einem Wiedersehen mit der Toten im Rahmen eines großen kosmischen Gedichts erschütterten im Aufklärungszeitalter die Leserinnen und Leser und leiteten die Ära der Empfindsamkeit ein.

Ich habe eingangs von Lesespuren gesprochen. Solche kann ich in dem feinen Lederbändchen nicht entdecken. Jedenfalls nicht die von erschütterten oder weisheitssuchenden Leserinnen und Lesern. Die Spuren, die dagegen deutlich hervorspringen, lassen auf einen verfremdenden Gebrauch schließen. Nachdem es unter manchem Kopfkissen gelegen haben mag, wurde das Buch als Medium für eine verschlüsselte Botschaft eingesetzt. Mit rotem Buntstift sind etliche Buchstaben entweder eingekreist oder mit einem roten Punkt übermalt, weitere Buchstaben sind mit einem Bleistift steil durchgestrichen. Da ich kein Diplom in

Kryptografie habe, konnte ich leider die zusätzliche Botschaft, die sich in diesem Buch verbirgt, nicht entschlüsseln. Das Buch bleibt im meinem Regal wie eine Flaschenpost, deren Botschaft vielleicht nach einem weiteren Jahrhundert ihren Adressaten findet. »Habent sua fata libelli«: Auch Bücher haben ihre Lebensgeschichten und Schicksale.

Während der schmale Bildungskanon in einen schmucken Glasschrank passte, ist es das Merkmal von Büchern, dass sie sich ungefragt vermehren und ausdehnen. In einer Forschungsbibliothek sammeln sie sich notgedrungen an und quellen über Wände, Räume, Treppenstufen. Sie erobern sich konsequent ihren Platz, auch wenn es längst keinen mehr für sie gibt. Ein Freund nennt die Buchreihen, die sich auf dem Fußboden vor den Regalen bilden, ›Klagemauern‹. Jeder von uns, der eine größere Bibliothek besitzt, kennt die Frage, die der Elektriker oder Telefontechniker stellt, sobald er zu Reparaturzwecken die Wohnung betritt. Er mustert die Regale von oben bis unten und will regelmäßig eines wissen: »Haben Sie die alle gelesen?« Es ist traurig aber wahr: Je mehr Bücher man besitzt, desto mehr Bücher hat man nicht gelesen. So leicht es ist, in ihren Besitz zu kommen, dafür genügt bekanntlich ein Klick bei Amazon oder ZVAB, so schwierig ist es, sich von ihnen zu trennen. Man wirft kein Brot in den Abfalleimer und keine Bücher in den Papiercontainer. Es gibt hier ein kulturelles Tabu, das vielleicht noch ein Nachhall von Miltons Ehrfurcht ist: »Ein gutes Buch ist das kostbare Lebensblut eines Meistergeistes, einbalsamiert und gespeichert für ein Leben nach dem Leben.« Statt Bücher im Papiercontainer zu versenken, bin ich schon mit Bücherladungen von dort zurückgekehrt, die andere, Unbefangenere dort entsorgt hatten. Darunter war einmal sogar ein bibliophiles Exemplar, mit dem ich einem anspruchsvollen Sammler eine besondere Freude machen konnte. Am Anfang unseres Lebens stützen uns die Bücher, am Ende bedrohen und verdrängen sie uns. Der einzige Trost dabei ist, dass es anderen nicht besser geht. Ich werde den Nachmittag nie vergessen, an dem ich in New Haven bei Harold Bloom zum Tee eingeladen war. Harold Bloom ist ein bedeutender Literaturkritiker und -theoretiker, der als Autor und Herausgeber selbst sehr viel zur Vermehrung der Bücher beigetragen hat. Während unseres Gesprächs klingelte es an der Haustür. Mrs. Bloom verschwand und kam mit einem rechteckigen Kuvert zurück. Sie legte es stoisch auf den Tisch mit den Worten: »Give us this day our daily book!« Wenn wir hier vergleichend über alternative Buchformate nachdenken, dann hat das E-Book, so besehen, doch seine Vorteile.

1 MILTON, John: Areopagitica (1644). In: Milton's Prose. Hg. v. Malcolm W. Wallace. London 1963, S. 275-324, hier S. 289.

2 Ebda., S. 280.

3 AYRER, Jakob: Dramen. Hg. v. Adelbert von Keller. Bd. 1. Stuttgart 1865, S. 4, zit. n. BENJAMIN, Walter: Ursprung des deutschen Trauerspiels. Frankfurt/M. 1963, S. 153.

4 JEFFERSON, Thomas: Brief an George Wythe, zit. n. EISENSTEIN, Elizabeth L.: Die Druckerpresse. Kulturrevolution im frühen modernen Europa. Wien, New York 1997, S. 74.

5 SCHENDA, Rudolf: Volk ohne Buch. Studien zur Sozialgeschichte der populären Lesestoffe 1770-1910. Frankfurt/M. 1970.

CHRISTOPH WINDER

Immergrün. Über das Buch und sein Verschwinden als Gegenstand der Erinnerung

Herzlichen Glückwunsch: Für den Internethändler Amazon ist das E-Book-Weihnachtsgeschäft 2009 offenbar blendend gelaufen. Erstmals in seiner Geschichte, so meldet die österreichische Presseagentur APA am 29. Dezember 2009, habe Amazon »am Weihnachtstag mehr elektronische als gedruckte Bücher verkauft«. Der Konzern publizierte keine absoluten Zahlen über den Absatz, teilte aber mit, dass »das Lesegerät für die digitalen Fassungen, Kindle, das bestverkaufte Geschenk in der Geschichte des Unternehmens sei«.

E-Book-Verkaufsfreude auch bei der Buchhandelskette Barnes & Noble und dem japanischen Elektronikkonzern Sony: Beide, so die APA, seien »kaum nachgekommen, die Nachfrage nach ihren digitalen Lesegeräten zu befriedigen«. Die Bedauernswerten, die bei Sony oder Barnes & Noble leer ausgingen, hatten immerhin noch die Möglichkeit, auf Lesegeräte von Plastic Logic, IREX Technologies oder dem Disney-Konzern auszuweichen, welche das nach E-Books gelüstende Publikum im Windschatten der Branchenführer ebenfalls mit der Basis-Ausstattung für das zeitgemäße Leseerlebnis versorgen. Die zuletzt genannten E-Book-Produzenten werden nicht die letzten sein, die E-Books produzieren: Von Kindle-Nachahmern, so prognostiziert die New York Times ohne großes Risiko am 2. Dezember 2009, bekämen wir mit Sicherheit »2010 noch mehr zu sehen«, was sich zur Jahresmitte 2010 prompt bestätigen ließ.

Aus diesem skizzenhaften weihnachtlichen Stimmungsbild kann und darf man natürlich keine exakte Prognose über das Verhältnis extrapolieren, in dem sich das »klassische« Papierbuch und seine digitale Konkurrenz künftig den Lesermarkt aufteilen werden. Eines ist aber sicher: Die Spötter und Skeptiker, denen das Buch 2.0 noch vor nicht allzu langer Zeit als Totgeburt erschien, sind, wenn vielleicht auch nicht eines Besseren, so doch eines Anderen belehrt worden. Das E-Book lebt und sein Durchmarsch in die Leserhaushalte weltweit ist nicht aufzuhalten. Die Vision des Bücherschranks, in dem anstelle der Goethe-Gesamtausgabe, des Grimm'schen Wörterbuches oder Enzensbergers »Anderer Bibliothek« ein einziges E-Book im Regal steht, wirkt nahe liegend, plausibel, vielleicht auch erschreckend. Frugale Zeiten in der Bibliothek: Dank des technischen Fortschritts lässt sich Borges' »Bibliothek von Babel« am Beginn des dritten Jahrtausends auf ein »Buch von Babel« reduzieren, auf ein Plastik- oder Leichtmetallgeviert, in das qua Kabel oder Funk alles, was das Leserherz begehrt, gegen Entgelt aus einem digitalen Irgendwo heruntergesaugt werden kann. Mangel an Lesestoff herrscht keiner: Allein Amazon brüstet sich mit mehr als 350.000 lieferbaren E-Books; in den kommenden Jahren wird dieses Angebot rasant aufgestockt werden. Und selbst damit nicht genug: Das noch junge Hybridmedium des »Vooks« (aus »Video« und »Book«; zu Deutsch: Vuch) eröffnet vollkommen neue Wege, indem es Lettern mit bewegten Bildern kombiniert und dem Leser (oder Seher?) die Möglichkeit bietet, nahtlos vom Text in Videoclips überzuwechseln. Anstatt sich in umständliche Beschreibungen von der Zubereitung einer Sauce Béarnaise vertiefen zu müssen, bekommt der Kochbuchleser im Handumdrehen in bewegten Bildern vorgeführt, in welchem Schlagtempo er die geschmolzene Butter unter die Dottermasse ziehen muss. Wenn das kein Fortschritt ist: Viele Jahrhunderte nach ihrer Blütezeit in der klösterlichen Schreibkultur werden Interlinear- und Marginalglosse durch Interlinear- und Marginalvideo abgelöst.

So umwälzend und umwerfend sind diese Veränderungen, dass sie jedem denkenden und lesenden Menschen eine kritische Meinung abnötigen: Ist das nun ein medialer Quantensprung, der der Menschheit zum Segen gereichen wird? Oder doch eher ein Anlass zum kulturpessimistischen Lamento? Optimisten mögen das Argument vorbringen, dass das E-Book gleichsam auf Umwegen, wie ein trojanisches Pferd, zur Alphabetisierung einer videospielversessenen Jugend beitragen könnte. Und erst die praktischen Vorteile! Der E-Book-Leser ist von keinen Bibliotheksöffnungszeiten abhängig, er spart sich lange Wege in die Buchhandlungen, niemals muss er sich mit lästiger Weise entlehnten oder gar verschwundenen Buchexemplaren herumschlagen. Zu keinem Moment wird er sich von Langeweile bedroht fühlen, führt er doch die Weltliteratur in der Jackentasche mit sich herum. Im fortgeschrittenen Lebensalter greifen wir nicht mehr umständlich zur Leselupe, sondern vergrößern einfach die Font-Größe um ein paar Punkte. Wer je einen nennenswerten Bücherbestand zu betreuen hatte und keine genuine Freude beim Abstauben, Sortieren und Umgruppieren verspürt, wird den Wegfall der entsprechenden Verwaltungstätigkeiten als Wohltat empfinden. In einem rein technischen Sinn bleibt ja auch beim E-Book die Essenz, der »Inhalt« des Buches erhalten, ja, wahrscheinlich ließe sich die gefühlte Distanz zwischen Buch 1.0 und Buch 2.0 sogar problemlos durch den Einbau lebensechter Zusatzaccessoires wie digital simulierter Fettflecken oder Eselsohren verringern. Und dennoch: Wenn uns das leibhaftige, »analoge« Buch mit all seinen zentralen Features (Blätter, Umschlag) und seinem wunderbaren Drumherum (Lesebändchen, Schuber usf.) auch nur partiell abhanden käme, dann wäre mit Verlusten zu rechnen.

Ich möchte mich hier auf den Aspekt konzentrieren, dass Bücher über ihre Funktion als bloßes Lesevehikel und jenseits ihres Inhaltes vielfach auch eine wichtige Rolle als lebensgeschichtliche Erinnerungsanker spielen. Etliche meiner Lebensphasen – und Übergänge zwischen diesen Lebensphasen – sind intim mit Büchern liiert; wobei »Bücher« in diesem Kontext nicht nur inhaltlich, quasi als Bedeutungsträger zu verstehen sind, sondern als geistig-ökonomisch-ideologisch-materielle Gesamtkunstwerke. Ich will dies an einem konkreten Beispiel erläutern. Ich besitze ein merkwürdiges Buchexemplar aus dem Jahr 1971: eine auf grünes Papier gedruckte, in einen nachtschwarzen Einband gebundene Ausgabe von »Der Fall Charles Dexter Ward. Zwei Horrorgeschichten« aus der Feder des amerikanischen Schriftstellers Howard P. Lovecraft. Das Buch ist in der exzentrischen »Bibliothek des Hauses Usher« erschienen, einer Reihe, in der der Insel-Verlag in den Jahren 1969 bis 1975 etliche Werke aus den Gebieten »Science Fiction« oder »Horror« publizierte, welche nach Ansicht des Herausgebers offenbar trotz ihrer Zugehörigkeit zu diesen unter generellem Trivialitätsverdacht stehenden Genres mit dem literarischen Anspruch des Mutterverlages Suhrkamp vereinbar waren.

Das ursprüngliche Papier-Grün dieser Lovecraft-Ausgabe ist im Lauf der Jahrzehnte vergilbt und verblichen, aber die Erinnerungen, die sie provoziert, blühen in immergrüner Intensität. Ich hatte mir das Buch 1971 zu Weihnachten gewünscht und dann prompt auch unter dem Christbaum gefunden. Sobald ich es heute zur Hand nehme, löst es verlässlich nicht nur die Erinnerung an die festlichen Umstände aus, unter denen es in meinen Besitz gekommen ist, sondern einen darüber hinausgehenden, viel weitläufigeren Cluster von Gefühlen, inneren Bildern und Reminiszenzen. Das Wissen, dass ich mir ein Buch ausgesucht hatte, das dem im Deutsch-Unterricht geforderten Lektürepensum (»Die Bürgschaft«, »Emilia Galotti« usf.) so eklatant zuwiderlief, ruft umgehend das aufmüpfige Lebensgefühl des Pubertierenden wach. Ein Hauch von Entdeckerfreude gesellt sich hinzu: Lovecraft war damals eine Novität auf dem deutschen Buchmarkt, eine literarische Terra Incognita, wenn man so will, an deren

Erschließung unter anderen H.C. Artmann großen Anteil hatte. Auch seine unter dem Titel »Ctulhu« erschienenen Übersetzungen von Lovecraft-Erzählungen tauchen in der Gestalt eines Suhrkamp-Taschenbuchs in der Farbe Lila aus den Tiefen des Gedächtnisses auf.

Eine weitere Erinnerungsspur führt in eine noch fernere Vergangenheit zurück: Meine erste Begegnung mit Lovecraft hatte ein Dreivierteljahr zuvor auf einer Schulschiwoche in Lech stattgefunden, wo ich mich, durch eine Beinverletzung temporär am Abfahren gehindert, an einem Vormittag gebannt in Ullsteins »Kriminalmagazin 19« – Untertitel: »4 unheimliche Erzählungen aus dem Reich der Toten« – vertiefte. Die Gestaltung dieses leicht anrüchigen Werks ließ an Dramatik nichts zu wünschen übrig: Wie eine Banderole zog sich ein knallgelber, rechts mit einem blutroten »K« (für »Kriminalmagazin«) überdruckter Streifen über das obere Fünftel des Buchcovers hinweg. Die restlichen vier Fünftel darunter bestritt ein morbides Stillleben nach Art des Schweizer Malers Hansruedi Giger (oder womöglich gar von ihm selbst?): ein Totenschädel, eine Lotusblüte, eine mysteriöse Statuette und eine geheimnisvolle Vase, die an einem unbestimmbaren, von einem dumpf-violetten Licht durchzogenen Ort vor sich hinwesen. »Träume im Hexenhaus« hieß die Lovecraft-Erzählung, in der der Student Walter Gilman in der Stadt Arkham von allerlei unguten Repräsentanten einer übelwollenden Transzendenz sukzessive in den Irrsinn getrieben wird. Dank »Wikipedia« weiß ich heute, dass die Kritiker »The Dreams in the Witch House« für eines der schwächeren Werke unter den späten Lovecraft-Erzählungen halten. Für meine pubertären Visionen und Ängste war diese bizarre Short Story gleichwohl eine ausgezeichnete Andockstelle.

Ein wenig Muße vorausgesetzt, könnte ich diese komplexe, durch den »Fall Charles Dexter Ward« heraufbeschworene Erinnerungsplastik noch beträchtlich erweitern. Es ließe sich einiges über den olfaktorischen Aspekt des Bücherlesens schreiben (nicht nur eine Madeleine duftet charakteristisch, auch Charles Dexter tut dies, ein charakteristisches, nicht unangenehmes Siebzigerjahre-Muffeln, das den grün-vergilbten Seiten entströmt). Vom reißerisch aufgemachten Ullstein-»Kriminalmagazin« führen aber auch Erinnerungspfade zu jenem Schaufenster, in dem einer der beiden Bregenzer Buchhändler die jeweils neuesten Kriminalromane aus den Häusern Goldmann, Scherz oder eben Ullstein ausstellte. Im vergleichsweise spartanischen Medienumfeld der Zeit war die Besichtigung dieser Vitrine eine willkommene Gelegenheit, sich mit ruchlosen, wenn auch im konkreten Fall nur fiktionalen Vorkommnissen von Gesetzesbruch, schändlichen Taten der Unterwelt und Ähnlichem zu konfrontieren. Ich assoziiere hier, in einer transmedialen Abschweifung vom Buch zum TV hinübergleitend, dass der Bedarf danach groß gewesen sein muss: Konkurrenz erwuchs dem Kriminalroman durch den so genannten »Straßenfeger«, mit dem das öffentlich-rechtliche Fernsehen damals noch die ganze Nation problemlos mehrere Abende zum Kollektivsehen vergattern konnte.

Der Tübinger Literaturwissenschafter Matthias Bickenbach hat in einem Gespräch mit der »Zeit« über das Buch- und Bildschirmlesen erläutert, wie der »Objektcharakter« des Buches das Gedächtnis stützt: »Eine Buchseite ist nicht gleichzusetzen mit dem Bildschirm. An ihr orientiert man sich räumlich. Das zeigen auch Lektüreerfahrungen, das selektive Stellenlesen, das Suchen nach einem Satz, vom dem man nur wusste, dass er weiter oben und irgendwo rechts stand«.[1] »Orientierung« ist ein gutes Schlüsselwort für das, was das gedruckte Buch allgemein und ein starkes Erinnerungsbuch (wie in meinem Falle »Charles Dexter Ward«) im Besonderen leisten kann. Kraft seiner Geschichte und seiner speziellen Beschaffenheit verbürgt es seinem Besitzer Orientierung in Zeit und Raum. Es stellt Verbindungen zu Momenten der eigenen Lebensgeschichte her, nicht notwendigerweise im Sinne eines immergleichen Reiz-Reaktions-Ablaufs (der Buchleser ist kein Pavlov'scher Hund), sondern eher wie ein Kaleidoskop, in dem sich Splitter der Vergangenheit in immer neuen unterschiedlichen Konstellationen anordnen.

Selbstverständlich taugt nicht jedes Buch gleichermaßen als Erinnerungsanker. Viele Bücher lassen uns gleichgültig, wir erinnern uns nicht oder nur mehr schemenhaft an ihren Inhalt oder daran, wie sie in unseren Besitz gekommen sind. Doch die, die uns, aus welchen Gründen immer, ans Herz gewachsen sind, werden zu einem Teil unserer Persönlichkeit und unserer Identität, manchmal auch dann, wenn uns ihre Inhalte gar nicht so viel bedeuten. Die ein wenig altmodisch wirkende Vorstellung vom Buch als einem »guten Freund« erweist sich in diesem Licht betrachtet als weniger überkommen denn man meinen sollte. Und so wie wir die Freunde aus Fleisch und Blut zu unterschiedlichen Zeiten unseres Lebens kennen gelernt haben, ist auch der Bibliothek ein solch diachroner Aspekt eigen. Jeder Blick auf die Bücherwand ist zugleich auch ein Blick zurück auf eine Geschichte des eigenen Lebens und Lesens (ein Blick mit einem Gedächtnisaspekt), die mit der Reduktion des Buches auf bloße Zahlenschwärme, die man sich auf die E-Book-Festplatte holt, verloren ginge. Unter bloßen Nützlichkeitserwägungen mag das zum bloßen »Content« verdünnte E-Book dasselbe leisten wie sein analoger Cousin. Aber diese Schwundstufe des Publizierens zieht Verluste nach sich, Verluste an Sinnlichkeit, Verluste an Geschichte, meinetwegen auch Verluste an bloßer Sentimentalität. Fast jeder wird sich an ein liebgewonnenes Kinder- oder Schulbuch erinnern, aber kaum jemand wird sich daran erinnern, wann und wo er dieses Shakespeare-Stück oder jenen Doderer-Roman auf sein iPad oder in seinen Kindle heruntergeladen hat.

Es bleibe hier dahingestellt, ob der Verlust des Buches im beschriebenen Sinn, als subjektive »Erinnerungsplastik«, als rein persönlicher Verlust zu betrachten ist oder ob dieses Abhandenkommen darüber hinausgehende kollektive, im weitesten Sinne vielleicht sogar politische Konsequenzen hat – zur Beantwortung dieser Frage ist es zu früh, weil es schlicht zu wenige Erfahrungswerte gibt, wie sich die Interaktionen zwischen dem Elektrobuch und seinen Lesern in Zukunft einspielen und wie das massenhafte Leseverhalten und die traditionelle »Buchkultur« davon betroffen sein werden. Wohl aber wird man eine Entwicklung annehmen dürfen, die parallel zu dem verläuft, was in den letzten Jahren bei der Musikindustrie zu sehen war: So wie Musikstücke werden auch Bücher – genauer gesagt: ihre Inhalte – rund um die Uhr und ubiquitär in rasender Geschwindigkeit verfügbar sein. Dies geht Hand in Hand mit einer Schwächung von intermediären Instanzen wie Verlagen oder Buchhandlungen und einer generellen Entsinnlichung des Mediums Buch – wenigstens dann, wenn es in seiner digitalen Version in Erscheinung tritt. Wahrscheinlich wird sich ein zunehmend spezialisierter Markt für jene eingefleischten Papierbuchkonsumenten und Papierbuchsammler herausbilden, die ihre Bücher nicht nur als Zahlenkolonnen gespeichert, sondern als handfeste physische Objekte und Gegenstände der Erinnerung um sich haben wollen.

Es ist aufschlussreich, das Erscheinen des E-Books mit einem anderen mediengeschichtlichen Paradigmenwechsel zu vergleichen, nämlich dem massenhaften Aufkommen des Taschenbuchs auf dem deutschen Lesermarkt vom Beginn der 1950er Jahre an. Hans-Magnus Enzensberger hat sich in einem (1962 überarbeiteten) Essay aus dem Jahre 1958 mit dem Phänomen beschäftigt und sieht es durchwegs ambivalent. Es sei, von der Habenseite her betrachtet,

> keineswegs gleichgültig, ob ein Roman wie Koeppens »Treibhaus« fünf- oder fünfzigtausend Leser erreicht, ob Walther Hofers Dokumentation über den Nationalsozialismus nur von Spezialisten benützt oder aber als Taschenbuch an jedem besseren Zeitungskiosk verkauft wird [...].[2]

Gleichwohl macht sich Enzensberger keinerlei Illusionen über die Folgen der mutmaßlichen Zugangserleichterung zum Bildungsgut Buch. Keineswegs würden dadurch die »tiefen Widersprüche einer Gesellschaft« aus der Welt geräumt, »in welcher für Minoritäten gedacht und geschrieben wird«.[3] Das Auftauchen des raffiniert gebauten Blechgestells, in dem die Taschenbuchindustrie ihre Ware vor Ladentüren, in Bahnhofshallen und Einkaufspassagen feilbietet, mindere zwar die Schwellenangst der potenziellen Käufer, bedeute aber auch eine Entwertung des Buchhändlerstandes, der sich vom prestigeträchtigen literarischen Berater »zum Abnehmer und Verteiler ganzer Serien«[4] reduziert sieht. In Enzensbergers multiperspektivisch angelegter Analyse des Taschenbuchwesens sind die Interessen des Käufers, der sich am wohlfeilen Preis und der leichten Zugänglichkeit delektiert, aber nur die eine Seite der Medaille. Die andere sind die Interessen des »Apparates«, des typischen modernen Großverlages, der nach industriellen Prinzipien funktioniert und in erster Linie daran interessiert ist, die Produktionskosten möglichst gering zu halten und maximale Profite zu erwirtschaften. Diesen Interessen, so Enzensberger, kommt das uniforme Erscheinungsbild des Taschenbuchs entgegen:

> Hinter den Erfordernissen der Serie tritt der Einzeltitel zurück. Die Herstellung wird vom Format bis zum Satz, von der Bindung bis zum kleinsten Detail der Aufmachung vereinheitlicht. Von besonderer Wichtigkeit ist die Standardisierung der Titelbilder [...].[5]

Was Enzensberger damals schon als Standardisierung und Uniformierung erschien, ist allerdings zu vernachlässigen im Vergleich zur weiter entmaterialisierten und technisch vollkommen einförmig gewordenen Publikationsform des E-Books – es wäre ein bemerkenswertes Paradox, wenn selbst das Taschenbuch im Zuge dieser Entwicklung zum Immateriellen hin nachträglich noch die Züge von etwas vergleichbar Ehrwürdig-Individuellem, gleichsam historisch Patiniertem annähme.

Mutatis mutandis haben viele von Enzensbergers damaligen Entwicklungsbefunden auch für das massenhafte Aufkommen des E-Books Gültigkeit: Zum alten Blechgestell kommt der neue Kindle hinzu, wie jenes ein gleichmütiger Behälter, der jeden Inhalt gleichermaßen unbeteiligt aufnimmt. Dem Stand des Buchhändlers wird der neue Technologieschub wahrscheinlich einen weiteren harten Schlag versetzen; und die Umschlaggeschwindigkeit des in einen digitalen Aggregatzustand überführten Kulturgutes Buch wird noch viel schneller werden als damals, als Deutschland erstmals von einer Taschenbuchwelle überspült wurde. Soll man sich sorgen? Es wird schon nicht so weit kommen, dass das E-Book dem traditionellen Buch in absehbarer Zeit den Garaus machen wird. Aber es wird ihm mehr oder weniger große Marktanteile entziehen, mit noch nicht einzuschätzenden Folgen für eine seit Jahrhunderten gewachsene Buch- und Lesekultur.

Über die Möglichkeit privater Verluste – das Abhandenkommen des Buches als Erinnerungsgegenstand – nachzudenken, ist legitim und eine Sache eigenen Rechts. Aber man sollte – und auch dies gilt es aus Enzensbergers Analyse zu lernen – komplementär und kritisch die Interessen einer Industrie mitdenken, die sich um Sentimentalitäten wie die Einbettung des Buches in persönliche und kollektive Lebensgeschichten wenig kümmert. Ironischerweise werden gerade Firmen wie Amazon und Co. einen detaillierten Überblick über die Lektüre ihrer E-Book-Abnehmer gewinnen und ein lückenloses »Gedächtnis« dafür entwickeln, worin sich die Leser im Lauf der Jahre vertiefen. Das sind Informationen, die nicht nur den Geschäftsanliegen multinationaler Medienkonzerne nützen. In den Monaten nach dem 11. September 2001 legte die US-Regierung unter George W. Bush, nebst mannigfaltigen anderen Aktivitäten, auch einen bemerkenswerten Appetit auf Informationen über das Leseverhalten der amerikanischen Bürger an den Tag: Sage mir, was Du liest, und ich sage Dir, ob Dein Persönlichkeitsprofil auch keinen Anlass zur Sorge gibt. Allein dieses bedenkenlose Vordringen des Staates in einen vormals höchstpersönlichen und intimen Lebensbereich sollte ein guter Grund für jeden kritischen Leser sein, sich ein paar ernsthafte Gedanken zu machen, ehe er sein Bücher- und Lesegedächtnis sorglos an Instanzen außerhalb seiner Privatsphäre auslagert.

1 »Romantische Novellen druckt man sich aus«. Interview mit Matthias Bickenbach. www.zeit.de/kultur/literatur/2010-01/interview-matthias-bickenbach (zuletzt eingesehen: 24.1.2010).
2 ENZENSBERGER, Hans-Magnus: Bildung als Konsumgut. Analyse der Taschenbuchproduktion. In: Ders.: Einzelheiten I. Bewußtseinsindustrie. Frankfurt/M. 1964, S. 134-166, hier S. 140.
3 Ebda., S. 165.
4 Ebda., S. 135.
5 Ebda., S. 142.

EVA PFISTERER

Um mein Leben gelesen.
Eine kleine Kindheitsgeschichte

Platz für Bücher gab es nicht. Sieben Kinder auf 36 m². Ein Schlaf-
raum, 12 m², mit Stockbetten. Die Kleinsten schliefen in Schubla-
den. Eine kleine Küche, die am Badetag durch Waschzuber, die mit
heißem Wasser gefüllt wurden, noch zusätzlich verstellt war. Ein
kleines Schlafzimmer für meine Eltern, zu dem ein winziger Gang
führte, der durch einen vom Vater gezimmerten Schrank, der all
unsere Besitztümer barg, noch enger wurde. Und eine winzige Toilette. Mehr Raum gab es nicht. In dem Schrank im Vorraum gab
es für jeden sein kleines Fach, 40 cm im Quadrat. Es bot genügend
Raum für das Nötigste: einen Rock und ein Hemd für die Kirche,
einen Rock und ein Hemd für die Schule, Schulhefte, Bleistifte,
Füllfeder und Schulbücher. Meine ganze Kindheit lang kannte ich
keinen Fernseher. Nur ein Radio stand auf einem kleinen Dreiecks-
ablagebrett in der Küche, oberhalb des Küchentisches. Es stammte
aus einem Lottogewinn meines Vaters, als wir, mein Zwillingsbruder und ich, gerade drei Jahre zählten. Zuerst war uns das spre-
chende und singende Ding unheimlich. Einmal wollten es mein
Zwillingsbruder und ich aufschrauben und hineinklettern, um die
geheimnisvollen Figuren zu finden, die diesen Lärm machten. Gott
sei Dank erwischte uns mein älterer Bruder Hannes rechtzeitig,
um Schlimmeres, ein kaputtes Radio und eine ordentliche Tracht
Prügel, zu verhindern. Das Radio brachte uns die große Welt in

die kleine Küche. Die Wochenenden jedenfalls waren geprägt vom Rhythmus der Nachrichten, die meinem Vater heilig waren. Deshalb durfte in dieser Zeit auch niemand sprechen.

Die Musik, jedenfalls Bach, Haydn, Mozart und Schubert, kannten wir von der Kirche. Meine fünf Brüder waren Ministranten, meine Schwester und ich sangen im Kirchenchor. Glücksempfinden hat wahrscheinlich auch mit Wiedererkennen zu tun. Im Konzertchor liebte ich jene Musik am meisten, die ich schon als Kleinkind in der Kirche gehört hatte: Bach-Kantaten, Haydn-Oratorien, Mozart-Messen und Schubert-Lieder.

Lesen war ein Luxus

Luxus gab es nicht. Aber nicht nur aus Platzmangel. Das Leben – und das war immer ein gottgefälliges Leben – war zur Arbeit da. Lesen galt als Luxus, mit dem man höchstens im Jenseits belohnt wurde. Deshalb gab es außer der Bibel und einer Tageszeitung nichts Lesbares zuhause. So verschlang ich die ersten Schulbücher wie eine Verdurstende, da die darin geschilderten Charaktere meinem noch nicht vorhandenen Ich ein Selbst liehen, in das ich nur allzu gerne und allzu bereitwillig schlüpfte. Ein Selbst, das mit jedem Ende eines Buches wieder zusammenzuschrumpfen drohte.

Doch in Wirklichkeit war jeder durchlebte Charakter eine Festigung für mein Ich. Eine Festigung, die uns die gelehrte Religion nicht zubilligte. Denn das Leben war nur etwas wert, wenn es für andere gelebt wurde. Kinder haben demnach auch kein Ich, keine Ansprüche, sind keine Individuen, sondern gehen, wie gewünscht, in der Gemeinschaft auf. Was mir jedoch blieb, war die Offenbarung einer anderen Welt, einer fantastischen, großartigen, abenteuerlichen Welt, die ich in Büchern fand, wo Kinder zuweilen auch mit Respekt und als Menschen mit eigener Würde und eigenen Bedürfnissen behandelt wurden.

Diesen Ort wollte ich finden, koste es was es wolle. Wie David Copperfield wollte ich dem Herumgestoßenwerden entfliehen,

Paradies in der Literatur

wollte ebenfalls gute Menschen finden, die auch kleinen Wesen Achtung entgegenbrachten, sie manchmal auch lobten und für sie anerkennende Worte fanden. Diese Menschen, dieses Paradies fand ich in der Literatur. Entgegen meiner strengen religiösen Erziehung und meinem Glauben an Schutzengel sagten mir die Bücher, dass ich nicht auf das Jenseits warten musste, um das Paradies zu finden. Und auch wenn es noch vieler Irrfahrten und Niederlagen auf dem Weg dorthin bedurfte, so konnte ich diese gerechtere Welt ja auch durch meine Fantasie herbeizaubern.

Von meinem Doppelleben wusste außer mir nur mein Zwillingsbruder: Ich lebte in meiner Fantasiewelt, in den Figuren und Welten meiner Romane und Erzählungen, und die wirkliche Welt lief daneben wie ein Film ab, in dem ich zwar auch eine Rolle spielte, die mich jedoch nicht sonderlich berührte. Wie öffneten mir damals die Briefe Schillers das Herz, der »die Ausbildung des Empfindungsvermögens als das dringendere Bedürfnis der Zeit« ansah. Wer achtete in meiner kleinen Welt schon auf Empfindungen und Befindlichkeiten, wenn alle Energie für das Nötigste, nämlich Nahrung herbeizuschaffen, die Kleider in gutem Zustand zu halten und die Kinder zu disziplinieren, aufgewendet werden musste. Welch ein Trost war es da, als auch der Haupteld in Stendhals Roman »Rot und Schwarz«, Julien Sorel, von seinem Vater verprügelt wurde, als er den »Nichtsnutz« beim Lesen erwischte, während er in der Sägerei hätte arbeiten sollen: »Immer deine verfluchten Bücher, statt dich um die Säge zu kümmern!« Diese Worte finden sich in jenem Buch aus dem Jahr 1830. 140 Jahre später konnten sie noch immer Glücksgefühle erwecken.

Heimlich lesen müssen Wie tröstlich, dass es Menschen gibt, die Ähnliches durchgemacht haben, mit denen wir uns über Jahrhunderte identifizieren können, die unsere Einsamkeit aufbrechen, weil sie uns durch unsere eigenen Erfahrungen vertraut erscheinen. Dadurch erscheint auch das eigene Schicksal weniger schlimm. Denn auch wir durften nicht erwischt werden beim Lesen. Wartete doch bei einer

neunköpfigen Familie in einem waschmaschinenlosen Haushalt
Tag und Nacht Arbeit – insbesondere auf den weiblichen Nach-
wuchs. Und da meine um zehn Jahre ältere Schwester schon früh
den Haushalt verlassen hatte, blieb das Wäschewaschen mit der
Waschrumpel, das Schwemmen im kalten, steinernen Becken im
Keller, die Betreuung der Kleinsten, das Flicken, Bügeln, Schuhe
putzen und Reinigen nur meiner Mutter und mir.

Als eine Nachbarin in der nächsten Straße, der ich manchmal im Haushalt aushelfen musste, meine hungrigen, auf die
Bücherwände gehefteten Augen sah, nahm sie mich mit in die
Leihbibliothek, von der ich mir jede Woche zwei Bücher ausbor-
gen durfte. Wo sie zuhause verstecken? Der einzig versperrbare
Raum war die Toilette, die ich auch unter dem Vorwand, Bauch-
schmerzen zu haben, mit dem Buch unter dem Hemd allzu oft
aufsuchte. Noch als Erwachsene bat ich nach längerem Lesen in
Buchhandlungen um den Kloschlüssel, da ich beim Lesen – wohl
auf Grund jahrelanger Gewohnheit – den Drang nach Entleerung
verspürte. Erst als mir die Buchhändlerin schon beim Eintritt in
das Geschäft den Schlüssel in die Hand drückte und mir dadurch
den Zusammenhang bewusst machte, war ich geheilt.

Auch wenn wir Bücher gehabt hätten, es wäre kein Raum da   Kein Platz für Bücher
gewesen, sie aufzubewahren. Es gab nur die Bibel und eine große
Tageszeitung, die mein Vater abonniert hatte. Armut empfanden
wir nicht als ein Problem. Ich bedauerte eher meine Freundin,
die eine Semmel mit Wurst und Bananen als Jause in die Schule
brachte, also mehr und Luxuriöses zu essen und zum Anziehen
hatte. Kommt doch eher ein Kamel durch ein Nadelöhr als ein
Reicher in den Himmel.

Die Religion als Opium des Volkes konnte also auch versöh-
nen und verhinderte geschickt die Entwicklung von Neid. Und
wie es den Reichen ergeht, konnte ich ja schwarz auf weiß nachlesen. Zum Beispiel bei Francis Scott Fitzgerald, im »Großen
Gatsby«: schöne Menschen in den 1920er Jahren, die Geld wie

Heu hatten und sich zuhause ihren Depressionen ergaben. Als Kind wollte ich nicht reich sein, weil ich in den Himmel kommen wollte, als Studentin nicht, weil ich eine gerechtere Welt schaffen wollte. Da das Sein das Bewusstsein bestimmt – daran glaubte ich ebenfalls fest –, würde ich als reiches Wesen kein Interesse an einer gerechteren Welt mehr aufbringen, wo ich dann doch gerade von der Ungerechtigkeit und Ungleichheit profitieren würde.

Angst und Sehnsucht

Meine Erinnerungen an meine Kindheit sind nur rudimentär. Nur zwei Dinge, genauer gesagt: Gefühle und Befindlichkeiten, sind mir stark im Gedächtnis geblieben: Angst und Sehnsucht. Angst hatte ich immer, da die aus heiterem Himmel donnernden Strafen meines Vaters nie vorhersehbar waren. Wir konnten ja nicht wissen, ob meine Mutter unsere Vergehen aufdecken und sich über diese beim Vater beklagen würde. Angst kann schlimmer sein als Strafe, weil die grausame Fantasie nichts ausschließt, auch nicht die schlimmsten Qualen. Als Folge meiner Angst belastete eine andere Angst mein Denken, nämlich die Angst, irre zu werden. Dennoch wollte ich mich nicht, wie Kafka, mit meinem Schicksal abfinden, sondern einer »bevorstehenden Verurteilung« wie der des Josef K. zuvorkommen. Da sich in meinen Büchern das Gute meistens durchsetzte – aber durchaus auch wegen meines starken Überlebenstriebes –, wollte ich ganz fest daran glauben, dass mich die höheren Mächte nicht, wie die Figuren Franz Kafkas, vernichten, sondern eher Gnade und Mitleid walten lassen würden. Hatte nicht Voltaire seinen Candide durch Himmel und Hölle geschickt und ihn dennoch nie seine Zuversicht verlieren lassen? Trotz widrigster Umstände bewahrte sich Candide sein reines Herz und seinen Optimismus.

Als Kind wusste ich nicht, dass Voltaire in Candides Lehrer Pangloss die Philosophie von Leibniz karikierte. Trotz des Erdbebens in Lissabon 1755 und trotz der Folter der Inquisition hält Pangloss am Glauben fest, wir lebten in der besten aller Welten, unter dem Schutz einer prästabilierten Harmonie.

Lebensglück bedeutete für mich wie für Julien Sorel in erster Linie: herauskommen aus diesen beengten und beengenden Verhältnissen! Deshalb wohl verstärkte das Lesen in mir das Gefühl, dass ich irgendwann aus diesem – für mich als Kind – noch unentrinnbaren Käfig ausbrechen werde können. Die zweite vorherrschende Befindlichkeit war Sehnsucht. Sehnsucht nach einem Ort, der mich aufnahm, wo ich meine Bücher aufstellen und meine geheimen Gedanken formulieren und niederschreiben konnte, ohne dass ich dafür zur Rede gestellt wurde. An ein eigenes Zimmer wagte ich gar nicht zu denken. Als mich eine Mitschülerin einmal mit zu sich nach Hause nahm und ich dort ein eigenes Wohnzimmer nur zum Kakaotrinken vorfand, konnte ich das nur als Verschwendung ansehen. Ein Zimmer, in dem man weder schlief noch aß, existierte in meiner Vorstellung noch nicht. Mein Vater war Kunsttischler, der wie ein Architekt Pläne zeichnete und wunderschöne Schreibtische mit Intarsien baute, die oft für Kunstwerke des 18. Jahrhunderts gehalten wurden. Auch er hatte keinen Platz, seine in Holz vergegenständlichten Ideen aufzustellen. In der Renaissance hätte er vielleicht ein großer Künstler werden können. Vielleicht hat die Liebe meines Vaters zu Holz einen ähnlichen Ursprung wie Michelangelos Liebe zu Marmor. Dem späteren Renaissancekünstler wurde sie praktisch durch seine Amme, Frau eines Steinmetzes in Settignano, bei der er schon als Baby zwischen den schimmernden Marmorblöcken krabbelte, mit der ...

Ausbrechen aus dem Käfig

Das Beispiel Michelangelo zeigt, dass wir offenbar positive Kindheitserinnerungen als glücklich empfinden und daher im späteren Leben wiederholen wollen. Wenn das stimmt, dann wäre frühe Bildung noch prägender als bisher angenommen. Mein Vater hatte jedenfalls keinen Medici, der ihn förderte. Er bekam, bettelarm aus dem Krieg zurückgekehrt, nicht einmal einen Kredit für eine eigene Kunsttischlerei. So konnten wir Kinder uns die Räume nur vorstellen, in denen die Kunstwerke meines

... Muttermilch eingeträufelt

Vaters gut ausgesehen hätten. Obwohl mein Vater sprachbegabt war und bei Freunden als guter Unterhalter galt, war er zuhause oft wortkarg, zu müde, sich mitzuteilen in einer Umgebung, in der er niemanden als ebenbürtigen Gesprächspartner ansah. Auch nicht meine Mutter, die nicht – so wie mein Vater mit seinem Bruder, der Pfarrer werden sollte – die Bücher mitstudieren konnte, sondern schon sehr früh arbeiten gehen musste. Weil für Muße oder zwanglose Plaudereien in einem nicht vorhandenen Wohnzimmer ohnehin keine Zeit war, wurde Sprache im Wesentlichen dafür benutzt, die notwendigen Arbeiten anzuordnen und auf die Kinder aufzuteilen. Diskutiert wurde darüber nicht, Wünsche wurden als Befehle formuliert, die zumeist, so liegt es in ihrer Natur, nur in eine Richtung erteilt wurden. Nur einmal wagte ich es einem Verbot mit einem »Warum?« entgegenzutreten. Im selben Moment brannte schon Vaters Hand auf meiner Wange.

Verbotene Fragen

Fragen nach dem Warum waren untersagt. Sie unterhöhlten nicht nur die väterliche Autorität, sondern waren auch gefährlich: Zu viel Nachdenken und Reflexion hätte das subjektiv erlittene Übel als auch gesellschaftliches erkennen lassen können. Das hätte bald klar gemacht, dass mein hochbegabter Vater seine Stellung als untergeordnet, ja demütigend empfinden musste. Eine Stellung, die er nur zuhause als patriarchalisches Oberhaupt einer neunköpfigen Familie behaupten konnte. Viel später noch habe ich Bruno Kreisky, als ich ihn als junge Journalistin einige Male auf seinen Reisen begleiten durfte, dafür bewundert, wie langsam er sprach. Wie sorgfältig er Wort für Wort formulierte. Mir hätte zuhause niemand zugehört, hätte ich so langsam und bedächtig gesprochen. Eine Schar von Geschwistern wäre mir ins Wort gefallen. Außerdem waren zu lange Gespräche Luxus, die gerne anderen Schichten überlassen wurden. Sprachliche Verfeinerung hat im Überlebenskampf keinen Platz.

Entsprechende Identifikationsmöglichkeiten fand ich bei Jane Austen in »Mansfield Park«. Dort wird die kleine Fanny zu ihrem reichen Onkel gebracht und empfindet Jahre später bei einem Besuch ihrer Eltern den rauen, lieblosen Umgangston als besonders schmerzhaft. Die wahre Macht, empfand ich schon als Kind, haben diejenigen, die durch langsames Formulieren viel Zeit beanspruchen können, ohne dass ihnen jemand anderer ins Wort fiel. Zeit war etwas für die oberen Klassen. Die im 18. Jahrhundert erstarkende Mittelschicht aus Handwerkern, Kaufleuten, Finanziers und Rentiers bestand aus Menschen, die Zeit für Bildung erübrigen konnten. Dass der höfliche Umgang miteinander zumeist mit einer verfeinerten Sprache einherging, auch das konnte meinem lesenden Auge nicht entgehen: Deshalb musste ich als Kind den Dialekt als Ursache allen Übels ansehen. Indem ich schon früh das Sprechen im Dialekt aufgab, hoffte ich, mich auch von der Lieblosigkeit im Umgang zu befreien. Wenn wir uns einander – fast – nur durch die Sprache verständlich machen können, wie sollen durch eine Sprache, die sich nur das Nötigste abringt, nicht die menschlichen Beziehungen draufgehen? Schon in der Antike spielte die Sprache in Abhandlungen über die Würde des Menschen eine große Rolle. Die Griechen waren überzeugt, dass erst Rhetorik und Grammatik es den Menschen erlaubten, das Richtige vom Falschen zu unterscheiden.

Mit zehn Jahren musste ich trotz bester Noten in die Hauptschule. Zu viel Bildung schadet Mädchen. Wie sollen sie die späteren Ehemänner bändigen, wenn sie nur Flausen im Kopf haben? Ich hasste die Hauptschule. Derselbe lieblose Umgang wie zu Hause. Ein Kind ist ein Nichts. Warum Respekt vor einem Nichts aufbringen? Wozu Bildung beibringen, wo Hauptschüler doch den unteren Bodensatz der Gesellschaft bilden. Und was wäre eine Gesellschaft ohne diesen Bodensatz? Hierarchien würden immer flacher, die Eliten mit ihren Privilegien wären in Gefahr. Deshalb müssen Schüler auch bereits mit zehn getrennt werden: Die einen sind für ein besseres Leben bestimmt, die anderen

Macht haben zu sprechen

müssen sich mit dem begnügen, was abfällt. Natürlich ist unser Bildungssystem prinzipiell durchlässig. Aber wie viele schaffen nach der Hauptschule tatsächlich den Sprung ins Gymnasium und halten durch bis zur Matura, nachdem sie so viel nachzuholen hatten? Und es braucht Mut und Selbstbewusstsein, sich diesen Platz zu erkämpfen, sich seine Würde als Mensch zurückzuerobern oder neu zu entdecken. Ich hingegen hatte weder Mut noch Selbstvertrauen. Die einzige Kraft, die mir als Zehnjähriger blieb, war Flucht. Flucht in die Literatur. Eine Flucht, die mir angesichts des von Mark Twain geschilderten abenteuerlichen Lebens des »Huckleberry Finn« nicht unmöglich erschien.

Flucht in die Literatur

Dieses Schicksal wollte ich aber auch nicht teilen, denn bei Mark Twain herrscht das Recht des Stärkeren, jeder gegen jeden – eine Tatsache, die nur in der Kirche geleugnet wurde, in der sich die verfeindeten Bürger trafen, um Predigten über brüderliche Liebe zu lauschen und gleichzeitig die Waffen schussbereit zu halten. Da fiel die Identifikation mit den Figuren von Dickens schon viel leichter. Die Kinder erleben zwar die Hölle, sind jedoch moralisch unantastbar, bewahren sich eine reine Seele und verkörpern engelsgleich immer das Gute. Die Literatur verhalf mir zu der Überzeugung, dass die Dinge auch anders sein konnten, als sie sind. Der Möglichkeitssinn wurde geschärft, die Wirklichkeit wurde oft wie eine lästige, hässliche Haut erlebt, die es bald abzustreifen galt. Lesen war mir Flucht und Zuflucht. Es verhalf mir dazu, mich selbst zu spüren, ja mich erst kennenzulernen. Konnte ich doch ausprobieren, wie sich das Leben in den verschiedenen, mir durch die Helden zur Verfügung gestellten Charakteren anfühlte. Und was schafft mehr Glück als das Leben in zeitloser Gegenwart, das Eintauchen in fremde Welten, das Sich-Verlieren in anderen Charakteren. Die Liebe und das Lesen ermöglichen diese Art der Verschmelzung, des Einswerdens, das die – uns von anderen isolierenden – Grenzen aufzuheben vermag.

Jeder ist ein Leser seiner selbst, sagt Proust. Insbesondere durch mehrmaliges Lesen nach längeren Zeitabständen konnte ich meine eigene Veränderung beobachten. Denn beim Lesen fallen ja nur jene Passagen ins Auge, die uns momentan bewegen oder betreffen. Anderes überlesen wir und entdecken es erst in einem späteren Lebensabschnitt wieder, wenn es Teil unserer Erfahrung geworden ist. Die Kant'sche Frage: Was ist der Mensch, wie ist er zu verstehen, warum handelt er so und nicht anders, was ist schön etc., kann keine Ausbildung, die auf bloß verwertbares Wissen abzielt, beantworten. Einzig Literatur schafft es, dass wir uns uns selbst verständlich machen.

Lesen bedeutete für mich den Zugang zur Bildung und damit die Teilhabe auch an den schönen Künsten. Jeder weiß, dass die Lust, Kunstwerke zu betrachten oder zu hören – das gilt für Bilder genauso wie für die Musik –, sich erst durch die Beschäftigung mit dem Kunstwerk steigert. Den »Ring des Nibelungen« zu hören, ohne sich mit dem Text und der Leitmotivtechnik auseinandergesetzt zu haben, ist möglich. Doch erst die Erkenntnis der Zusammenhänge steigert den Hörgenuss; wahrscheinlich, weil wir durch das intellektuelle Eintauchen in die Kunst anders hinhören.

Die Lust der Erkenntnis

Auch an Kindern können wir beobachten, wie lustvoll es sein kann, Zusammenhänge zu erkennen und Aha-Erlebnisse zu haben. Wie glücklich sind sie, wenn sie ein Spiel, einen Mechanismus verstanden oder etwas Neues entdeckt haben! Bildung hat mich nicht nur aus der Welt des Mangels herausgeführt, sondern mein Leben reicher, besser und schöner gemacht. Reich im Sinne von vielfältiger, tiefer, lustvoller, spielerischer.

Meine Liebesaffäre mit der Literatur und der Musik hält bis heute an. Bücher und Musik schaffen inneren Reichtum und eine große Kraft. Sie haben mich bis heute bezaubert und auch verzaubert. Ohne diese Kraft wäre mir – wie David Copperfield – kaum der Ausbruch aus dem Käfig gelungen. Eine gute Fee, meine Religionslehrerin, die meinen Wunsch, ins Gymnasium zu gehen, kannte, fälschte die Unterschrift meines Vaters und schickte mich mit elf Jahren nach einem Jahr Hauptschule zur Aufnahmsprüfung. Das nächste Jahr hat sich mein Schulweg kaum verändert. Das Gymnasium befand sich hinter der Hauptschule. Für mich hat sich jedoch alles geändert – seit ich mir die Bildung gestohlen habe.

Bücherleben

Meine Begegnung mit dem Buch fand sehr früh statt. Die ersten Reisen in andere Welten machte ich mit sieben Jahren: Ich lernte Lesen – und war sofort buchstabensüchtig. Es geschahen diese Begegnungen zwar nicht wahllos, aber durchaus ohne Pläne und vor allem auch nicht begrenzt durch die so genannten Altersangaben. Es war einfach alles, was mir in die Finger kommen konnte, für meine Augen bestimmt. So war das, und das Lesen wurde zwar nicht zur Obsession, aber doch zum bestimmenden Rendezvous mit dem Buch. Jeweils meinem Buch, das mich glücklich, traurig, nachdenklich, überfordert – aber in den seltensten Fällen gleichgültig zurückließ.

»Puckerl und Muckerl« war das erste eigene Leseerlebnis, Astrid Lindgren zeigte mir neue, andere Lebensentwürfe, mit und für »Tom Sawyer« strich ich den Gartenzaun und fuhr mit dem Schaufelraddampfer auf dem Mississippi, mit Sven Hedin erkundete ich die Seidenstraße und mit Thor Heyerdahl überquerte ich den Pazifik, die »Jerry Cotton«-Hefterln durfte ich nur im Geheimen lesen (meine ersten Krimis, noch lange vor Doyle, Poe und Agatha Christie), und mit der Pubertät begann meine Russenphase und ich wollte eigentlich keine Bücher mit weniger als 500 Seiten anfangen zu lesen.

Meine wunderschöne Lebensumgebung, ich bin in Reichenau an der Rax geboren, ist mit Literatur stark verwoben, und natürlich habe ich schon früh versucht, bei Schnitzler über meine Heimat nachzulesen; meine Hausfrau war immerhin eine geborene Waisnix und freigiebig mit Geschichten. Und der Raxkönig, der Georg Hubmer, hat mich von klein auf fasziniert – ebenso wie das Höllental.

Es kam, wie es zwar logisch nicht kommen musste, immerhin werden nicht alle Vielleser Buchhändler, aber bei mir war es schon recht früh klar: Mein Beruf muss unbedingt etwas mit Büchern zu tun haben – vor allem dachte ich ja auch: Die Buchhändler sitzen einfach immer im Laden und lesen, nur hie und da kommen buchbedürftige Menschen vorbei, denen dann die eigenen Lieblingsbücher empfohlen werden …

Die professionelle Begegnung mit dem Buch tat meinem Lesevergnügen keinen Abbruch. Natürlich musste ich versuchen, vor allem nach objektiven Kriterien zu lesen, aber das heißt ja nicht, dass die Empathie zu kurz kommt!

So ergaben sich nach dem Start als Buchhandels-Lehrling noch einige Buchhandlungserfahrungen bis zum Sprung ins kalte Wasser der Selbstständigkeit mit meinen inzwischen drei Leporello-Buchhandlungen (die letzte in der Singerstraße hieß früher beziehungsvoll »Seitenweise«).

Oft werde ich gefragt, ob denn der Beruf mehr sei, als über Bücher zu parlieren und Verkaufsgespräche zu führen. Die Buchhändlerin heißt eigentlich Sortimenterin, und sie sortiert, sucht aus; sie sucht aus der Fülle der Neuerscheinungen der Saison die für sie und ihre Kunden wichtigen, richtigen, die, die genau zu ihrer Auswahl an klassischen und schon länger geliebten Büchern, zu ihren Vorlieben und zu ihrer Neugier passen. Denn es gibt nichts, das so schnell Neugierde weckt wie frisch gedruckte oder gar nur angekündigte und beschriebene, jedoch noch nicht erschienene Bücher von den geliebten, verehrten Lebens-Lese-Partnern ebenso wie von unbekannten Autoren!

Wenn am Jahresanfang Kilo um Kilo an Verlagsvorschauen eintreffen und mit ihnen die vielen Leseexemplare, Fahnen und Leseproben, bricht für mich eine wunderbare Entdeckungszeit an und ich fühle mich wie die Teilnehmerin einer Expedition in unbekanntes, unerforschtes Gebiet. Die Schwierigkeiten sind auch vorgegeben und fordern vollen Einsatz und Kampf: Die Marketingabteilung, nicht der Lektor, hat die Waschzettel verfasst, die Abschreckung durch Text und Bild muss oft erst überwunden werden – und dann passiert es: Ich lese mich fest, möchte dieses Buch jetzt sofort lesen, nicht warten – aber halt: Wer ist der Autor, die Autorin, ist das ein Erstling oder nur mir unbekannt, dieses Thema hat mich doch nie interessiert, wieso kommt mir das jetzt spannender als alles andere vor, wieso berühren mich plötzlich diese paar Sätze, warum entstehen so vielen Bilder in meinem Kopf? Und innerhalb weniger Tage umfasst der Stapel der Bücher, die ich unbedingt und sofort lesen möchte, möglichst heute noch damit beginnend, circa 20 bis 30 Exemplare ...

Diese Neugierde hat durchaus mit Entdecken und Erforschen zu tun: Ich bin als Buchhändlerin in der bevorzugten Lage, mich noch vor Erscheinen des Buches auf einen Text, eine Geschichte einzulassen, ohne Beeinflussung durch Kritiken, Analysen und Besprechungen.

Apropos Waschzettel, auch Klappentexte genannt: Die sollen uns LeserInnen schnell und packend mit dem Inhalt bekannt machen und zum Kauf bzw. natürlich zum Lesen verführen und sind meist ident mit den bereits in den Verlagsvorschauen abgedruckten Werbetexten; besonders witzig sind die Fälle (alles schon da gewesen), wo noch nicht geschriebene Bücher beschrieben werden ... Aber auch sonst gibt es da oft (unfreiwillige?) Komik, die die BuchhändlerInnen unterhält und zum Vorlesen in der Buchhandlung animiert. BuchhändlerInnen lachen gerne, wahrscheinlich sammeln wir auch deshalb Aussprüche und Erlebnisse rund ums Buch und tauschen uns gerne darüber aus. Natürlich habe auch ich ein paar Lieblingsgeschichten, zum Beispiel die: Ein Kunde hat bei einer anderen Buchhandlung ein Buch im Schaufenster gesehen und will es sich nun bei uns anschauen, es soll heißen: »Roms fürchterliche Basilisken«; klingt doch sehr interessant, oder? Leider finden wir das Buch weder in den Regalen noch in den Katalogen, also rufen wir den Kollegen an, er schaut in seinem Schaufenster nach und siehe da: Es handelt sich um »Roms frühchristliche Basiliken«. Dagegen ist natürlich ein Klassiker wie folgendes Gespräch fast normal: Bitte 1 x Wallenstein von Reclam – ja, gerne, 1 x Schiller, Wallenstein – nein, nicht von Schiller, von Reclam, es ist für die Schule!

Eine neue Geschichte, ein unbekanntes Buch, ein Anfang: Die Tore eines neuen Universums öffnen sich, ich tauche ein in neue Gedankenwelten und lasse mich anregen und inspirieren, finde Ideen und Möglichkeiten, auch für mein Leben, meine persönliche Entwicklung und damit natürlich auch für meine Kundinnen und Kunden. Oft tauchen beim Lesen überraschend Lösungen für vermeintlich beiseite geschobene Probleme auf. Bücher waren, sind und werden immer meine Kraftquelle bleiben. Erfahrungen in wunderbare Sprache gegossen, aber auch positiv stimmende Spannungslektüre. Selbst die einfachste Geschichte hat vielerlei Auswirkungen, nicht nur auf die Unterhaltung oder als Ablenkung von eigenen Problemen, das Lachen oder das Mitfühlen, nein auch aufs Kochen, Essen, Kleidung und den nächsten Urlaub. Ohne Susan Sontags »Liebhaber des Vulkans« zum Beispiel wäre ich wohl nicht auf den Vesuv gestiegen und hätte wahrscheinlich nie meine Leidenschaft für Vulkane entdeckt. Mit Leo Malet und Heinrich Heine durch Paris zu flanieren braucht Wochen, macht aber real ebenso viel Vergnügen wie lesend – oder philosophierend mit Sokrates in der Tasche durch die Plaka in Athen zu schlendern. Immer wieder Neues entdecken oder Altes neu entdecken, verblüffende Erfahrungen entspannt auf der Terrasse sammeln: kostet fast nix und kann Weltreisen ersetzen! Glücklich, wer sich (wie ich) das kindliche Lesen bewahren konnte: voller Konzentration, ganz im Hier und Jetzt, nämlich im Hier und Jetzt der jeweiligen Geschichte. Der Film, der in unseren Köpfen abläuft, ist besser als eine Verfilmung des Stoffes je sein kann; der Autor und ich, wir schaffen unsere eigene und doch gemeinsame Geschichte beim Lesen.

Und wieder ist es Jahresanfang, wieder besuchen mich die VerlagsvertreterInnen, wieder gibt es aufregende neue Bücher, wieder werde ich die Spreu vom Weizen für meine Buchhandlungen trennen und meine Sortimentertätigkeit ausüben. Wieder hab ich schon zahllose der eingetroffen Vorleseexemplare gelesen, und wieder waren erstaunliche Werke darunter, die – wie ein berühmter Kritiker einmal sinngemäß meinte – zwar alle von Leben, Liebe und Tod handeln; die Varianten dieser Themen seien aber nichts anderes als das Leben selbst.

Gute Bücher können nicht vom Leben unterschieden werden, sie sind Leben.

WOLFGANG PENNWIESER

»atemloser sturzflug am seitenrand«. Das Buch als Instrument für die Arbeit am psychopathologischen Befund

Für viele Schriftsteller ist die Darstellung von Menschen mit psychischen Störungen reizvoll. Die große Anzahl diesbezüglicher Beschreibungen in literarischen Werken zeugt davon. Der psychisch Kranke wird vom Autor begleitet, oftmals verfolgt, auch beschattet, in jedem Fall beschrieben – ins Buch hineingeschrieben. Die psychische Störung mit ihren Abweichungen vom Normalen, dem fantastischen Erleben und den auffälligen Verhaltensweisen, strahlt für viele Erzähler eine Faszination aus, die anziehend ist. In der Literaturgeschichte kommt der Autor dabei häufig aus dem medizinischen Umfeld, wie etwa der Wiener Arzt Arthur Schnitzler, der sein sensibles Fräulein Else angeblich in den Suizid trieb. Oder der deutsche Psychiater Heinrich Hoffmann, der in »Die Geschichte vom Zappel-Philipp« ein paradigmatisches Beispiel für die heute wohlbekannte Aufmerksamkeitsdefizit- und Hyperaktivitätsstörung (ADHS) gibt. In seinem Wahn erlebt der tapfere Don Quijote die schönsten Verkennungen und Halluzinationen. Sein Erfinder ist der Chirurgensohn Miguel de Cervantes Saavedra. Der Sohn eines Moskauer Arztes – Fjodor Dostojewski – erzählt die Geschichte des spielsüchtigen Hauslehrers Aleksej in »Der Spieler«. Die Reihe ließe sich freilich noch weiter fortsetzen; all diesen Geschichten gleich ist: Zwischen der Literatur/dem Text/dem Buch, dem psychisch Kranken und dem

Arzt entwickelt sich ein Verhältnis. Eine Dreiecksbeziehung. Die miteinander Befreundeten Arzt und Literatur raufen sich um den Kranken. Ähnlich wie in Henri-Pierre Rochés Roman »Jules et Jim« die beiden Freunde um die emotional instabile Catherine. Am Ende dieser Geschichte steht der erweiterte Suizid: Catherine nimmt Jim mit in den Tod. Jules bleibt mit den beiden Urnen zurück. Ähnlich dramatisch enden die Machtkämpfe zwischen dem Arzt und der Literatur meist nicht, oft verbünden sich die beiden der Geschichte wegen und der Kranke bleibt als begafftes und entblößtes Opfer übrig.

Als ich von dem einen bibliomanen Herausgeber dieses Bandes eingeladen wurde, einen Beitrag über »Das Buch« zu schreiben, war mir klar, dass er über diese Dreiecksbeziehung wusste. Besagter – bestimmt auch bibliophage – Herausgeber hatte nur lapidar gemeint: »Schreib etwas zur Frage: ›Was ist ein Buch?‹ Aus psychiatrischer Sicht.« Vom ersten Augenblick an war ich angesteckt von dieser Frage – »infiziert« wie die Patienten oft sagen. Auf gar keinen Fall sollte es jedoch dabei zu einem Wettbuhlen kommen wie in den erwähnten Dreiecksverhältnissen. Ich wünschte mir vielmehr ein Miteinander zwischen dem Kranken, dem Buch und dem Arzt – kein An-und-um-einander-Ziehen, vielmehr ein Zirkulieren. Wobei: Ganz neu ist die Einbindung des Buches in die psychiatrische und psychotherapeutische Arbeit freilich nicht. Das Buch dient nämlich manchmal als Hilfsmittel, wenn es darum geht, Überblick über Lebensabschnitte, Ereignisse, Entwicklungen zu gewinnen. »Wie würde denn dieses Kapitel im Buch ihres Lebens lauten?«, ist eine oft lohnende Frage im Anschluss an ausufernde Beschreibungen. Braucht man eine Gesamtübersicht, erkundigt man sich, welchen Titel das »Buch ihres Lebens« haben könnte. Eine hilfreiche Methode, um zu vereinfachen, Klarheit zu schaffen, den Blick für das Wesentliche zu schärfen, wenn die Gefahr besteht, sich zu sehr zu verstricken oder den Faden zu verlieren. Ich wollte jedoch nicht so sehr etwas über das Buch des Lebens erfahren, viel eher ging es mir um die Bedeutung des Buches für das Leben des Einzelnen. Und es zeigte sich im Laufe der Arbeit, dass die Antworten auf die Frage »Was ist ein Buch für Sie?« unschätzbare Beiträge zum psychopathologischen Befund liefern.

Die Frage nach dem Buch ist beispielsweise gut geeignet, um die Gedächtnisleistung eines Menschen zu prüfen. Gedächtnisstörungen sind meistens ein Symptom von Hirnfunktionsstörungen. Aber auch bei depressiven Menschen kommt es oft zum subjektiven Gefühl der Beeinträchtigung des Gedächtnisses. Diese Erscheinung wird auch pseudodemenzielles Syndrom genannt, hat mit einer Demenz im eigentlichen, organischen Sinn jedoch nichts zu tun. Bekanntermaßen kommt es bei nahezu allen psychischen Störungen zu Beeinträchtigungen des Gedächtnisses. Diese Störungen offenbaren sich im Gespräch jedoch nicht immer unmittelbar, der Arzt hat gelernt danach zu suchen, stellt Fragen, macht Tests. So spricht er dem Patienten etwa drei Wörter vor: »Blume«, »Schere«, »Polster«; diese lässt er alsgleich vom Patienten wiederholen und fragt fünf Minuten später wieder danach. Oft hat der Doktor die Wörter dann auch selbst vergessen und der Test kann nicht verwertet werden. Fragt man den Patienten, was ein Buch für ihn ist, erhält man bei Gedächtnisstörungen recht zuverlässig die Auskunft, dass das Lesen schon längere Zeit nicht mehr gut funktioniere. Die Untersuchung des Gedächtnisses und der Aufmerksamkeit sind wichtige Bereiche des psychopathologischen Befundes, aber nicht die einzigen. Daneben überprüft und beschreibt man noch zahlreiche weitere Merkmale des Patienten: äußeres Erscheinungsbild, Verhalten während des Gesprächs, Sprechverhalten und Sprache, Bewusstsein, Orientierung, Antrieb, Psychomotorik, Affektivität, formales Denken, inhaltliches Denken, Sinnestäuschungen, Ich-Störungen, zirkadiane Besonderheiten, Sozialverhalten, Krankheitsverhalten, Impulsivität, Suizidalität, Stimmung, Schlaf, dissoziative und somatische Störungen. Außerdem gilt es die Krankheitsanamnese, die Familienanamnese, die Biografie, die soziale Situation und

Vorerkrankungen des Patienten zu erfassen. Und schließlich beurteilt man die aktuelle wie die prämorbide Persönlichkeit. Korrekterweise gehört auch eine Außenanamnese eingeholt, denn oft erzählt einem der Patient eine völlig andere Geschichte als seine Angehörigen, die Polizei oder die Rettung. Wenn dies alles exploriert ist, stellt der Arzt eine vorläufige Diagnose, um auf deren Grundlage mit einer Therapie zu beginnen. Oft präsentiert sich der Patient am nächsten Tag ganz anders, und es gilt von Neuem nachzufragen; im Grunde ist die Diagnostik ein Prozess, der nie völlig abgeschlossen ist.

Bei all den Fragen und dem Aufwand kann man natürlich anmerken, was eine weitere Frage, ein zusätzlicher Teilaspekt noch bringen soll. Antwort: eine neue Perspektive. Die Frage nach dem Buch eröffnet einem einen vollkommen neuen Blick auf den Patienten. Nicht mehr vom Gleichen wird damit produziert, sondern die Einführung einer neuen Dimension und Haltung im Patientenkontakt wird ermöglicht. Der Untersucher fragt nicht nach Defiziten, sondern nach Fähigkeiten, Denkweisen und nach Ressourcen. Symptome präsentieren sich, obgleich man nicht danach stöbert. Geheimnisse offenbaren sich einem völlig selbstverständlich. Mit einer, mit hundert anderen Fragen dringt man niemals in diese Regionen vor. Die Antworten auf die Frage nach dem Buch dienen aber auch zur Verlaufsbeobachtung einer psychischen Erkrankung. Es ermöglicht, Therapiefortschritte zu beobachten. Der Arzt bekommt so einen geeigneten Parameter zur Beurteilung der aktuellen psychischen Gesundheit in die Hand. In Zukunft müsste das Buch im psychopathologischen Befund ebenso vorkommen wie die Orientierung oder die Suizidalität. Der psychopathologische Status gehört um diesen Punkt erweitert, vielleicht können wir uns dadurch andere sparen. Zugegeben war es anfangs nicht ganz einfach nach der Bibliophilie des Kranken zu explorieren. Nur ab und an und auch nur bei Patienten, die mir dafür geeignet erschienen, erkundigte ich mich danach. Meist löste die Frage Verwunderung oder Unverständnis bei anderen Ärzten und beim Pflegepersonal aus. Je überzeugter ich im Laufe der Zeit vom Wert dieser Fragestellung war, umso selbstverständlicher setzte ich sie ein. Patienten hat das im Gegensatz zu Kollegen nicht irritiert. Wenig verwunderlich, wird doch der Erkrankte in kürzester Zeit befragt, ob er Stimmen höre, sich das Leben nehmen wolle, Hämorrhoiden habe, wisse, welcher Tag heute sei, ob er von 100 sieben subtrahieren könne, was der Unterschied zwischen einem Zwerg und einem Kind sei. Da fällt die Frage »Was ist ein Buch für Sie?« auch nicht weiter aus dem Rahmen. Die Frage ist geeignet, um ins Gespräch zu kommen, im Gespräch zu bleiben, eine Beziehung zum Patienten herzustellen, mein Interesse für die Person zum Ausdruck zu bringen.

»Lesen ist Abenteuer im Kopf«

Wie wertvoll die Frage nach dem Buch zur Verlaufsbeobachtung ist, zeigt sich am Beispiel eines Patienten mit schweren Depressionen. Dieser meinte zu Beginn der Aufnahme ins Psychotherapiezentrum: »Wenn ich wieder lesen kann, weiß ich, dass ich wieder gesund bin.« Er habe viele Berg- und Expeditionsgeschichten gelesen und dabei in seiner Vorstellung alle Achttausender bestiegen. Neben anderen Symptomen sei in den letzten Wochen vor allem sein Interesse für Abenteuerbücher geschwunden, daran habe er bemerkt, dass er krank sein müsse. Am Ende des achtwöchigen Aufenthalts war viel passiert: Der Patient fühlte sich in der Stimmung ausgeglichen, die Suizidgedanken waren weg, er verspürte wieder Energie und Lebensmut. Auch seine Frau verkündete freudig, dass ihr Gatte wieder der Alte sei. Das gesamte Team und der Patient waren sehr zufrieden über den Verlauf des Aufenthalts, nur in einem Punkt war der Mann noch unglücklich: Die Bücher interessierten ihn nach wie vor nicht. Es dauerte noch einige Wochen, bis der Patient wieder soweit war, um in seinem Kopf den Südpol zu durchwandern, erst dann konnte er erleichtert sagen, dass er wieder gesund sei. Das Buch als psychopathologisches Messinstrument lieferte bei diesem Patienten einen viel genaueren Befund, als die gängigen Parameter Stimmung, Antrieb, Affekt und Suizidalität es konnten. Noch vor Kurzem wäre der Patient am Ende des Aufenthalts als »geheilt« entlassen worden. Durch die genaue Auseinandersetzung mit den Lesegewohnheiten des Patienten wussten wir, dass die letzten Schritte bis zur vollen Genesung noch ausständig waren. Mit dem Mann war dies gut zu besprechen und entsprechend achtsam ging er in den nächsten Wochen mit sich um.

Als durchaus zweckdienlich erwiesen sich auch die Informationen, die das Team der Akutpsychiatrie erhielt, als eine alte Frau nach ihrem Verhältnis zu Büchern befragt wurde. Eine zunächst als »schwierig« eingeschätzte Patientin präsentierte uns plötzlich ihre reizende und liebenswerte Seite. Die Dame empfindet immer, wenn sie wegen körperlicher Beschwerden einige Tage im Krankenhaus verbringen muss, schon nach kurzer Zeit alle Leute als »antisympathisch« und verkennt Personen. Hintergrund dazu: Die Frau hat sich angewöhnt, einen Liter Wein am Tag zu trinken. Ist ihr das aufgrund eines Krankenhausaufenthalts nicht möglich, entwickelt sie Alkoholentzugssymptome und wird delirant. Am Vortag versuchte die Patientin barfuß und nur mit einem Nachthemd bekleidet von der Internen Abteilung zu fliehen, da sie Angst vor einem »bösen Mann« hatte. Mit viel Überredungskunst und schließlich gegen ihren eigenen Willen kam die Dame motorisch unruhig und gereizt auf die Psychiatrie. Nachdem die Patientin Beruhigungsmedikamente erhalten und sich die erste Erregung gelegt hatte, konnte mit ihr ein annähernd geordnetes Gespräch geführt werden. Auf die Frage, was denn ein Buch für sie sei, meinte sie vollkommen klar: Es sei für sie Unterhaltung, ein Heimatroman zum Beispiel; Kinderkurzgeschichten lese sie den Enkeln vor, weil die eh nicht lange sitzen blieben, die würden lieber Computer spielen. Den Urenkeln lese sie sowohl »Der gestiefelte Kater« als auch »Hänsel und Gretel« vor. Eine Kompetenz, die wir der alkoholabhängigen Dame auf den ersten Blick nicht zugeschrieben hätten. Ihre Tochter, die uns zuvor ausführlich erzählte, wie oft ihre Mutter im Delirium schon in der Psychiatrie gelandet sei und was sie dabei schon alles angestellt habe, meinte: »Ja, das macht sie, sie ist eine richtig liebe Oma.« Wir waren um einen wichtigen Aspekt reicher. Und zugegebenermaßen wird eine richtig liebe Oma von allen Beteiligten anders behandelt – auch wenn sie das Personal beschimpft und um sich schlägt – als eine alte delirante Alkoholikerin.

Agentengeschichten

Als diagnostisches Hilfsmittel kann die Frage nach dem Buch ebenso eingesetzt werden, dies zeigt sich am Beispiel eines jungen schizophrenen Patienten. Der Mann kommt routinemäßig jede bis jede dritte Woche in die Ambulanz. Bei einer Kontrolle machte ich mir wieder einmal Sorgen, dass er vermehrt von paranoiden Vorstellungen gequält sein könnte. Diese waren für den Mann schon öfters so bedrohlich, dass sie ihn bis zum Suizidversuch getrieben hatten. In der kurzen Zeit der Konsultation ist es oft nicht leicht, Wahninhalte oder Halluzinationen mit absoluter Sicherheit zu explorieren; insbesondere dann nicht, wenn Patienten geschickt im Verbergen und Herunterspielen ihrer Beschwerden sind. Und der besagte Mann ist ein Meister darin. Je schlechter er sich präsentiert, so seine Sorge, umso mehr Tabletten müsse er einnehmen – und er hasst Medikamente. Jedenfalls bemühte ich mich nach Kräften: Ob er Stimmen höre, sich verfolgt oder von jemandem beeinflusst fühle, Angst habe. Ich bekam immer wieder die gleiche Antwort: Es sei eh alles bestens und ich solle mir keine Sorgen machen. Mein Bauchgefühl sagte mir aber etwas anderes. Und so fragte ich ihn später im Gespräch, was ein Buch für ihn sei. Der Patient sah mich erstaunt an, erstarrte kurz, ehe er mich vorsichtig fragte, ob er darauf eine richtige oder eine falsche Antwort geben könne. Ich beruhigte ihn diesbezüglich, worauf er meinte, er lese nicht gerne, er sehe lieber DVDs. In diesem Fall war nicht die Antwort des Patienten, sondern dessen erste Reaktion auf die Frage hilfreich; sie diente als Einstieg in die Welt des Patienten und ermöglichte es mir, mit ihm über seine Befürchtungen und Ängste zu sprechen. Im Verlauf des Gesprächs stellte sich heraus, dass er sich wieder vermehrt von russischen Agenten verfolgt fühlte und auch ganz schlecht schlafen konnte in den vergangenen Tagen. Auch wenn der Patient in der nächsten Zeit wieder mehr Tabletten einnehmen musste, brachten ihn seine Vorstellungen dieses Mal nicht bis an den Rand des Suizids.

Unter Wahnvorstellungen litt auch der nächste Patient: Der Mann fühlte sich von seinen Nachbarn bedroht und war überzeugt davon, dass in jedem Computer Informationen über ihn gespeichert werden. Außerdem würden die Menschen vor seinem Fenster schlecht über ihn reden. Seine Wahrnehmungen quälten ihn so sehr, dass er mit einer Schere versuchte, sich die Pulsadern aufzuschneiden. Bei der Einlieferung in die Klinik argwöhnte er noch: »Wenn man die Schwelle zur Psychiatrie überschreitet, steht man unter Misstrauen.« Dennoch fühlte er sich hier nach Kurzem sicherer als in seinen eigenen vier Wänden – eben nicht mehr verfolgt. Seine Hoffnung sei stets die Schulmedizin gewesen, meinte er. Er habe Atlanten über Psychopharmaka und den Gehirnstoffwechsel daheim. Er sei ein Soziopath, der nicht mehr aus dem Haus gehe. Das Lesen sei das einzige, was ihm noch Freude bereite – damit könne er sich in eine andere Welt flüchten. Mit der Quantenphysik baue er sich andere Realitäten, die für ihn eindrucksvoll seien. Er versuche das Spektrum der Wissenschaft abzudecken. Er könne jedoch nur einen Artikel pro Tag lesen, da müsse er sich entscheiden, was wichtiger sei. In der Tierpsychologie sei noch viel in der Schwebe, ergänzte er etwas zerfahren. Die Frage, was ein Buch für ihn sei, beantwortete der als schizophren diagnostizierte Patient beeindruckend geordnet: »Ein Buch ist ein Partner – ein Freund. Ein Buch ist eine Droge ohne Chemie – eine intellektuelle Droge.« Der Mann war freilich alles andere als ein Soziopath, er zeigte während des Krankenhausaufenthalts seine hohe soziale Kompetenz beim Umgang mit den anderen Patienten und dem Personal. Nach einiger Zeit traute er auch seinen Nachbarn wieder über den Weg und konnte alsdann zu seinen Büchern nach Hause gehen.

Bei einem Patienten mit einer veritablen Zwangsstörung erwies sich das Buch als eine – bisher verborgene – Ressource. Der junge Mann schildert mir immer wieder beschämt, wie stark ihn seine Zwänge beeinträchtigen, wie unsinnig er seine Zwänge empfinde und wie ausgeliefert und hilflos er sich deshalb fühle. Er müsse immerfort die Zeit stoppen. Der Patient kontrolliert sich, wie lange er für den Weg in die Arbeit, zum Marmeladebrot Schmieren, zum Frühstücken, für seine tägliche Joggingrunde und fürs An- und wieder Ausziehen des Pyjamas benötigt. Ist er um ein paar Sekunden schneller als gewöhnlich, macht ihn das aber auch nicht glücklich, denn schon gilt es, die Stoppuhr wieder von Neuem zu stellen. Pünktlich auf die Sekunde erscheint der Patient in der Praxis und verlässt sie nach exakt 30 Minuten wieder – auch mitten im Gespräch. Auf die Frage, was ein Buch für ihn sei, meinte er, das könne er schwer sagen, nur soviel: Beim Lesen stoppe er die Zeit nicht und Lesen strenge ihn nicht an. Genauer ausführen konnte er das nicht. Abschließend meinte er nur, vielleicht werde er sich wieder mal ein Buch kaufen.

Welche Bücher sich Psychiater kaufen und welche Haltung sie zum Buch haben versuchte ich unter ärztlichen Kollegen zu erforschen. Die Doktoren zeigten sich jedoch zurückhaltend in ihrer Auskunftsbereitschaft, so meldeten sich nur drei von zwanzig Befragten auf meinen Aufruf. Einer meinte, für ihn wäre ein Buch eine Einschlafhilfe. Eine Kollegin ließ sich von der Idee, die Patienten nach ihrer Meinung zum Buch zu befragen, inspirieren. Ihre Patienten lieferten darauf folgende Antworten: Ein Buch wäre eine geistige Reise in eine andere Welt, eine Pause vom Ich, ein Rätselbuch, ein Sprachtraining und ein Mittel gegen Schokoladegenuss. Ein anderer Arzt gestand mir im Zuge der

Recherche seine Liebe zur Lyrik und gab ein Gedicht als Antwort: »das buch [...] sinn, irrsinn und unsinn erhaschend, atemloser sturzflug am seitenrand [...].«

Keine Kugelschreiber, aber viel Beziehung

Freilich wird sich die Frage nach dem Buch im psychiatrischen Alltag nicht durchsetzen. Kollegen werden sich dafür nicht so begeistern lassen wie für ein neues Medikament. Kein Unternehmen wird Lobbyarbeit für das Buch betreiben, Kugelschreiber verschenken oder Ärzte zum Abendessen einladen. Keine Pharmafirma wird einem angesehenen Universitätsprofessor viel Geld dafür zustecken, damit dieser auf Psychiaterkongressen die Frage nach dem Buch so lobt, wie er normalerweise Arzneien des Konzerns preist. Die Buchexploration passt nicht in die wissenschaftliche Welt der evidenzbasierten Medizin, wo die Meinung herrscht, dass gleiche Erkrankungen gleich behandelt gehören – nach einem psychopharmakologischen Kochrezept. Die Frage nach dem Buch ist geeignet für eine kleine Gruppe von bibliophilen Spinnern unter den Psychiatern, für Ärzte, bei denen ein Mensch mehr ist als ein biochemischer Organismus und eine psychische Erkrankung mehr als eine Gehirnstoffwechselstörung. Für jene Ärzte eignet sich das Buch hervorragend, um mit dem Menschen in Kontakt zu kommen, zum Triangulieren, zur Beziehungsgestaltung.

Der Psychiatrie ist zu wünschen, dass zukünftig neue Dreiecksbeziehungen zwischen dem Arzt, dem Patienten und dem Buch eingegangen werden. Beziehungen entstehen, wo ein gemeinsames Miteinander-Kreisen, vielleicht sogar im atemlosen Sturzflug am Seitenrand – und darüber hinaus –, möglich wird. Die Frage »Was ist ein Buch für Sie?« hilft dabei.

Lesen: Zum ersten Mal.
Immer, überall

Meine Großmutter führte mich jeden zweiten Tag in den Stall am Ende unserer Straße und blieb mit mir eine gute Viertelstunde auf einem Heuballen sitzen. Ich war drei Jahre alt und hatte Keuchhusten. Sie bildete sich ein, dass mir die Luft dort gut täte, und tatsächlich verschwand der Husten im Lauf einiger Wochen. Ich saß auf ihrem Schoß, sie blätterte in einem Bilderbuch, deutete auf Tiere und Pflanzen, nannte ihre deutschen und slowenischen Bezeichnungen. Die Seite mit dem großen Hirschkäfer im unteren rechten Eck überblätterte ich rasch, seine Scheren wirkten eindeutig gefährlich. Ich bin nicht sicher, ob die Erinnerung daran aus den Bildern in den Tiefen des Gedächtnisses kommt oder ob die Bilder nicht ihrerseits, aus späteren Erzählungen zusammengesetzt, diese Erinnerung bilden. Als Motive einer Erzählung könnten sie nun in einige Richtungen entwickelt werden, etwa auf eine bukolische Szene des Einklanges von Jugend und Alter zu oder, als leichte Adaption biedermeierlicher Idyllen, in eine Anekdote über eine glückliche Kindheit in einer Kleinstadt auf dem Land. Biografisch relevant scheint mir die erste Begegnung mit einem Buch zu sein, die freilich noch der Vermittlung bedurfte. Mit dem erlernten Lesen war die nicht mehr nötig, und bis heute scheint mir das Aufschlagen der ersten Bücher am ehesten mit einer heftig aufgestoßenen Tür vergleichbar zu sein, durch die in ein muffiges, winterlich dunkles Zimmer mit einem Schlag das Licht eines sommerlichen Tages fällt und die, lange versperrt, nun endlich durchschritten werden kann. Es war eine Befreiung, eine Heraustreten aus der Finsternis, und das Gefühl bei der Entdeckung, dass ich lesen konnte, ist mir bis heute unvergesslich geblieben. In der Schule hatte ich mich zunächst durchgemogelt und, dank der akribischen Anleitung durch meine Großmutter, die Texte zu den Abbildungen auf den Seiten der Fibel nach dem Vorlesen der Lehrerin auswendig behalten. Die Scham nach der aufgeflogenen Mogelei war kurz und mündete rasch in einen wahren Entdeckerrausch: Die Zeichen, die ich lernte, bezeichneten zusammengesetzt nicht nur die Dinge, die ich im Bilderbuch gesehen und zu erkennen gelernt hatte, sie sagten mir auch, was diese taten. Der Hirschkäfer etwa schnappte nicht nach meinem Finger, er konnte damit nicht beißen, sondern trug sein Geweih bloß zur Zierde und lebte sonst friedlich-vegetarisch in alten Bäumen. Das Lesen hatte mir die erste Angst meines Lebens genommen, und die Erkenntnis, dass sich die Buchstaben in meinem Kopf zu Worten formten, die sich zu einer lebendigen Wirklichkeit außerhalb des Geschriebenen fügten, raubte mir buch-stäblich den Atem.

Ich hatte eine Raum-Zeit-Maschine entdeckt, ich würde Zeit meines Lebens nicht allein oder einsam sein, solange ich ein Buch dabei hätte. Doch zunächst begann ich, wie wild zu lesen, und zwar alles: die Aufschrift an den schlanken gelben Automaten der Firma PEZ vor dem Geschäft des Greißlers, die auf der Plakatwand gegenüber unserer Wohnung, die Firmennamen in der Stadt, die Umschlagseite des »Kleinen Frauenblattes«, in dem meine Großmutter las, die Aufschrift auf den Armaturen im Opel meines Vaters, die Namen der Autos auf der Straße, die Werbung auf den Litfasssäulen, Konzertankündigungen, Werbezettel, Todesanzeigen, die der Messner in die Schaukästen vor der Kirche hängte, Handzettel, dass der Scherenschleifer im Viertel sei und morgen ab zehn Uhr die Messer einsammeln käme, oder solche, die den Besuch des Zirkus Prechtl ankündigten. Ich las alles, was mir in die Hände kam, und überall: in der Badewanne und auf der Kloschüssel, im Bett vor dem Einschlafen, unter der Decke mit der Taschenlampe. In der Früh vor dem Aufstehen, beim Frühstück, in der Schule unter der Bank. Was ich von der Welt wusste, wusste ich aus Büchern (oder vom Fußballplatz), und als sich im Lauf der Jahre zum Lesen das Schreiben hinzugesellte, entwickelte ich einen Zugang beachtlicher Egozentrik, der nur von seiner unbestechlichen Aufrichtigkeit etwas gemildert wurde. Bei jedem Satz, den ich las, fragte eine nicht verstummende Stimme im Hinterkopf leise, ob ich selbst das genauso gut oder besser hingebracht hätte, bei jeder Unternehmung, die ich begann, formulierte ich, was ich gerade tat, als ob daraus ein Roman, eine Kurzgeschichte oder ein Drama werden sollte.

War mir langweilig, entwickelte ich geschliffene Krimi-Dialoge, Streitgespräche, Handlungsabläufe und achtete sehr darauf, nicht vor mich hin murmelnd in die Arme meiner Freunde zu laufen, die mich gnadenlos zum Trottel gestempelt hätten.

Mit der freien Auswahl der Lektüre haperte es allerdings noch länger, da war man auf die Alten angewiesen, entweder auf ihren Bücherschrank – mit der Zeit stellte sich heraus, dass die am schwierigsten zu bergenden Bücher im höchsten Regal die interessantesten waren – oder darauf, was sie einem zukommen ließen. Und die entschieden schließlich, was Lektüre war (ein Buch) und was nicht: »Schundheftln«, die man sich im Austausch-Schleich erwarb, gehörten definitiv nicht dazu. »Fix und Foxi«, »Bessy«, »Prinz Eisenherz« oder »Mickey Mouse« wurden requiriert und gnadenlos ausgemustert. Die Diskurse über Populärkultur waren noch nicht im Schwange, und wären sie es gewesen, meine Eltern hätten sie rigoros ausgeblendet. Wenigstens ging ihre Konsequenz so weit, dass sie auch die Versuche einer Bekannten, mit einem Abonnement der Monatshefte von »Readers Digest« die literarische Viertelbildung im Haus auf eine solide Basis zu stellen, mit der dringlichen Aufforderung zu unterminieren pflegten, die dort versammelten An- und Ausrisse der Weltliteratur höchstens als Appetitanreger zu verstehen. Was gemeint war, wurde mir klar, als ich zum ersten Mal »Moby-Dick« in die Hände bekam, dessen Umfang sich doch einigermaßen von jenem der zuvor konsumierten Version unterschied.

Ein Buch war also etwas Seriöses, was sich auch in seiner Form und Gestaltung auszudrücken hatte. Die Buchdeckel aus Karton, oder gar die lederbezogenen, waren anders anzufassen als die Paperbacks, die Seiten konnten verschiedene Stärken haben, sie waren geklebt oder gebunden, ganz zu schweigen von ihrer Größe und der Schrift, die in den verschiedensten grafischen Varianten auftauchen konnte, ganz zu schweigen von der Kapitelreihung, von den Gliederungen im Text, die alle auf eine eigene, sich Seite für Seite verfestigende Weise den Lesefluss kanalisierten und im Bann hielten. Ein Buch, so wurde bald klar, erzählte immer mehr als nur die eine Geschichte, die es enthielt, es stand für sich und doch in einem weiteren Zusammenhang mit einer darüber hinaus wirkenden Welt, es war mit anderen Büchern verbunden, es wirkte in alle vorstellbaren Richtungen: Ein ausgeliehenes Schulbuch etwa enthielt die Spuren des Vorbesitzers, seine Notizen und Unterstreichungen, der Band eines alten Lexikons ließ sich regelmäßig an derselben Stelle aufschlagen, manche Bücher enthielten, entweder leserlich oder kaum zu entziffern, eine handgeschriebene Widmung auf dem Deckblatt. Das Buch war also auch die Eintrittskarte in einen Klub, dessen Mitglieder über die Zeiten hinweg miteinander kommunizierten.

Ganz profan begann meine Mitgliedschaft in diesem Klub mit zwei Büchern, die mir zum ersten Mal einen ungefähren Eindruck vermittelten, welches Erlebnis da vor mir lag. Eines davon war »Pinocchio«, das mir von der ersten Seite an fremd und unbegreiflich blieb. Ich las es nur zu Ende, weil ich mir nicht vorstellen konnte, was aus dieser hölzernen Gliederpuppe auf ihrer Reise durch die Welt noch werden konnte, und das Endergebnis ihrer Menschwerdung enttäuschte mich zutiefst. Meine Schwester musste etwas davon mitbekommen haben, denn mit dem Spitznamen Pinocchio, den sie mir zurief, wann immer sie mich mit dem Buch in der Hand ertappte, erzielte sie so beeindruckende Wutanfälle, dass sie ihn jahrelang beibehielt. Ich wäre lieber Klaus Störtebeker gewesen, der Held meines anderen Buches, das in meiner Erinnerung bis heute mein erstes geblieben ist, obwohl ich den Namen des Autors längst vergessen habe.

Es war eine simple Geschichte, nicht von ungefähr etwas hölzern, wie mir viel später bewusst wurde, von R.L. Stevensons »Schatzinsel« abgekupfert: Ein guter Hamburger Jung gerät auf das Schiff des Hamburger Piraten und macht in der Folge dessen Kaperfahrten bis zum Ende mit, das sich in der bekannten Szene der Enthauptung Störtebekers auf dem Hamburger Richtplatz begibt. Dass Lesen ein kumulativer Vorgang ist, bei dem eine Erfahrung die andere bedingt, wurde mir, ohne es benennen zu können, relativ rasch klar: Denn ohne es bewusst zu wollen, verglich ich die Stationen der Abenteuer Pinocchios mit denen des Hamburgers – und um wie viel besser stieg der in meinen Augen dabei aus! Gut, da waren einige Ausdrücke, die man nicht kannte, und anders als die »Blaue Fee« im Pinocchio war die Alster etwas, das nachgefragt und im Lexikon nachgeschlagen werden musste, denn die Elster, der schwarz-weiße Vogel aus dem Nachbargarten, war damit offensichtlich nicht gemeint, weil auf dem konnte man, wenn er gefroren war, sicher nicht Eis laufen. Dass die »blanke Hans« kein als Mädchen verkleideter Bursch war und der höhnende Ruf der Piraten »Trutz, blanke Hans« die tobende Nordsee meinte, erschloss sich ebenfalls nicht gleich – vielleicht ist der nachhaltige Eindruck dieses ersten »wirklichen« Buches auch auf die bewältigten Mühen der Entschlüsselung einer an sich vertrauten Sprache zurückzuführen und einer beginnenden Ahnung des Variantenreichtums ihrer Dialekte.

Tatsache bleibt, dass mich das Erzählmuster gefangen nahm, lange bevor mir seine – uralte – Technik aufging: Die *rites de passage*, die der Junge im Zug seines Heranwachsens in der Fremde durchläuft, finden sich in den ältesten Epen der Weltliteratur über diverse Volksmärchen bis zu den Hervorbringungen der modernen zeitgenössischen Literatur wieder, mag sie nun dem ernst-»seriösen« oder eher trashigen Segment zugeordnet sein. Sie fesselten das Kind, weil sie die Neugier auf das Erwachsenwerden und das verbotene Erleben befeuerten, und sie fesselten den Heranwachsenden, weil sie ihm die latenten Möglichkeiten des Auf- und Ausbruchs in eine völlig andere Richtung als die eingeschlagene vor Augen hielten. Dass diese in der literarischen Fiktion unter anderen Bedingungen vonstatten gehen könnten als im realen Leben, wollten weder das Kind noch der Erwachsene als Hindernis akzeptieren: Was im Buch geschrieben steht, ist möglich. Überall, immer. Und stets aufs Neue.

Mit Verlust ist zu rechnen

MONA KÖRTE

Büchertode

*[…] und es ist wohl wert zu gedenken, daß ich auch bei Ver-
brennung eines Buchs gegenwärtig gewesen bin […]. Es hatte
wirklich etwas Fürchterliches, eine Strafe an einem leblosen
Wesen ausgeübt zu sehen. Die Ballen platzten im Feuer, und
wurden durch Ofengabeln aus einander geschürt und mit den
Flammen mehr in Berührung gebracht. Es dauerte nicht lange,
so flogen die angebrannten Blätter in der Luft herum […].
(J. W. v. Goethe, Dichtung und Wahrheit)*

*[…] selbst Flecken sind schließlich ein Teil der Geschichte des
Exemplars. (Karl Wolfskehl, Bibliagogik oder über den erziehlichen Umgang mit Büchern)*

Durchschuss

Dass Bücher erhaltenswerte, nach innen und außen pfleglich zu
behandelnde Langzeitspeicher darstellen, steht in der Regel außer Zweifel. Als ein besonderer und schützenswerter Gegenstand
bezieht das Buch seine Dignität aus der selbstverständlichen
Annahme, dass die Konservierung und potenzielle Vermittlung
von Sprache, Wissen und Literatur seine gleichsam natürliche

Bestimmung sei. Um Diebstahl, Vernichtung und Schändung dieses mobilen Gegenstands vorzubeugen, war und ist der Buchgebrauch zahlreichen Restriktionen ausgesetzt, aufgestellt, um das Postulat seiner Nützlichkeit, seiner bildenden Funktion nicht zu unterlaufen: Die obligatorischen Bannflüche in Bibliotheken* und die bis in die Frühe Neuzeit bezeugten, vor Diebstahl schützenden Kettenbücher zeigen, dass die Rettung und Bewahrung der Überlieferung nur über die Achtung des Bücherleibs zu haben ist, ungeachtet der Tatsache, dass die Zerlesenheit und weitere Stadien seines Verfalls der treueste Beweis seiner Huldigung ist. Ein intensiver Gebrauch der Bücher ist nur an ihrem Verbrauch abzulesen.

Doch während das Buch, von gezielten Experimenten mit der Konvention abgesehen, für Linearität und Chronologie bürgt und – über allem Zweifel erhaben – das Blättern der Seiten standardisiert hat, ist sein der Vernichtung gleichkommender vitaler Verbrauch hingegen von Skandalisierung überlagert und daher nicht konventionalisiert. Die das Lesen zuvörderst ermöglichende erste Öffnung eines Buches, das Ergreifen, Betasten und Umblättern der Seiten, kurz: die Wahrnehmung des Buches als ein körperhaftes, kinetisches Objekt[2] macht Leser und Leserin zu gleichsam natürlichen Feinden des Buches. Ein »unschuldiger Kontakt [...] zwischen dem Buch bzw. seinem Autor und dem aktuellen Leser« ist von vornherein nicht möglich.[3]

Nicht zufällig ist die Frage des ›richtigen‹ Umgangs mit Büchern seit dem Beginn der abendländischen Kulturgeschichte ein Thema der Literatur, der bildenden Kunst und in neuerer Zeit anderer visueller Medien. Spätestens seit der Aufklärung läuft neben der verklärenden Geschichte des Buches eine alternative, eine dunkle Geschichte des Buchgebrauchs einher, die auf der semantischen Nähe von Ge- und Verbrauch gründet. In der Literatur werden Figuren oft über ihren Umgang mit Büchern charakterisiert; wo sie sich dem das Buch heiligenden Zweck der Lektüre verweigern, erheben sie sie zu Fetischen, verwenden und

* Vgl. z.B. die Inschrift aus dem 16. Jahrhundert in der Bibliothek des Klosters San Pedro in Barcelona: »Wer Bücher stiehlt oder ausgeliehene Bücher zurückbehält, in dessen Hand soll sich das Buch in eine reißende Schlange verwandeln. Der Schlagfluß soll ihn treffen und all seine Glieder lähmen. Laut schreiend soll er um Gnade winseln, und seine Qualen sollen nicht gelindert werden, bis er in Verwesung übergeht. Bücherwürmer sollen in seinen Eingeweiden nagen wie der Totenwurm, der niemals stirbt. Und wenn er die letzte Strafe antritt, soll ihn das Höllenfeuer verzehren auf immer.«[1]

bearbeiten sie bis zur Unlesbarkeit, wüten gegen sie und sterben im Hader mit ihnen. Elias Canettis Buchstabenwelt beispielsweise bevölkern Figuren, die den Umgang mit Büchern *jenseits* ihrer Lektüre erproben, sie zu Waffen, Tötungsinstrumenten, Brennmaterial, Straf-, Liebes- und Leitobjekten erklären. Vor allem wenn mehrere Bücher beieinander stehen, beginnt es zu knistern, das zeigen die literarischen Buchbrandimaginarien, beginnend mit Cervantes' »Don Quijote« über Canettis »Die Blendung« bis zu Bradburys »Fahrenheit 451«, benannt nach der Temperatur, bei der sich Papier selbst entzündet.

Bloßes Sammeln wird ebenso wie die fehlende Ordnung der Bücher mit Attacken geahndet, der Brand der Bibliothek ist eine Straffantasie. Hinter dem Angriff auf Bücher verbirgt sich jedoch eine – und sei es noch so verquere – Wertschätzung des Buches wie umgekehrt gerade die sorgfältige Pflege des Buchkörpers ihre Missachtung signalisieren kann, so dass Lukians eitler Hüter kostbarer Schriftrollen sich gerade im Ölen, Polieren und Verzieren des Textträgers als »ungebildeter Büchernarr« entlarvt. Vom respektlosen Ge- oder Missbrauch der Bücher führt ein Weg zu ihrer allegorischen Belebung: Wie die Hexe muss das Buch Feuerproben und Spiegelstrafen bestehen, um seine Unschuld, seine Dauerhaftigkeit unter Beweis zu stellen. Manchmal muss es sich in den subtileren Formen der »Book-Battles« nach dem Vorbild von Jonathan Swift bewähren, um die Kampfkraft seiner eigenen rhetorischen und anderen Qualitäten zu erproben.

Wo Bücher ihre Widerstandskraft entfalten, steht das Kräfteverhältnis von Buch und Mensch auf dem Spiel. In der Moderne erhalten Buchattacken einen symptomatischen Wert: Sie beschreiben Krisenphänomene, wie die vielbeschworene, jedoch nicht eingetretene Ablösung des Buches durch andere Medien. Institutionen wie Buch und Bibliothek werden als Orte falscher Traditionssicherung und Kanonisierung von Avantgarde-Bewegungen wie dem Futurismus zum Hauptangriffsziel. Wenn Filippo Tommaso Marinetti in seinem Vorwort zu »Zang Tumb Tumb«

(1914), dem richtungsweisenden Werk futuristischer Buchkunst, erzählt, wie er Probedrucke seines noch im Entstehen begriffenen Buches dazu verwendete, den Vergaser seines Autos zu reinigen, so ist die in der Anekdote behauptete Reduktion des Buches auf seinen Material- und anderweitigen Gebrauchswert eine Replik auf die Privilegierung des Buches als kulturelles Leitmedium.[4]

Der schlechte Umgang mit Büchern ist vor allem im Zeitalter technischer Reproduzierbarkeit mit einem Aufforderungscharakter an die Bücher verbunden: Gerade weil Bücher sich als überschreibbar, brennbar, schneidbar, zerreißbar und auflösbar erweisen, soll ihr Wert jenseits ihrer Materialität deutlich werden. Mitunter erweist sich ihr Mehrwert schockartig erst im Moment ihrer Zerstörung.

Büchervernichtung ist ein ungeliebter, jedoch nicht unwesentlicher Teil der Buch- und Bibliotheksgeschichte. Von jeher finden sich aggressive ›Alternativen‹ des Umgangs mit Büchern: Deren Produktion und Rezeption unterliegt verschiedenen Formen der Kontrolle und Disziplinierung; neben möglichen Verfahren wie Verbergen, Abschaben, Zerreißen, Versenken und Begraben bedeutet das Bücher-Autodafé einen der Aufsehen erregendsten Angriffe gegen das Buch. Dabei sind das fragile einzelne Exemplar und die unablässig brandgefährdete Bibliothek Konzeptionen vom Buch in seinem Singular und Plural, die sich keinem empirischen Wissen verdanken: Weder reihen sich die Katastrophen der Bibliothek so dramatisch aneinander, noch sind Bücher, zumal in geschlossenem Zustand, leicht zu zerstören, wie es deren immer verkürzende Erzählung suggeriert. Die Spezialisten verbrannter Bücher betonen gerade die Feuerfestigkeit zumindest geschlossener Bücher: Nicht ohne Bitterkeit erklärt András Riedlmayer, selbst Bibliothekar und Hüter von Beweisstücken der 1992 bombardierten National- und Universitätsbibliothek in Sarajevo, angesichts verkohlter Überreste und größerer Brocken mit verschmolzenen Seiten, deren Ränder nur leicht verkohlt sind: »Man sieht daran, dass es eigentlich sehr schwer ist, Bücher zu

verbrennen [...]. Die Seiten eines Buches sind fest aneinanderge-
presst, so dass der Sauerstoff das Feuer schlecht ernähren kann.«[5]
Umgekehrt reparieren ausgesprochen buchfreundliche Anstalten
wie die Buchbinderwerkstatt, indem sie zerstören: Für wertlos
erachtete Bücher dienen traditionell als Rohstoff zur Herstellung
von Papier und Einbänden für neue Bücher, hier gehen also in
einem ganz buchstäblichen und handgreiflichen Sinn Bücher aus
Büchern hervor.

Analog zu den Bemühungen um die Erhaltung von Büchern
(mitunter eben auf Kosten anderer Bücher) sind auch die Akte
der Buchvernichtung ›voller Geschichte‹, die sich nicht allein in
den Assoziationen von Zensur und Vandalismus erschöpfen. Dabei sind die Zeichen und Stadien des Verfalls, der zufälligen wie
intentionalen Zerstörung insbesondere des einzelnen Buches immer auch Teil der Geschichte eines Exemplars. So können (Teil-)
Zerstörungen auch authentifizieren und Autorinszenierung und
Orte der Abfassung beglaubigen, wie im Falle des sagenumwobe-
nen Bernhard Traven, der seine von Insekten angefressenen Manuskripte aus dem Tropenwald Südamerikas an seinen Verleger
schickte.

Neben dem Gebrauchswert sind es diese Gebrauchsspuren,
die nicht nur Teilnahme und Rücksicht gegenüber dem Buch
verlangen, sondern eben jene Attribute der Freundschaft auf es
projizieren, ihm ein wie auch immer zu definierendes »Wesen«
verleihen: Goethe setzt den Bücherbrand mit der Strafe an einem »leblosen Wesen« gleich und fängt in dem Oxymoron den
schiefen Anthropomorphismus ein, mit dem die Bücher am häufigsten belegt werden.[6] Bücher werden nicht nur als Erweiterung
der Körperfunktionen des Menschen bzw. im Rückgriff auf eine
antike Vorstellung als Teil des Verfassers verstanden, sondern
sind diesem gleichsam nachgebildet: Wie die Buchseite selbst
Kopf und Fuß hat, so der gebundene Band Körper, Rücken und
Gelenk, selbst das größte menschliche Organ, die Haut, findet
seine Entsprechung im gegerbten Leder des Umschlags und den

fragilen Eigenschaften des Papiers. In seiner »Saga du papier«
verweist Pierre-Marc de Biasi auf die Ähnlichkeit der beiden
›Werkstoffe‹ im Hinblick auf ihre Sinnlichkeit und ihre Hinfäl-
ligkeit.[7]

Da ist es nur mehr ein kleiner Schritt, bis der dem Menschen derart ähnlich gemachte,
mit allen Sinnen wahrnehmba-
re Papierleib zum Freund und
Talisman, mitunter auch zum
(einem leblosen Wesen entsprechend passiven) Lebensretter wird, wie im Falle des
H.C. Artmann. Im Juni 1941
durchschlug eine russische
MG-Kugel die Seiten seines
spanisch-deutschen Wörter-
buchs und fuhr dem Dichter
von diesem abgelenkt nicht ins
Herz, sondern in die Hüfte. Er
hatte das Buch beim Einsatz

cache-cœur: Der
zerschossene Langen-
scheidt H.C. Artmanns

an der Ostfront in der Brusttasche mitgetragen. Artmanns durch-
schossener Langenscheidt, der in Wien auch als Ausstellungs-
stück zu besichtigen war, ist symptomatisch für den Zusammenhang von Buch und Biografie: Denn oft sind es Basisbücher wie
Wörterbücher und Fibeln, die sich opfern oder geopfert werden,
um ihre Besitzer zu retten.

Bei ersten Büchern wie dem Lexikon und der Fibel allerdings
scheint die direkte und physische Nähe, die beinahe aggressive Intimität auch in Form eines intentionalen Angriffs auf den
Buchkörper erlaubt. In »The Anatomy of Bibliomania« führt
Holbrook Jackson Kinder ausdrücklich als lustvolle Vernichter
ihrer Erstbücher auf: Sehr kleine Kinder essen ihm zufolge regelmäßig ihre Bücher, um deren Inhalte buchstäblich zu genie-

ßen. Sie vollenden ihre Lektüre durch Einverleibung, so ließe sich folgern, was Jackson mit leiser Ironie als Grund für die Seltenheit der Erstausgaben von »Alice im Wunderland« und anderen Kinderbuchklassikern anführt.[8] Dass neben dem Kauen und Schlucken auch das Zerkleinern in Form des Zerreißens der Bücher eine die Lektüre überbietende Form der Investigation ist, die Kinder einmal nicht in die Nähe des Barbaren rückt, zeigt eine in Sigmund Freuds »Traumdeutung« beschriebene Szene des Fünfjährigen, welchem sein Vater ein namenlos bleibendes Buch »zur Vernichtung« überlässt: Diese »erziehlich kaum zu rechtfertigende« Maßnahme erlaubt es ihm und seiner dreijährigen Schwester »überselig dieses Buch [zu] zerpflücken (wie eine Artischocke, Blatt für Blatt [...])«.[9] Freud wird diese Kinderszene zur »Deckerinnerung« für seine spätere Bibliophilie. Und in einem kurzen Text des deutsch-russischen Autors Wladimir Kaminer ist es seine kleine Tochter, die unter vielen russischen Büchern im Regal ein russisch-deutsches Wörterbuch herauszieht und dessen Seiten verspeist, auf dass der Vollzug des Buchstabenessens die sprachliche Assimilation und Integration begünstige und beschleunige.[10] Neben dem Text auch den Textträger zu essen, scheint die vollkommene Aufnahme zu garantieren. Hier haben das Zermalmen der Seiten und das Zerreißen der Blätter den Charakter einer Untersuchung – wie angreifbar ist Materie wirklich, was beginnt hinter ihr, was gibt sie preis? Der uneigentliche, mitunter vernichtende Umgang mit dem Buch ist der Versuch, hinter seine Idee zu blicken.

Böse Bücher

Die Faszinationsgeschichte des Buches macht nicht halt vor Alter oder Geschlecht und ergreift neben Mensch und Tier auch Missgestalten: Bücher haben die Kraft, namenlose Monster wie in Mary Shelleys »Frankenstein« zu Tränen zu rühren und werden ihm »a wide field of wonder and delight«[11] – sie bilden je-

doch auch veritable Monster aus. Hinter den quasi ›natürlichen‹
Charakteristika des Buches als Gedächtnisträger und zuverläs-
sigem Medium von Identitäts- und Herzensbildung verbergen
sich Konnotationen, die Bücher zwar nicht mehr in den Ruch
schwarzer Kunst stellen, sie jedoch als propädeutische, den Untergang strukturierende Werkzeuge der Vernichtung begreifen.[12]
Da muss man nicht gleich zur fantastischen Literatur greifen,
die gefährliche Bücher zu ihrem Thema macht und entsprechend
voller ›arger‹, beißender und giftiger Bücher ist. Hier sterben die
Leser am Lesen oder verlassen zumindest traumatisiert den Ort
der Lektüre,[13] nichts ist mehr zu spüren von der starken Diskre-
panz zwischen kurzlebigen, wenig haltbaren Beschreibestoffen
wie »Stein, Ton, Metall, Leder, Baumblättern, Bast, Holz, Lin-
nen, Papyrus, Pergament«,[14] die das Buch von Anbeginn begleiten und dem Mythos der Zeiten überdauernden, unangreifbaren
Überlieferung durch Schrift und Buch. Denn hier hat das Buch
seine ehemals gefährdete Physis gegen eine gefährliche einge-
tauscht, seine Verletzbarkeit ist einer tödlichen Kraft gewichen.
Anders als es der Bildspender des Buches als Freund vorsieht,
erscheint das Buch als das Andere, die Kehrseite der Bildung, der
Vernunft, des positiven Wissens; die kulturelle Idee des Buches,
seine Überwertigkeit öffnet sich hier nach der Seite der Destruktion. Wo Buch und Mensch sich in einem Verhältnis auf Leben
und Tod befinden, steht das Buch mit seiner Gegenständlichkeit
und Beschaffenheit, seiner Charakteristik und seinen zeitlich
überlagerten, kulturellen Zuschreibungen als Wissensspeicher,
Bildungskonserve, als Gefäß der unsterblichen Stimmen der Verstorbenen, als eine das Andenken und die Botschaften des Autors
bewahrende Maßnahme gegen den Tod zur Disposition.

Nicht immer also ist das Buch Schauplatz einer Idylle, und
Lektüren sind von ihrem Resultat her gesehen nicht so unschuldig, wie gerne angenommen. Denn die vielbeschworene Produktivität im Umgang mit dem Buch kann sich auch als eine
Unterweisung zur Destruktion erweisen: Bücher beinhalten An-

leitungen zum Bau von Bomben, zur schrittweisen Vorbereitung eines Genozids und zum Selbstmord. Das Buch ist also nicht nur Werkzeug/Kulturinstrument des Anfangs, der Alphabetisierung, der Initiation und Identifikation, sondern auch eines des Endes, da sein Inhalt den möglichen Aus- oder Untergang anleiten und moderieren kann. Das idyllische Gesetz des Buches als raum- und zeitübergreifender Kulturvermittler funktioniert nur unter Ausschluss der ›bösen Bücher‹, denn mit ihrem Ausschluss gelingt es, das Unbehagen an sich selbst zu übersehen, das nicht von außen, sondern auf paradoxe Weise aus dem Innern des Buches und der Buchkultur rührt. Es ist kein Zufall, dass Erzählungen über Bücher, die vor der Kugel schützen, weitverbreiteter sind als diejenigen, die den Gebrauch und den Umgang mit der Pistole erklären.

Wie die großen religiösen und ideologischen Auseinandersetzungen zeigen, sind Bücher in ihrer Wirkung auf Einzelne wie auf Gemeinschaften Instrumente der Entzweiung so gut wie der Kommunikation. Bücher waren und sind für sich genommen und in ihrer Fülle politische und religiöse Instrumente mit offiziellen und nicht offiziellen Funktionen wie Macht- und Herrschaftssicherung. Bibliotheken können auch Orte imperialer Repräsentation sein, mit dem Ziel, sich die Kultur eines unterlegenen Volkes anzueignen, um sie mit der eigenen Kultur zur Synthese zu bringen.[15] Die Energien der Bücherverbrennung zirkulieren also nicht an den Bibliotheken vorbei, sondern in ihrem Inneren.[16]

Es ist die Literatur, die Büchervernichtung in einen kohärenten Zusammenhang rückt, nicht, indem sie sich als einen Bücherzerstörung affirmierenden Raum instrumentalisieren lässt, sondern indem sie den Begriff der Vernichtung als einen unscharfen profiliert und Verbrauch und Auslöschung des Buches als Transformation, als eine der vielfältigen Formen der Aneignung begreifbar macht. In der Literatur erfahren Bücher gerade über eine mit Teilverlust, Überschreibung und Löschung einhergehende Unlesbarkeit eine Aufwertung, indem diese die Patina oder nötige Aura von Buch und Schrift begründen helfen. Das im Feuer vergehende Buch kann einerseits ein Bild unterbrochener Überlieferung, andererseits aber auch Garant der Unvergesslichkeit eines Textes werden, was Voltaires flapsige Sentenz über »geröstete Bücher« belegt: Er verglich seine Bücher gern mit Kastanien; je mehr man sie röste, desto besser würden sie verkauft.[17] Das verbrannte Buch ruft den ganzen Komplex von Überlieferung, Gedächtnisdynamik und Kanonfrage auf und erhält mithin neben einer politischen auch eine weitreichende poetologische Dimension. Das brennende Buch steht (immer) auch im Spannungsfeld schriftkultureller Operationen wie Lesen und Schreiben, Kompilieren und Publizieren.

Die Literatur ist ein Reservoir für ebendiese Mehrfachbedeutung verbrannter Bücher, sie zeigt uns, dass Bücherverbrennungen nicht allein durch die einsinnige Verbindung von Kultur und Barbarei erklärbar werden und dass jüdische Buchgeschichte nicht nur als Verfolgungs- und Vernichtungsgeschichte erzählt werden muss. Denn die Literatur ist voller Brandstiftungen, die sich als mit Angstlust besetzte Feuerfaszinationen lesen; sie begibt sich auf die Spur noch ungelöster Zusammenhänge, indem sie etwa danach fragt »wo der Bibliomane anfängt und der Bibliophile aufhört«,[18] wie eng Sammelwut und Vernichtungswille zusammenhängen.

Mithin entwickelt sie Antworten auf die Frage, was mit dem Buch ›umkommt‹ bzw. was aus ihm durch seine Vernichtung an Bedeutung entlassen wird. Insofern ist die Literatur ein Reflexionsmedium auch für jene biografischen Szenen, die wie bei Freud von der Auslieferung eines Buches zur Vernichtung handeln. Die europäische Literatur erzählt von vielfältig deformierten und zerstörten, zerrissenen und verbrannten Texten und dies nicht erst, seit Literatur nicht mehr zwingend an das Buch als ihr Medium gebunden ist. Miguel Cervantes' »Don Quijote« empfiehlt sich der Weltliteratur mit einem Autodafé der Bücher und in William Shakespeares »The Tempest« gibt uns das auf eindringliche Wei-

se beschriebene Ende des Buches Rätsel auf. Literarische Autodafés sind in hohem Maße selbstbezügliche Momente, in denen sich
der Text gleichsam über sich selbst beugt, um den eigenen Wert,
und sei es nur am verbliebenen Rest, zu prüfen und darüber hinaus die mögliche Bleibekraft innerhalb der Traditionskette von
Textüberlieferung zu bestimmen.

In der poetischen Gestaltung vorrangig verbrannter Bücher,
Manuskripte und Verse findet ein ständiges Befragen der Dimension und Qualität literarischer Arbeit und literarischer Kommunikation statt. Das von eigener Hand verbrannte Buch zitiert mitunter eine Praxis der (Teil-)Vernichtung als Wertsteigerung und
steht im Zeichen eines umfassenden *self fashioning* im Anschluss
an antike und humanistische Modellautoren. Die Bestandsmini-
mierung »durch den Verfasser« kommt hier einer Kanonisierung
durch Verknappung gleich[19] und ist mithin auf ein Nachleben des
Autors hin fokussiert. Es ist das Feuer, das durch die ihm zuge-
sprochene kathartische Wirkung, durch ihr Nebeneinander von
Schöpfertum und Aggression, dazu prädestiniert ist, das Unbehagen in der Kultur zu formulieren und auf den sprichwörtlichen
Phönix hoffen zu lassen.

In seinem in zeitlicher Nähe zu den nationalsozialistischen
Bücherverbrennungen entstandenen Roman »Die Blendung«
(1935) verlegt Elias Canetti die Gefährdung von außen zunächst
in das Innere seines Protagonisten Peter Kien, in den Bereich seiner vielen Träume, die ihrerseits die Bedrohung nur von außen
zulassen. Neben intentionalen und natürlichen Buchzerstörun-
gen wie die verschüttete Bibliothek am Vesuv fantasiert er die
blitzschnelle Verwandlung von Büchern in Menschen und Menschen in Bücher aus und imaginiert Vernichtungsdrohungen der
eigenen Bibliothek gegenüber. »Auto da Fé« lautete der Titel in
der englischen Übersetzung von 1946, und Canettis Roman läuft
auf rhetorischer und imaginativer Ebene regelrecht in das Feuer
hinein. Den gelehrten Sinologen Kien kitzelt der Brandgeruch bereits in der Nase, dabei ist er noch weit vom Ende der Bücher ent-

fernt. Von Anbeginn lebt der Roman von der prekären Spannung zwischen Bewahren und Vernichten, die sich aus der Logik der verschrobenen Kulturtechniken der Protagonisten entwickelt. Kien ist im Besitz einer immensen und wertvollen Bibliothek, ist jedoch in Folge auch ein »Gedächtnisathlet«,[20] der sich auf das Dasein und die Materialität der Bücher nicht verlassen mag. Canetti lässt Kien selbst eine kleine Geschichte historischer Bücher-Autodafés entwickeln, wenn dieser in einer Brandrede an die Bücher deren »uralte und stolze Leidensgeschichte« herzählt,[21] mit dem eingestandenen Ziel, die Leidensgeschichte der Menschheit zu überbieten. Seine Rede beginnt beim chinesischen Kaiser Shi-Hoang-Ti, führt über den Mythos vom Brand der Bibliothek von Alexandria zum Untergang der atztekischen Kultur und in die Romanzeit mit ihren weit diffuseren Bedrohungen von Büchern hinein. Kien ruft den legendären Charakter des Bibliotheksbrands von Alexandria auf, weil er als Geschichte von der Vernichtung unermesslicher Zeichenmengen selbst zum immer wieder aufgerufenen Zeichen und Topos von Bibliotheksgeschichten wurde. Die Angstlust vor dem Feuer ist von Anbeginn präsent: Das Feuer leckt Papier, dieses jammert aber auch »um Hilfe, gellendes Geschrei auf allen Seiten erhebt sich«.[22] In seinem selbstbezüglichen System übernimmt Kien alle Verhaltensweisen dem Buch gegenüber selbst, ist biblioman, bibliophil und bibliophob, ist Leser, Nutzer, Bibliothekar und schließlich Bücherbrenner in einem. Das Brennen der Bücher wird über den Text hinweg in seinen Extremen als konstruktive Energie einerseits und als apokalyptische Katastrophe andererseits beschworen. Das verbrannte Buch bei Canetti ist, leicht überspitzt, ein Resultat philologischer Arbeit und realisiert mithin einen Aphorismus Lichtenbergs, der besagt: »Letzte Hand an sein Werk legen heißt es vernichten.«[23]

Dass nahezu alle Formen der Buchvernichtung samt ihren Hinterlassenschaften wie Asche und Rauch auf die Sichtbarmachung eher unsichtbar verlaufender kultureller und historischer Prozesse zielen,[24] zeigt Christine Brooke-Roses Roman »Textermination« (1991), der sich mit Fragen der Dekanonisierung und der sich ändernden Rolle des Lesers befasst. In »Textermination«, einem für unseren Zusammenhang sprechenden Portmanteau-Wort, befinden sich berühmte Romanfiguren, darunter Jane Austens und Flauberts Emma oder auch Goethes Lotte aus dem »Werther«, auf Reisen. Sie sind ihren Buchkörpern entlaufen, um demjenigen Gott einen (vergeblichen) Dienst zu erweisen, der sie bisher immer neu erschaffen und mithin am Leben gehalten hat: dem (identifikatorischen) Leser. Auf dem Weg zu einer großen Konferenz in San Francisco, die deren »desperate struggle for survival«[25] zum Thema haben wird, sitzen einige Romanfiguren kurzzeitig auf dem Flughafen von Atlanta fest, wo sie Zeugen einer bedeutenden Reihe unhistorischer und fiktionaler Brände werden: Sie erblicken das Feuer, das Millionen von Büchern in Alexandria vernichtet und sehen Canettis Peter Kien inmitten seiner Bücher brennen, begleitet von seinem eigenen, unbändigen Gelächter. In diesen Szenen wird an die Ewigkeit fiktionaler Figuren ganz unabhängig von ihrer materiellen Basis, an deren Unsterblichkeit erinnert, die, lange unhinterfragt, seit geraumer Zeit jedoch zu schwinden beginnt: Die fiktionalen Gestalten haben in den Worten von Austens Emma keine Gewissheit mehr über sich selbst: »For roughly two centuries she has been totally sure of her personality, flaws and all. The Reader [...] has been constructing her, moulding her, enjoying her, holding her in the mind [...]. But now everything has become confused, she lacks reality [...].«[26] Gründe für den Leserschwund sind die Erosion klassischer Kanonkonzepte sowie die Ablösung identifikatorischer und hermeneutischer Lesarten durch dekonstruktive, die dem geschauten (Mega-)Brand eine definitive Wirkung verleihen.

Das verbrannte Buch ist nicht nur ein Bild unterbrochener Überlieferung, sondern kann paradoxerweise gerade zu einem Garanten der Unvergesslichkeit des Textes werden. Das verbrannte Buch erkundet das paradoxe Verhältnis zwischen Bewahren und Vernichten: Canetti lässt seinen Kien sein Schicksal gleichsam selbst in die Hand nehmen, indem er von eigener Hand alles niederbrennt, damit er vor fremder Feuergefahr wirklich sicher sein kann: Er rettet seine Bücher vor anderen, indem er sie zerstört. Wer also meint, nichts könne der Literatur schädlicher sein als die Vorstellung brennender Bücher, verkohlter Seiten und angesengter Buchstaben, irrt. Literatur verdeutlicht, dass der Büchertod, genauer der Einblick in die vielen Stadien seines Zerfalls, Versuche sind, das Buch von seinem Verbrauch her zu bestimmen, durch das Verbrennen, Löschen, Abschaben hinter die kulturelle Idee des Buches zu gelangen bzw. Gründe dafür zu erkennen, warum sich das Buch als unerschöpfliches Gefäß all dieser vielen Zuschreibungen eignet. In einem kurzen Text mit dem Titel »Proust beginnt zu brennen« hat Wolfgang Weyrauch den Vorstoß unternommen, sich etwas weiter an die Gegenwärtigkeit und die Physiognomie des Endes heranzuschreiben: Hier löscht der Erzähler den verzehrenden Brand nicht, um den Wert und das Aussehen der Dinge im Moment ihrer Vernichtung zu erfassen:

> Er kann nicht löschen, weil er keine Zeit dazu hat. Er hat keine Zeit dazu, weil er aufschreiben muß, warum er keine Zeit dazu hat. Er muß den Brand schildern, seinen Anfang, seine Fortsetzung, sein Ende. Falls er zum Ende kommt, denn es kann ja sein, daß sein eigenes Ende einunddasselbe ist wie das Ende des Brandes, oder er ist schon vorher erledigt.[27]

1   Zit. n. MANGUEL, Alberto: Eine Geschichte des Lesens. Berlin 1998, S. 285.
2   MOLDEHN, Dominique: Buchwerke. Künstlerbücher und Buchobjekte (1960-1994). Nürnberg 1996, S. 18.
3   RUPPELT, Georg: Buchmenschen in Büchern. Wiesbaden 1997, S. 83.
4   Vgl. MERSMANN, Birgit: Bilderstreit und Büchersturm. Medienkritische Überlegungen zu Übermalung und Überschreibung im 20. Jahrhundert. Würzburg 1999, S. 149.
5   BATTLES, Matthew: Die Welt der Bücher. Eine Geschichte der Bibliothek. Düsseldorf 2003, S. 217.
6   GOETHE, Johann Wolfgang v.: Aus meinem Leben. Dichtung und Wahrheit. In: Goethes Werke. Hamburger Ausgabe. Bd. 9. München 1959, S. 151.

7 RAUTENBERG, Ursula (Hg.): Reclams Sachlexikon des Buches, Stuttgart 2003 und BIASI, Pierre-Marc de: La saga du papier. Paris 1999.

8 JACKSON, Holbrook: The Anatomy of Bibliomania (1931). Illinois 2001, S. 157.

9 FREUD, Sigmund: Die Traumdeutung. Frankfurt/M. 1993, S. 183f.

10 KAMINER, Wladimir: Integration auf der Schönhauser Allee. In: Ders.: Schönhauser Allee. München 2001, S. 69-71.

11 SHELLEY, Mary: Frankenstein. London 1994, S. 123.

12 In seinem Roman »Hundert Tage« (2008) analysiert Lukas Bärfuss die propädeutische Rolle von aus Europa eingeführten Kulturtechniken für die Planung des Genozids in Ruanda.

13 KALKA, Joachim (Hg.): Die argen Bücher. Geschichten für vorwitzige Leser. Frankfurt/M. 1991.

14 SPEYER, Wolfgang: Stichwort Bücherverbrennung. In: Jahrbuch für Antike und Christentum 13 (1970), S. 123-152, hier S. 123.

15 JOCHUM, Uwe: Kleine Bibliotheksgeschichte. Stuttgart ²1993, S. 30f.

16 MÜLLER, Lothar: Wo einzig Friede herrscht. Alberto Manguels Bild der Bibliothek lässt sich an Sentimentalität und Idyllik nur mit Heimatliteratur vergleichen. In: Süddeutsche Zeitung v. 5./6.1.2008, S. 16.

17 Vgl. RAFETSEDER, Hermann: Bücherverbrennungen. Die öffentliche Hinrichtung von Schriften im historischen Wandel. Wien u.a. 1988, S. 47.

18 BOGENG, Gustav A.E.: Umriss einer Fachkunde für Büchersammler (1909-1911). Hildesheim 1978, S. 17.

19 Ausführlicher hierzu SCHNEIDER, Ulrike: Der ›dritte Tod‹. Von sterbenden Büchern und überlebenden Autoren. Francesco Petrarca und der Umgang mit Büchern. In: KÖRTE, Mona/ORTLIEB, Cornelia (Hg.): Verbrennen Überschreiben Zerreißen. Formen der Bücherzerstörung in Literatur, Kunst und Religion. Berlin 2007, S. 49-70.

20 ERNST, Ulrich: Die Bibliothek im Kopf: Gedächtniskünstler in der europäischen und amerikanischen Literatur. In: Zeitschrift für Literaturwissenschaft und Linguistik 27 (1997), S. 112. Kien reiht sich darin in eine bis auf die Antike zurückreichende Tradition der bildlichen Assoziierung von »Memoria, Gehirn und Bibliothek« ein.

21 CANETTI, Elias: Die Blendung. Frankfurt/M. 2003, S. 94.

22 CANETTI (2003), S. 39.

23 LICHTENBERG, Georg Christoph: Sudelbücher I, F 173. München 1968, S. 486.

24 WAGNER, Monika: Materialvernichtung als künstlerische Schöpfung. In: HAUS, Andreas/HOFMANN, Franck u.a. (Hg.): Material im Prozess. Strategien ästhetischer Produktivität. Berlin 2000, S. 109-122, hier S. 117.

25 BROOKE-ROSE, Christine: Textermination. New York 1992, S. 25.

26 Ebda., S. 14.

27 WEYRAUCH, Wolfgang: Proust beginnt zu brennen. In: Ders.: Proust beginnt zu brennen. Erzählungen. Frankfurt/M. 1985, S. 165-166, hier S. 165.

DAVID AXMANN

Bibliomania obscura oder Der Büchermörder Johann Georg Tinius

Zwiespältig ist nun halt einmal fast jedes Lebensideal.
Ob man Gourmand, ob Bücherfresser:
sich einzuschränken täte besser.
Denn alles was zu abnormal
tendiert in Richtung vie fatale.

Johann Georg Tinius. Nahezu zwei Jahrhunderte lang galt dieser Mann, unbestritten, als Inbegriff eines bibliomanisch verwirrten Charakters, als exemplarischer Fall eines Büchersammelwütigen, dessen ungezügelte Leidenschaft ihn schließlich auf verbrecherische Abwege führte.

Johann Georg Tinius (1764-1846), deutscher protestantischer Theologe und Pfarrer, wurde 1813 unter dem Verdacht, ein Raubmörder zu sein, arretiert und nach zehn (!) Jahren Untersuchungshaft schließlich zu zwölf Jahren Zuchthaus verurteilt.

»Die Literatur über die Affäre Tinius ist so zahlreich wie armselig und hilflos«, sagt jener Mann, der angetreten ist, diese Affäre endlich ins rechte Licht zu rücken und dem alten Tinius späte Gerechtigkeit widerfahren zu lassen. Der Mann heißt Detlef Opitz.*

»Ich, Johann Georg Tinius« (schreibt eben dieser in seiner Selberlebensbeschreibung), »bin der zweite Sohn von 9 Kindern

* Er ist Verfasser des Buchs »Der Büchermörder. Ein Criminal«, und der auf ihn bezügliche Klappentext berichtet: »geboren 1956, ist gefürchteter Bibliophiler und Vielleser. In der DDR lebte er vom Handel mit Büchern, seine eigene Bibliothek verlor er allerdings beim Pokern. Der mit dem ›F.C. Weiskopf Preis‹ der Berliner Akademie der Künste und dem ›Preis der Deutschen Schillerstiftung‹ ausgezeichnete Autor lebt im Berliner Prenzlauer Berg. Seit 1994 recherchierte und arbeitete er an ›Der Büchermörder‹ – und verschrieb sich völlig der kompletten Neu-Erforschung des Falles Tinius. Zur Abgabe seines Romanmanuskripts konnte der Autor nur im Tausch gegen die seltene, von Tinius im Gefängnis verfaßte Schrift ›Der jüngste Tag‹ (Zeitz 1836) gebracht werden.«

aus Einer Ehe, wovon noch sechse leben, geboren am 22. October 1764 auf einem Landhause in der Mühle bei dem Niederlausitzischen Flecken Staako, das auf der sächsischen Seite liegt, wo mein Vater, Johann Christian, als Aufseher über die königlich preußischen Schäfereien in den Aemtern Buchholz und Krausnigk, damals im Sommer sich aufhielt.«

Der Vater von Johann Georg war also Schäfer, und zwar in der Niederlausitz, die südöstlich von Berlin liegt, zwischen Fläming, Spreewald und Chosebuz (Cottbus), in der preußischen Provinz Brandenburg.

Tinius? Hm. Merkwürdig. Was für ein Name! Johann Georg bietet folgende etymologische Erklärung an:

Mein Vater stammt her aus dem Dorfe Kimmeritz bei Luckau, in der Niederlausitz, wo schon sein Vater Schäfer gewesen ist und unsern Namen zuerst nach Deutschland gebracht hat. Er ist nämlich im spanischen Successionskriege, als ein siebenjähriger Knabe, an der großen Heerstraße bei Baruth, wo beständige Durchmärsche geschahen, an einem Morgen, seitwärts im Kornfelde, herumirrend und weinend gefunden worden im militärischen Habit, und hat ausgesagt, es wäre in der Nacht ein großer Tumult entstanden, und durch einen feindlichen Ueberfall Alles auseinander gesprengt worden. Er hätte sich ins Korn versteckt, und bei Tages Anbruch Niemanden mehr gesehen. Alles sey fortgewesen. Er hat eigen seinen Namen gewußt, und von seinem Vater ausgesagt, daß derselbe auf einem Schimmel sitzend und mit einem großen Säbel ein Regiment kommandirt habe. Bestimmtere Nachrichten fehlen. Der Name ist römischen Ursprungs mit verschiedenen Vorsylben, z.B. Atinius, Titinius, Batinius; der reine Namen findet sich in Rufus Tinius, der unter den römischen Kaisern einen Feldzug gegen die Parther führte. Jetzt giebt es, seit meines Großvaters Zeiten, viele gleiche Namen in jenen Gegenden bei Berlin und im Kurkreise, alle von diesem ersten Stammvater.

Detlef Opitz, der beste lebende Tinius-Kenner, bemerkt dazu, sich auf die Nachforschungen eines Walter Klaube (1905-85) berufend: 1.) In Kümmeritz hat es zu keiner Zeit einen Schäfer namens Tinius gegeben. 2.) Der Spanische Successionskrieg hat die Niederlausitz nicht berührt. Wohl aber der Nordische Krieg, in dessen Verlauf es vor allem im September 1706 in der Gegend um Luckau zu Gefechten kam; dabei könnte der Junge abhanden gekommen sein. 3.) Schon 1572 wurde in Fehrbellin ein Johann Tinius geboren, der von 1600 bis 1624 als Pfarrer in Meyenburg amtierte. 4.) Im übrigen tritt der Name Tinius desto häufiger auf, je mehr man sich in Richtung Skandinavien bewegt (was für die Nordische Kriegstheorie sprechen könnte).

Hm. Was nun? Woher also? Des Namens Herkunft bleibt uns auf merkwürdige Weise verschleiert; und ist nicht das einzige Rätsel, das dieser Mann uns aufgibt. Des Knaben Kindheit geht in christlich-pastoraler Einfachheit und Eintönigkeit dahin. »Den ganzen Tag waren wir« (berichtet der Autobiograph)

nach Verhältniß unserer Kräfte beschäftigt. Die Gottesfurcht, der Fleiß und die Mäßigkeit waren unsere täglichen Säfte. Vater und Mutter gingen Sonntäglich in die Kirche, wir aber sahen nie einen Schulmeister, noch einen Pfarrer, bis wir 12 Jahr alt waren – nach dem Beispiel Jesu.

Ihr Gleichnis singt die Nachtigall! Wie unser Herr und Heiland mit zwölf Jahren erstmals sich in der Öffentlichkeit zeigte und die Welt staunen machte, so auch Johann Georg. »Im Jahr 1777 zu Michaelis zogen meine Aeltern nach Staako, das in die sächsische Kirche zu Oderin, wo ich auch getauft worden war, eingepfarrt ist. Hier sollte ich während des Winters zum heiligen Abendmahl confirmiret werden.«

Der Herr Pfarrer (Magister Starke) runzelte die Stirn, als Johann Georg vor ihm stand, sagte, daß die übrigen Kinder schon vier Wochen lang Vorbereitungsunterricht erhalten hätten, und er folglich Bedenken trüge, ob der Schäferknabe all das nachzulernen imstande sein würde. Da erbot sich dieser, spontan und ungeniert, das ganze Stück aus dem Katechismus in ein paar Stunden zu lernen, wenn er in der andern Stube alleinsein könnte. Der Pfarrer entgegnete lächelnd: »Mein Söhnchen, wenn du nur heute eine halbe Seite lernst, so mußt du schon tüchtig lernen.« Johann Georg nahm, »es war Mittag vorbei«, das Buch und »ging in die Einsamkeit«. Und dann geschah ein Wunder.

> Ich kam um 5 Uhr wieder, und sagte alle Blätter, so weit die andern Kinder gekommen waren, ohne Anstoß her. Dieser Augenblick war von der Vorsehung bestimmt, mir meine künftige Laufbahn zu eröffnen. Der würdige Pastor, ein frommer Mann, der in allen Ereignissen Gottes Fingerzeig erblickt, gerieth in Erstaunen, und sagte meinem Vater und meiner Mutter [...], »Euren Sohn hat Gott zu etwas anderem bestimmt, er soll Menschenheerden weiden!«

Von Gott auserwählt und mit einem phänomenalen (photographischen?) Gedächtnis gesegnet, entfaltet sich der junge Tinius und schlägt eine geistliche Laufbahn ein. Die Entfaltung begann damit, daß Pastor Starke den Knaben zwei Jahre lang unterrichtete – ich »lernte ein wenig schreiben, und von der lateinischen Sprache die Anfangsgründe«, heißt's in des Tinius Autobiographie. Laudate Dominum! Im September 1779 brachte ihn sein pädagogischer Förderer in die nahe gelegene Stadt Luckau »auf die Schule zu seinem einzigen Sohne, Adolph, den ich, wie der Vater sagte, durch die Kohlen meines feurigen Eifers im Lernen anzünden, und dafür Wohnung und Bette frei haben sollte«. Johann Georg genoß bei der verwitweten Kämmerin Böttcher sieben Jahre »Wohnung, Wäsche und Frühstück«; im Hause lebte auch deren Tochter Johanna Sophia (der wir bald wiederbegegnen werden). Johann Georg besuchte das kleine Gymnasium der Stadt und pflegte den Chorgesang (er hatte eine hübsche Diskantstimme, wodurch ihm »das dasige Convictorium und meine Kleidung jährlich mit den nöthigen Büchern zu Theil worden«).

Zu Ostern 1789 verläßt Tinius, er ist immerhin schon fünf-undzwanzig, die Schule. Er möchte an der Universität studieren, aber er ist arm und so ein Studium ist teuer. Da greift wieder einmal die Vorsehung ein: Ihm wird ein kurfürstliches Stipendi-um gewährt (bei der dazu nötigen Prüfung brilliert er durch eine erstaunliche Gedächtnisleistung) sowie freies Quartier bei einem Herrn Grubal. Zweieinhalb Jahre studiert Tinius in Wittenberg und schließt das Studium als Magister der Theologie ab.

Zu Weihnachten 1791 tritt er eine Stelle als Hauslehrer in Casel an. Von 1795 bis 1798 ist er als Tertius (dritter Lehrer) am Gymnasium im thüringischen Schleusingen tätig. 1798 wird das Pfarramt in Heinrichs vakant; Tinius bewirbt sich darum und erhält es. Anfang 1798 stirbt zudem (Vorsehung?) der Ehemann von Johanna Sophia, ein würdiger alter Geistlicher (Tinius hatte sechs Jahre zuvor die Heirat zwischen ihm und der damals schon ziemlich schwangeren Jugendfreundin vermittelt). Der neue Pfar-rer von Heinrichs, mittlerweile vierunddreißig, tritt alsbald des-sen Nachfolge an: Die Trauung mit Johanna Sophia erfolgt am 19. September 1798. Im Jahr darauf stirbt sie im Kindbett. Jo-hann Georg, auf den Geschmack gekommen, ehelicht 1801 Ot-tilia Maria Hellmerich, die Witwe eines Oberförsters aus Zella nebst drei Söhnen.

Ob Tinius ein guter Christ und vorbildlicher Pastor war, wis-sen wir nicht. Sicher ist, daß er rhetorisch hochbegabt war, und der *venustas et dulcitudo librorum* verfallen: »ein begnadeter Prediger vor dem Herrn«, konstatiert Opitz, »der vielleicht mehr noch als seine Herden die Bücher liebte«.

Im ersten Jahrzehnt des 19. Jahrhunderts, im fünften Jahr-zehnt seines Lebens, wächst sich die Bücherliebe des Johann Georg Tinius zur Sammlerleidenschaft aus. Er studierte emsig Anzeigen und Kataloge, besuchte Buchhändler und Bücherauk-tionen, war verliebt, war glücklich, und erwarb Buch um Buch um Buch.

Im Jahre 1810 wurde Tinius Pfarrer des winzigen Dörfchens Poserna; sechs Kilometer westlich davon liegt (die heutige Kreisstadt) Weißenfeld, fünfundzwanzig Kilometer nordöstlich Leipzig. 1161 erstmals als Posidrin urkundlich erwähnt, ist der Ort die Geburtsstätte des bekannten poetischen Spaziergängers nach Syrakus, Johann Gottfried Seume (1763-1810). Pfarrer Tinius konnte hier, wie's im »Neuen Pitaval« heißt, seiner »Liebesneigung« frönen: Er kaufte Bücher »von allen Seiten auf, ganze Nachlassenschaften und stand deshalb in lebhaftem Verkehr mit Antiquaren und Büchersammlern. Seine eigene Bibliothek war zu einer, für die Verhältnisse eines Landgeistlichen ungeheuren Größe angeschwollen.«

Am Morgen des 8. Februar 1813 wird in Leipzig (im Cunitzischen Haus № 631, an der Ostseite des heutigen Neumarkts) die 76-jährige Christiana Sophia Kuhnhardt von einem ihr unbekannten Manne niedergeschlagen. Ihre Dienstmagd, Johanna Henriette Schmidt, findet die vom Kopfe blutende, am Boden liegende Witwe (eines Briefträgers) wenig später; auf ihr Hilfsgeschrei eilen mehre Hausbewohner herbei und bringen die Verwundete in ihr Bett. Befragt, was denn geschehen sei, antwortet diese: »Ein Kerl hat mich geschlagen; der Brief muß da sein; ich bin froh, daß ich meine Kette habe.« Der blutbefleckte Brief ist datiert mit Hohendorf, den 24. Januar 1813, unterzeichnet von einem Joh. Gotthelf Bröse, an die Geschlagene adressiert, und enthält das Gesuch des Ausstellers, ihm ein Darlehen von 1.000 Talern vorzustrecken. Ein Arzt wird gerufen; sein chirurgischer Eingriff kann jedoch nicht verhindern, daß Frau Kuhnhardt am 10. Februar stirbt.

Und nun nimmt nicht nur das Schicksal des Johann Georg Tinius eine entscheidende Wendung, sondern auch die Leipziger Polizei Ermittlungen auf. Es finden sich ein paar periphere Zeugen aus dem Haus № 631 und Umgebung, die ein fahles Aussehen des mutmaßlichen Täters zu Protokoll geben, außerdem wollen sie bemerkt haben, daß er eine Mütze und einen dunklen Matin trug, an welchem Knöpfe fehlten.

Als Hauptzeugin erweist sich Fräulein Schmidt, die Dienstmagd, die nämlich den vermutlichen Mörder zur Tatzeit aus dem
Cunitzischen Haus hat kommen sehen, ja schon zwei Tage früher
sei dieser dort herumgeschlichen, er kam ihr bekannt vor, doch
wie er heiße, hm, das will ihr jetzt leider nicht einfallen. Später,
als sie sich beim Schankwirt Höpfner, in dessen nahe gelegenem
Lokal vornehmlich gelehrte Männer einkehren und bisweilen
auch übernachten, erkundigt, wer denn vom 7. zum 8. Februar
bei ihm zu Gast gewesen, schießt es ihr in den Sinn: der Mann
war Magister Kluge. Diesem sogleich gegenübergestellt, ist sich
Fräulein Schmidt dann jedoch gar nicht mehr sicher, sondern
im Gegenteile, nein, nein, behauptet sie jetzt, dieser Herr sei jener nicht, welchen sie im Haus gesehen. Also befragt die Polizei
den Wirt Höpfner nochmals, wer denn aller zur fraglichen Zeit
bei ihm gewesen, und dabei fällt unter anderen auch der Name
Tinius.

Am 24. Februar reist der Kommissionsrat und Kreisamtmann
Benjamin Weidlich in Begleitung von Fräulein Schmidt nach Poserna – und (ein Wunder?) siehe da: Sie identifiziert zweifelsfrei
den Magister Tinius als jene Person, die ihr am Morgen des 8.
im Cunitzischen Haus begegnet sei! Unverzüglich stellt Herr
Weidlich beim Hochlöblichen Consistorium, nämlich bei der zuständigen kirchlichen Aufsichtsbehörde, den Antrag, die Verhaftung des Pfarrers Tinius zu gestatten, bzw. zu veranlassen. Am 4.
März wird der Verdächtige »unter Vermeidung alles Aufsehens
in sichere, jedoch leidliche und anständige Verwahrung« nach
Leipzig gebracht.

Johann Georg Tinius, konfrontiert mit der Anschuldigung,
die Witwe Kuhnhardt getötet zu haben, ist empört, entsetzt,
schockiert, fassungslos, außer sich. Er sei unschuldig, hier liege
ein schrecklicher Irrtum, eine furchtbare Intrige vor, beteuert er
ein ums andere Mal. In der Einsamkeit seiner Untersuchungshaft
(einer leidlichen Kammer im Kreisamt) wird Tinius dann der fatale Ernst seiner Lage klar, er erkennt die über seinem Haupte

schwebende Gefahr, er gerät in Panik. Und macht aus panischer Angst Fehler: Er wirft aus dem Fenster an Leipziger Freunde adressierte Kassiber, darin er flehentlich bittet, »augenblicklich mit schnellsten Pferden nach Poserna« zu eilen, um seiner Ehefrau aufzutragen, sie möge (näher bezeichnete) Kleidungsstücke und Papiere (die ihn belasten könnten, denn er weiß ja jetzt, was die Zeugen ausgesagt haben) sicher verbergen. Die Kassiber werden abgefangen, was dem Leiter der Untersuchung weidlich ins Konzept paßt. Er ist nämlich längst davon überzeugt, daß der Pfarrer der Täter sei; das Motiv liege doch klar auf der Hand: Durch seine Büchersammelwut in Schulden geraten, mußte er danach trachten, diese zu tilgen – auf welche Art auch immer.

Hinzu kommt, daß man sich nun eines ähnlichen, noch ungeklärten Falles erinnert. Vor mehr als einem Jahr, am 28. Januar 1812, war in Leipzig der 72-jährige Kaufmann Friedrich Wilhelm Schmidt in seiner Wohnung von einem unbekannten Mann niedergeschlagen worden; er starb rund zwei Monate später an den Folgen der ihm zugefügten Kopfverletzungen. Der Räuber hatte Obligationen in der Höhe von 3.000 Reichstalern an sich genommen und kurz darauf im Bankhaus Frege & Co. eingelöst. Könnte nicht auch in diesem Falle der Magister Tinius ...? Zumal es im damals veröffentlichten Sperrzirkular heißt, der Täter solle »das Ansehen eines modern gekleideten Geistlichen vom Lande gehabt haben«.

Herr Weidlich ordnet eine Hausdurchsuchung im Pfarrhaus von Poserna an. Man beschlagnahmt die in den Kassibern genannten Kleidungsstücke und die gesamte Korrespondenz des Tinius. Am 18. März wird der Beschuldigte in Ketten gelegt; sein Gesundheitszustand verschlechtert sich; er beklagt schluchzend das Schicksal seiner Bibliothek (die das ganze Obergeschoß des Hauses und eine Scheune einnimmt); er vermag allen Sicherheitsvorkehrungen zum Trotz weitere Kassiber mit der Bitte um Alibibezeugung ins Freie zu expedieren (welche freilich wiederum abgefangen werden); er ruft in seiner Verzweiflung ein ums andere Mal aus, der Verbrecher sei »ein Spitzbube, der eine frappante Aehnlichkeit mit mir hat und sie auch in der Kleidung nachahmt«!

Auf Grund der unruhigen Zeiten (Krieg gegen Napoleon, Völkerschlacht bei Leipzig etc.) verzögert sich der Prozeßbeginn. Ottilia Maria Tinius läßt ihren Gatten im Stich und reicht eine Ehescheidungsklage ein. Am 26. März 1814 erkennt das Urteil des Leipziger Schöppenstuhls darauf, daß gegen Johann Georg Tinius mit der Spezialinquisition zu verfahren, das heißt, daß der eigentliche Kriminalprozeß zu eröffnen sei. Am 31. März wird Pfarrer Tinius auf Anordnung des Consistoriums in der Kirche zu St. Nicolai öffentlich degradiert, das heißt seines Amtes enthoben.

Der Kriminalprozeß zog sich aber noch jahrelang dahin. Als ein Ergebnis des Wiener Kongresses kam Poserna nämlich vom Königreich Sachsen zu Preußen, und der Fall Tinius wanderte ins preußische Obergericht. Erst am 12. Februar 1820 erging das Urteil: Freispruch in der Sache des Kaufmanns Schmidt, 18 Jahre Zuchthaus für den Raubmord an der Witwe Kuhnhardt. (Dazu kamen noch zwei Jahre für angeblich nachgewiesene Veruntreuung von Kirchengeldern.) Tinius legte Berufung ein, das Erkenntnis zweiter Instanz (das allerdings erst am 23. Januar 1823 erging) lautete: für (jetzt nur mehr) Totschlag an Frau Kuhnhardt zehn Jahre, plus zwei für die Veruntreuung, macht zusammen zwölf Jahre – doch die fast zehnjährige Untersuchungshaft wurde nicht angerechnet.

Die Bibliothek des Johann Georg Tinius – sie soll, die Angaben darüber sind schwankend, zwischen 30.000 und 60.000 Bände enthalten haben – wurde übrigens schon im November 1821 versteigert. Das 819 Oktavseiten dicke Verzeichnis weist inklusive einiger Konvolute, Faszikel und Pakete mit Handschriften nur noch 16.650 Nummern auf (darunter 1.400 Dubletten). Der Erlös blieb mit 7.136 Talern weit unter den Erwartungen. Der Leipziger Bücherauktionator Weigel erwarb übrigens für

Herrn Hofrat Goethe ein paar Stücke daraus im Wert von 43 Talern und 18 Groschen.

Während seiner zwölfjährigen Haft schrieb Johann Georg Tinius eine 300 Seiten lange Abhandlung über die Offenbarung des Johannes; Gerüchte besagen, er hätte im Gefängnis außerdem (ohne Hilfsmittel, bloß aus dem Kopf!) ein Werk über den Pentateuch, Kommentare zu den chaldäischen Paraphrasen und ein aramäisch-chaldäisch-syrisches Wörterbuch verfaßt.

1835 wurde Tinius, bereits 71 Jahre alt, entlassen. Er erhielt eine jährliche Rente von 25 Talern, doch ist unklar, von wem oder woher. 1841 ließ er sich in Gräbendorf nieder, wo er häufig mit dem lokalen Pfarrer verkehrte. Er starb am 30. September 1846.

»Unbefriedigt scheiden wir von diesem räthselhaften Falle«, heißt es im »Neuen Pitaval«, welcher freilich selbst zu solcher Unbefriedigtheit das meiste beigetragen hat. Denn ausnahmslos alles, was vor Opitz über diesen Fall geschrieben worden ist, beruht hauptsächlich auf dem »Pitaval«-Aufsatz über Tinius. Und dieser Aufsatz – das beweist unser Tinius-Experte auf überzeugende Weise – strotzt von Fehlern, Irrtümern, Unzulänglichkeiten, Oberflächlichkeiten, Trugschlüssen etc.

Tinius hat die ihm vorgeworfene Untat nie gestanden; er wurde nur auf Grund keineswegs eindeutiger Indizien verurteilt; und nicht das Inquisitionsgericht, sondern sein eigener Anwalt hat ihm (wie Opitz nachweist) den Garaus gemacht, indem er »eine lausige Verteidigungsschrift« einreichte, weil er offenbar weder von der Unschuld seines Mandanten noch von dessen Chancen vor Gericht so richtig überzeugt war.

Vieles spricht also dafür, daß Johann Georg Tinius ein Justizopfer und kein Büchermörder gewesen ist; also kein Mann, der um Bücher willen jemanden umbringt. Sehr wohl aber war er ein sehr großer Bücherfreund, höchstwahrscheinlich sogar ein Bibliomane. Was bzw. wer aber ist ein solcher?

Es gibt vier grundsätzliche (und grundsätzlich verschiedene) Kategorien bibliomanischer Verhaltensweisen.

1) Man ist dem Material, dem Aussehen verfallen, giert nach Prachtausgaben, nach (unbeschnittenen) Exemplaren seltener Werke, nach Miniaturen oder Initialen verzierter Bücher, nach Drucken auf Pergament, Velin oder anderen ungewöhnlichen Stoffen: Faszination der Form.*

2) Man wird von der geschriebenen oder gedruckten Substanz, vom Wort gewordenen Geist in den Bann geschlagen: Faszination des Inhalts.

3) Die Sammlerleidenschaft konzentriert sich auf literarische oder verlegerische Besonderheiten (bestimmte Autoren, Themen, Epochen, Länder, Sprachen, Verlagsorte, Verlagshäuser, Druckereien etc.).

4) Die Sammlerwut giert nach allem Gedruckten, gemäß dem Motto: je mehr, desto lieber, denn die stets anwachsende Menge erworbener Bücher macht das Glück.

Jeder Bibliomane ist von einer (maximal dreiteiligen) Kombination dieser genannten Kategorien bestimmt. Wenn er ein wohlhabender Mensch ist, dauert es länger, bis er sich verschuldet hat. Denn jeder echte Bibliomane muß sich (sofern er nicht früher stirbt) notwendigerweise verschulden, da sein Drang oder Zwang, permanent Bücher zu erwerben, früher oder später unbezahlbar wird. Johann Georg Tinius war eine Kombination von 2 und 4.

Hat die Geschichte eine brauchbare Moral?
Die Sucht des Büchersammelns endet oft fatal:
wo nicht letal, so wenigstens im Kriminal.

* Von solchen Männern erzählen z.B. Flaubert (»Bücherwahn«) oder Nodier (»Der Bibliomane«). Jener stellt uns das tragische Schicksal eines Giacomo aus Barcelona vor Augen, der durch die äußere Schönheit von Büchern in Verzückung gerät, »deren sittliche Bedeutung und literarischen Wert er kaum begriff«. Dieser zeigt uns in humoristischer Manier einen französischen Büchernarren, der seine Bücher zwar nicht liest, doch von jedem einzelnen Erscheinungsort, Erscheinungsjahr und den Drucker kennt, ständig nach Raritäten und ikonographischen Meisterstücken Ausschau hält und den Wert von Büchern mittels eines Zollstabs zu bestimmen pflegt.

Literatur:
HITZIG, J.E./HÄRING, W.: Der neue Pitaval. Bd. 4: Der Magister Tinius. Leipzig 1843, S.
149-223 | HUIZING, Klaas: Der Buchtrinker. Zwei Romane und neuen Teppiche. München 1994 | KOWALSKI, Jörg: Tinius oder die Bibliothek im Kopf. Dobis, Bernburg 1998
| MARQUART, Hans (Hg.): Flaubert/Nodier/Asselineau: Bücherwahn. Drei Erzählungen.
Leipzig 1994 | OPITZ, Detlef: Der Büchermörder. Ein Criminal. Roman. Frankfurt/M.
2005 | TINIUS, Johann Georg: Merkwürdiges und lehrreiches Leben des M. Johann Georg
Tinius, Pfarrers zu Poserna in der Inspektion Weißenfels. Von ihm selbst entworfen. In:
Herrn Professors Joh. Georg Eck biographischen und literarischen Nachrichten von den
Predigern im Kurfürstl. Sächsischen Antheile der Grafschaft Henneberg besonders abgedruckt. Halle 1813 | TINIUS, Johann Georg: Biblische Prüfung von Brenneckes Beweis:
Daß Jesus nach seiner Auferstehung noch 27 Jahre auf Erden gelebt. Zeitz 1820 | TINIUS,
Johann Georg: Der jüngste Tag, wie und wann er kommen wird. In physischer, politischer
und theologischer Hinsicht aus der Bibel erklärt. Zeitz 1836 | TINIUS, Johann Georg: Sechs
bedenkliche Vorboten einer großen Weltveränderung an Sonne und Erde sichtbar. Weimar
1837 | TINIUS, Johann Georg: Die Offenbarung Johannis durch Erleuchtung. Übersetzung,
Erklärung allen verständlich gemacht. Leipzig 1839.

GERHARD RUISS

Das Ende der Vortragskunst 600 Jahre nach dem Ende der Vortragskunst

Im Buchdruck, per Print-on-Demand, Espresso Book Machine, Netzveröffentlichung, E-Book oder in einer sonstigen linearen, relationalen, analogen oder digitalen Vervielfältigungs- und Verbreitungsform.

Es vergeht kein Tag ohne Bekanntgabe einer Neuentwicklung auf dem Informationstechnologiesektor.

Für die Vertreter von Einrichtungen und Unternehmen in diesem Bereich hat sich der Wechsel von den alten zu den Neuen Medien längst vollzogen, nur die Vernetzung der verschiedenen Angebotswege und die Beschleunigung ihrer Abruf- und Einsatzmöglichkeiten sind noch ein Thema. Parallel dazu hat die Information mit einfachsten Mitteln und Medien nicht aufgehört zu bestehen. Bei den Verhandlungen zur Rettung der sechstgrößten österreichischen Bank, der Hypo Alpe Adria, im Dezember 2009 wurde ein Flip-Chart eingesetzt, um für alle deutlich sichtbar, handschriftlich, die Verhandlungsergebnisse festzuhalten. Ob alt oder neu, Neue Medien können sich genauso schnell überleben wie alte. Gekommen in den letzten Jahrzehnten und wieder für immer verschwunden oder als Randerscheinung in Gebrauch geblieben sind die CD-ROM, Disketten, Fax-Geräte, Thermopapiere, Diaprojektoren, Dias, Polaroid(Sofortbild)-Kameras,

Polaroid-Bilder, Anrufbeantworter, mobile MC- und CD-Player, Röhren-Bildschirme, Zeilendrucker, Musik-Cassetten, Plattenspieler, Platten, Video-Recorder, Video-Cassetten, Overhead-Projektoren u.v.a.m.

Für Betreiber und Befürworter der Neuen Medien ist klar: Die alten Medien haben ausgedient, die Benutzer und Adressaten der Neuen Medien verwenden die alten neben den Neuen Medien weiter. An den Arbeitsweisen der Autoren hat sich durch die Möglichkeit zur Einbeziehung Neuer Medien kaum etwas geändert. Wer seine Texte mit der Hand geschrieben hat, schreibt sie wie bisher mit der Hand oder mit der Hand und auf der Schreibmaschine, wer seine Texte in die mechanische Schreibmaschine, mit der elektrischen oder der Kugelkopf-Schreibmaschine getippt hat, arbeitet heute am Laptop oder PC und versendet seine Manuskripte als Textanhang mit der billigeren elektronischen Post statt zu den ungleich höheren Portokosten für Manuskriptkopien in Papierform. Wer sich nicht auf die Marktgesetzmäßigkeiten allein verlassen will, zückt allenfalls noch seine literarische Visitenkarte in Form einer eigenen Website und nützt die im Netz bestehenden direkten Kommunikationsangebote. Die Arbeitsverhältnisse von Autoren beginnen sich erst dann merklich von den früheren zu unterscheiden, wenn es um die Produktion von Büchern geht.

Vor rund 600 Jahren wurde der Verfall der Vortragskunst durch die Erfindung der beweglichen Metalletter und des Buchdrucks in Europa bedauert, 600 Jahre später erlebt der mündliche Vortrag als literarische Performance und Spoken Word Poetry bei Open Mics / Open Mikes und Poetry-Slams die nächsten Neuauflagen seiner unersetzbaren Bedeutung, nachdem er erst ein paar Jahre zuvor als Beat-Poetry und Lautpoesie zur aktuellsten Ausdrucksform einer neuen Generation von Autoren und ihrem Publikum geworden war.

Seit mehr als 100 Jahren bestehen zahlreiche bessere und schnellere Produktionsverfahren zur Herstellung von Büchern, die dem Handsatz und der Druckerpresse gefolgt sind und für die rasche Produktion und Lieferung der immer schneller in Verkehr gebrachten Großauflagen sorgen, in steigendem Ausmaß bieten aber auch Netzdienstleister und Gerätehersteller bisher dem Buch vorbehaltene Veröffentlichungen am Bildschirm, per Ausdruck, Download oder Einzelstück-Bestellung an.

Es ist beim nahtlosen Übergang von der Information zur Werbung und der Darstellung von Sachverhalten zu Marketingstrategien kaum noch abzuschätzen, welche Neuerungen sich halten werden und welchen ein kurzes Leben bevorsteht. Ob sich ein Medium in seiner jetzigen Form für den Zweck, für den es angepriesen wird, eignet, stellt sich spätestens nach seinem Kauf und seiner Verwendung heraus. Das gilt für Lesegeräte genauso wie für Bücher sowie für jede andere Neuentwicklung und jedes andere vorhandene Medium. Bis zur Kaufentscheidung muß Überzeugungsarbeit geleistet werden, danach kann die eigene Erfahrung die Gründe für den Kauf ersetzen. Nicht irgendwelche ohnehin erst nach der Überprüfung möglichen Qualitätsurteile bestimmen den Wert des Angebots, sondern Wirtschaftsdaten und wirtschaftliche Abhängigkeiten entscheiden über die Bedingungen des geschäftlichen Verkehrs der einzelnen Beteiligten im Buchhandel und Verlagswesen und deren Umgang miteinander wie über den Verkauf des Angebots an die Leser.

Ende 2009 wurden der Kindle 2 von Amazon und die verbesserte Ausgabe des über die deutsche Buchhandelskette Thalia als Lesegerät für den E-Book-Bestand von Thalia angebotenen Readers des japanischen Unterhaltungselektronikkonzerns Sony in den österreichischen und deutschen Markt eingeführt. Während Sony und Thalia mit Erfolgsangaben zu den nicht mehr als 5.000 beziehbaren E-Books im Buchangebot von Thalia eher zurückhaltend waren, wurde der Kindle 2 des elektronischen Bestellhandels von Amazon als Top-Bezugsmöglichkeit nachgefragtester Lesestoffe präsentiert. Der bei Erfolgszahlenmeldungen im Buchverkauf unvermeidliche Dan Brown habe von seiner

Neuerscheinung »The Lost Symbol« bereits 50 Prozent seiner Bücher über den Amazon-Reader abgesetzt (Copyright Amazon). Natürlich wird sich niemand, dessen Bücher über Amazon angeboten werden, dieser bestechenden Eigenschaft entziehen wollen, und wird es an den entsprechenden vertraglichen Vereinbarungen zur zukünftigen E-Book-Vermarktung von Büchern österreichischer und deutscher Verlage, die bisher nur gedruckt erschienen sind, sicher nicht scheitern. Vor allem dann nicht, wenn das Weihnachtsgeschäft 2009 von Amazon mit Büchern zu 50 Prozent auf den Verkauf von E-Books zurückzuführen gewesen sein soll. Die Verkaufsrealität dürfte dann aber eher so aussehen, wie sie der amerikanische Online-Wirtschaftsdienst »Daily Finance« von einem gut verkauften Titel beschrieben hat, von dem im ersten Halbjahr 2009 rund 75.000 Exemplare in der gebundenen Ausgabe und rund 5.000 Exemplare in der E-Book-Ausgabe verkauft werden konnten.

Medienkooperation heißt das Zauberwort, das für die weitestgehend kritiklose Aufnahme von – für sowohl ein bisheriges als auch ein neues Publikum – überflüssigen, sinnlosen und unbrauchbaren Produkten auf technischen Entwicklungszwischenstufen sorgt. Schon anhand ihrer äußeren Erscheinungsbilder fühlt man sich bei den meisten Readern in Sciene-Fiction-Serien aus den 1960er Jahren zurückversetzt und kann man sich kaum vorstellen, wie eine der angepeilten Zielgruppen jugendliche Käufer sein sollen. Eher verweisen Lederhüllen und gepflegtes Äußeres auf Leser, die sich bisher dem Umgang mit Neuen Medien verschlossen haben und nicht jede Entwicklung versäumen sollten, also mehr auf die Großeltern- als auf die Enkelgeneration.

Die einzigen Einschränkungen in der Begeisterungsorgie über den Reader von Amazon, die sich mit einem Feuilletonbeitrag in der Wiener Wochenzeitschrift »Falter« bis zur höchsten Kategorie der edelsten Lektüremöglichkeiten hinaufarbeiten konnten, waren seine noch nicht vollendete technische Reife und die geringen vorhandenen E-Book-Bestände in deutscher Sprache, sonst aber waren sich alle Kommentatoren einig, der Kindle 2 sei das Beste, das einem als Leser widerfahren könne. Aber vermutlich nur, wenn man als gutbetuchter Vielleser mit unbegrenzter Freizeit davon Gebrauch machen möchte und nicht, weil man als Durchschnittsleser Hunderte bis Tausende Bücher auf seinem Speicher mit sich herumtragen und bei der Durchschnittsleseleistung von einem Buch bis drei Büchern im Jahr in seinen sieben bis zwölf und mehr Leben lesen wird. Entsprechend typisch ist die Verkaufsbeobachtung einer Buchhändlerin im Weihnachtsgeschäft ausgefallen. Das E-Book sei bei Menschen ab 30 begehrt: »Vor allem Frauen« (die zu zwei Drittel die Leserschaft ausmachen) »schenken ihren Männern« (die hauptsächlich nicht lesen, sondern sich für Technik interessieren) »ein E-Book« (ein Lesegerät).

Auch wenn die Hochrüstung mit technischen Lesehilfen zum Lesen aus vollen Lektürespeichern für Durchschnittsleser eher begrenzt interessant ist und viel Geld kostet, bevor die Geräte nutzlos herumliegen – eine andere Form des Umgangs als im Tonfall von Fernseh-Dauerwerbesendungen mit solchen und ähnlichen Neuerungen wird man vergeblich suchen. Es unterzieht sich darum auch niemand mehr der Mühe festzustellen, daß der Kindle 2 und seine Vorgänger und Nachfolger Lese- und Speichergeräte sind und die Bücher für diese Geräte natürlich genauso gekauft werden müssen wie jedes gedruckte Buch und daß die Einführung des Kindle 2 in Österreich und Deutschland lediglich die Belieferung des Vertriebsraums Österreich und Deutschland per Bestellung in den USA um rund 100 Dollar Portokosten zusätzlich bedeutet hat, damit man auf Englisch lesen kann, was es alles auf Deutsch für den Reader nicht gibt.

Hinter jeder neuesten Entwicklung steckt eine ältere. Nicht nur die ersten, rasch wieder verschwundenen Lesegeräte von Sony und Amazon und die ersten E-Book-Abteilungen der Verlage, die Mitte der 1990er Jahre entstanden sind und bald darauf wieder geschlossen wurden; es steckt auch der heute fast schon wieder vergessene Zwischenschritt zwischen der Vervielfältigung im Buchdruck und der Verbreitung via Abrufbarkeit in Volltextversionen im Netz dahinter, d.h. die im Tintenstrahl- und Laserdruck hergestellten Bücher, besser bekannt geworden unter den Bezeichnungen Digitaldruck oder Print-on-Demand oder Book-on-Demand.

An seinen ersten katastrophalen Druckergebnissen nicht mehr zu messen, zu den besseren Druckergebnissen in konventionellen Druckverfahren aber immer noch auf größerer Distanz, hat sich der Digitaldruck in relativ kurzer Zeit einen Stammplatz in der Welt der gedruckten Bücher gesichert. Sein überzeugendstes, zu seiner Etablierung in vorwiegend drei Bereichen, der Wissenschaftspublizistik, bei Eigenverlagspublikationen und Veröffentlichungen in Selbstzahlerverlagen, führendes Argument ist die Möglichkeit zur Auflage auf Abruf. Auch kleinere literarische Verlage bedienen sich inzwischen der Möglichkeit kostengünstigerer Präsenz- und Testauflagen, mit denen sie geringeren Nachfragen nachkommen können, und immer häufiger setzen Verlage ihre ersten Auflagen nicht mehr durch Nachauflagen, sondern durch die Abrufbarkeit des Buchs als Print-on-Demand-Publikation fort.

Der Verlag hält das digitale Dokument präsent; langen Bestellungen ein, können die Bücher jederzeit einzeln gedruckt und geliefert werden. Hochleistungsprinter wie die Espresso Book Machine schaffen diesen Vorgang inklusive fertiger Bindung in drei bis fünf Minuten. Allerdings ist die Espresso Book Machine nicht als Druckmaschine, sondern dazu gedacht, an Ort und Stelle aus dem digitalen Sortiment einer Bibliothek oder Buchhandlung auszuwählen und das fertig gedruckte und gebundene Buch nach drei bis fünf Minuten mitzunehmen.

Print-on-Demand bleibt als Verfahren ebensowenig unter sich wie der konventionelle Buchdruck. Längst haben Online-Dienste die Kooperationsmöglichkeiten zwischen Electronic Publishing und Print-on-Demand erkannt und läßt sich dasselbe Buch, das elektronisch abgerufen werden kann, natürlich genauso per Print-on-Demand beziehen. Da wie dort richtet sich das Augenmerk in erster Linie auf die technischen Seiten des jeweiligen Verfahrens. Für die Veröffentlichung entscheidende Umstände wie die bei keiner zeitlichen Beschränkung bis 70 Jahre nach dem Tod eines Autors nicht mehr endende Auflagendauer oder honorarfreie Nebennutzungen von einem für alle Zwecke einsetzbaren digitalen Dokument lösen stillschweigend die bisherigen Rechtsusancen ab. Vor allem Autoren von Selbstzahlerverlagen (in Deutschland: Dienstleisterverlagen) wird die weltweite Verbreitung durch Electronic Publishing weisgemacht und für die Bereitstellung der Veröffentlichung die entsprechende finanzielle Gegenleistung abverlangt. Es kann daher durchaus sein, daß Verlage, die ihre Autoren für die Veröffentlichung gegenüber den tatsächlichen Kosten Phantasiesummen zahlen lassen, Buchpräsentationen bei Buchmessen organisieren (zu denen die Autoren auf eigene Kosten reisen, um vor den anderen Autoren dieser Verlage, die ebenfalls auf eigene Kosten dorthin gereist sind, zu lesen), um deren Bücher bei einer nicht einmal an ihrem eigenen Veranstaltungsort in einem größeren Ausmaß bemerkten Buchmesse wie der nur einmal versuchten »Litera« 2008 in Linz der »Weltöffentlichkeit« vorzustellen.

Der Glaube an eine weder örtlich noch virtuell tatsächlich existierende Leserschaft könnte ohne die Umsetzung in ein körperlich vorhandenes Buch nicht funktionieren. Auch die Autorenlesung vom Laptop weg und die Buchvorstellung via Projektion sind nur wenig attraktiv. In seltenen, zumeist nicht auf Literatur, sondern auf Sachtexte bezogenen Fällen, wo technisches Trägermaterial zum Lesevortrag herangezogen wird, betont es mehr den beiläufigen Charakter oder die Vorläufigkeit eines Ergebnisses, als man von einer fertigen abgeschlossenen Publikation ausgehen möchte, und wo Texte ohne einen visuellen Grund projiziert werden, löst es eher Verwunderung aus, als es zur besseren Vermittlung eines Textes dient.

So oder so ist das Print-on-Demand-Verfahren eine Randerscheinung in der gewerblichen Verlagstätigkeit und wird dem Digitaldruck weder bei der Herstellung von Büchern und Zeitschriften noch bei anderen Drucksorten der Vorrang eingeräumt. Sobald es um mehr als kleine Auflagen und Mehrverkäufe von Büchern geht, endet seine Rolle. Und selbst die so imposant in Erscheinung tretende Espresso Book Machine kann bestenfalls ein Ergänzungsangebot zum bestehenden Buchhandel sein. Der zehnte Käufer eines Buches muß bereits eine halbe bis ganze Stunde in der Espresso Book Machine-Buchhandlung auf sein Buch warten, und mehr als zwischen ein- bis zweihundert hergestellte und verkaufte Exemplare Tagesleistung sind bei einer 9-Stunden-Öffnungszeit einer mit einer Espresso Book Machine ausgestatteten On-Demand-Buchhandlung nicht möglich.

Für die Wissenschaft, für die Book-on-Demand eigentlich die publizistische Idealform darstellen müßte, scheint sich am ehesten die Ablöse durch Netzveröffentlichungen abzuzeichnen, wodurch zwar Print-on-Demand-Bestellungen nicht ausgeschlossen sind, ihnen aber der Stellenwert von Kopien für Materialsammlungen zu wissenschaftlichen Forschungszwecken zukommt. Bemerkenswert ist diese Bevorzugung des Netzes gegenüber Print-on-Demand-Publikationen in der Wissenschaftspublizistik vor allem deshalb, weil selbst in der Wissenschaft und Forschung das Argument der Auffindbarkeit mehr wiegt als die Gefahr mit veralteten (und falschen) Ergebnissen ständig in Verbindung gebracht zu werden und bleiben zu müssen und es das Problem der Parallelität alter und neuer Veröffentlichungen zu ein und demselben Forschungsgegenstand offenbar weniger gibt als den Wunsch nach ständiger öffentlicher bzw. medialer Präsenz.

Als Nebenprodukt von Netzpublikationen hat Print-on-Demand eine gesichertere Zukunft vor sich als der konventionelle Buchdruck. Andererseits liegt die Stärke des konventionellen Buchdrucks und des Buchs in seiner herkömmlichen Form in seiner Verbindung zwischen individueller Gestaltung und individuellem Inhalt. Diese Stärke weist Print-on-Demand nur bedingt auf, da bei der Wiedergabequalität Abstriche und bei der Angebotsbreite Einschränkungen gemacht werden müssen. Und beim Netz und sonstigen elektronischen bzw. digitalen Wiedergabemöglichkeiten reduziert sich der Gestaltungsspielraum überhaupt auf das dem Buchinneren, dem Kern, vergleichbar am Bildschirm Gezeigte, die darüber hinausgehende Ausstattung ist an die jeweils verwendete, für alle gezeigten Inhalte gleiche Hardware gebunden.

Wieviel Buch im Netzzeitalter bleibt, wieviel Print-on-Demand der Buchdruck braucht, wieviel Netz und Smart-Phones, Notebooks, Laptops und Lesegeräte sich miteinander vertragen und sich das Netz, den Buchmarkt und den elektronischen Gerätemarkt der Textträgermedien wie untereinander aufteilen, ist schon seit längerem Gegenstand von Positionierungen und Prognosen. Über die Inhalte der Trägermedien redet kaum noch jemand. Und niemand kann oder will sich mehr daran erinnern, daß nach der Ankündigung der Ablöse der alten Medien durch die Neuen Medien Mitte der 1990er Jahre die Frankfurter Buchmesse eine Neue-Medien-Halle nach der anderen aufgesperrt hat, die sie in den Folgejahren wieder geschlossen hat und weniger die Ablöse der alten durch die Neuen Medien eingetreten ist, als ein Wettbewerb um die Anteile am Buch- und Medienmarkt die Folge dieser Ankündigung war. Mit dem häufig auftretenden Begleitumstand, daß logische und praktische Weiterentwicklungen wie die vom Laser- und Tintenstrahldrucker und Fotokopierer zum On-Demand-Druckverfahren eher stillschweigend zur Kenntnis genommen und Erkundungswege in Sackgassen bis zum letzten Augenblick als Herausforderungen und Chancen offeriert wurden.

Jeder Nichtanwendung Neuer Medien steht die Drohung ins Haus, von den nächsten Generationen abgeschnitten zu leben. Keine Begründung ist zu weit hergeholt, daß sie nicht die Notwendigkeit der Verwendung Neuer Medien unter Beweis stellen

könnte. Die »Rettung« verloren gegangener Bestände bei Über-
schwemmungen (Dresden 2002), Bränden (täglich ein historisches Gebäude in Europa) und Einstürzen (Kölner Stadtarchiv
2009) wäre bei rechtzeitiger Digitalisierung erfolgt und der Re-
genwald und andere Wälder müßten nicht zur Buchherstellung
abgeholzt werden. Negativbegleiterscheinungen der Neuen Medien wie das Anwachsen des Alt-Geräte-Müllberges existieren
andererseits in der Wahrnehmung der Betreiber und Befürworter
von neuen Medieneinrichtungen nicht. Eine weitere augenfälli-
ge Ungleichheit bei der Präsentation und Wahrnehmung Neuer
Medien und von Büchern besteht darin, daß von Neuen Medi-
en im Zusammenhang mit technischen Neuerungen berichtet
wird, Bücher hingegen durch Besprechungen vorgestellt werden,
die Berichterstattung über Neue Medien dient der Know How-
Vermittlung, die Berichterstattung über Bücher der Vermittlung
ihrer Inhalte, mit dem Nachteil für Bücher gegenüber den Neuen
Medien, daß sie dadurch als veraltet gelten und dem Vorteil, daß
zum Öffnen und Lesen des Buches keinerlei technische Vorkennt-
nisse notwendig sind, technische Anwendungen aber immer ein
aktuelles Wissen über Systeme und Methoden und das Vorhan-
densein der entsprechenden technischen Ausrüstungen voraus-
setzen.

Viel entscheidender als die zumeist nur noch für Insider interessanten Entwicklungsstufen für die Durchsetzung der einen
gegenüber den anderen Medien ist, ob neue Handlungen und
Rituale an die Stelle der bisherigen treten. Das in Unmengen vorhandene Digitalbild (mehr noch als die zuvor in Unmengen vorhandenen Dias zur Gestaltung von nicht mehr enden wollenden
Dia-Abenden) wird sich vielleicht niemand am Bildschirm an die
Wange oder ans Herz drücken und mit dem ans Herz gedrück-
ten Bild am Bildschirm einschlafen wollen. Das gilt genauso für
den sozialen Umgang mit dem Buch, für die Bücherwand, die als
stummer Zeuge dient, daß man sich in einer Anwaltskanzlei und
in keinem Verkaufsbüro einer Auto-Leasingfirma befindet, wie

für das Lesen im Bad, im Bett, am Klo, im Stehen, Liegen, Sitzen, bei allen Gelegenheiten, in allen Lebenslagen und an jedem Ort, wie zum Beispiel heimlich mit der Taschenlampe unter der Bettdecke, was mit einem Reader sicher viel leichter als mit einem Buch in der einen Hand und einer Taschenlampe in der anderen Hand möglich ist. Ob man ein Lesegerät aber auch dafür verwenden wird, hängt nicht von seinen technischen Voraussetzungen ab, sondern davon, was man mit dem jeweiligen Gerät und seiner jeweiligen technischen Ausstattung verbindet.

Wann und wie und ob überhaupt die schon länger angekündigte Medienkonvergenz, die mediale Verschmelzung bzw. die Zusammenführung der Aufruf- und Abspielmöglichkeiten aller Medien- und Kommunikationsangebote auf jeweils einem Gerät, zutrifft, ist heute noch genauso offen wie zum Zeitpunkt ihrer Ankündigung vor zehn, zwanzig und mehr Jahren. Das nicht mehr benötigte Buch, das papierlose Büro und die Texte ohne Autor haben mittlerweile auch schon die ersten 15 Jahre hinter sich. Einiges hat nicht aufgehört sich fortzusetzen, etliches ist dazugekommen, nicht einmal das gedruckte Lexikon hat sich bisher durch Datenbanken und digitale Lexikon-Angebote erübrigt, und manche der im Print-on-Demand-Verfahren hergestellten Paperback-Ausgaben sind noch immer graphisch so schreibmaschinenhaft und gewellt und spröde wie in den Anfangszeiten des Digitaldrucks und Desktop-Publishing (der am Computer hergestellten Druckvorlage), aber meist mit Fadenheftung statt mit Klebebindung am Buchrücken zusammengehalten, so daß einem die Seiten nicht mehr schon beim ersten Aufschlagversuch aus dem Buch entgegenspringen, wodurch für eine völlig unnötige Haltbarkeit des von der Satz-, Druck- und Papierqualität her nicht auf Dauer eingerichteten Restes gesorgt ist.

Der großformatigen Zeitung fehlt es im Reader an Fläche und in der Umgebung an Verständnis, warum man sich ohne Grund so ausbreiten muß, aus 700 Seiten in Buchform werden am Reader 1.400. Eindeutige Antworten auf die meisten grundlegenden

Fragen wie die folgenden sind weiterhin offen: Die Arbeitskosten, Betreuungskosten, Lieferkosten für Online-Angebote und Bestellungen übernimmt wer? Die Bezahlung der Verlage und Autoren für Rechtenutzungen sieht wie aus (der derzeit größte Anbieter von Volltext am Netz hat den originellen Vorschlag zur Abgeltung und Honorierung per Beteiligung an den Werbeeinnahmen in die Diskussion eingebracht)? Zum gleichzeitigen Lesen, Zuhören, Zusehen, Denken, Schreiben, Reden und Handeln wird welche Generation imstande sein?

An den Hauptqualifikationen, warum ein Buch ein gutes Buch ist, wird sich nicht viel ändern. Das wird zwar gerade beim Buch nicht unwesentlich durch den Materialwert bestimmt, vor allem deshalb, weil sich der Text in der Buchgestaltung und Buchausstattung fortsetzt. Letztlich wird ein Buch aber nur dann bestehen können, wenn es die inhaltlichen Voraussetzungen dazu mitbringt; die von Kategorie zu Kategorie anders zu definieren sein werden, aber trotzdem bei jeder Zielgruppe eingelöst werden müssen, auf sprachlich anspruchslosem Niveau genauso wie auf sprachlich höchstem. Verbreitet ein sich als reißerischer Thriller präsentierender Text Langeweile, wird er nicht überzeugen. Bietet sich ein mehr auf einer sprachlichen als einer Handlungsebene angesiedelter Text ohne sprachliche Attraktivität an, wird er weder bei einem an Handlungen noch bei einem an Sprachkunstwerken interessierten Publikum Gefallen finden.

Nach ihrer Etablierungsphase, in der die Neuen Medien hauptsächlich sich selbst zum Inhalt gehabt haben, hat bei den meisten Neuen-Medien-Angeboten die Content-Not eingesetzt. Diese Phase ist zwar noch lange nicht abgeschlossen, die Chance auf eine dauerhafte Attraktivität Neuer Medien ist aber sicher nur bei Nutzung der bestehenden nicht-virtuellen Angebote möglich und ihrer dabei größtenteils auf deren Ab- und Nachbildung beschränkten Rolle. Mit einer solchen Rolle wird man sich als Vertreter der digitalen Medienwelt schon deshalb nicht zufrieden geben können, weil es nach soviel investierter Energie und soviel investiertem Kapital im Ergebnis zu mehr kommen muß als nur zum einen oder anderen zusätzlichen Reproduktionsverfahren. Warum aber ein per Link erweiterter Text mehr Gehalt haben soll als ein hermetisch abgeriegelter Text Faszination ausüben kann, ist weder auf den Einzelfall bezogen noch generell beantwortet. Wie zahlreich die Möglichkeiten auch immer sein werden, Texte mit Tönen, Filmen und Subtexten auszustatten, sie zu verknüpfen und ihren Lesern, Sehern und Hörern Interventions- und Um- und Neugestaltungsmöglichkeiten zu geben, wer einen Film im Ganzen sehen, ein Musikstück im Ganzen hören oder sich auf einen Text ganz einlassen will, wird weiterhin nach dem dafür geeigneten Medium suchen und erst danach an Zusatzinformationen oder Übertragungen auf andere Medien (›Der Film zum Buch‹ etc.) interessiert sein.

Vielleicht wird sich der zukünftige Gebrauch von Medien vom jetzigen deutlich unterscheiden und werden ein paar Leute weniger lesen, ein paar mehr, in dieser Bandbreite hat sich der Umgang mit dem Buch in seiner 600-jährigen Bestandsgeschichte immer bewegt. Am Ende der beweglichen Bleiletter ist das neben dem im Maschinensatz und Offsetdruck im Handsatz und auf der Handpresse oder im Tiegeldruck hergestellte bibliophile Buch entstanden. Am Ende des Buchs wird die Wahl der Transportmittel für einen jeweils für ein bestimmtes oder allgemeines Publikum vorgesehenen und veröffentlichten Inhalt um die eine oder andere Variante zugenommen haben, es wird aber weder das Buch verschwunden sein, noch das digitale Medienangebot das nicht-digitale Medienangebot und umgekehrt das nicht-digitale Medienangebot das digitale Medienangebot ersetzen können. Aber auch das muß sich erst als richtig oder falsch herausstellen.

DANIELA STRIGL

Vergessene Bücher

Unter den vielen schönen und guten Büchern, die alljährlich erscheinen, werden wiederum viele, wenn nicht die meisten, vergessen. Liegt das Erscheinen wie das Vergessen schon länger zurück, dann fügen diejenigen, die sich das Erinnern angelegen sein lassen, gern hinzu: »zu unrecht vergessen«.

Besonders viele zu unrecht vergessene Bücher wurden von den Nachgeborenen naturgemäß in dem von den Nationalsozialisten als »schädlich« und »unerwünscht« deklarierten »Schrifttum« ausgemacht, insbesondere im Werk exilierter Autorinnen und Autoren. Vieles von dem, was die Machthaber aussortierten, wurde anschließend vergessen. In seltenen Fällen war es allerdings geschehen, daß Schriftsteller sich gegen das Vergessen ihrer Druckwerke unter anderen Vorzeichen und aus anderen als den üblichen Gründen wehrten – wovon Bertolt Brecht in seinem Gedicht »Die Bücherverbrennung«[1] Bericht erstattet:

> Als das Regime befahl, Bücher mit schädlichem Wissen
> Öffentlich zu verbrennen, und allenthalben
> Ochsen gezwungen wurden, Karren mit Büchern
> Zu den Scheiterhaufen zu ziehen, entdeckte
> Ein verjagter Dichter, einer der besten, die Liste der
> Verbrannten studierend, entsetzt, daß seine
> Bücher vergessen waren. […]

Der hier gemeinte Oskar Maria Graf, der seinen Aufruf »Verbrennt mich!« in der Wiener »Arbeiter-Zeitung« veröffentlichte, protestierte also mit seltenem Mut und Eigensinn dagegen,
daß seine Bücher in einer Liste vergessen worden waren, die
den darin gewissermaßen in einem letzten Akt negativer Publi-
city angeführten Werken garantieren sollte, daß sie künftig aus
Buchhandlungen und Bibliotheken, also aus dem Bewußtsein der
Öffentlichkeit, verschwinden und umso gründlicher vergessen
würden.

Um diese Art *vergessener Bücher* soll es in den hier versammelten Gedankensplittern jedoch gerade nicht gehen. Nicht die
Spezies ist hier von Interesse, das Kollektivwesen der Auflage,
auch nicht das ideelle Geistesgeschöpf, welches das Recht des
Urhebers an dessen Früchten begründet, sondern das Individu-
um, das Buch aus Fleisch und Blut, will heißen, aus Papier und
Druckerschwärze.

Auch das Buch als materielle Erscheinung, das Buch als Ding
kann vergessen werden, wie man Regenschirme vergißt. Man
kann das vergessene, verlegte, verlorene Buch wie einen x-be-
liebigen Gegenstand betrachten, häufig spielt der ideelle Gehalt
dann aber doch in den Vorgang des Vergessens hinein, gibt ihm
einen möglichen Sinn oder entfesselt eine Kausalkette.

So gesehen dürfte es zwischen dem Verlieren eines Buches
und dem Verlieren eines E-Book-Readers eigentlich keinen Unterschied geben. Abgesehen davon, daß beim Verlust eines elektronischen Lesegeräts der materielle Schaden in der Regel größer
und der virtuelle Inhalt schwer überblickbar ist, gibt es wohl,
zumindest für uns, die wir mit Papier und Druckerschwärze
aufgewachsen sind, noch einen Unterschied: Wir betrachten das
Buch als persönlichen Gegenstand, auch wenn wir uns nicht darin eingeschrieben, nichts darin angestrichen haben, als etwas,
was nicht so mir nichts dir nichts zu ersetzen ist. Das Buch ist ein
erotisch besetztes Objekt.

I

In seinen »Vorlesungen zur Einführung in die Psychoanalyse« hat Sigmund Freud in deren erstem Teil über »Die Fehlleistungen« (1916) Vorgänge wie das Versprechen, Verlesen, Verhören als flüchtige und meist bedeutungslose Phänomene im Leben der Menschen charakterisiert:

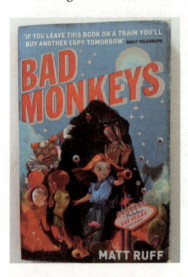

»Nur selten erhebt sich eins davon wie das Verlieren von Gegenständen zu einer gewissen praktischen Wichtigkeit.«[2] Diese weltkluge Beobachtung trifft natürlich auch auf verlorene Bücher zu, und doch ist dem Verlierer oder, wie er nach der geltenden Fassung des Allgemeinen Bürgerlichen Gesetzbuches menschenfreundlicher heißt, dem »Verlustträger« mit dem Verlust eines Buches womöglich nicht nur eine Sache von praktischem, sondern auch von ideellem Wert verlorengegangen, vor allem dann, wenn er seine Lektüre des betreffenden Buches noch nicht abgeschlossen hat.

In einer Zeit, da man Triest von Wien aus mit nur einmaligem Umsteigen *und* nach zumutbarer Fahrtzeit (heute fährt man mindestens elf Stunden) erreichen konnte, fuhr ich zum ersten Mal in die einstige k.u.k. Hafenstadt. Als passende Bahnlektüre hatte ich den berühmten Roman eines Triestiners ausgewählt, Italo Svevos »Zeno Cosini«. Als ich in Triest ausstieg, vergaß ich das Buch im Coupé. (Ich glaube, ich habe damals, ganz in der Welt Svevos angekommen, die auch die des Übersetzers Piero Rismondo war, *Coupé* gedacht, und nicht *Abteil*.) Ich bemerkte das Mißgeschick noch am Perron, aber Zeno Cosini fuhr schon mit anschwellender Geschwindigkeit Richtung Rom. Ich hatte in der Tat das Gefühl, einen mir lieben und ungeheuer interessanten Reisegefährten verloren zu haben, schnöde, ohne Abschied, mit einem schalen, beinahe feindseligen Nachgeschmack. Noch beim Eintauchen in die reizlos qualmenden Vororte Triests hatte ich in dem Buch gelesen. Ich war bis zu jener Stelle gekommen, da Guido, Zenos einstiger Rivale um die Gunst der schönen Ada, zum zweiten Mal einen Selbstmordversuch plant, um wie beim ersten Mal Ada, mittlerweile seine Gattin, dazu zu bewegen, mit ihrem Geld seinen Ruin zu verhindern. Wie sich des armen Guidos Geschick vollenden sollte und wie es dem von verschiedenen nervösen Leiden geplagten Titelhelden weiter erging, erfuhr ich erst acht oder zehn Jahre später: So lange konnte ich mich nicht dazu aufraffen, meine Bahnbekanntschaft mit Signor Cosini fortzusetzen. War es das Bestreben, einen in Aussicht stehenden Genuß möglichst lange hinauszuzögern, so wie man sich feines Konfekt für eine besondere Gelegenheit aufspart, bisweilen auch länger, als es dem Geschmack bekommt? Oder war es die Angst vor einer Enttäuschung? Auch dann habe ich mir das Buch nicht selbst gekauft, sondern zum Geburtstag gewünscht. Offenbar wollte ich mich für meine ohnehin schmerzhafte Vergeßlichkeit nicht auch noch durch das Gefühl der Verschwendung bestrafen. »Das Leben ist weder häßlich noch schön; es ist originell.«[3] So lautet Zeno Cosinis Befund.

II

Eine Reihe der von Freud beschriebenen Fehlleistungen beruht auf einem zeitweiligen Vergessen, wenn zum Beispiel jemandem ein Name entfällt oder er einen gefaßten Vorsatz vergißt. In einer anderen Gruppe dieser alltäglichen Erscheinungen

[...] entfällt diese Bedingung des nur Zeitweiligen, z.B. beim Verlegen, wenn jemand einen Gegenstand irgendwo unterbringt und ihn nicht mehr aufzufinden weiß, oder beim ganz analogen Verlieren. Es liegt da ein Vergessen vor, welches man anders behandelt als anderes Vergessen, über das man sich wundert oder ärgert, anstatt es begreiflich zu finden. (S. 50)

Wer etwas *gründlich vergißt*, so gründlich, daß er es für längere Zeit oder gar nicht mehr wiederfindet, der wundert oder ärgert sich also nach Freuds Auffassung eher über seine Vergeßlichkeit, als wenn er in der Lage ist, sie als sozusagen oberflächliches Versagen, als Folge besonderer Müdigkeit, Aufgeregtheit oder Zerstreutheit zu erklären. Der zerstreute Professor der Karikatur, »der seinen Schirm stehenläßt und seinen Hut verwechselt, weil er an die Probleme denkt, die er in seinem nächsten Buch behandeln wird« (S. 53), ist ein Beispiel, das Professor Freud selber gibt, der im übrigen in seinen einschlägigen Studien auch ganz offen und souverän die eigene Person als Quelle von Fehlleistungen ausbeutet.

Müdigkeit, Nervosität, Ablenkung – diese Erklärungsmuster wären auch für die vergeßliche Bahnfahrerin bequem zur Hand. Freud verwirft freilich die Interpretation des Versprechens oder Vergessens als psychoanalytisch unergiebige »Aufmerksamkeitsstörung«: Schließlich gelängen gerade komplizierte Abläufe, wie etwa das Klavierspielen, am besten automatisch, ohne den einzelnen Schritten besondere Aufmerksamkeit zu schenken, und gerade bei Gelegenheiten oder Dingen, die dem Betreffenden besonders wichtig seien und denen daher dessen Aufmerksamkeit gewiß gelte, passierten die ärgerlichsten und peinlichsten Fehlleistungen. (S. 54)

III

Als ich unlängst, wieder einmal in letzter Minute, einen Vortrag über einen österreichischen Lyriker zu schreiben hatte, nahm ich dessen Buch auf eine dem Vortragstermin ziemlich knapp vorausgehende Reise mit und steckte es auf dem Rückweg in mein Handgepäck, um nur ja auch die Zeit im Flugzeug produktiv zu nutzen. Zu den einzelnen Gedichten machte ich mir auf einem Zettel Notizen, einige halbwegs zusammenhängende Gedanken konnte ich ebenfalls schon festhalten. Zu Hause angelangt stellte ich fest, daß ich das Buch, natürlich samt allen Aufzeichnungen, in der Falttasche des Vordersitzes vergessen hatte. Sofort eingeleitete Ermittlungen blieben ergebnislos: Der broschierte Band sah nicht aus wie ein Wertgegenstand, er war bestimmt in den Altpapiercontainer entsorgt worden. Meine Situation – drei Tage vor dem Vortragstermin ohne Vortrag, ohne Notizen und zu guter Letzt ohne Buch – wurde durch den Umstand verschärft, daß ich den Gedichtband nicht in der nächsten Buchhandlung kaufen konnte, weil er vergriffen war, und daß die germanistische Bibliothek der Universität Wien kein einziges Werk dieses österreichischen Dichters, Walter Buchebner, ihr eigen nennt.

Was hinter dieser Fehlleistung steckt, scheint auf der Hand zu liegen: Besondere Lust, mich nach einer anstrengenden Reise unter großem Zeitdruck diesem Autor und seinem Werk zu widmen, hatte ich offensichtlich nicht. In seinem älteren Aufsatz »Psychopathologie des Alltagslebens« (1901) faßt Freud eine Reihe von Beispielen für das Vergessen von Erlebnissen und Vorhaben in einem »einförmige[n] Ergebnis« zusammen: »*In allen Fällen erwies sich das Vergessen als begründet durch ein Unlustmotiv.*«[4]

Ein solches scheint auch in einer anderen Geschichte eine Rolle zu spielen: Während eines Urlaubs in der Toskana bewohnten mein Mann und ich gemeinsam mit Freunden das Nebengebäude einer Villa. Eines Morgens vermißte mein Mann einen russischen Roman, den er im Garten gelesen hatte. Er beschuldigte uns, ihn an uns genommen zu haben, und war auch durch den Einwand, wir seien der russischen Sprache nicht mächtig, nicht wirklich zu besänftigen. Lange suchten wir gemeinsam vergeblich in Haus und Garten, bis wir schließlich in einem Gebüsch einige zerfetzte Seiten fanden – und das Rätsel gelöst war: Der dort ebenfalls wohnhafte deutsche Schäferhund hatte das russische Buch gefressen. Der Hund, der nächtens frei im Garten laufen durfte und in der Früh diejenigen von uns, die zum Telephon in die Villa gerufen wurden, mit gewissem Erfolg zu jagen pflegte, war die perfekte Besetzung für die Rolle des Bösewichts. Indem mein Mann das Buch im Garten vergaß und so dem Hund förmlich zum Fraß vorwarf, befreite er sich nachhaltig von dem selbstauferlegten Zwang, ein Buch zu lesen, das als toskanische Ferienlektüre denkbar ungeeignet war.

Die hier »gewählte« brutale Methode der Vernichtung legt es indes nahe, auch den von Freud ins Spiel gebrachten Aspekt der Selbstbestrafung durch Vergessen oder auch Vergreifen (Fallenlassen und Zerbrechen von Gegenständen)[5] in Erwägung zu ziehen. Vor allem das in höchster Fertigstellungsnot im Flugzeug vergessene Buch, als das für die zu erbringende Leistung notwendige Rohmaterial, deutet bei näherer Betrachtung eindringlich auf einen Versuch der Selbstbeschädigung hin. Geradezu zwingend wird der Verdacht, wenn man den Umstand in Rechnung stellt, daß die Reisende zugleich die Herausgeberin des wenig sorgsam behandelten Gedichtbands ist.

IV

Das Vergessen von Büchern kann sich nicht bloß gegen den betroffenen *Verlustträger* oder gegen die Zumutung des Buches selbst richten, sondern auch gegen die in ihm symbolisch verkörperte Person, von der es stammt. Freud gibt das Beispiel eines Mannes, der mit seiner Frau vor einiger Zeit eine Ehekrise durchlebte. (S. 76) Die Frau schenkte ihm ein Buch, er versprach, es zu lesen, und verlegte es. »Ein Ding *verlegen* heißt ja nichts anderes als vergessen, wohin man es gelegt hat [...].«[6] Trotz mehrmaliger Suche blieb es monatelang verschollen. Eines Tages erkrankte die Mutter des Mannes schwer, die Frau zog zu ihr, um sie zu pflegen. Erfüllt von Dankbarkeit und Liebe für seine Frau, kam

der Mann eines Abends nach Hause, öffnete, ohne darüber nachzudenken, eine bestimmte Schreibtischlade und fand darin das
lange gesuchte Buch.

Der halb verdrängte Wunsch, die Gattin loszuwerden, wird
über ihr Geschenk befriedigt, die vom Sprichwort vorgegebene
Devise »Aus den Augen, aus dem Sinn« funktioniert aber nicht,
sein schlechtes Gewissen läßt den Ehemann das verlegte Buch
immer wieder suchen. Erst durch die insgeheime Versöhnung mit
der Geberin ist die Verbannung des Buches überflüssig – und der
Bann gebrochen.

Unter allen Fehlleistungen sieht Freud das Verlieren und Verlegen als besonders vieldeutig an: Daß man etwas verlieren *wollte*, ist immer der Fall, als mannigfaltig aber erweist sich das Warum und Wozu. (S. 95) Eine Erklärung für ein bemerkenswertes
eigenes Erlebnis mit einem verlegten Buch oder jedenfalls Druck-
werk findet Freud erst nach hartnäckiger Selbstbefragung, in der
er erstaunlich viel von sich preisgibt. Dabei schickt er voraus,
daß er auf seinem Schreibtisch gewöhnlich »wohl orientiert« sei
und »das Gesuchte mit einem Griff hervorzuholen« wisse:

> Was anderen als Unordnung erscheint, ist für mich historisch gewor-
> dene Ordnung. Warum habe ich aber unlängst einen Bücherkatalog,
> der mir zugeschickt wurde, so verlegt, daß er unauffindbar geblieben
> ist? Ich hatte doch die Absicht, ein Buch, das ich darin angezeigt
> fand, »Über die Sprache«, zu bestellen, weil es von einem Autor
> herrührt, dessen geistreich belebten Stil ich liebe, dessen Einsicht in
> der Psychologie und dessen Kenntnisse in der Kulturhistorie ich zu
> schätzen weiß. Ich meine, gerade darum habe ich den Katalog ver-
> legt. Ich pflege nämlich Bücher dieses Autors zur Aufklärung unter
> meinen Bekannten zu verleihen, und vor wenigen Tagen hat mir je-
> mand bei der Rückstellung gesagt: »Der Stil erinnert mich ganz an
> den Ihrigen, und auch die Art zu denken ist dieselbe.« Der Redner
> wußte nicht, an was er mit dieser Bemerkung rührte. Vor Jahren, als
> ich noch jünger und anschlußbedürftiger war, hat mir ungefähr das

Nämliche ein älterer Kollege gesagt, dem ich die Schriften eines bekannten medizinischen Autors angepriesen hatte. »Ganz Ihr Stil und
Ihre Art.« So beeinflußt hatte ich diesem Autor einen um näheren
Verkehr werbenden Brief geschrieben, wurde aber durch eine kühle
Antwort in meine Schranken zurückgewiesen. Vielleicht verbergen
sich außerdem noch frühere abschreckende Erfahrungen hinter dieser letzten, denn ich habe den verlegten Katalog nicht wiedergefun-
den und bin durch dieses Vorzeichen wirklich abgehalten worden,
das angezeigte Buch zu bestellen, obwohl ein wirkliches Hindernis
durch das Verschwinden des Kataloges nicht geschaffen worden ist.
Ich habe ja die Namen des Buches und des Autors im Gedächtnis
behalten.[7]

Im Falle Freuds genügte es, den Katalog dauerhaft zu verlegen,
also: zu verlieren, um sich den bewunderten wissenschaftlich-
literarischen Doppelgänger in Form seiner jüngsten Publikation vom Leib zu halten, es war dazu nicht nötig, Buchtitel
und Autornamen zu vergessen, die Freud gleichwohl dem Leser
vorenthält. Es dürfte sich wohl um Fritz Mauthner und seine
»Beiträge zu einer Kritik der Sprache« gehandelt haben, deren
drei Bände 1901/1902 erschienen. Freud liefert hier ein doppelt
fundiertes Beispiel für das, was der Literaturtheoretiker Harold
Bloom – auf Freuds Spuren – viel später »Einflußangst« genannt
hat (»The Anxiety of Influence: A Theory of Poetry«, 1973), und
dem hier auch noch eine narzißtische Kränkung des aufstreben-
den und *anschlußbedürftigen* Wissenschaftlers zugrunde liegt.
    In einer Fußnote schlägt Freud an dieser Stelle außerdem vor,
»vielerlei Zufälligkeit«, die man seit Friedrich Theodor Vischers
Dictum der »Tücke des Objekts« zuschreibe, ähnlich zu erklären. Gegen diese in den allgemeinen Sprachgebrauch eingegan-
gene Wendung polemisierte auch Ludwig Wittgenstein (für den
Fritz Mauthners Sprachphilosophie ebenfalls wichtig war), ihm
erschien die Vorstellung von beseelten Objekten als ein »dummer
Anthropomorphismus«. Wer je ein Buch gesucht und verflucht

hat, das er vor kurzem noch in Händen hielt und das sich nun in Luft aufgelöst zu haben scheint, wird trotz diesen Warnungen Berufener geneigt sein, eher an eine Tücke des Objekts zu glauben als an komplexe Verbergungs- und Verhüllungsstrategien des eigenen Unbewußten.

V

Man kann natürlich – und damit entfernen wir uns aus dem unmittelbaren Einflußbereich der Psychoanalyse – auch absichtlich etwas »vergessen«. Man kann Bücher, die man loswerden möchte, auf einer Parkbank oder in der U-Bahn liegenlassen und auf einen glücklichen Finder hoffen. Denn Bücher einfach wegzuwerfen erfordert bei den meisten Lesern ein erkleckliches Maß an Überwindung. Ich zum Beispiel lege überflüssigen Lesestoff von Zeit zu Zeit ins Stiegenhaus und staune, was da alles Interessenten findet.

Wer auch bei einer so anarchischen Tätigkeit wie dem altruistischen Bücherverlieren nach Ordnung strebt oder sich einem größeren Ganzen anschließen will, der kann sich an die »Bookcrosser« halten: Die betreiben das Bücherausstreuen seit 2001 planmäßig und weltweit. Bookcrosser deutscher Zunge bringen zu diesem Zweck im zur freien Zirkulation vorgesehenen Objekt ein Etikett an, das besagt: »Dieses Buch wurde nicht vergessen oder verloren, sondern mit Absicht hinterlassen, damit es gefunden wird. Die vorherigen Leser würden gerne wissen, wohin seine Reise führt.« Deshalb wird der Finder gebeten, seinen Fund auf einer Seite im Netz (www.bookcrossing.com) unter einem Pseudonym zu melden. Als »weltweites Forum zum Lesen, Tauschen und Freilassen von Büchern« hält Bookcrossing heute über sechs Millionen Bücher in Bewegung. Dabei neigen die Aktivisten nicht zur Anthropomorphisierung des Objekts, sondern zu dessen Bestialisierung oder neutraler: Animalisierung. Das Buch mutiert vom lieblos ausgesetzten Gegenstand zum Wildtier, das

»in die Wildnis entlassen« werden soll: »Befreit die Bücher! Regalhaltung ist Buchquälerei!«[9]

Kann man sich einen solchen Appell zugunsten von E-Book-Lesegeräten vorstellen?

VI

Auch »wirklich« vergessene Bücher haben ihre Finder, die als frohlockender Teil des Handels hier bisher zu kurz gekommen sind. Als Kind kam ich auf diese Weise in den Besitz von Ebner-Eschenbachs »Krambambuli«. Ein Besuch hatte die schmale, kartonierte Ausgabe der Novelle bei uns vergessen. Ich war von der Geschichte tief beeindruckt – nur leider war die letzte Seite tückischerweise herausgerissen. Damals wußte ich freilich noch nicht, daß nur eine einzige Seite fehlte. Diese Geschichte über den zwischen zwei Herren hin- und hergerissenen Hund entscheidet sich ja erst ganz zum Schluß, im vorletzten Absatz. So mit einem Schlag aus der Erzählung zu stürzen, das war, daran erinnere ich mich, ein großer Schmerz und ein kleines Aufatmen. Denn irgendwie schwante mir schon, daß das Ganze auch ganz schlecht hätte ausgehen können. Für mich, die ich um das Ende gebracht worden war, blieb Krambambuli lebendig. Jedenfalls einige Jahre lang. Diesmal weiß ich genau, warum mir nichts daran lag weiterzulesen.

Ein ungetrübtes Vergnügen bescherte meiner Schwester und mir ein anderer Fund während der Sommerferien: Unsere Vorgänger hatten im Pensionszimmer eine (gottlob komplette) »Peter Pan«-Ausgabe vergessen. Wir freundeten uns mit dem Helden umso stürmischer an, als wir den Verdacht hatten, daß unsere Eltern uns das Buch wegen seiner comicartigen Illustrationen wohl nicht gekauft hätten. Hinkünftig machte meine Schwester es sich zur Gewohnheit, in Hotelzimmern die Nachttisch-Lade daraufhin zu untersuchen, ob sie nebst der obligaten Bibel noch ein anderes Buch enthalte – bis sie Jahre später, als Erwachsene, für ihre Hartnäckigkeit belohnt wurde: mit dem Erzählband »Fahrgäste« von Nino Erné, ein Buch, über das sie noch heute ins Schwärmen gerät. Nino Ernés Vater war übrigens Triestiner. Das erwähne ich nur, weil das Leben originell ist.

VII

In Pawel Huelles wunderbar klugem und elegantem Roman »Castorp« (2004) wird ein vergessenes, besser gesagt, ein gefundenes Buch zum Angelpunkt des Geschehens. Der Held, ein Hamburger, der im Jahr 1904 in Danzig Schiffsbau studiert – jawohl, der Castorp aus Thomas Manns »Zauberberg«, bevor er dort oben angelangt –, verliebt sich in einem nahen Seebad von Ferne in eine polnische Dame, die sich daselbst mit einem russischen Offizier trifft. Er geht den beiden bis in ihr Hotel nach und nimmt ein Päckchen an sich, das auf der Theke der Rezeption liegen geblieben ist und offensichtlich als Geschenk des Herrn an die Dame gedacht war. Castorp ist sich dessen bewußt, daß er das Päckchen nicht eigentlich *gefunden*, sondern »wie ein kleiner Taschendieb«[10] entwendet hat, denn der Offizier hatte sich nur kurz zur Dame gewandt, beide waren noch in Rufweite gewesen.

Zu Hause in Danzig legt Castorp das Päckchen, offenkundig ein Buch, ungeöffnet in eine Schublade und nimmt sich vor, es eines Tages an das Hotel zu schicken, mit der Anmerkung »›In Zimmer 7 gefunden, an dem und dem Tag …‹ Er konnte nicht ahnen, wie folgenschwer diese Idee sein würde.« Getreu dieser Ankündigung des allwissenden Erzählers wird das Buch zum Katalysator einer heftigen Kettenreaktion des Helden mit der Welt. Als er sich eines Abends nicht mehr beherrschen kann, packt er das Buch aus und stellt zu seiner Überraschung fest, daß es sich nicht um russische oder sonstwie exotische Literatur handelt, sondern um eine deutsche Ausgabe der »Effi Briest«, einen Roman, dessen Lektüre er schon einmal aus Langeweile abgebrochen hat. Nun aber geschieht (gleichsam in einer Umkehrung der von Freud wiedergegebenen Geschichte des verlegten Buches) über die Person, für die das Geschenk ursprünglich bestimmt war, eine positive Identifikation mit Theodor Fontanes Roman: »Effi Briest« löst bei dem jungen Mann zunächst die Wahrnehmung des Parfums der bewußten Dame aus, Veilchen mit einem Hauch Moschus, und dann, zum ersten Mal, das Eingeständnis seiner Affektation gegenüber sich selbst. Durch das »Dickicht der Romanhandlung« hindurch will er zu den Geheimnissen der »verhinderte[n] Leserin« vordringen. So liest Hans Castorp »Effi Briest« in einer Nacht aus. Die Lektüre des Buches markiert einen Wendepunkt in seinem Danziger Studienaufenthalt: Er beginnt, mit einer gewissen inneren Logik, an Schlaflosigkeit zu leiden, vernachlässigt sein Studium, droht sich an das neu entdeckte Chaos seines Innenlebens zu verlieren und gerät in eine unwirkliche karnevaleske Abendunterhaltung, die an Schnitzlers »Traumnovelle« erinnert.

Das Buch, das all das Verstörende ausgelöst hat, erweist sich als erotisches Unterpfand, auf dessen Einlösung der Held (der sich das freilich nicht eingesteht) vergeblich hofft. Zu einer Dreiecksgeschichte, wie in »Effi Briest«, kommt es in Castorps Realität ebensowenig wie zu sexueller Erfüllung. Wie geplant retourniert Castorp der Dame anonym das Buch. Er kauft sich ein zweites Exemplar und benutzt den Roman als – unausgesprochenes – Erkennungszeichen, ohne Erfolg: Beide lesen auf der Terrasse in ihrer »Effi Briest«, doch die Dame spricht Castorp nicht auf diese Auffälligkeit an. Erst ganz am Schluß ergibt sich, unter dem Eindruck eines Verbrechens, eine Aussprache, die zu nichts führt, aber immerhin bestätigt, daß die Polin über Castorps Neigung und Bemühung längst im Bilde war. Zum Andenken schenkt sie ihm ihre »Effi Briest«, also das seinerzeit vergessene Exemplar. Und sie küßt ihn – aber nur auf die Stirn.

Wegen seiner »Effi-Briest«-bedingten Schlaflosigkeit konsultiert Castorp bei Pawel Huelle den russischen Analytiker Doktor Ankewitz, der in Wien studiert und mit dem Thema »Die Heilung von Hysterie nach der Theorie und Praxis von Professor Charcot« promoviert hat. Castorp möchte ein Schlafmittel, Tropfen oder Tabletten, keinesfalls will er sich »analysieren lassen«: »[I]ch gehöre zu der Art von Menschen, die vor diesen neumodischen Dingen Abscheu empfinden.« Weil der Doktor etwas von seinem Fach versteht, gelingt es ihm dennoch, seinen Patienten zum Reden zu bringen.

Unter anderem an Schlaflosigkeit, fällt mir ein, leidet auch Zeno Cosini. Seine Ärzte haben mit ihm jedoch weniger leichtes Spiel: Einer, der alle Krankheiten mit Elektrizität zu heilen verspricht, kann bei Cosini gar keine Krankheit feststellen. Der Psychoanalytiker »Doktor S.«, in dessen Auftrag Cosini seine Aufzeichnungen verfaßt hat, wird von Svevo mit Hilfe seines therapieresistenten Antihelden gnadenlos verspottet. (In Thomas Manns »Zauberberg« ist der Analytiker Doktor Krokowski ebenfalls zu einer leicht komischen Rolle verurteilt.) Am Ende der Behandlung steht Cosinis Erkenntnis: »Im Gegensatz zu allen anderen Krankheiten ist das Leben immer tödlich. Es verträgt keine Kuren.«[11]

Sollte ich mir also überlegen müssen, was es bedeutet, die Fehlleistung des Vergessens just an einem Buch zu erproben, das sich essentiell mit den Erkenntnissen Freuds auseinandersetzt? Das aber viel eher eine Polemik gegen denn eine Reverenz an die Psychoanalyse darstellt. Ich bin verwirrt. Gibt es ein Entkommen? Ein wenig tröstet mich das Motto aus Goethes »Faust« (I, 5. Akt), das Freud seiner »Psychopathologie des Alltagslebens« voranstellte: »Nun ist die Luft von solchem Spuk so voll,/Daß niemand weiß, wie er ihn meiden soll«.

---

1 BRECHT, Bertolt: Die Gedichte in einem Band. Frankfurt/M. 1981, S. 694.
2 Vgl. FREUD, Sigmund: Studienausgabe in XI Bdn. Hg. v. Alexander Mitscherlich, Angela Richards u. James Strachey. Bd. I. Frankfurt/M. 2000, S. 51. Im folgenden im Text mit der bloßen Seitenangabe zitiert.
3 SVEVO, Italo: Zeno Cosini. Aus d. Ital. v. Piero Rismondo. Reinbek b. Hamburg 1993, S. 443.

4 FREUD, Sigmund: Zur Psychopathologie des Alltagslebens. Über Vergessen, Versprechen, Vergreifen, Aberglaube und Irrtum. Berlin ⁵1917, S. 107 (Hervorhebungen im Original).

5 Vgl. FREUD (1917), S. 147f.

6 FREUD (1917) S. 110 (Hervorhebung im Original).

7 FREUD (1917), S. 110f.

8 Vgl. KROSS, Matthias: Klarheit als Selbstzweck. Wittgenstein über Philosophie, Religion, Ethik und Gewißheit. Berlin 1993, S. 122.

10 LOB, Gerhard: Befreit die Bücher! Regalhaltung ist Buchquälerei! In: swissinfo, 1.3.2004, www.swissinfo.ch/ger/Befreit_die_Buecher!_Regalhaltung_ist_Buchquaelerei!. html?cid=3793522 (zuletzt eingesehen: 1.2.2010).

11 HUELLE, Pawel: Castorp. Aus d. Poln. v. Renate Schmidgall. München 2005, S. 127. Die folgenden Zitate S. 127f., S. 139, S. 150.

12 SVEVO (1993), S. 577.

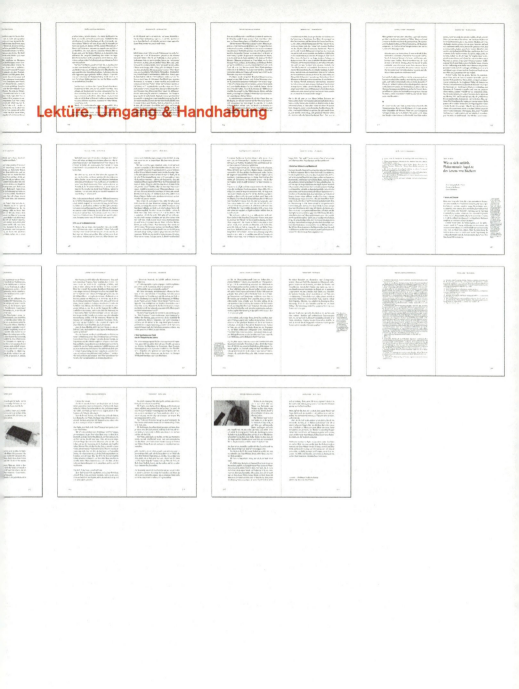

Lektüre, Umgang & Handhabung

BERNHARD FETZ

»Für das Auge Gottes«.
Über Buchhaltungen im
Besonderen und die Lage
des Buches im Allgemeinen

I

Italo Calvinos Roman »Wenn ein Reisender in einer Winternacht« ist eines der schönsten Bücher über Bücher, weil es deren
intellektuelles und sinnliches Moment so leichtfüßig ins Bild setzt.
Gleich zu Beginn ist die Rede von den vielen möglichen Lesehaltungen und Leseumständen:[1] Welche Haltung man gegenüber
einem Buch einnimmt, ob man dabei eine gute Figur macht oder
nicht, hängt entscheidend vom Format und vom Gewicht des jeweiligen Buches ab. Jedes Lesen ist von einem Ritual begleitet,
der Entscheidung für eine liegende, halb liegende oder sitzende
Position, für den Bürostuhl oder die Hängematte; entscheidend
ist das Ausschalten störender Faktoren, ist die richtige Beleuch-
tung, beim Lesen im Freien an einem Sommernachmittag etwa
ist es die Suche nach dem idealen, wiewohl nie ganz erreichbaren
Halbschatten, die dem Lesen vorausgeht. Manche Bücher können
nur über kurze Zeit auf dem Rücken liegend gelesen werden, zu
groß ist die Gefahr von unliebsamen Zusammenstößen zwischen
Buch und Kopf im Falle kurzzeitigen Einnickens: Kunstkataloge,
Atlanten, Lexika, mitunter auch dicke Romane bedürfen der fes-
ten Unterlage und erzwingen den Blick von oben auf das unter
einem liegende Buch. Sie schränken die möglichen Lesehaltungen

entscheidend ein. Den mittelalterlichen Mönch können wir uns kaum mit einem Buch in den Händen liegend in seiner Kemenate vorstellen, Abbildungen zeigen ihn meist sitzend über schweren Büchern (was natürlich auch der religiösen und politischen Dimension der Buchlektüre im Mittelalter geschuldet ist).

Welch Kontrast in jeglicher Hinsicht zum Pixie-Buch, jener genialen Erfindung des federleichten, in jede Kindertasche passenden Kinderbuches, das 1948 zum ersten Mal in Toronto erschien. Es erfüllt zwar nicht die von der UNESCO geforderte Mindestnorm von 49 Seiten für ein vollgültiges Buch, nichtsdestotrotz ist das Pixie-Buch ein Buch, UNESCO hin oder her. Das Pixie-Buch ist in jeder Lage zu lesen, ist es doch nur 10 mal 10 cm groß, wiegt ungefähr 20 Gramm und bringt es auf 24 farbige Seiten. Mit den Pixie-Büchern scheint die vollkommene Bücher-Demokratie erreicht: Sie sind für Kinder ab etwa drei Jahren geeignet, eine kleine Pixie-Buch-Bibliothek lässt sich problemlos überallhin mitnehmen und man findet die kleinen quadratischen Exemplare auch dort, wo es sonst eher wenige oder keine Bücher zu kaufen gibt. Außerdem sind die Pixie-Bücher Lese- und Vorlesebücher und auf Grund der gezeichneten Geschichten natürlich auch Schaubücher.

Zumal Kinder- und Jugendbücher zeichnet eine erstaunliche Vielfalt an Formaten, Ausstattungen und Gestaltungsvarianten aus. Eines meiner Lieblingsvorlesebücher für kleine Kinder ist ein großformatiges amerikanisches Kinderbuch mit dem Titel »No, David!« von David Shannon.[2] Es reiht auf 29 sehr eindrucksvoll gezeichneten Seiten lauter typische Verbotsszenen aneinander, denen immer ein Verbotssatz auf dem Fuße folgt: Von »Come back here, David!« über »Settle down!« bis zu »Not in the house, David!« oder »Don't play with your food!«. Das fordert zur freien Übertragung ins Deutsche heraus und zu pantomimischen Begleitungen des Gehörten und Gesehenen. Bücher wie dieses besitzen performative Qualitäten, sie provozieren ganz verschiedene Arten des Zuhörens. Dazu gehört zum Beispiel auch das

vehement eingeforderte schnelle Vorblättern bis zur Lieblingssei-
te, bevor dann mit gemessenem Rhythmus das Buch von vorne
bis hinten durchschritten werden kann, jeweils begleitet von der
variierenden Wiederholung der Verbotssätze. Diese Form zugrei-
fender Buchlektüre ist am Bildschirm nur schwer vorstellbar, das
geht einfach nur mit Büchern. Man muss sie angreifen können,
um sie ganz zu erobern.

Bücher in handlichem Format mit vor allem Textseiten lassen sich hingegen auch in einer gewissen Entfernung von den
ZuhörerInnen vorlesen. Das Buch gewinnt hier eine seiner ältesten Funktionen, indem es zum Träger einer außergewöhnlichen
Geschichte wird, die in einer fast archaischen, ans Lagerfeuer
erinnernden Situation wirksam wird. Der Schriftsteller David
Guterson, berühmt geworden mit seinem Roman »Schnee, der
auf Zedern fällt«, hat dieses archaische Bild vom Schriftsteller
als Geschichtenerzähler ausgemalt. Es ist Ausdruck der demokratischen und sozialen Auffassung, die viele amerikanische
Schriftsteller von ihrer Rolle haben. Das Bild ist einfach und weit
entfernt von der raffinierten Selbstreferenzialität jener »postmo-
dernen« Literatur, für die Calvinos Buch steht: Um ein Lagerfeuer herum sitzen Menschen, es ist Nacht und es ist kalt. Einem
von ihnen, dem Geschichtenerzähler, kommt es zu, die Anwesenden zu unterhalten. Aber welche Geschichte soll er erzählen? Sie
muss unterhaltend und belehrend sein. Indem die ZuhörerInnen
sich in der erzählten Geschichte erkennen, tragen sie leichter an
der individuellen Lebenslast:

> Wenn sie das Lagerfeuer in dieser Nacht verlassen, dann sollten sie
> etwas gehört haben, das ihnen hilft zu überdauern, den nächsten Tag
> anzugehen und zu ertragen, und das Beste, was in diesem Stamm
> steckt, sollte durch meine Geschichte ermutigt werden [...]. Das ist
> meine Rolle, mein Ziel als Schriftsteller.[3]

Für Kinderbücher gilt Ähnliches. Wenn das Vorlesen gelingt (wenn es zum Beispiel nicht durch unmögliche Formate empfindlich gestört wird), dann ermutigen Bücher das Beste in Kindern und Erwachsenen. Dabei unterfordert Kinder sträflich, wer sie nur zur moralischen Rechtschaffenheit anstiften möchte, Kinder sind Zuhörer, die vom Lagerfeuer immer wieder aufspringen, die ständig nachfragen, die sich misstrauisch periodisch vergewissern müssen, ob das Vorgelesene auch mit dem Gedruckten übereinstimmt. Ihre Haltung Büchern gegenüber ist zugleich kritisch, lustvoll und identifikatorisch, also weitaus anspruchsvoller und differenzierter, als es Gutersons Bild vom Lagerfeuer insinuiert.

II

Zum Besten, zu dem uns Bücher ermuntern sollen, gehört natürlich die Liebe. Einer der vielen Aspekte des Bücherlesens, die Italo Calvino in seinem Roman ins literarische Verwirrspiel bringt, ist die Verwandtschaft der Begriffe »Buch«, »Lektüre« und »Liebe«:

> Heute seid ihr einander Gegenstand der Lektüre, jeder liest im anderen seine ungeschriebene Geschichte. Morgen, Leser und Leserin, wenn ihr dann noch zusammen seid, wenn ihr gemeinsam zu Bett geht als wohletabliertes Paar, wird jeder von euch die Lampe an seinem Kopfende anknipsen und sich stumm in sein Buch vertiefen; zwei parallele Lektüren werden das Nahen des Schlafes begleiten; nach einer Weile löscht ihr das Licht, erst du und dann du; als Rückkehrer aus getrennten Welten findet ihr flüchtig im Dunkel zusammen, wo alle Distanzen verlöschen, bevor auseinanderstrebende Träume euch wieder davonziehen, dich in die eine und dich in die andere Richtung. Aber spottet nicht über diesen idyllischen Ausblick auf eheliche Harmonie: Welches schönere Bild eines glücklichen Paares könntet ihr ihm entgegensetzen?[4]

Das Buch hat mit Intimität und Öffentlichkeit gleichermaßen zu tun, mit Aus-der-Welt- und In-der-Welt-Sein. Calvinos Hohelied der (Bücher-)Liebe ist ein relativ junges Phänomen in der Geschichte menschlicher Intimität. Die Bücher des Mittelalters und der frühen Neuzeit repräsentierten das Gewicht der Welt, der Natur und der Existenz Gottes, davon zeugen nicht zuletzt ihre Ausstattung und ihr Umfang. Noch weit entfernt ist die von Calvino geschilderte Idylle trauter Bücherzweisamkeit. Das Intime war vielmehr über Jahrhunderte das Geheime, das Verbotene: Im Geheimen gelesen wurden Bücher, die auf dem »Index Librorum Prohibitorum« standen, der in erster Linie der Abwehr protestantischen Gedankengutes diente und erst 1966 offiziell von Papst Paul VI. abgeschafft wurde, der sich aber zusehends auch gegen Bücher erotischen und pornografischen Inhalts richtete.

Im Jahre 2003 brachte der DuMont Verlag einen Band mit sechzehn legendären pornografischen Sonetten des Pietro Aretino heraus.[5] In dieser Prachtausgabe im Großformat kommt das für die Pornografie entscheidende Verhältnis von Bild und Text besonders zum Tragen, korrespondieren doch der originale Wortlaut der Sonette bzw. die freien Übertragungen durch Thomas Hettche mit den Faksimiles der originalen Kupferstiche, wodurch die Spannung zwischen Schaulust und erregender Umschreibung fühlbar wird. Angesichts der Umstände der Entstehung dieses Buches und seiner Wirkungsgeschichte sehen unsere heutigen Buchskandale alt aus. Pietro Aretino hatte seine berühmten »Modi« Kupferstichen nachgeschrieben, die Marcantonio Raimondi, einer der bekanntesten Kupferstecher seiner Zeit, ausgerechnet von Zeichnungen abgenommen hatte, die die Wände der »Sala di Constantino« im Vatikan zierten. Ins Zentrum kirchlicher Macht waren diese Zeichnungen deswegen gelangt, weil Giulio Romano, ein Schüler des berühmten Raphael, sauer über eine schlechte Bezahlung seiner eigentlichen Arbeit durch den Papst war. Und so zeichnete er sechzehn Stellungen an die Wände, die zeigten, wie ein Mann eine Frau bestieg; in oft sehr kühnen Varianten, die den Dargestellten einiges an Geschicklichkeit und Kraft abforderten. Das war zu Zeiten des legendären Medici-Papstes Leo X., in den Jahren vor 1520, als sich der Renaissancegeist auf seinem Höhepunkt befand. Aus Protest gegen die Verhaftung des Kupferstechers Raimondi, dessen Freilassung Aretino erwirkte, und vielleicht auch aus dem Kalkül heraus, daraus nicht unbeträchtliches Aufmerksamkeitskapital zu ziehen, schuf Aretino seine Nachdichtungen zu den Stichen. Das Buch wurde sofort verboten und verbrannt, sein Urheber 1525 sogar niedergestochen. Aretino überlebte die Attacke.

Die »Modi« wurden legendär, existierten als Phantasma in den Köpfen und in unzähligen Bearbeitungen weiter. Gerade weil die Originalausgabe verschwunden blieb, konnten der Name Aretino und der Ruhm der »Modi« sich so ausbreiten, dass sie im 17. und 18. Jahrhundert zum Synonym für Pornografie überhaupt wurden. Und dann passierte eine jener Geschichten, die den Schnüffler in Bibliotheken, den Bibliophilen plötzlich aus seinem schattenhaften Dasein heraustreten lassen und ihn mit der Gloriole des Entdeckers verborgener Lustbarkeiten versehen: Das Buch selbst wird zum Lustobjekt, zum Fetisch. Ein gewisser Max Sander, berichtet Thomas Hettche, entdeckte 1929 das wahrscheinlich einzige erhalten gebliebene Exemplar der »Modi« aus Aretinos Zeit, samt den den originalen Kupferstichen nachgebildeten Holzschnitten. Ein Sohn des Dirigenten Arturo Toscanini erwarb das Exemplar und nahm es in die amerikanische Emigration mit, dann verliert sich seine Spur in einem unbekannten Tresor; der Besitzer bleibt anonym, ein einsamer Liebhaber bibliophiler pornografischer Lust. Nur einmal, 1995, erlaubte der unbekannte Besitzer die Ablichtung, was die Grundlage für eine wissenschaftliche Edition der »Modi« in Italien bildete. Hettche malt eine Szene aus, in der dieser einsame anonyme Liebhaber von Zeit zu Zeit, angetan mit weißen Baumwollhandschuhen, seine Geliebte aus dem Tresor befreit, um darin zu blättern: »Aretino mag dieses Exemplar in Händen gehalten haben«, schreibt Hettche, »bei einem Buchhändler am Rialto, wo es unter der Hand verkauft wurde. Vielleicht hat Angela Zafetta, die berühmte Kurtisane, mit der er befreundet war, darin gelesen. Vielleicht teilt sich all das mit, im Rascheln der Seiten und durch den dünnen Stoff der Baumwollhandschuhe.«[6] Bücher sind Lustobjekte, man kann sie angreifen wie den Körper der Geliebten, man kann sich mit zitternden Händen über sie beugen oder, ganz der brutale Zuhälter, sie in irgendeine Ecke schleudern. Die erregende Vorstellung, dass andere vor langer Zeit eben dieses Buch in Händen gehalten haben könnten, dieser Schauer antiquarischer Bücherlust braucht das Objekt aus Papier und Druckerfarbe.

Das Lesen von Büchern wurde im Laufe des 18. Jahrhunderts zu einem demokratischen Vorgang, der Zugang und die Lektüre von Büchern bedeutete die Teilnahme an einer Öffentlichkeit, die sich wesentlich über Gedrucktes formierte. Andererseits aber, als stille Opposition gegen politische Willkür, religiösen Dogmatismus und hartherzige Erziehungsmethoden, wurde Lesen zu einem Akt privater Selbstvergewisserung, und die Bücher wurden zu (un-)heimlichen Freunden:

> Vor dem Hause, wo Antons Vater logierte, bis nach dem Gesundbrunnen und der Allee dabei, war ein ziemlich weiter Weg. Anton schleppte sich demohngeachtet mit seinem schmerzenden Fuße, das Buch unterm Arm, hinaus, und setzte sich auf eine Bank in der Allee, wo er im Lesen nach und nach seinen Schmerz vergaß, und bald nicht nur auf der Bank in P[yrmont] sondern auf irgendeiner Insel mit hohen Schlössern und Türmen, oder mitten im wilden Kriegsgetümmel sich befand.
>
> Mit einer Art von wehmütiger Freude las er nun, wenn Helden fielen, es schmerzte ihn zwar, aber doch deuchte ihm, sie mußten fallen.[7]

Mit einem Buch in der Tasche oder in Händen ist man in der Welt und aus der Welt, das Buch bildet eine Schnittkante gegen die Wirklichkeit und es ist materieller Teil dieser Wirklichkeit. Aus dem Buch auftauchend, legen wir es zur Seite oder packen es in einen Rucksack, wir befinden uns nun wieder gegenüber diesem Ding, in dem wir gerade noch waren.

III

Italo Calvinos letzte Arbeit war die Vorbereitung von sechs Vorlesungen, die er im Wintersemester 1985/86 an der Harvard University halten sollte. In der Einleitung zu diesen geplanten Vorlesungen heißt es, dass in wenigen Jahren das »Jahrtausend des Buches« zu Ende geht und deshalb einige Werte und Qualitäten, die die Literatur besitzt, näher untersucht werden sollen. Calvino ist überzeugt, »daß es Dinge gibt, die einzig die Literatur mit ihren spezifischen Mitteln zu geben vermag«.[8] Diese Qualitäten sind Leichtigkeit, Schnelligkeit, Genauigkeit, Anschaulichkeit, Vielschichtigkeit und Konsistenz, Haltbarkeit. Zum Beispiel die Schnelligkeit: »Meine schriftstellerische Arbeit war von Anfang an darauf aus, die blitzartigen Durchläufe jener mentalen Stromkreise zu verfolgen, in denen räumlich und zeitlich weit voneinander entfernte Punkte erfasst und verbunden werden.«[9] Ein Vorzug der Computerliteratur und des Lesens von Texten am Computer ist nach Ansicht ihrer Apologeten deren nichtlinearer Charakter. Ihre Hypertextstruktur erlaubt die nichthierarchische Anordnung der einzelnen Textbausteine. Die Aufsprengung und die Neudefinition der Buchseite war seit der Barockzeit ein zentraler Impetus jeder experimentellen Literatur. Es gibt in der österreichischen Literatur ein hervorstechendes Modell eines Computerromans *avant la lettre*, Andreas Okopenkos »Lexikon Roman«, der auf Linearität verzichtet und zeitlich und räumlich weit Entferntes zusammenbringt. Okopenko weist bereits in der vorangestellten »Gebrauchsanweisung« von 1970 auf die Möglichkeiten einer Computerliteratur voraus.[10] Und trotzdem: Der Lexikon-Roman entfaltet seinen besonderen Reiz als Buch, in dem man vorblättert oder zurückblättert, in dem die sentimentale Schiffsreise auf der Donau zu einem »Exporteurtreffen in Druden« zur Fingerübung wird, von A bis Z und wieder zurück.

Calvinos Roman »Wenn ein Reisender in einer Winternacht« spielt noch mit anderen Möglichkeiten einer Computerliteratur: In einem Labor werden die Reaktionen einer an einen Computer angeschlossenen Testleserin gemessen, um die Markttauglichkeit künstlich hergestellter Romane zu überprüfen. Der Roman ist umso besser, je größer die gemessene Leseintensität ist. Revolutionieren wird sich die Buchproduktion erst, wenn der Kreislauf Mensch – Maschine geschlossen ist. Dann haben, wie Calvinos ironische Vision andeutet, die LeserInnen unmittelbaren Einfluss auf das Geschriebene, sei es nun computergeneriert, von einem Autor oder von einer Autorin verfasst. Dieser Rückkoppelungseffekt würde die Differenz von Lesen und Schreiben tatsächlich verwischen, würde den Hunger nach ständig neuem Stoff mit den fiktionalen Angeboten kurzschließen.

Die Bücher würden zu großen Wunscherfüllungsmaschinen, gespeist aus den (Alb-)Träumen vieler. In jede Neuauflage könnten die inzwischen gemessenen Reaktionen von weiteren ausgewählten LeserInnen eingearbeitet werden. Calvinos Vision würde auch dem rituellen Klagen über den Verfall der Buchkritik eine neue Dimension geben, wenn die Reaktionen der KritikerInnen ebenfalls (bevorzugt?) in das Weiterleben der Bücher einfließen würden, wenn Input und Output in beständigem Kreislauf zu immer neuen Bücherschleifen führten.

In anderem Lichte erschienen die mit den Klagen über den Niedergang der schönen Literatur und ihre Ersetzung durch triviale Massenware wie zum Beispiel die folgende: In Friedrich Schlegels frühem Aufsatz »Über das Studium der Griechischen Poesie«, entstanden in den Jahren 1795-1797, kritisiert ein noch nicht 25-Jähriger die Literatur seiner Zeit mit großer Geste und starken Sätzen:

Charakterlosigkeit scheint der einzige Charakter der modernen Poesie, *Verwirrung* das Gemeinsame ihrer Masse, *Gesetzlosigkeit* der Geist ihrer Geschichte, und *Skeptizismus* das Resultat ihrer Theorie. [...] Im Grunde völlig gleichgültig gegen alle Form, und nur voll unersättlichen Durstes nach *Stoff,* verlangt auch das feinere Publikum von dem Künstler nichts als *interessante Individualität.* Wenn nur *gewirkt* wird, wenn die Wirkung nur *stark* und *neu* ist, so ist die Art, wie, und der Stoff, worin es geschieht, dem Publikum so gleichgültig, als die Übereinstimmung der einzelnen Wirkungen zu einem vollendeten Ganzen. Die Kunst tut das ihrige, um diesem Verlangen ein Genüge zu leisten. Wie in einem ästhetischen Kramladen steht hier Volkspoesie und Bontonpoesie beisammen, und selbst der Metaphysiker sucht sein eignes Sortiment nicht vergebens; Nordische oder Christliche Epopöen für die Freunde des Nordens und des Christentums; Geistergeschichten für die Liebhaber mystischer Gräßlichkeiten, und Irokesische oder Kannibalische Oden für die Liebhaber der Menschenfresserei; Griechisches Kostüm für antike Seelen, und Rittergedichte für heroische Zungen; ja sogar Nationalpoesie für die Dilettanten der Deutschheit! Aber umsonst führt ihr aus allen Zonen den reichsten Überfluß interessanter Individualitäten zusammen! Das Faß der Danaiden bleibt ewig leer. Durch jeden Genuß werden die Begierden nur heftiger; mit jeder Gewährung steigen die Forderungen immer höher, und die Hoffnung einer endlichen Befriedigung entfernt sich immer weiter. Das Neue wird alt, das Seltene gemein, und die Stachel des Reizenden werden stumpf.[11]

Das ist die seit mehr als 200 Jahren beklagte Kehrseite der Calvino'schen Vision vom Ausgleich zwischen ästhetischer Autonomie und Buchmarkt, dass nämlich die demokratische Bedürfnisbewirtschaftung zu letztendlich immer trivialeren Produkten führt. Längst ist zumal in amerikanischen Buchhandlungen Realität, was Friedrich Schlegel so geißelte: Für jede soziale Gruppe, jede sexuelle Orientierung, jedes spezifische Interesse stehen die entsprechenden Bücher in den Regalen bereit. Der 1931 in

Wien geborene und nach dem »Anschluss« 1938 nach Amerika geflohene amerikanische Schriftsteller Walter Abish, ein formal avancierter Erzähler, beschreibt die durchgreifende Ökonomisierung des Büchermarktes als bizarre Entwicklung, als Klassifizierungsmanie, die Einfluss auf die Lesegewohnheiten hat und die Schriftsteller festzulegen droht:

> Gehen Sie mal in eine Buchhandlung, da sehen Sie überall die Identitätsmarken: Frauenbücher, Literatur für Homosexuelle und Lesben, für Indianer und Schwarze, für Senioren und Esoteriker. Jeder hat seine eigene Abteilung. Wenn ich Jean Genet lesen will – muß ich dann in die schwule Abteilung gehen? Und darf ich als weißer Schriftsteller einen schwarzen in meinem Buch vorkommen lassen, oder ist so etwas ausschließlich für schwarze Autoren reserviert? Und darf ein Schwarzer über Juden schreiben? Ich glaube und hoffe, daß der Unsinn irgendwann verschwinden wird.[12]

Der Multikulturalismus etabliere, so Abish, »eine Grammatik der Verschiedenheit, der Besonderheit, des Verdachts, und jedermann sucht nach solchen Unterschieden. Das ist höchst destruktiv.«[13] Was in der vielleicht aufklärerischen Absicht geschieht, das kulturelle Selbstbewusstsein von Minderheiten zu stärken, führt zu ebenjener Segregation des Publikums, die bereits Friedrich Schlegel beklagt hat. Jedem sein Buch heißt noch lange nicht, dass alle das ihnen Gemäße bekommen. Es heißt nur, dass sich der Markt weiter ausdifferenziert.

IV

Der Glaube an das ›gute‹ Buch als Träger eines universellen Bildungsprogramms, dessen letzte Zuckungen wir je nach persönlicher Disposition mit Wehmut, Trotz oder auch Genugtuung verfolgen können, hat sich überlebt: Wer glaubte noch daran, dass Sarajewo eine blühende multikulturelle Stadt hätte bleiben können, wenn nur möglichst viele Ivo Andrićs »Brücke über die Drina« gelesen hätten? Der sich auf das klassische Dichterwort berufende Humanismus ist tot, aus vielerlei Gründen: weil, wenn überhaupt, Anderes gelesen wird als ›gute‹ Literatur und weil sich Humanismus nicht (mehr) literarisch legitimieren lässt. Nur Unverbesserliche glauben, dass Dichter bessere Menschen sind, was über das Medium ihrer Bücher dann zum Ferment des Guten in unseren Seelen wachsen könnte. Es spricht einiges dafür, die Literatur endlich von der ihr lange Zeit aufgebürdeten moralischen Last zu befreien, um im Sinne Italo Calvinos ihre anderen Tugenden zu stärken. Durch diese Hintertür kommen Aufklärung und Moral dann doch wieder in die Bücher hinein. Denn ist es nicht Aufklärung, wenn Bücher unser Differenzierungsvermögen schärfen und unsere Vorstellungskraft bilden, und ist es nicht auch Moral, wenn wir uns durch die Lektüre der Relativität unseres Welt- und Sprachbildes bewusst werden?

William Gaddis, einer der großen Autoren der amerikanischen Postmoderne, hat kurz vor seinem Tod im Jahr 1998 ein schmales Buch geschrieben, das in seinem zornigen Kulturpessimismus einzigartig ist. Im imaginären Dialog mit Autoren wie Thomas Bernhard entfaltet Gaddis seine Kulturkritik am Beispiel des Siegeszuges des »mechanischen Klaviers« in Amerika, einer Erfindung, die Kreativität vorgaukelt und doch nur programmierte Abläufe ausführt.[14] Gaddis war ein verzweifelter Moralist, ein Büchermensch, der in dicken Romanen das Konglomerat aus Medien, Geld und Ersatzreligionen, das die globalisierten Konsumgesellschaften kennzeichnet, mit ironischem Blick entlarvte. Sein Pessimismus aber wurde aus einer paradoxen Quelle gespeist, die in Gaddis' Verständnis den Urquell jeglicher künstlerischer Kreativität ausmacht: Obwohl wir ständig scheitern, müssen wir es doch immer wieder versuchen. Dahinter steckt die immer wieder enttäuschte Überzeugung, dass unsere Potenziale brachliegen, wir mehr könnten, als wir tatsächlich hervorbringen. Das meint die Gaddisformel »The Self that could do more«

– ein Selbst, das trotz aller Bedrohungen seiner authentischen individuellen Ausdrucksmöglichkeiten auf seiner Einzigartigkeit beharrt und auf der Einzigartigkeit von Büchern. Die Widersetzlichkeit der Bücher hängt auf geheimnisvolle Weise mit diesem Glauben an das Selbst und dessen kreatives Potenzial zusammen; und mit der Überzeugung, dass ein universelles Gleichgewicht gestört wird, wenn Bücher keine Rolle im Alltag mehr spielen, wenn ihr Dasein einfach übersehen wird:

> ... Am Morgen lege ich extra auf den Arbeitstisch der Dachdecker zu deren Sägen und Messgerät ein Buch dazu. Ich möchte einfach, dass die sehen, dass es noch andere Sachen gibt ... Aber es ist eigentlich nicht für die, es ist vielmehr für den Himmel, damit ein Gleichgewicht herrscht zwischen Büchern und Sägen und Zangen und Hammer. Es ist eigentlich nur für ein drittes Auge. Für das Auge Gottes. Nicht für die Arbeiter, sondern ein Symbol des Daseins.[15]

1 CALVINO, Italo: Wenn ein Reisender in einer Winternacht. München 1986, S. 7.

2 SHANNON, David: No, David! New York 1998.

3 Zit. n. GREINER, Ulrich: Gelobtes Land. Amerikanische Schriftsteller über Amerika. Reinbek b. Hamburg 1997, S. 164.

4 CALVINO (1986), S. 186.

5 ARETINO, Pietro/HETTCHE, Thomas: Stellungen. Vom Anfang und Ende der Pornografie. Köln 2003. Zum Folgenden vgl. das informative Vorwort von Thomas Hettche: »Ein verbotenes Buch«, S. 9-15.

6 ARETINO/HETTCHE (2003), S. 14f.

7 MORITZ, Karl Philipp: Anton Reiser. Ein psychologischer Roman. Stuttgart 1972, S. 27.

8 CALVINO, Italo: Sechs Vorschläge für das nächste Jahrtausend. Harvard-Vorlesungen. München, Wien 1991, S. 11.

9 Ebda., S. 71.

10 OKOPENKO, Andreas: Lexikon Roman. Lexikon einer sentimentalen Reise zum Exporteurtreffen in Druden. Wien 2008, S. 7.

11 SCHLEGEL, Friedrich: Über das Studium der Griechischen Poesie. In: Ders.: Kritische Schriften und Fragmente. Studienausgabe in sechs Bänden. Hg. v. Ernst Behler u. Hans Eichner. Bd. 1. Paderborn, München u.a. 1988, S. 70.

12 Zit. n. GREINER (1997), S. 241.

13 Zit. n. ebda., S. 240.

14 GADDIS, William: Das mechanische Klavier. Aus d. Amerik. v. Marcus Ingendaay. München 2003.

15 »Es gibt die Schrift, es gibt das Schreiben«. Peter Handke im Gespräch mit Klaus Kastberger und Elisabeth Schwagerle. In: KASTBERGER, Klaus (Hg.): Peter Handke. Freiheit des Schreibens – Ordnung der Schrift. Wien 2009, S. 12f.

HERMANN SCHLÖSSER

Wahlloses Stöbern in Bücherbergen oder Das Kulturgut als Lustobjekt

1 Um mit mir zu beginnen

Ich, zum Beispiel, streune sehr gern durch die Buchhandlungen und schaue an, was in den überreich bestückten Regalen alles steht. Bei dem einen oder anderen Roman verweile ich etwas länger, nehme ihn in die Hand, blättere darin und lese ein, zwei Absätze:

> Wie habt ihr die an Bord gekriegt, ohne dass man es auf der Brücke bemerkt hat?, wollte ich wissen. Erzähl ich dir später, sagte Tintin, jetzt hab ich keine Zeit, ich muss wieder nach oben. Außerdem: Wer sagt denn, dass es auf der Brücke keiner bemerkt hat?[1]

Aber bevor ich mich im Text festlese, stelle ich den Roman wieder an seinen Platz, wende mich stattdessen der Lyrik zu und finde vielleicht einen eleganten Reim oder ein beschwingtes Metrum. Vielleicht beschäftigt mich für ein paar Augenblicke auch ein anspruchsvolles Sachbuch: »Wieviel Wahrheit braucht der Mensch?« – das wollte ich schon immer wissen. Aber bevor ich es noch erfahre, werde ich von Verlockungen anderer Art in Beschlag genommen: eine Napoleon-Biografie! Würde ich sehr gerne lesen. Eine Studie über die Beschleunigung als Kennzeichen der Moderne ist bestimmt auch interessant. Eine kunsthistorische Betrachtung über das Motiv der Badenden in der europäischen Malerei – da schaue ich im Vorbeigehen doch hinein.

So schlendere ich weiter und fühle mich dabei zusehends wie jener Spaziergänger, der in einem berühmten Gedicht von sich sagt:

Ich ging im Walde
So für mich hin,
Und nichts zu suchen,
Das war mein Sinn.[2]

Mit diesen Zeilen kann ich mich identifizieren – das allerdings nur, weil ich dabei außer Acht lasse, dass das zitierte Gedicht den Titel »Gefunden« trägt und längst nicht so nonchalant endet, wie es anhebt. Mit philologischen Erwägungen gebe ich mich nicht ab, wenn ich zu meinem Vergnügen in Büchern und Buchhandlungen unterwegs bin. Stattdessen reiße ich alles, was mich anspricht, aus seinem Zusammenhang und gebrauche es schamlos für meine privaten (man könnte sagen »logophilen«) Zwecke: »Und nichts zu suchen, das war mein Sinn« – so heißen *meine* Zeilen, die mich so stark ansprechen, dass ich den Rest des Gedichts darüber vergessen kann.

Ein nicht zu leugnender Unterschied zwischen dem Nichtssucher aus dem alten Gedicht und mir besteht aber doch darin, dass ich nicht im Walde so für mich hin gehe, sondern das Holz erst in einem späteren Stadium der Verarbeitung wahrnehme – wenn sich nämlich die Bäume in Papier verwandelt haben und aus diesem wiederum Bücher geworden sind. Wo viele dieser Bücher auf einem Platz versammelt sind, fühle ich mich wohl. Und damit habe ich unter der Hand auch zugegeben, dass meine Streifzüge nicht etwa in jenen kleinen, qualitätsbewusst sortierten Buchhandlungen stattfinden, in denen man freundlich bedient und kundig beraten wird. Mein bevorzugtes Revier sind die

Buchsupermärkte neuesten Stils oder auch die Ramschdiskonter, in denen der Lesestoff in rauen Mengen zur Verfügung steht und wo ganz sicher keine geschmackssichere Buchhändlerin bereit steht, die mir wertvolle Lektüren empfehlen will.

Viele Freundinnen und Freunde des Buchwesens empfinden es als Problem, dass auch Druckerzeugnisse Waren sind, die nach kapitalistischen Prinzipien produziert und verkauft werden. Und es ist ja tatsächlich nicht zu bestreiten, dass viele interessante und wichtige Bücher nicht zum Zug kommen, weil sie der Logik des Marktes nicht gehorchen. Aus diesem Grund gibt es Subventionen, Verlagsförderungen, Drittmittelfinanzierungen und dergleichen. Außerdem gilt in Österreich wie in vielen anderen europäischen Ländern für das Buch eine Preisbindung, die in die unbarmherzigen Marktmechanismen korrigierend eingreifen soll. Diese Maßnahme – die freilich von den Verlagen und Buchgroßhändlern ständig auf unterschiedlichen Wegen unterlaufen wird (Stichwort »Mängelexemplar«!) – begründet sich ausdrücklich dadurch, dass das Buch eben nicht nur eine Ware wie jede andere ist, sondern auch ein Kulturgut, das eines besonderen Schutzes bedarf.

All das ist mir bekannt, und ich wüsste nichts dagegen einzuwenden. Dennoch muss ich zugeben, dass mich die Warenförmigkeit des Angebots überhaupt nicht stört, wenn ich mich auf meine haltlosen Buchjagden begebe. In bestimmten Stimmungen bin zwar auch ich imstande, die bedenklichen Seiten des Konsumismus zu erkennen und zu kritisieren. Sobald ich mich allerdings (meist am Samstagvormittag) in den großen Buchgeschäften herumtreibe, verhalte ich mich als ganz und gar lustvoller Konsument, der sich bedenkenlos in der Fülle des Angebots verliert. Die diversen Lebensratgeber – von der Rhetorik im Alltag über die richtige Ernährung bis zum Glück in der Liebe – sprechen mich genauso an wie Bildbände mit schönen Menschen, exotischer Fauna, einheimischer Flora oder dem Alsergrund in alten Ansichtskarten.

Nun nehme ich an, dass ich nicht der einzige Buchliebhaber bin, der sich zuweilen (eigenen kulturkritischen Bedenken zum Trotz) den Vergnügungen des Konsums hingibt. Zugleich weiß ich aber auch, dass es vielen Bibliophilen vor dem Überfluss der Konsumgesellschaft graust, weshalb sie sich bewusst auf das beschränken, was ihnen als gut und wertvoll erscheint. Neben dem leichtlebigen Konsumgenuss steht also nach wie vor die strenge Konsumaskese, die sich gerade im deutschsprachigen Raum auf eine respektable Tradition berufen kann.

2 Bildung oder Genuss?

Es gehört zur eisernen Überzeugungsration kultivierter Menschen, dass das Buch (zumindest das so genannte »gute«) ausschließlich ein Medium der Bildung sein dürfe, weil es sich eben dadurch von den trivialen Massenmedien wie Fernsehen, Kino, Comic oder Internet unterscheide. Dieser Gedanke ist so erhaben wie althergebracht: Von der Aufklärung des 18. Jahrhunderts über das klassische Konzept der »ästhetischen Erziehung des Menschen« bis zur rational ausgerichteten Literaturdidaktik unserer Tage sind Pädagogen, Professoren und Kunstrichter (samt deren weiblichen Pendants) immer wieder damit beschäftigt gewesen, den Umgang mit Büchern in geordnete Bahnen zu lenken. Wohl sollen die Menschen nach Meinung ihrer Erzieher und Erzieherinnen möglichst eifrig lesen; sie sollen sich dabei jedoch auf wertvolles Schrifttum beschränken und dieses ausschließlich aus würdigen Motiven zu Rate ziehen. Ein solch gebändigter Umgang mit Büchern konnte im Lauf seiner Geschichte unter anderem dazu dienen, das Wissen zu vermehren, das Verständnis der Welt zu vertiefen bzw. zu ihrer revolutionären Veränderung aufzufordern. Schließlich wurde der Literatur auch zugetraut (oder zugemutet), dass sie ihre Leser zu besseren Menschen zu erziehen hätte. Friedrich Schiller, der wirkungsmächtigste Programmatiker des deutschen Idealismus, hat diesen Bildungsanspruch für die Dichtung immer wieder geltend gemacht, so auch in den folgenden Sätzen, die einem aktuellen *Gender Check* nicht standhalten, weil sie einzig den Mann als Subjekt der Bildung im Auge haben:

> Unmöglich kann der gebildete Mann Erquickung für Geist und Herz bei einem unreifen Jüngling suchen, unmöglich in Gedichten die Vorurteile, die gemeinen Sitten, die Geistesleerheit wieder finden wollen, die ihn im wirklichen Leben verscheuchen. Mit Recht verlangt er von dem Dichter, der ihm, wie dem Römer sein Horaz, ein teurer Begleiter durch das Leben sein soll, daß er im Intellektuellen und Sittlichen auf *einer* Stufe mit ihm stehe, weil er auch in Stunden des Genusses nicht unter sich sinken will.[3]

Im Sinne solcher Erwägungen wurden all jene Bücher favorisiert, die gewährleisteten, dass die Leserschaft ihr Geistesniveau selbst »in Stunden des Genusses« nicht unterbietet, während all die Schriften, die keinen Bildungswert hatten (oder zu haben schienen), geächtet oder doch verachtet wurden. Und so blieb aus dem Kanon der »guten« Literatur alles ausgeschlossen, was der Unterhaltung, der Zerstreuung, dem Eskapismus oder gar der besonders misstrauisch beäugten »Reizung der Sinne« diente (oder zu dienen schien).[4]

Mit Hilfe einer Metapher, die nicht nur kulinarischen, sondern auch erkenntniskritischen Wert hat, lässt sich mithin behaupten: Pädagogisch oder wissenschaftlich gewissenhaften Leserinnen und Lesern erscheint das Buch immer wie ein Stück Brot, also wie ein lebensnotwendiges Nahrungsmittel, von dem mit Fug und Recht erwartet werden darf, dass es nährt und nützt, während die Frage, wie es schmeckt, von untergeordneter Bedeutung ist.

Im Gegensatz dazu wussten eingefleischte Büchernarren immer schon aus eigener Erfahrung, dass die Objekte ihrer Begierde potenziell mehr enthalten als eine gesunde, aber reizarme Kost.

Bedrucktes und gebundenes Papier ist sehr gut als Genussmittel geeignet und wirkt zuweilen verlockend wie Schokolade, wenn nicht gar aufputschend wie Alkohol oder Rauschgift. Und was das Schönste ist: Diese durch kein Bildungskonzept legitimierten Reize der Lektüre lassen sich noch jenen Werken abgewinnen, die sogar von den strengsten Lehrern als moralisch wertvoll eingestuft werden. Das weiß jeder, der (wie ich zum Beispiel) in Konfirmandenjahren das »Hohe Lied« – also einen Bestandteil der heiligsten aller Schriften – erfolgreich nach erotischen »Stellen« abgesucht hat.

Während die verführerischen Qualitäten der Bücher und des Lesens in literaturwissenschaftlichen Untersuchungen oft recht verschämt abgehandelt werden (als ob sie nicht zur Sache gehörten), werden sie in vielen literarischen Texten ganz unbefangen beschrieben. W. Somerset Maugham beginnt seine Erzählung »Der Büchersack« mit dem Porträt eines lesesüchtigen Schriftstellers, der von sich berichtet:

Ich würde lieber den Katalog der »Army & Navy Stores« oder Bradshaws »Eisenbahnkursbuch« lesen als gar nichts und habe in der Tat so manche genußreiche Stunde über diesen beiden Büchern zugebracht. Eine Zeitlang ging ich nie ohne den Katalog eines Antiquariats in der Tasche aus dem Haus. Ich kenne keine fruchtbarere Lektüre. Natürlich ist diese Art Lektüre ebenso anstößig wie der Genuß von Rauschmitteln, und ich kann mich gar nicht genug wundern über die Anmaßung großer Leser, die, weil sie eine Leidenschaft für Bücher haben, auf den ungebildeten Teil der Menschheit herabblicken. Denn ist es, vom Standpunkt der Ewigkeit betrachtet, besser, tausend Bücher gelesen als eine Million Ackerfurchen gezogen zu haben? Geben wir zu, daß das Lesen für uns bloß ein Betäubungsmittel ist, ohne das wir nicht auskommen – wer von uns kennt nicht die Unrast, die uns erfaßt, wenn wir allzulange vom Lesen abgehalten werden, das Unbehagen und die Reizbarkeit, und schließlich der Seufzer der Erleichterung, den der Anblick bedruckter Seiten bei uns auslöst? –, und bilden wir uns nicht ein, daß wir besser seien als die armen Abhängigen von Injektionsspritze und Flasche.[5]

So stellt sich ein Lese-Junkie vor, der ohne Umschweife zu seiner Sucht steht und der außerdem die Vorstellung, Lesen sei eine geistig hochstehende Bildungsleistung, als dünkelhafte Illusion abtut. Zum anderen gibt der Autor dieser Zeilen aber auch zu, dass sich seine Lesesucht keineswegs nur mit hochkulturellen Spitzenerzeugnissen befriedigen lässt. Denn wichtiger als der genaue Inhalt ist diesem Lesesüchtigen der Akt der Lektüre selbst. Und es ist fast gleichgültig, mit welchen Büchern dieser Akt vollzogen wird. (Freilich geht es im weiteren Verlauf von Maughams Erzählung dann doch um die Wirkung eines ganz bestimmten Buches, das sich in dem erwähnten »Büchersack« findet. Doch ist dieser Erzählzusammenhang für die Erörterung hier nicht von Bedeutung und wird deshalb nicht weiter beachtet. Wer ihn kennen lernen will, muss die Geschichte eben selber lesen, was im Übrigen nicht schwer fällt, da sie leicht lesbar und lesenswert zugleich ist.)

Mit W. Somerset Maugham im Gepäck lässt sich also behaupten, dass der Konsum von Büchern (auch von »guten«) eine Fülle von Wirkungen und Nebenwirkungen hat, die mit dem altehrwürdigen Begriff »Bildung« nicht zu fassen sind. Und über den englischen Klassiker der Moderne hinaus bleibt festzuhalten, dass sich der Genusswert von Büchern keineswegs im Lesen erschöpft. Es gibt eine ganze Reihe bibliophiler Menschen, die sehr intensiv und liebevoll mit Büchern umgehen, ohne sie zu lesen. Bücher kann man nämlich auch einfach bloß kaufen (weil man eben gerne etwas kauft), oder man kann sie verschenken (weil man anderen Menschen die Freude des Lesens gönnt). Bücher lassen sich sammeln und katalogisieren wie Briefmarken oder Bierdeckel, sie lassen sich anschauen wie Bilder, ja, man kann sogar an ihnen riechen wie an einem guten Wein.

Schließlich lassen sich sehr animierte Gespräche über Bücher führen, die keiner der Gesprächsteilnehmer gelesen hat. Der Literaturwissenschaftler und Psychoanalytiker Pierre Bayard, ein brillanter Verfechter des Nicht-Lesens, hat kürzlich in einem (ironischerweise viel gelesenen) Buch erklärt, wie man das bewerkstelligt:

> Wir sollten uns also, wenn wir ohne Scham über ungelesene Bücher sprechen wollen, von diesem repressiven Bild einer lückenlosen Bildung befreien, wie es von Familie und schulischen Institutionen übermittelt und durchgesetzt wird, ein Bild, dem wir vergeblich ein ganzes Leben lang hinterherrennen. Denn es geht weniger um die Wahrheit, die für die anderen bestimmt ist, als um die eigene, die einzig für den erreichbar ist, der die lästige Forderung, gebildet zu erscheinen, von sich weist, weil sie uns innerlich tyrannisiert und daran hindert, wir selbst zu sein.[6]

Diese individualpsychologisch motivierte Bildungs-Entsorgung ist von Schillers hochgemuter Ideenwelt äonenweit entfernt. Aber gerade deshalb entspricht sie einer Geisteshaltung, die im Europa des frühen 21. Jahrhunderts verbreitet ist: Man geht nicht mehr mit konzentriertem Bildungswillen auf die Welt (und die Bücher) zu, sondern in einer Verfassung, die sich vielleicht als zerstreute Intensität bezeichnen lässt. Diesen Zustand kann man entweder kulturkritisch bedauern (was ich manchmal tue) oder als animierende Anregung nutzen (was mir ebenfalls nicht fremd ist).

3 Um zu mir zurückzukommen

Vor Kurzem hat ein kluger österreichischer Autor den Erzählband »Ich kann jeder sagen« veröffentlicht.[7] Dieser Titel gefällt mir sehr, so dass ich mir und anderen gerne einreden würde, das Buch hätte mir ebenso gut gefallen. Aber ich habe es noch gar nicht gelesen. Deshalb sage ich jetzt auch nichts darüber, sondern nutze den beiläufig aufgeschnappten Titel als Aufforderung, mich weiter mit mir zu beschäftigen: Was jeder kann, das kann auch ich.

Wer aber beim Ich-Sagen tatsächlich »sich« meint und nicht irgendein vorfabriziertes Individualitäts-Schnittmuster, der wird unweigerlich auf gewisse Fragwürdigkeiten in seinem Verhalten stoßen. Ich zum Beispiel versuche immer wieder, honorige Gründe für mein wahlloses Stöbern in Bücherbergen zu finden, als ob mir diese Freizeitbeschäftigung doch nicht ganz geheuer wäre: »Es ist nicht zu bestreiten«, rede ich mir dann gut zu, »dass meine ziellosen Wanderungen auf ihre Weise der Wissensvermehrung zugute kommen. Ich prüfe eben das Angebot in all seiner Breite und gewinne einen Überblick über die jeweiligen Neuerscheinungen. Schließlich kommt es in der ›Wissensgesellschaft‹, in der wir nach Meinung führender Soziologen ja leben, aufs schnelle Informiertsein an, und ich informiere mich eben, indem ich in Büchern blättere. Andere surfen stattdessen im Internet, das läuft ungefähr auf dasselbe hinaus.«

Aber sobald ich unbefangener über mein Verhalten nachdenke, bemerke ich, dass Wissensvermehrung oder gar Bildung nicht das vorrangige Ziel meiner bibliophilen Streunereien sind. Stattdessen befriedigt der Griff in die überbordende Bücherfülle ein Allmachtsgefühl, das sich – wie so viele Gefühle – schwer in Worte fassen lässt. Vielleicht kann ich es so beschreiben: Weil es dermaßen viele Bücher in der Welt gibt, will ich mich nicht mit den relativ wenigen begnügen, die ich schon gelesen habe oder noch lesen werde. Darum enden meine Buchhandelsbesuche auch nicht notwendigerweise mit dem Erwerb eines Werkes, das ich gebrauchen könnte. Wenn überhaupt, dann schaffe ich mir bei solchen Wanderungen unnötige und überflüssige Bücher an, die ich höchstwahrscheinlich niemals lesen werde. Oft genug aber kaufe ich gar nichts, sondern begnüge mich mit dem bloßen Anschauen. Wählerisch bin ich dabei nicht, das sagte ich schon. Wenn ich eine weitere Analogie aus der Kulinarik bemühen darf:

Auf meinen Buchtouren benehme ich mich nicht wie ein *Gourmet* – also ein Feinschmecker –, sondern wie ein *Gourmand* – will sagen: ein Vielfraß, der zwischen Brot und Schokolade keinen nennenswerten Unterschied gelten lässt.

Dadurch erspare ich mir aber vor allem jegliche Entscheidung. Würde ich mich zum Kauf eines einzigen Buches entschließen, verschmähte ich eben dadurch hunderttausend andere Bücher, die ungekauft zurückbleiben müssten. Und das empfinde ich in bestimmten Stimmungslagen wie eine lästige Einschränkung. Ich möchte *alle* Schönheiten der Bücherwelt kennen – das ist aber nur möglich, wenn ich mich mit keiner von ihnen ernsthaft einlasse.

Und jetzt höre ich plötzlich mit meinem inneren Ohr die Stimme eines sehr intelligenten Psychotherapeuten, dessen Hilfe ich vor einiger Zeit einmal in Anspruch genommen habe. Sie fragt mich: »Kann das vielleicht sein, dass Sie mit den Büchern ungefähr so umgehen wollen wie Don Giovanni mit den Frauen? Auch in einer biederen Don-Ottavio-Seele regt sich zuweilen die Sehnsucht nach flatterhafter Untreue. Und was man sich gegenüber einer Frau nicht erlauben kann oder will, das tut man halt den Büchern an: Bevor man das eine noch recht kennt, geht man schon aufs Nächste los – was natürlich besonders leicht gelingt, wenn man keines der angeblich so begehrten Bücher wirklich liest. Ist es vielleicht so?«

Was weiß ich? Vielleicht ist es so, vielleicht aber auch nicht. Ganz glaube ich der kritischen Therapeuten-Stimme nicht, denn ich misstraue der Theorie von der Ersatzbefriedigung, die hinter diesen Fragen steht. Als ob man zu Büchern nur dann Kontakt suchen würde, wenn man ihn mit Menschen nicht findet! Dass genau das nicht der Fall ist, wissen alle, die auf Bücher fixiert sind: Keine Verliebtheit und keine Freundschaft können die Anhänglichkeit ans Gedruckte ersetzen (was allerdings umgekehrt gerade so gilt). Aber es ist denkbar, dass sich im Umgang mit Büchern einiges zeigt, was im Umgang mit Menschen eher verborgen bleibt. Wer weiß? Und wer kennt schon all die Gründe und Abgründe seiner Vergnügungen und Gewohnheiten?

4 Zwischen Gebrauch und Missbrauch

Nebenbei bemerkt, lassen sich auch gewisse bösartige Neigungen an Büchern auslassen: Wer in einem Buch wild herumschmiert, möchte möglicherweise dem Text, der dort zu lesen steht, mit Gewalt seinen eigenen Hypertext aufzwingen, und wer ein bestimmtes Buch zerreißt, zerschneidet oder in hohem Bogen wegwirft, befreit sich dadurch eventuell symbolisch von einer seelischen Last, die auf ihm liegt. Derartige Reaktionen sind psychologisch verständlich, und dennoch betreten wir hier – am Ende des kleinen Ausflugs in die Buchläden – ein mehr als fragwürdiges Gebiet: Seit es Bücher gibt, werden auch Bücher zerstört, wie sich am deutlichsten an jenen *Auto da Fés* erkennen lässt, die in autoritären oder totalitären Regimes immer wieder zelebriert werden. Eine derart wütende Vernichtungslust deutet darauf hin, dass die menschliche Beziehung zum Geschriebenen und Gedruckten zumindest ambivalent ist. Eben dies mag einer der besten Gründe für eine gewissenhafte Leseerziehung sein. Aber auch wer (wie ich) die Leselüste deregulieren und liberalisieren will, muss sich darüber im Klaren sein, dass es nicht nur einen polymorph lustvollen *Gebrauch* von Büchern gibt, sondern auch einen aggressiven *Missbrauch*. Wo die erwünschte Freiheit und Unbefangenheit enden und wo die bedenkliche Destruktivität beginnt – das ist eine so wichtige wie schwierige Frage, die jetzt allerdings nicht mehr erörtert werden kann. Denn hier ging es ja nur darum, zu zeigen, dass das Buch als multiples Genussmittel mindestens so unersetzlich ist wie als Bildungsmedium. Wer sich durch das Lesen nur weiterbilden möchte, kann das auch am Bildschirm tun. Wer aber an seinem Lesestoff auch riechen will, wird wohl weiterhin auf das Buch angewiesen sein.

1   MOSTER, Stefan: Die Unmöglichkeit des vierhändigen Spiels. Roman. Hamburg 2009, S. 112.

2   GOETHE, Johann Wolfgang v.: Gefunden. In: Ders.: Sämtliche Werke. Bd. 1: Sämtliche Gedichte. München 1977, S. 23.

3   SCHILLER, Friedrich: Über Bürgers Gedichte. In: Ders.: Sämtliche Werke. Bd. 5: Erzählungen. Theoretische Schriften. Hg. v. Wolfgang Riedel. München 2004, S. 970-985, hier S. 972.

4   Vgl. zu diesem Komplex die grundlegende Studie von ANZ, Thomas: Literatur und Lust. Glück und Unglück beim Lesen. München 1998.

5   MAUGHAM, W. Somerset: Der Büchersack. Deutsch von Mimi Zoff. In: Ders.: Der Büchersack und andere Erzählungen. Zürich 2008, S. 182-238, hier S. 182f.

6   BAYARD, Pierre: Wie man über Bücher spricht, die man nicht gelesen hat. Deutsch v. Lis Künzli. München 2009, S. 161.

7   MENASSE, Robert: Ich kann jeder sagen. Erzählungen vom Ende der Nachkriegsordnung. Frankfurt/M. 2009.

THOMAS EDER

Wie es sich anfühlt.
Phänomenale Aspekte
des Lesens von Büchern

There is no frigate like a book
To take us lands away,
(Emily Dickinson)

1 Lesen und Erleben

Wenn man literarische Texte bis in ihre atomistischen Bestandteile wissenschaftlich zu beschreiben versucht, gerät man in jene
Bredouille, vor der einer Anekdote zufolge Albert Einstein warn-
te. Angeblich antwortete er, als er von Hedwig Born gefragt wird:
»Do you believe that absolutely everything can be expressed
scientifically?«, mit dem vielzitierten Satz: »It would be possible
to describe everything scientifically, but it would make no sense;
it would be without meaning, as if you described a Beethoven
symphony as a variation of wave pressure.«[1]

Einstein betont damit die Notwendigkeit, auch den phänomenalen Aspekt im Umgang mit Kunstwerken zu beachten, also
untersuchen zu müssen, wie es sich anfühlt und was man erlebt,
wenn man ein Kunstwerk rezipiert. Kann die Betrachtung des
Erlebens beim Lesen von Texten auch auf die Fragestellung des
vorliegenden Bandes nach der Bestimmung des Buchs* einen Einfluss haben? Ich vermute: Ja.

* »Buch« verstehe
ich hier im Sinn von
»codex«, als die unver-
änderbare Aneinan-
derfügung von auf
Vorder- und Rückseite
beschriebenen Blättern
durch Bindung o.Ä.
Die Bindung erfolgt
in abendländischer
Kultur am linken Rand
der recto-Seiten, die
Leserichtung beginnt
im Allgemeinen links
oben bei der ersten
recto-Seite und endet
auf der letzten verso-
Seite rechts unten. Den
mit »liber« bezeichneten
Werk-Aspekt blende
ich hier aus. Denn
Werke als abstrakte
Gegenstände sind
insgesamt wohl
resistenter gegenüber
einer Veränderung ihres
physischen Trägerme-
diums.

Eine Vorausannahme dazu: Literatur ist in erster Linie ein psychisches Phänomen, nur als solches kann man den Begriff »Literatur« überhaupt verstehen. Egal, ob Literatur als ein Text vorliegt, mündlich vorgetragen oder auf einer Bühne aufgeführt wird, immer kommt es auf mentale Vorgänge in den Lesenden, Zusehenden und auch in den Schreibenden an, die durch die Auseinandersetzung mit Literatur ausgelöst werden. Diese Prozesse können »Vorstellungen«, »Urteile«, »Motivationen«, »Wünsche«, »Mitteilungen«, »Interpretationen«, »Wohlgefallen«, »Bewertung« etc. umfassen. »Literatur« ohne psychische Prozesse ist ein leerer Begriff.

Zwei in der Literaturwissenschaft sehr prominente Auffassungen sind damit in Zweifel gezogen:

1) die klassische strukturalistische Annahme, dass Relationen zwischen textuellen Merkmalen (wie z.B. zwischen grammatischen, lexikalischen, lautlichen, positionellen Eigenschaften etc. der verwendeten Wörter und Sätze) von einzelnen Expertinnen oder Experten mittels *close reading* zu untersuchen und möglichst exakt zu beschreiben seien, damit man Aussagen über den Text und über dessen Bedeutung treffen kann.*

2) die in der so genannten »Computerphilologie« angewendeten Verfahren, Regelmäßigkeiten, Genealogien und Brüche zwischen Texten, die in sehr großen Corpora zusammengefasst sind, mit Hilfe statistischer Methoden computergestützt zu untersuchen (*distant reading*[3]).

Wendet man sich von diesen beiden Auffassungen ab, so steht auch die folgende Annahme in Zweifel: Texte ließen sich in gleicher Weise analysieren, egal ob sie als Buch, in elektronischer oder in welcher Form auch immer (als E-Book, auf zugehörigen Lesegeräten [E-Book-Reader, Kindle, iPad] oder als Internetseiten) vorliegen,** weil es ja ausschließlich auf die internen Relationen, z.B. auf die Bedeutung der Wörter und Sätze unabhängig von ihrem physischen Vorliegen, ankäme.

* Literarische Kunstwerke werden innerhalb solcher Theorien als »abstrakte Gegenstände«, unabhängig von ihrem physischen Vorliegen und von dem psychischen Umgang mit ihnen, betrachtet.[2] Möglichst informierte Expertinnen (m/w, auch im Folgenden) seien gefordert, professionelle und plausible Interpretationen einzelner, ausgewählter Texte zu erbringen: ein *close reading* von Erzeugnissen vorzunehmen, die dem »Höhenkamm« einer kanonisierten Literatur zuzuschreiben sind.

** Die in dieser Hinsicht äußerst bedeutsame Unterscheidung zwischen oralem und schriftlichem Vorliegen berühre ich hier nicht. Denn tatsächlich wäre auch die Frage nach der Unterscheidung von gedruckten Büchern und digital verfügbaren so genannten »Hörbüchern« im Zusammenhang mit einer Bestimmung der Spezifität des »Buchs« im Licht des von mir hier aufgespannten theoretischen Gerüsts lohnend.

Dem gegenüber werden phänomenale Aspekte des Lesens in der empirischen Rezeptionsforschung[4] als die Reaktionen und das Erleben realer Lesender untersucht, wobei die phänomenalen Qualitäten des Lesens eine besondere Rolle spielen: sei es über so genannte *Think out Loud*-Protokolle von Lesenden, in denen diese gleichzeitig oder sehr zeitnah über ihr Erleben beim Lesen berichten, sei es durch Messungen der Verweildauer der Lesenden bei einzelnen Phrasen und sprachlichen Wendungen durch Blickstudien (*Eye-Tracking*), wobei die Blickbewegungen beim Lesen mit Hilfe technischer Apparaturen aufgezeichnet und dann ausgewertet werden. Eine weitere Methode benützt skalenunterstützte Befragungen von Lesenden mittels Fragebögen nach dem Leseprozess. Dabei werden die Lesenden gebeten, den Grad ihres Versunkenseins in den Text oder ihres durch ihn »Transportiertwerdens«[5] auf einer Skala einzuschätzen. In dieser phänomenalen Hinsicht kann das Lesen von Büchern vom Lesen elektronisch vorliegender Texte vor allem im Hinblick auf die Aspekte »Transportiertwerden«, »Eintauchen« und »Spannung« zu unterscheiden versucht werden.

2 Transportiertwerden

Diesmal war ich klüger und habe mir für den letzten Teil der Salander-Trilogie drei Tage freigeschaufelt und mir dann, erst dann, das Buch vorgenommen. Und wieder passierte es: Ich las beim Essen, ich las beim Kochen, ich las im Stehen, ich las überall. (Leserin auf der Website von Amazon)

Ein wunderschönes Buch: ich lese es häppchenweise, damit es nicht so schnell fertig wird, denn so etwas Poetisches finde ich selten. (Raoul Schrott über Richard Obermayr: »Das Fenster«)

Unter »being transported« (»Transportiertwerden«) versteht der in Yale lehrende Sozialwissenschaftler Richard Gerrig das Phänomen, dass Lesende während der Lektüre in die Erzähl-Welt (»Story-World«) vollständig eintauchen. Wenn Personen von der narrativen Struktur einer gerade gelesenen Erzählung absorbiert werden, kann es auch der Fall sein, dass Ereignisse in dieser Erzählung reale lebensweltliche Überzeugungen dieser Personen verändern. »Transportiertwerden« ist für Gerrig ein besonderer mentaler Vorgang, der eine Verschmelzung von Aufmerksamkeit, Gefühlen und der Konstruktion von Vorstellungsbildern (»imagery«) zu seiner Grundlage hat:

> Someone (»the traveler«) is transported, by some means of transportation, as a result of performing certain actions. The traveler goes some distance from his or her world of origin, which makes some aspects of the world of origin inaccessible. The traveler returns to the world of origin, somewhat changed by the journey.[6]

Alle mentalen Verarbeitungssysteme und Fähigkeiten seien in den Momenten des transportierenden Lesens auf die Vorgänge innerhalb der Erzählung fokussiert. Als eine erste Folge des Transportiertseins können realweltliche Bedingungen von den Lesenden ausgeblendet werden und dadurch nicht mehr zugänglich sein, wodurch die Lesenden die von Autorinnen erzeugten Story-Worlds als ihre realen Umgebungen erleben. Das reicht von physischen Gegebenheiten (Lesende bemerken z.B. nicht, wenn jemand anderer den Raum betritt) bis hin zu psychischen: Während Lesende in einem Buch »versunken« sind, sind sie sich realweltlicher Umstände, die in den Behauptungen innerhalb der Erzählung nicht vorkommen oder diesen nicht entsprechen, nicht mehr bewusst.* Ein zweites Charakteristikum von Transportiertwerden ist es, dass Lesende starke Gefühle und Absichten im Hinblick auf die Figuren und Vorgänge in der Erzählung entwickeln, auch wenn sie sich darüber im Klaren sind, dass diese nicht real existieren. So versuchen Lesende von Erzählungen mit schlechtem Ausgang häufig, die Geschichten umzuschreiben

* Vgl. dazu auch den Bericht eines psychiatrischen Patienten, der seine Zeitzwangsstörung einzig beim Lesen von Büchern vergisst. (Beitrag Wolfgang Pennwiesers in diesem Band).

(»replotting«): sich aktiv Szenarien auszudenken, was hätte passieren müssen, um das unglückliche Ende einer Erzählung in ein glückliches umzuwandeln.[7] Und schließlich, drittens, kehren Lesende häufig als eine Folge dieses Transportiertwerdens verändert von der »Reise« zurück, die sie durch ihre Lektüre unternommen haben. So können sich ihre Einstellungen und Überzeugungen durch die Lektüre von fiktionalen und nicht fiktionalen Erzählungen ändern. Eindrucksvoll gezeigt hat dies Jèmeljan Hakemulder in einer empirischen Studie: Wenn sich Lesende mit Figuren identifizieren, die sich in einer Außenseiterposition zu der in der Story-World dominierenden Population befinden, beurteilen sie nach der Lektüre die Motivationen und Dispositionen von Personen, die sich in ihrer realen Lebenswelt in einer Außenseiterposition befinden, »besser« als vergleichbare Personen ohne eine entsprechende Lektüreerfahrung.[8]

3 Materialität

Ein Teil der jüngeren medienwissenschaftlich ausgerichteten Literaturwissenschaft sieht die halluzinatorischen und imaginativen Möglichkeiten von gedruckter Literatur limitiert im Vergleich zu den Möglichkeiten elektronischer Medien (und hier vor allem elektronisch vorliegender Texte sowie von Hypertexten). Dadurch seien gedruckte Literatur und das Buch obsolet geworden. Im Gegensatz dazu betrachtet N. Katherine Hayles gerade die Spezifika gedruckter Texte und des Umgangs mit ihnen als eine zusätzliche Komponente ihrer Bedeutung: »*[T]he physical form of the literary artifact always affects what the words (and other semiotic components) mean.*«[9] Der Prozess des Lesens finde nicht unabhängig von der Materialität der ihn ermöglichenden Inskriptionen statt. Darauf hätte die Literaturwissenschaft, eingelullt durch die Omnipräsenz des gedruckten Mediums, über die Jahrhunderte hinweg vergessen. Gerade durch den Umgang mit elektronischen Texten könnten wir zu einer neuen Wertschätzung der Besonderheiten von gedruckter Literatur und zu einer Beschreibung der Unterschiede gelangen. Das Umblättern der Seiten, die unabänderbare Ordnung des Gedruckten, die Geschlossenheit des Textes und auch die Form seines physischen Vorliegens, all das verleihe gedruckten Texten durch ihre Materialität eine spezifische Bedeutung. Diese von der Inskriptionstechnologie her analysierte Bedeutung werde von klassischen literaturwissenschaftlichen Zugängen, die (literarische) Kunstwerke als abstrakte Gegenstände betrachten, häufig negiert: Dieser klassischen Sicht zufolge haben Wörter, Sätze und literarische Texte als sprachliche Bestandteile unabhängig von ihrem materiellen Vorliegen Bedeutung (gleichgültig, ob sie mündlich erzählt, in Druckform als Buch oder in elektronischer Form vorliegen). Hayles wendet sich gegen zwei verbreitete Irrtümer: in gedruckten Texten nur niedergeschriebene mündliche Erzählungen sehen zu wollen und in elektronischen Texten nur Druck-Texte, die in die Vertikale des Computerbildschirms gekippt sind.

4 Immersion vs. Interaktion

Zwei verschiedene Weisen, mit Literatur umzugehen, sind auf den ersten Blick mit dem Unterschied zwischen gedruckten Büchern und elektronisch vorliegenden Texten verknüpft:[10] Der durch das Lesen eines Buchs hervorgerufene Vorgang des Eintauchens und Versunkenseins ist zu unterscheiden von einem interaktiven Umgang mit den Texten, wenn sie am Computer-Bildschirm oder auf anderen elektronischen Lesegeräten gelesen werden. Eintauchen erfordert eine vollständig interne Perspektive, die Lesenden werden Teil der Story-World und nehmen keinen externen Blickwinkel auf das Geschehen innerhalb der Story-World ein. Emotionales Eintauchen setzt voraus, dass die Erzählung mit unerbittlicher Schicksalhaftigkeit und unabänderbar voranschreitet.[11] Die Mittel, die Story-World zu präsentieren (Text, Medium) würden dabei transparent, jede Form der Reflexion über das Zustandekommen der erzählten Geschichte, z.B. über die sprachlichen Formulierungen und textinternen Merkmale, sei der Reaktion des Eintauchens eher hinderlich. Elektronisch vorliegende Texte begünstigen einen interaktiven Umgang mit ihnen, vor allem durch Such-, Hervorhebe- und Kopierfunktionen der Text- bzw. Reader-Programme, mit deren Hilfe sich die als Dateien vorliegenden Texte durcharbeiten lassen.*

Der an die Materialität der Texte geknüpfte Unterschied (Buch vs. elektronischer Text) wird häufig schon im Stadium der Produktion genützt. Gedruckte Bücher werden linear im Hinblick auf eine zu rezipierende Geschichte erzählt, elektronische Texte nützen die Möglichkeit zu Hypertext, wo die Lesenden aktiv eigene Lesepfade aus einer großen Zahl von möglichen Verknüpfungen auswählen. Dieses interaktive Vorgehen steht einem Eintauchen, das die Lesenden beim Buch-Lesen erfahren, entgegen.

Zudem können Texte die Spezifität ihres Materials auch thematisieren (das Weiß der Buch-Seite wird z.B. in der Konkreten Poesie häufig thematisch und auch als Bedeutungsträger benützt). Ebenso wird von Künstlerinnen, die mit elektronischen, digitalen Texten arbeiten, der HTML-Code, der hinter der auf dem Schirm lesbaren Oberfläche liegt, in digitalen Text-Kunstwerken sichtbar gemacht. Liegt allerdings ein- und derselbe Wortlaut eines Textes in unterschiedlichen Medien vor, so unterscheiden sich diese verschiedenen medialen Manifestationen ausschließlich hinsichtlich der Arten ihres Rezipiertwerdens, also anhand unterschiedlicher emotionaler Reaktionen darauf.

Im Hinblick auf das Eintauchen in ein Buch ist das auf die erzählte Geschichte bezogene Lesen allerdings nur eine von vielen möglichen Arten zu lesen. Lesende könnten auch auf die Sprache des Texts achten, oder auf seine sensorischen und bildlichen Aspekte, die im Text auffindbaren Zeichen von Intertextualität, das Vorkommen von Zitaten und Anspielungen etc. In einem am Russischen Formalismus orientierten Ansatz,[12] der *foregrounding*

* Natürlich können auch in Büchern gedruckte Texte anders als linear gelesen werden, gerade von Literaturwissenschaftlerinnen werden sie dies oft. Dazu kommen auch noch das Hervorheben, Gruppieren und Exzerpieren mit Lesehilfen (Textmarker, Post-its, Randnotizen mit Bleistift – das Lesen mit Bleistift in der Hand, Notizen und Exzerpte auf Karteikarten in Zettelkästen, Annotationen, Querlesen, Navigieren mit Indices durch das Buch etc.). Aber tendenziell ist das gedruckte Buch weniger leicht durchsuchbar und lädt auch weniger zu einem Verlassen der linearen Leserichtung ein (so eine Vermutung, die empirisch überprüft werden könnte).

als zentrales Kunstmittel versteht, werden andere als zu der zu erzählenden Geschichte gehörende textuelle Merkmale hervorgehoben: Metrum, Rhythmus, Assonanzen, Ellipsen, Parallelismus, Metapher, Ironie, um nur einige zu nennen. Auch dieses *foregrounding*, so eine von David Miall aufgestellte und auch empirisch untermauerte Vermutung, kann in den Lesenden Gefühle auslösen, die dem Eintauchen und Transportiertwerden des selbstvergessenen Lesens im Hinblick auf Intensität und Effekte vergleichbar sind.[13] Lesende von literarischen Texten sind sowohl zur Reaktion des Versinkens in einen Text als auch zu einer Bewusstheit darüber, dass sie gerade lesen, fähig. Sie können zugleich mit Gefühlsregungen auf einzelne Details der Erzählung und des Handlungsfortgangs reagieren, die Besonderheiten der verwendeten Sprache wertschätzen oder auf die Implikationen der gelesenen Erzählung für ihr eigenes außerliterarisches Leben achten. Emotionale Reaktionen sind sowohl auf einer unreflektierten, versunkenen Ebene als auch auf einer reflektierten, textuelle Merkmale beachtenden, möglich. Dies gilt vor allem im Fall von nicht trivialer Literatur, also wenn es sich um literarische Texte handelt, die der populären Literatur zusätzliche Aspekte hinzufügen. Oder aber auch dann, wenn Lesende intentional irgendwelche beliebigen Texte mit reflektierender Gestimmtheit lesen.

5 Spannung

Für gedruckte, in Buchform vorliegende Erzählungen gilt, dass Lesende häufig mentale Simulationen hinsichtlich des Schicksals der präsentierten Figuren herstellen – die Lesenden schlüpfen in die mentalen Schuhe der Figur und durchleben deren Emotionslagen. Dadurch unterscheidet sich der lesende Nachvollzug von freiem Tagträumen und zeitlich rückwärts gewandter Erinnerung. Denn wenn eine Erzählung gelesen wird, nehmen die Lesenden die Perspektiven der Figuren ein und erleben ihr künftiges

Schicksal als ein noch kommendes, unabhängig von der Präsentation der einzelnen Zeitabschnitte innerhalb der Erzählung (also auch dann, wenn durch anachronische Erzählweisen wie Prolepsen und Analepsen die Ereignisse in der Erzählung in anderer Reihenfolge als in der Story-World präsentiert werden): »Life is lived prospectively and told retrospectively, but its narrative replay is once again lived prospectively. Simulation is the reader's mode of performance of a narrative script.«[14]

Dieses mitfühlende Versunkensein auf der zeitlichen Ebene wird häufig als »spannend« empfunden. Die Untersuchung von »Spannung« als Lesenden-Reaktion wird jedoch zumeist von der Literaturwissenschaft ausgeklammert, da die Fähigkeit, Spannung hervorzurufen, häufig der Trivialliteratur zugeschlagen wird. Dennoch ist sie für sehr viele Lesende eine, wenn nicht *die* entscheidende, Motivation, Bücher zu lesen.

Den Ergebnissen diesbezüglicher Forschungen zufolge unterscheidet sich reines zeitliches Versunkensein vom räumlichen Transportiertwerden, auch wenn es zwischen diesen beiden Reaktionen eine Beziehung gibt. Wenn wir, so die Interpretation der in empirischen Studien erhobenen Daten, in zeitlicher Hinsicht in ein Buch »eintauchen«, werden wir zu einer »rasenden imaginären Bewegung entlang des Buchverlaufs« mitgerissen, bis wir an seinem Ende den »glückseligen Zustand« einer rückblickenden Allwissenheit erreicht haben. Zeitliche Versenkung kennzeichne die Sehnsucht der Lesenden nach dem Zustand der Erkenntnis, die sie am Ende eines Buchs hinsichtlich der Story-World erwartet. Der technische Name für diese Sehnsucht ist »Spannung«, die von der Erzählforschung neben dem zuvor genannten Grund ihres Assoziiertseins mit Trivialliteratur auch deshalb vernachlässigt wird, weil es oft schwierig ist, sie theoretisch in den Griff zu bekommen. Die Standarddefinition schlägt vor, »Spannung« zu begreifen als »an emotion or state of mind arising from a partial and anxious uncertainty about the progression or outcome of an action«.[15]

Das Problem, das sich dabei stellt: Wie kommt es, dass auch nicht amnestische Personen Texte mehrfach lesen können und immer wieder die Reaktion der »Spannung« erfahren, auch wenn sie schon wissen, was sie am Ende des Texts erwartet? Dieses als Anomalie der Spannung bezeichnete Phänomen wird neben einigen anderen Erklärungen vor allem von Kendall Walton[16] im Rahmen seiner Theorie der Vorspiegelung bzw. des Als-Ob (»Make-Believe«) zu beschreiben versucht. Die Reaktion von Lesenden anhand von Fiktionen sei es, so zu tun, als ob die in der Erzählung behaupteten Tatsachen wahr seien, auch wenn sie wissen, dass sie es nicht sind – daraus erwachse den Lesenden ein Gefühl der Lust. Ebenso einfach könnten die Lesenden bei einer zweiten Lektüre so tun, als ob sie den Ausgang der erzählten Geschichte nicht wüssten, und auf den Reiz der Auflösung am Schluss warten. Nicht mit selbst auferlegter Amnesie oder Ignoranz freuten sich die Lesenden am zweiten und jedem folgenden Lesedurchgang, sondern weil das bestehende Wissen um den Ausgang von vordringlicheren emotionalen Reaktionen überlagert wird: von dem Einfühlen in das Schicksal der Figuren und dessen simulierendem Miterleben durch die Lesenden.

Auch in dieser Hinsicht stellen sich zwei Fragen an das einfühlende Lesen, das Empathie mit den Figuren als Bedingung für Spannung feststellt.[17]

Die erste Frage hat mit dem Unmittelbarkeits- vs. Reflexionsstatus von Einfühlung zu tun: denn Einfühlung kann auf zwei unterschiedlichen Ebenen erfolgen. Zum einen können Lesende die körperlichen und erlebnishaften Aspekte von Figuren in der Erzählung nachfühlen. Zum anderen können sie aber auch prototypische Aspekte der von den Figuren durchlebten Gefühle erkennen und sie als solche Prototypen reflektieren. Hier spielt eine in der Kognitionspsychologie geläufige Unterscheidung herein: Gefühlsreaktionen auf bestimmte Stimuli können »quick and dirty«[18] erfolgen, aber auch reflektiert und komplex. Jesse Prinz unterscheidet hier zwischen drei unterschiedlichen emotionalen Reaktionen:

1) körperliche Zustände, die Gefühle auslösen (Herzrasen löst Angst aus),

2) Erfahrungsaspekte (eigene vergangene Gefühlsempfindungen werden aus der Erinnerung wieder aufgerufen) und

3) höherstufige oder prototypische Aspekte.[19]

Alle diese emotionalen Reaktionsweisen scheinen für Literatur, in sehr unterschiedlicher Gewichtung nach den Genres (Höhenkamm- vs. Trivialliteratur) ausdifferenziert, eine Rolle zu spielen. Einfühlung kann zugleich eine Simulation des Erlebnisses der Figuren und ein Taxieren der erlebenden Figur als einen Typus der Gesetzmäßigkeiten von Gefühlen hervorrufen – auch wenn diese zweite, reflektorische Art der Einfühlung von Lesenden häufig nur als eine schwache und undeutliche Hintergrundannahme wahrgenommen wird.[20]

Die zweite Frage hängt damit zusammen, dass Spannung auch als »Meta-Spannung«[21] erlebt werden kann. Meta-Spannung bezeichnet den Zustand, wenn die Lesenden in die Erzählung als ein sprachliches Artefakt eintauchen und nicht herausfinden möchten, was als nächstes in der Story-World passiert (wie bei gewöhnlicher, einfacher Spannung), sondern wie die Autorin es zustande bringen wird, alle Erzählfäden zusammenzuführen, und welche sprachlichen Mittel sie dazu benützt.

6 Drei Hypothesen zum Buch
aus der Perspektive des Lesens

Die in den vorangegangenen Punkten kurz angerissenen Perspektiven eignen sich aus meiner Sicht sehr gut, Spezifika des Lesens von Büchern als Hypothesen zu formulieren. Diese Rahmen-Vermutungen gilt es in empirischen Studien auf ihre Plausibilität zu überprüfen. Die Spekulationen und Prognosen über die »Zukunft des Buchs« werden sich nur im Licht der künftigen Wirklichkeit bestätigen oder verwerfen lassen.

6.1 Für die Literaturwissenschaft (und hier insbesondere in strukturalistischen Ansätzen und innerhalb der »Computerphilologie«) ist die Unterscheidung von Buch und elektronischem Text in einem qualitativen Sinn unerheblich. Elektronisch erfasste Texte erleichtern eine auf *distant reading* setzende Analyse sehr großer Text-Corpora und werden in diesem Teilbereich das gedruckte Buch ablösen. Dieses behält die Funktion eines Back-up: Forscherinnen und Studierende werden nur mehr dann in Bibliotheken auf gedruckte Texte zugreifen, wenn sie nicht in elektronischer Form verfügbar sind. Besonders wichtig für die Literaturwissenschaft ist zudem, dass elektronische Texte ausreichend zuverlässig hinsichtlich der Textgestalt, eindeutig zitierbar und dauerhaft einsehbar sind. Alle diese textkritischen und technischen Aspekte sind schwierig in den Griff zu bekommen – aber es ist nicht unmöglich.

6.2 Literarische und sonstige Texte, die auf ihr jeweiliges materielles Vorliegen explizit oder implizit Bezug nehmen, sind trivialerweise in dem jeweiligen Medium, auf das sie sich beziehen, schlüssiger repräsentiert: Dies gilt für Künstlerbücher, Konkrete Poesie etc. auf Seiten des Buchs ebenso wie für Hypertexte etc. auf Seiten elektronisch vorliegender Texte. Künstlerische Produktion wird weiterhin medien- und materialbewusst agieren. Bibliophile Lesende werden (trivialerweise) Texte wegen des Lese-Erlebnisses auch in Zukunft in Buch-Form lesen.

* Die Unterschiede zwischen in Buch-Form und elektronisch präsentierten Texten sind in erster Linie abhängig von der Lesenden-einstellung und von der Art von Literatur (Höhenkamm-Literatur vs. Populärliteratur).

6.3 Die phänomenale Seite des Lesens von Literatur kann zum Gegenstand empirischer Forschung werden, mit all den Problemen, die sich für eine objektive Beschreibung phänomenaler Zustände ergeben. Die Unterscheidung von Buch und elektronisch vorliegendem Text (E-Book etc.) muss in quantitativen Untersuchungen, die qualitative Daten sehr vieler Lesender auswerten, erfolgen.*

Die höhere Intensität von »Immersion« und »Transportiertwerden« durch das Buch (im Gegensatz zu elektronisch vorliegenden Texten) ist auf bestimmte, vor allem der Populär- und
Trivialliteratur zurechenbare Genres und zugehörige emotionale Reaktionsweisen beschränkt: Im Bereich der so genannten
»page-turners« hat das gedruckte Buch durch seine Materialität bestimmte Vorteile, ebenso im Hinblick auf das Phänomen
von »Spannung«. Dennoch sind auch andere, stärker reflektierte
emotionale Reaktionen auf literarische Texte denkbar (reflektierte Empathie, Erkennen von Gefühlen als Prototypen, Meta-
Spannung), die ebenso den Lesenden Lust bereiten. In diesen
Fällen, so die Vermutung, ist das Buch elektronisch vorliegenden
Texten nicht überlegen.

Auf eine Kurzformel gebracht: Das Buch ist für die Intensität
eines »naiven« (direkten und unreflektierten) Lesevergnügens
nach wie vor und auch in Hinkunft unerlässlich. Kommt es zu
einem reflektierten Umgang mit dem literarischen Artefakt, so
sind die Vorteile des Buchs gegenüber elektronisch vorliegenden
Texten nicht in derselben Intensität gegeben.*

* Die Strateginnen
und Strategen in den
Unternehmen, die auf
elektronische Verbrei-
tung von Texten setzen,
wären gut beraten,
die diesbezügliche
empirische Forschung
mit einem Bruchteil
ihrer Marketing-Etats
zu unterstützen und aus
deren Ergebnissen die
richtigen Schlüsse zu
ziehen.

1   thinkexist.com/quotation/it_would_be_possible_to_describe_everything/15520.html (zuletzt eingesehen: 25.2.2010).

2   Vgl. z.B. REICHER, Maria E.: Eine Typenontologie der Kunst. In: SCHMÜCKER, Reinold (Hg.): Identität und Existenz. Studien zur Ontologie der Kunst. Paderborn 2003, S. 180-199.

3   Diese im Bereich der »Digital Humanities« »Computerphilologie« (einen guten Überblick gibt: computerphilologie.tu-darmstadt.de [zuletzt eingesehen: 25.2.2010]) genannten Ansätze sind gewiss eine Erweiterung eines auf die Ergebnisse von wissenschaftlich Lesenden setzenden *close readings*. Dennoch bleiben auch sie weitgehend in demselben Paradigma, dem zufolge textinterne Relationen, wie sie z.b. Grammatiken und Rhetoriken verzeichnen, die Essenz von Literatur sind. Wenn man diese Relationen einmal plausibel beschrieben hat, sei ein entscheidender Schritt auf dem Weg zum Erfassen des mit ihnen Mitgeteilten, also ihrer Bedeutung, gesetzt. Die Abfolge, wie man literaturwissenschaftliche Erkenntnisse erlangt, stellt man sich dabei so vor: In einem ersten Schritt erstellen Expertenlesende ausgehend von ihren Intuitionen und Interpretationen qualitative stilistische Analysen. Diese bilden die Ausgangspunkte für quantitative Corpus-Untersuchungen, die durch ihre viel größere Corpus-Reichweite stärkere Validität als die Analysen von einzelnen Forscherinnen hätten.

4   Tatsächlich besteht aber eine zumindest methodische, wenn nicht sogar prinzipielle, Unbequemlichkeit: Sobald das, was ein Subjekt erlebt, wissenschaftlich untersucht werden soll, wird durch diesen methodischen Zugang aus der objektiven Perspektive auch der Gegenstandsbereich (das zu untersuchende Erlebnis) nicht nur verunreinigt, sondern womöglich auch generell zu einem anderen epistemischen Status gebracht. Dieses Problem beschäftigt seit Langem die analytische Philosophie des Geistes, einem frühen zentralen Aufsatz dazu verdankt sich der Titel meines Beitrags. In »Wie fühlt es sich an, eine Fledermaus zu sein« entwickelt Thomas Nagel die Erlebnisqualität der 1. Person-Perspektive so: »Die Tatsache, daß ein Organismus *überhaupt* bewußte Erlebnisse hat, impliziert auf der elementarsten Ebene, daß es sich *irgendwie anfühlen* wird, dieser Organismus zu sein.« (NAGEL, Thomas: Wie fühlt es sich an, eine Fledermaus zu sein? In: Ders.: Letzte Fragen. Mortal Questions. Hamburg 2008, S. 229-249, hier S. 231 u. S. 247) Diese Kluft zwischen subjektivem, phänomenalem Erleben und dem objektiven Beschreiben, durch welche Mechanismen und Stimuli dieses zustande kommt, kann trotz all der genannten Schwierigkeiten zu schließen versucht werden. Nagel schlägt einen spekulativen Ansatz vor: nicht das Sich-Einfühlen in die Perspektive des erlebenden Subjekts, sondern eine objektive Phänomenologie, die die subjektive Natur von Erlebnissen so in einer objektiven Begrifflichkeit zu beschreiben versucht, »daß diese Beschreibung sogar Wesen verständlich wäre, denen die beschriebenen Erlebnisse selbst nicht möglich sind«. (Ebda., S. 247)

5   GERRIG, Richard J.: Experiencing narrative worlds. New Haven/CT 1993.

6   Ebda., S. 10f.

7   Ebda., S. 177.

8   HAKEMULDER, Jèmeljan: The moral laboratory. Experiments examining the effects of reading literature on social perception and moral self-concept. Amsterdam u.a. 2000; Ders.: Imagining what could happen. Effects of taking the role of a character on social cognition. In: ZYNGIER, Sonja et al.: Directions in empirical literary studies. In honor of Willie van Peer. Amsterdam u.a. 2008, S. 139-153; Ders.: How to Make »alle Menschen Brüder«. Literature in a Multicultural and Multiform Society. In: SCHRAM, Dick H. / STEEN, Gerard (Hg.): The Psychology and Sociology of Literature. Amsterdam u.a. 2002, S. 225-242.

9   HAYLES, N. Katherine: Writing Machines. Cambridge, London 2002, S. 25 (Hervorhebung im Original).

10 Vgl. dazu und zum Folgenden RYAN, Marie Laure: Narrative as Virtual Reality. Immersion and Interactivity in Literature and Electronic Media. Baltimore, London 2001.

11 Ebda., S. 263.

12 MIALL, David S.: Foregrounding and feeling in response to narrative. In: ZYNGIER (2008), S. 89-102.

13 Vgl. MIALL, David S.: Reading Hypertext. Theoretical Ambitions and Empirical Studies. In: BRAUNGART, Georg/GENDOLLA, Peter/JANNIDIS, Fotis: Jahrbuch für Computerphilologie Bd. 5. Paderborn 2003, S. 161-178. (zit. n. der textidenten Online-Version, verfügbar als: Jahrbuch für Computerphilologie 5 [2003] auf computerphilologie.tu-darmstadt.de/jg03/miall.html [zuletzt eingesehen: 25.2.2010]).

14 RYAN (2001), S. 113.

15 PRINCE, Gerald: Dictionary of Narratology. Lincoln 1987, S. 94.

16 WALTON, Kendall: Mimesis as Make-Believe. On the Foundations of the Representational Arts. Cambridge/MA 1990, S. 261ff.

17 Vgl. RYAN (2001), S. 147f.

18 ROBINSON, Jenefer: Deeper Than Reason. Emotion and Its Role in Literature, Music, and Art. Oxford 2005, S. 50.

19 PRINZ, Jesse: Gut Reactions. A Perceptual Theory of Emotion. Oxford 2004, S. 214.

20 Vgl. MIALL, David S.: Feeling from the Perspective of the Empirical Study of Literature. In: Journal of Literary Theory 1, 2 (2007), S. 377-393, hier S. 388.

21 Vgl. RYAN (2001), S. 145.

GUNDI FEYRER

Man kann ein Buch wie einen Bach in die Hände nehmen, ...

... um seine eigene Achse drehen und mit Pfeilen aus Licht ganz umfassen, während alles, Blatt für Blatt, über die eigene Haut und durch die Finger rinnt:

Ich stecke meine Hand in einen Bach, in strömende Haut leuchtender Oberfläche, während sich die Drehung meiner Hand, trudelnd und gefleckt, zu einer Stelle ausdehnt, in die ich sie, meine Hand, stecke, dann, wenn ich sie in einen Bach stecke, ich meine Hand zwischen Pfeile flüssigen Lichts schieben kann, sie zwischen eilende Tafeln flüssiger Richtungen schieben kann, um meine Hand in einen Bach eintreten zu lassen, um ihn ganz zu umfassen und all seine Achsen hin- und herzudrehen. Meine Hand, zum gefleckten Lauf eines Bachs geworden, zum Strom eines Buchs selbst geworden, den ich fest in der Hand halte, während er mir zwischen allen Häuten und Fingern zerrinnt. Blatt für Blatt, trage ich ein Buch mit dem Strömen eines Bachs ab, durch ganze Wälder und Pflanzen hindurch, während er stetig an mir vorbeiläuft, ja, vor mir davonläuft, indem er sich immer weiter durch die Erde, auf der ich stehe, gräbt, indem er sich immer weiter von mir entfernt.

Ich nehme ein Buch in die Hand, so wie ein Bach meine Hand in die Hand nimmt, um sie mit sich fortzuführen, Auge für Auge und Blatt für Blatt, fließt er immer weiter an mir vorbei, Achse für Achse schiebt er meine Haut immer weiter an mir vorbei, Himmel, sind meine Gedanken zum Eigentum eines Bachs geworden: sie lösen sich auf, während ich von dem Tisch, an dem ich sitze, festgehalten werde, während ich von aufgelöster Hand und eigenen Achsen von dem Ufer festgehalten werde, durch das er sich gräbt und sich seine eigene Form unerlässlich schafft.

Er, der Bach, und es, das Buch, sind immer vollgefüllt bis an den Rand und sie werden immer voller.

Beide haben sie mir ihr Ziel voraus, beiden laufe ich beständig nach, während ich doch still und stumm am Ufer ihrer Wege stehe.

Vor mir auf dem Tisch liegt ein Buch, voll und bis an den Rand eines Bachs gefüllt, dessen Strömen nie aufhört und kein Ende, aber einen Anfang hat:

Diesen Anfang schlage ich mit den Augen in das Buch, indem ich einen Stein in einen Bach schlage:

Ich schlage ein Buch mit den Händen und den Augen auf, sodass es knirscht.

Ich schlage Pfeile leuchtender und summender Oberfläche mit einem Stein auf, ich klappe einen gewichtigen Fächer aus Haut, Pflanzen und Lumpen mit meinen Händen auf, sodass er sich verbiegt und vor mir ein- und ausfaltet, bis er mit einem Mal ganz aufspringt wie eine Tür, die sich vor mir öffnet und ich, mitgerissen vom rauschenden Strom eines Bachs, mitten durch sie, die offene Tür, hindurchgehen kann.

Ein Buch ist ein Körper, an dem Gewicht hängt, eine Stange federnden und nassen Tons, der knirscht, rauscht und singt, wenn ich ihn aufschlage. Ein Bach rauscht, wenn ein Buch rauscht, wenn ich einen Fächer aus gefleckter Haut knirschend auf- und einfalte wie Pflanzen, Haut und Lumpen, die mir über die Finger

rinnen und singen, wenn ich meine Hand in sie stecke. Endlose Achsen loser Tropfen rinnen mir über die Augen, wenn ich einen Stein in einen Bach schlage, sodass ein Loch aus seinem Strömen herausspringt und mir direkt ins Gesicht und in die Augen.

Dann sinkt der Stein in den Bach und das springende Loch, das er geschlagen hat, sinkt ihm nach und nimmt meine Augen mit, sodass auch sie dem Loch nach, auf eine bestimmte Stelle in einem Buch auf den Grund des Bachs sinken: ich bohre meine Hände und Augen, zusammen mit einem Stein in den Grund von Licht, Ton, Stein und Pflanzen, um mich zu verankern: das Loch zieht Kreise, und die Ränder, die ich mit dem Stein geschlagen habe, machen meinen Augen Platz.

Ein Bach rauscht, wenn ich ihn mit den Händen und den Augen aufschlage, ein Buch rauscht, wenn ich seinen Fächer aus Haut auf- und einfalte, als sei er aus wässrigen Wellen, die vom Wind in eine Richtung geschoben werden, gemacht.

Jedes Buch macht ein Geräusch, wenn ich es öffne wie eine Tür und seine vom Wind vorangetriebenen Wellen mit den Händen durcheinanderbringe, als schlüge ich einen Bach mit den Augen an einer Stelle auf, sodass es spritzt. Sein Deckel, der der Himmel eines Bachs ist, dreht sich um seine eigene Achse und seinen eigenen Rücken herum und kommt auf dem Kopf zum Liegen, mit dem er auf dem Tisch aufschlägt, sodass sein Inhalt, sein Inneres anfängt zu rauschen, als knirsche strömendes Wasser über Steine auf dem Grund eines Bachs hinweg, getrieben von dem einzigen Ziel, an ihnen, den Steinen, haften zu bleiben.

Dann werfen sich mir Wände
aus laut spritzendem und sich
verbiegendem Ton entgegen:

Häutiges und lautes Rufen,
gestriges Singen und immer-
während Tönemachen, ein
lappiger Laut an endlosen Rufen aufgehängt und zu Wänden aus Pflanzen und Lumpen
aufgehäuft, hängen Tropfen
aus Buchstaben, einer am andern und immer im Begriff he-
runterzufallen, während sie
es doch nie tun. Das, an was
sie hängend aufgehängt sind,
sind Ideen und Bilder, ganz
mit Buchstaben, Tropfen und
feuchten Wänden verschmolzen, sodass sie nichts tun als
hängen und nie auf die Erde
fallen.

Schreiende Tropfen, knir-
schend an Blatt und Bäumen haftend, singender Strom aus Stein,
Mühlsteine abwetzend: mir rauscht das Innere eines Bachs in alle
Richtungen und entgegen, eingebunden in einen auf dem Kopf
stehenden Himmel, der ein Deckel aus Pflanzen und Lumpen ist
und wegen seines Gewichts und der Anziehung der Erde vor mir
auf dem Tisch liegen bleibt, weil all meine Augen und Hände ein
Buch festhalten, damit es mir nur nicht davonfliege.

Sein Inneres, sein Inhalt gleitet immer weiter in sein Vorne
hinein und kreist doch immer weiter auf ein- und derselben Stelle
weite Felder meiner Gedanken ein und aus und schlägt sich auf
noch jedem an mir vorbeitreibenden Blatt wie reifes Wasser nieder: rohe Enden verwischter und nass gewordener Buchstaben, in

der Mitte von Wäldern hängend und seit Ewigkeiten von Wasser gezeichnet: einer hängt am andern und kreist meine Gedanken mit immer wiederholten Windstößen ein.

So liegt vor mir ein tönender Kasten, ein Buch, offen und dabei geschlossen, wie ein Bach von einem Stein geöffnet wird und sich immer wieder von selber schließt, während sein Inneres in alle Richtungen wie Regen springender Tusche strömt, und dessen Himmel, der Deckel eines Buchs, mit dem Kopf auf einem Tisch liegt. Sein Inneres, flüssig, feiernd und gewichtig, schlägt sich auf jedem an mir vorbeitreibenden Blatt wie Gedanken nieder – unzählige Buchstaben hängen aneinander, während sie von losen Seilen auf einer Linie am Schweben gehalten werden: verschmolzen mit dem, was sie trägt und was ihr Grund ist.

Ich blicke der Länge eines Bachs nach: und solange ich kann, bis zum Ende seines Laufs, bis zum Ende des Rahmens meiner Augen, der mal links, mal rechts aufscheint. Ich reite auf den Stromschnellen eines Bachs, indem ich losen Seilen aus Linien folge und kehre doch immer wieder zu ihrem Anfang zurück.

Der Besen meiner Wimpern blinkt und setzt mir Schranken: immer wieder muss ich von vorne beginnen, um auf seinem Lauf weiterreiten zu können. In manchen Gegenden läuft er von rechts nach links, in anderen kommt er mir von selbst entgegen.

An manchen Stellen fließt er schneller, an anderen wird er gebremst von Steinen, Lumpen und sich übereinanderschiebenden Blättern; seine Oberfläche besteht aus den sich übereinanderschiebenden Schichten eines auf- und zuklappbaren Fächers, dessen Inneres immer auch sein Äußeres ist:

Egal, wie ich einen Bach hin- und herdrehe: immer hat er mir seine unendlichen Innen- und Außenflächen voraus, die, eine um die andere gedreht, immer der Spiegel sind, in dem ich mich hin- und herdrehe, selbst.

Ich stehe in der Mitte der Sonne, am Ufer eines Bachs und folge seinem Vorwärtstreiben: mal rechts, mal links werde ich von seinen wechselnden Geschwindigkeiten zu immer neuen Gedanken angetrieben: sie sehen aus wie Fische, die aus einem Bach herausspringen und Bögen zu Strahlen aus Sonne in die Luft schlagen; Insekten, die die Oberfläche eines Bachs rennend und zu Fuß überqueren und von einem Wort zum andern unsichtbare Fäden ziehen; Blätter, die meine in den Bach gefallenen Gedanken zu ganz neuen und kreiselnden Sätzen ausziehen. Vielleicht sind das alles auch nur die Umrisse und Schatten meiner eigenen Gedanken, all diese Fische, Insekten und kreisförmigen Sätze, die ich aber nur sehe, weil sie mir das Strömen des Bachs eingibt, mich der Bach selbst mit seinem Vorwärtsreiten durch Papier und geschmeidige Erde anregt, dem Lauf eines Schimmels aus Buchstaben zu folgen, um über meine Haut eine Brücke zur Haut der Oberfläche eines Bachs zu schlagen.

Ich fische ein Blatt aus dem Fließen eines Bachs heraus, ich halte das Papier der am Ufer stehenden Bäume in der Hand und rolle es zwischen meinen Fingern zu einer Zigarette aus Papier und Blättern; ich halte das Rauschen eines Bachs fest, während seine Regen- und Wassertropfen Buchstaben in ein Buch schlagen, indem sie es nassmachen, sodass ich das Blatt, das von einem Baum in den Bach gefallen ist, schnell zwischen meinen Fingern hin- und herrolle, um es in den Mund zu stecken, um ein- und ausatmend seine Vertiefungen, Gewölbe und Narben zu spüren:

Es hat einen Geschmack und es riecht.

Das Blatt, das ich im Mund habe, hat seinen ganz eigenen Geschmack und seinen ganz eigenen Geruch und verbindet mein Leben mit dem seinen:

Ein Blatt eines Bachs im Mund haben, ist ganze Leben im Mund haben: unzählige Leben von Buchstaben, deren Form vor Tausenden von Jahren erfunden wurde und die vor Tausenden von Jahren wie ein Stein in alte Sonne und weichen Lehm gefallen sind. Sprudelnde Räusche, rufende Menschen, Brocken aus Lautmacherei und leinengewebten Tonnen, gefüllt mit Weizen wie Säcke und Töpfen aus Bier: mit einem Mal und unzähligen Handbewegungen sind sie selbst zu Stein und Sonne geworden.

Halte ich ein junges und frisches Blatt wie ein neues Buch in der Hand, halte ich ein kurzes Leben fest und gefangen in der Höhle meiner Augen, meiner Hände und meines Munds: von jetzt an wird es sich mit meinem ganz eigenen Leben zu einem ganz neuen Bach verbinden. Alle Bücher nützen sich ab; je älter sie werden, umso wertvoller sind sie: als handle es sich um einen altgewordenen Wald. Die Leben der Bücher sind lang wie ein Bach und immer in Gefahr: fällt mir ein Buch in den Bach, muss ich es herausfischen wie einen Fisch, da es sonst wieder zu dem wird, was es eigentlich ist: ein Haufen Pflanzen, Wasser, steinige Buchstaben und Fische aus Sonne und Lumpen gemacht.

Ich blättere in einem Buch, und ein Bach strömt mir entgegen, als kühlte ich meine Haut mit einem Fächer federnder Töne: er läuft mir mit all seinen Inhalten und reitenden Schimmeln über die Finger und zwischen ihnen hindurch und davon. Ich kann in einem Bach nach hinten und nach vorne blättern und sein strömendes Wasser mit meiner Hand, aus Buchstaben gemacht, aufschlagen: der Bach läuft unermüdlich und ohne jemals müde zu werden; immer bietet er mir etwas. Der Bach strömt an meinen Augen vorbei, während meine Augen über die scheinbar unbewegten Buchstaben eines Buchs strömen und sie in Bewegung versetzen, sodass meine Gedanken anfangen zu laufen und zu strömen. Ich, der Bach, ein Buch: ein einziges Strömen, das sich ausbreitet, springend, und im Graben des Laufs eines Bachs:

Ich sehe einen Bach, selbst.

Gekrönt mit Himmeln, Innen-, Außen-, Unter- und Oberflächen, die sich ständig um sich selbst wie die Sonne drehen: nichts weiter als mein Bild eines Bachs, an dessen Ufer ich stehe, um nichts weiter zu tun, als einen Bach zu sehen.

Ich kann ihn in die Hand nehmen, um ihn an die Wand eines alten Walds zu hängen, ich kann ihn von der Sonne trocknen lassen, während er meine Hand nässt, indem er sie putzt und ich zum ersten Mal sehe, dass meine Hände jetzt keine Arbeit verrichten, sondern sinnlos über die Oberfläche eines Bachs streichen, geradeso, als wolle ich ihn bemalen.

Hände verrichten immer Arbeit, außer, wenn sie über die Fläche eines Bachs, der einem Buch über die Blätter läuft, streichen. Stecke ich meine Hände in einen Bach, werden sie von seinem Fließen umspült, geputzt und gewaschen, damit ich sie besser sehen kann, das heißt: ich sehe sie so gut wie ich sie vorher niemals gesehen habe.

Schütte ich einen Bach auf einem Tisch aus, bleibt er dennoch in seinen Grenzen und rinnt nicht über seine Ufer und überschwemmt auch den Tisch nicht. Und sogar seine Bäume, die seine Ufer mit Linien und Pinselstrichen versäumen, bleiben stehen, während sich ihre Blätter im Wind bewegen.

Jedes Buch ist voll bis an den Rand, so wie jeder Bach voll ist bis an den Rand.

Und darüber hinaus:
Die Blätter eines Buchs bauen das Bett, in dem sich die Buchstaben dauernd ein- und vorwärtsdrücken. Das Innere der Buchstaben ist in ihrem Lauf selbst enthalten: ihre Anhäufung spuckt den Inhalt eines Buchs aus und in meine Augen, mitten in den Kopf und die Füße, die alles tragen.

Kein Buch ohne Tropfen, kein Bach ohne treibende Blätter, kein Buchstabe ohne Papier. Das Papier trägt die Buchstaben wie die Erde den Bach und schiebt sich blätternd weiter, indem es das Buch zu einem ganzen Fächer aufschiebt.

Das Papier eines Buchs in der Hand halten, ist sein ganzes Leben in der Hand halten:

Mit all seinen Unebenheiten, Vertiefungen und Erhöhungen, die narbengleich in den Samt seiner Haut eingeritzt sind. Jeder Buchstabe und jede Narbe eines Blatts ist aus Haut gemacht, die ein Gewicht hat, das ich essen kann. Fahre ich mit dem Finger über den Purpur des Steins einer Pyramide, fahre ich über sein Leben und das der Menschen, die ihn bearbeitet und begriffen haben, hinweg. Fahre ich über das lose Seil, an dem die auf dem Papier dahinströmenden Buchstaben an den Wänden eines Bachs aufgehängt sind, fahre ich über die Geschichte der Buchstaben hinweg. Sie sehen anders aus als die der Phönizier, Hebräer oder Griechen, aber der lange Weg, den sie in der Zeit zurückgelegt haben, schwimmt in ihnen wie das Alter jedes Wassertropfens im Gewebe meines Blicks: bestimmt ist es um vieles höher als das jedweden Buchstabens, den wir in einem Bach auch nur auftreiben können.

Ein Buch: Kopf, Baum, Mund und Linie:

Jeder Bach schiebt sich unaufhörlich und zu jeder Zeit durch tönende Erde, Lehm und Sonne hindurch, indem er sich seine Form und sein Bett zurechtgräbt, selbst. Rauschend, bewegt und von seiner Quelle getrieben.

Die Quelle entspringt dem Mittelpunkt der Erde: das ist mein Kopf, der einen Baum im Mund hat.

Die Tropfen eines Buchs und sein Wasser, aus Buchstaben gemacht, schieben sich unaufhörlich und zu jeder Zeit durch die vom Wind der Gedanken vorwärtsgetriebenen Wellen aus Pflanzen, Lumpen und Bäumen aus Papier hindurch, indem sie sich ihre Form, das, was sie trägt und ausmacht, auf langem Weg zurechtgegraben haben, selbst.

Das Treiben der Menschen springt aus dem Mittelpunkt der Erde heraus: durch meinen Mund, der mit meiner Zunge Linien in die Luft zieht.

Die Buchstaben, die meinen Mund sprengen und meine Zunge reiten, verändern sich dauernd, während sie die Luft mit meinen Rufen, meinem Stottern, Zählen und Denken ein- und ausdrücken wie das Licht.

Das Papier eines Buchs ist das Bett, in dem die Buchstaben laufen, um sich unaufhörlich weiter- und vorwärtszuschieben wie das Wasser eines Bachs durch Lumpen und ganze Himmel aus Blättern hindurch, um sich und mich zu verankern und festzumachen.

Jeder Buchstabe ist aus etwas gemacht und hat seinen ganz eigenen Körper. Dick, gelb wie ein Blatt, dünn wie der Wind oder nach Wein riechend. Sagen hängt ab von dem, was es trägt: es ist nicht gleich, ob ein Bach grün wie Lava oder rot wie die Sonne ist. Das Papier trägt die Gedanken wie das Bett, die Erde, den Bach. Jeder Gedanke besteht aus Buchstaben und ist sie selbst. Kein Gedanke ohne Buchstaben.

Die Bewegung eines Bachs, sein Gerichtetsein und sein Vorwärts, in denen er geborgen ist, erzeugt die Gedanken und Bilder, die sich an etwas festmachen müssen, um zu existieren. Meist laufen sie an den Augen und zwischen den Fingern entlang.

Denken ist eine Bewegung, die in sich selber läuft wie Wasser und Buchstaben und Wörter: im Bett eines Bachs, im Bach aller Wasser, die ich in die Hand nehmen kann und sie aber nie besitze.

Das Denken muss treiben und laufen wie es ihm gefällt: in einem Bach liegt es da, in der Mitte sich aufbäumender Blätter und Papier und dreht sich unaufhörlich um sich selbst, die Sonne und meine Arme. Ich nehme die Bewegung eines Bachs, der die Bewegung meiner Gedanken ist, in die Hand, durch die mir all seine Oberflächen, schaukelnd wie das Bett eines Bachs, rinnen; ich lege mich mit den Augen und den Händen mitten in ein Buch wie in einen Bach hinein. Beides findet in der Höhle meiner Gedanken Platz.

Ein Bach ist ein Augenblick, gefüllt mit einer Unendlichkeit aus Zeit, durch lehmige Erde dauernd vorwärtsgeschoben.

Ein Buch ist die Höhle meiner Gedanken, gefüllt mit einer Unendlichkeit aus Augenblicken, durch meine Augen und meinen Kopf geschoben.

Ich kann in Augenblicke treten, wie ich in ein Buch treten kann.

Die Höhle eines Buchs ist mit Augenblicken, in der Form von Buchstaben angefüllt und umspült meine Füße, leistet mir Widerstand und dreht meinen Kopf im Kreis. Der Bach, der in einem Buch fließt, dreht meine Hände und Gedanken im Kreis, dann, wenn ich über seine Buchstaben fahre, dann, wenn ich sie greife und ein Buch in der Höhle meiner Hände im Kreis drehe. Ich habe sie in der Hand, wenn ich mich im Kreis drehe, dann, wenn ich Pflanzen, Papier und Bäume in meiner Hand im Kreis drehe und sie umfasse, dann, wenn ich meine eigenen Gedanken im Kreis drehe und umfasse, dann, wenn ich aus einem Bach herausspringe und ein Buch zuschlage.

Später lief mir das Buch wie ein Bach durch ganze Wälder und Felder davon, während es sich vor mir ausbreitete und ich versuchte, ihm und meiner Erinnerung zu folgen, als hätte ich nichts anderes zu tun.

Aber: da ein Bach nichts anderes tut als fließen, bin ich immer wieder die Erste, die ein Buch und einen Bach in der Hand und zwischen den Fingern hält, um als Erste über seine immerneue Oberfläche zu fahren, um meine Hand und meine Sonne zu waschen, um das Innere von Wasser mit den Fingerkuppen einzudrücken, um Inhalte und Aussagen zu greifen und zu essen, damit sie über meine Haut Eingang finden, um auf meine Gedanken durch eine Tür hindurch zuzugehen.

Wellen aus Buchstaben, Papier und Lumpen bauen *die* Brücke mit meiner Haut, um mich auf die Seite des Denkens hinüberzusetzen: auf dieser Brücke bewege ich mich, fischend und blätternd, während ich ein Auge vor das andere setze. Ich brauche diesen Halt, eine Stelle aus Papier und Lumpen, um mich zu verankern, um Bilder und Gedanken schwimmen zu lassen, um mit meiner Haut immerneue Gedanken bauen zu können.

*Sämtliche Abbildungen in diesem Beitrag
sind Fotografien von Gundi Feyrer.*

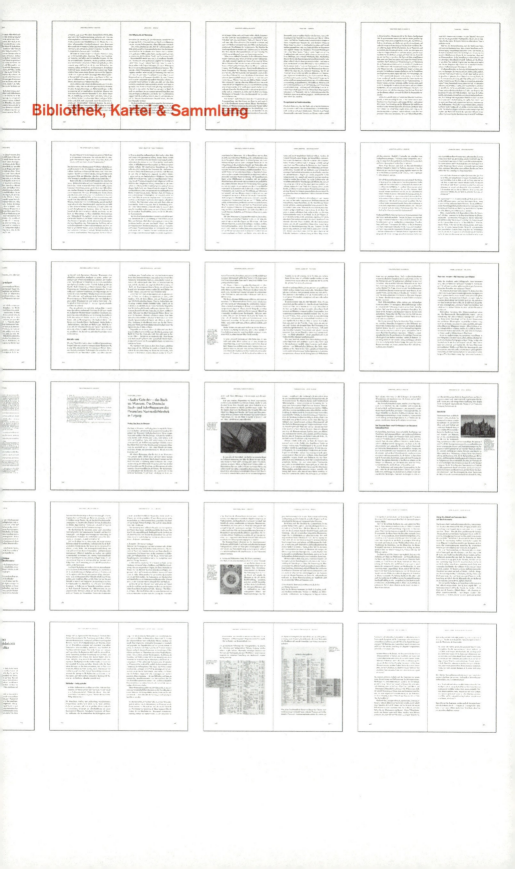

Bibliothek, Kartei & Sammlung

FRANZ M. EYBL

Vom Sammeln alter Bücher oder Das Einzigartige und die Masse

Das alte Buch: stinkend, angenagt von den Mäusen, mit uniden-
tifizierbaren Flüssigkeiten getränkt, voll Mehl aus den zahlreichen Wurmlöchern, zerrissene Seiten, lose Blätter von irgendwoher stammend, von Streusand, Wachsflecken, Pflanzenresten,
Insektenkot, Tabakbröseln und Essensspuren beschmutzt; wird
das Buch offen aufgestellt, rieselt es von jeder aufgeschlagenen
Seite ab – wer dann auch noch damit mutwillig auf den Tisch
klopft, sitzt in einer kleinen Staublawine. Das alte Buch ist allzu
oft Schmutz. Restauratoren wird in ihren Handbüchern zur Vor-
reinigung eine Gesichtsmaske empfohlen.

Das alte Buch ist aber auch dieses elfenbeinern schimmernde,
mit grünen Bändern verschlossene, mit Farbschnitt dezent ge-
schmückte und mit schlichtem zweifärbigen Kapital bestochene
Pergamentbändchen oder jene prächtig geprägte Bibel mit Bu-
ckeln und Metallschließen, deren Blätter beim Umlegen ein tiefes
Rauschen hören lassen, bevor sie auf weißem Hintergrund den
rubrizierten und illuminierten Satz zeigen und die wunderbar
ausgemalten Initialen.

Die frühesten ›Alten Bücher‹ sind die Inkunabeln, Drucke im
Jahrhundert der Erfindung des Buchdrucks und am Vorabend
der Reformation, und die zeitliche Begrenzung des Begriffs ist
die Handdruckperiode, die grob gesprochen von Gutenberg bis

Goethe reicht, von 1450 bis 1800. Das ist freilich nur eine kleine Periode in der Geschichte des Buches und des Büchersammelns, weshalb die Bibliothek den Anfang machen muss, den Anfang in Beantwortung der Frage, was das Buch einzigartig, sammelnswert und wertvoll macht. Denn einerseits ist »des Büchermachens kein Ende« (Prediger 12,12), andererseits haben die Büchersammler nie damit aufgehört, aus dieser Schlammflut ihre Goldkörner zu sieben.

Bibliothek und Buchdruck

Die Geschichte des Büchersammelns ist zugleich die Geschichte der Bibliothek. Die Tradition der westlichen Zivilisation ist in Büchern niedergelegt, und der Traum von der Universalbibliothek, in der alles Geschriebene versammelt aufbewahrt wird, besteht als Signum dieser Kultur bis in die historische Tiefe hinab zur sagenhaften Bibliothek von Alexandria, die ca. 700.000 Buchrollen im Museion sowie 43.000 im Serapistempel umfasst haben soll; sie verbrannte zum Großteil im Jahre 48 v. Chr. Im Mittelalter bezeichnete der Begriff »Bibliothek« das Wissen überhaupt: Bibel und Bibliothek waren seit dem Hl. Hieronymus Synonyme. »Bibliothek« hieß sodann auch die Summe der Bücher insgesamt, seien sie am konkreten Ort vorhanden oder nicht, hieß also »Schrifttum«. Die Angst vor dem labyrinthischen Charakter dieses stummen Wissens ist dabei Teil seiner Faszination. »Die Bibliothek ist ein großes Labyrinth, Zeichen des Labyrinthes der Welt. Trittst du ein, weißt du nicht, wie du wieder herauskommst«, erzählt der Greis Alinardus von Grottaferrata über die geheimnisumwitterte Bibliothek der Abtei im »Namen der Rose«.[1]

Labyrinth oder Enzyklopädie, auswegloses Verirren oder systematisches Zurechtfinden – mit diesen gegensätzlichen Bildern ist das Grundproblem bezeichnet, das die Flut der Bücher über die frühe Neuzeit brachte. Denn das Sammeln aller Bücher wird spätestens zu diesem Zeitpunkt von der Unmöglichkeit überschattet, mit ihrer Menge fertig zu werden. Die vermutlich größte mittelalterliche Bibliothek bestand an der Pariser Universität und umfasste etwa 3.000 Bücher. Mit dem Buchdruck explodierte die schiere Menge der verfügbaren Texte, und die Universalität des gedruckten Wissens erzeugte das Problem seiner Auswahl, die eine absolute Notwendigkeit wurde.*

Das Problem der Auswahl tritt freilich nicht erst zwischen den gedruckten Büchern und dem Büchersammler auf. Im Druck kann prinzipiell alles bewahrt und vervielfältigt werden, nur mehr der Drucker und allenfalls die Zensur überwachen den Übertritt ins neue Medium. Früher behüteten Skriptorien, spezielle Regelungen und Ordensgemeinschaften, kurz: behütete die Kirche den unter ihrem Gesichtspunkt bewahrenswerten Text. Das Druckwesen stiftet das Problem der Qualität von Lesestoff, denn vor der lesenden Öffentlichkeit erscheint zugleich das Gute und das Schlechte, das Lesenswerte und das Verderbliche. Bereits bei Drucklegung ist das Problem der Auswahl präsent, denn keineswegs die gesamte handschriftliche Überlieferung wird vom Druckwesen in das neue Medium übernommen. Und paradoxerweise scheint das in aller Welt umlaufende Gedruckte auch leichter wieder zu verschwinden als die gut behütete Handschrift mit ihren schweren Deckeln, womöglich angekettet und jedenfalls schwer zu transportieren, wie auch die papierenen Bände im Vergleich mit dem Pergament (angeblich) leichter verschleißen. Der Druck schafft ein Problem mit der Dauer. — *die digitale Daten noch mehr!*

Die Qualität des Gedruckten, das angestrebte Überdauern seiner Inhalte und die für solches Überdauern passende, also kanonische Auswahl der Texte sind die Kernprobleme der Buchkultur. Der signifikante Einschnitt im Umgang mit der gedruckten Überlieferung liegt um die Mitte des 16. Jahrhunderts, als man die Bibliografie als Verzeichnung der Bücher entwickelt, die Exzerpierkunst als ihre Fruchtbarmachung und die neuzeitliche Bibliothek als ihren Speicher.

Martin Luthers Flugschrift »An die Burgermeyster und Rad-
herrn allerley stedte ynn Deutschen landen« (1524) setzt sich in
genuin humanistischer Weise und Argumentation mit dem Nutzen des Lernens, des Studierens, der philologischen Forschung
auseinander. Es gilt, die Ausbildung zu fördern und die Bibliothek
als Vorratskammer einzurichten, dem beschleunigten Verfall des
Wissens und seiner Qualität gerade im Druckzeitalter Einhalt zu
gebieten. »Denn es zu besorgen ist, und jetzt schon wieder anfängt«, schreibt Luther im zusammenfassenden Schlussteil,

> daß man immer neue und andere Bücher macht, daß es zuletzt dahin
> komme, daß durch des Teufels Werk die guten Bücher, so jetzt durch
> den Druck hervorgebracht sind, wiederum unterdrückt werden, und
> die losen, heillosen Bücher von unnützen und tollen Dingen wieder
> einreißen und alle Winkel füllen.[3]

Der Terminus »Bibliothek« wird zum Schlüsselbegriff dieser Verwaltung des Wissens: seiner Aufbewahrung und Dissemination
im realen Gebäude, seiner Zusammenfassung in enzyklopädischen Kompendien mit dem Namen »Bibliothek«, seiner fortlaufenden Kommentierung in den Periodika, seiner Erschließung in
der bibliografischen Information. Erst mit diesen Instrumenten
wird das Buch zum grundlegenden neuzeitlichen Gedächtnisspei-
cher und die Bibliothek zum Ort der Wissensrepräsentation. »Die
Bibliotheken waren wirkliche Schatzkammern«, schreibt Goethe
im Winckelmann-Aufsatz über die Zeit vor seiner eigenen Zeit,
»anstatt daß man sie jetzt, bei dem schnellen Fortschreiten der
Wissenschaften, bei dem zweckmäßigen und zwecklosen Anhäu-
fen der Druckschriften, mehr als nützliche Vorratskammern und
zugleich als unnütze Gerümpelkammern anzusehen hat [...]«.[4]

Suche und Sucht nach dem Einzigartigen

Begegnet uns der professionelle Büchersammler, nämlich der Bibliothekar als selbstbewusster Wissensverwalter mit so ehrwürdigen Vorfahren wie Winckelmann oder Casanova oder Lessing (der sich »zum Bibliothekar verwahrlost« fühlte), so fasziniert uns der Typ des privaten Büchersammlers, des Bibliophilen oder gar Bibliomanen, durch die Nähe seiner Leidenschaft zum Abgründigen, Bösen und Verrückten. Nicht nur in der Literatur hat ein Dr. Peter Kien, dem seine Sammlung zum Scheiterhaufen wird, durch die abnorme Intensität seines Kontakts mit den Büchern auf psychotische Weise den Kontakt zur Welt jenseits der Texte verloren. Die Geschichte des Büchersammelns kann auch als Pathografie geschrieben werden oder zumindest als Zuschreibung von Verrücktheit.

Bereits im Reformationszeitalter gelangte der streitbare Humanist Matthias Flacius Illyricus (1520-1575) im Gefolge ausgedehnter reformatorischer Streitigkeiten, in die ihn seine polemische Art verwickelte, in das Gerede, seine seltenen Manuskripte gestohlen zu haben, was heute als Rufmord eingeschätzt wird und ihn zum frühneuzeitlichen Inbild des Bücherdiebes machte. Zu Beginn des 18. Jahrhunderts hat der Schuhmacher und spätere Buchhändler John Bagford (1650/51-1716), Gründer der englischen *Society of Antiquaries*, seine Fischzüge durch die Bibliotheken unternommen und typografische Auffälligkeiten gesammelt, um die Geschichte der Typografie zu dokumentieren. Im Zeitalter vor dem Kopierer ging das mit dem Messer am effizientesten, und Bagford arrangierte die vielen Titelblätter, Vignetten, Kolophone und Illustrationen, die er seziert hatte, in eigenen mächtigen Foliobänden (auch Manuskripte hat er zu »Dokumentationszwecken« zerschnitten).[5] Den ehrwürdigen Pastor Johann Georg Tinius (1764-1846) soll seine bibliomanische Sammelsucht zu Räuberei und sogar zu zwei Morden getrieben haben, worauf er nach einem heute umstrittenen Indizienprozess zwölf Jahre Zuchthaus absitzen musste. Seine Bibliothek umfasste 50.000-60.000 Bücher, und bei ihrer Versteigerung hat angeblich auch Goethe einige Bücher aus der Masse erworben.

Bemerkenswert, dass auch die nüchternen Bibliothekare der verderblichen bibliomanen Leidenschaft verfallen können – oder umgekehrt leidenschaftliche Sammler den Beruf als Bücherhüter suchen. Graf Guglielmo Brutus Icilius Timeleone Libri Carucci dalla Sommaja (1803-1869) war ein solcher Bock als Gärtner. Libris Aufgabenbereich in der »Commission du Catalogue général des manuscrits des bibliothèques publiques de France« umfasste die Sichtung der in den Revolutionsereignissen konfiszierten Adelsbibliotheken, was er zu ausgedehnten Erweiterungen seiner eigenen Sammlung wertvoller Bücher und Autografen nutzte. Im Jahre 1847 soll er etwa 40.000 Bücher und Manuskripte von enormem Wert besessen haben, die er z.T. um hohe Summen weiterverkaufte. Als er, denn ein Verdacht hatte die Polizei bereits beschäftigt, nach der Februarrevolution 1848 in die Gefahr der Verhaftung geriet, setzte er sich nach England ab, wohin er 18 Kisten mit Büchern mitnehmen und damit sein Leben finanzieren konnte. Der berüchtigte und publizistisch wirkungsvoll enttarnte Plagiator Paul Zech (1881-1946) hat sich als Literat nicht nur am geistigen Eigentum vieler Zeitgenossen, sondern als Hilfsbibliothekar auch an den von ihm gehüteten Bücherbeständen diebisch vergangen.[6]

Gar ins Agentenmilieu der Epoche des Kalten Krieges spielte die Geschichte des Musikwissenschaftlers und Bibliothekars Joachim Krüger (1910-?) hinein. In zwei an Interessierte in der ganzen Welt versandten Angebotskatalogen spickte der gelernte Buchhändler und profunde Musikalienkenner seinen rechtmäßig erworbenen Antiquariatsbestand mit Zimelien, von denen er durch seine Bibliotheksrecherchen Kenntnis hatte und die er, wenn eine Bestellung einging, stahl. Vom Betriebswirtschaftlichen her gesehen ergab das ein Beispiel optimal schlanker Lagerhaltung, eine Form des »book on demand« *avant la lettre*. Er avancierte 1949 an der Deutschen Staatsbibliothek Berlin (Ost) zum Leiter der Musikaliensammlung und setzte sich 1951 mit schier unglaublichen Konvoluten von Musikerkorrespondenzen, Beethovensonaten und Händelchören in den Westen ab, wo er einen schwunghaften Handschriftenhandel trieb; Beethovens Konversationshefte musste er freilich dem Beethovenhaus Bonn überlassen, um nicht gleich enttarnt zu werden.[7] Er büßte eine Gefängnisstrafe ab und ist seither verschollen.

Bis heute ist immer wieder von reisenden Dieben zu lesen, die in Klosterbibliotheken illustrierte Werke ihrer Kupferstiche berauben, und selbst von Germanistikprofessoren, die ihre Universitätsbibliothek dezimieren, um das gestohlene Gut dann weiterzuverkaufen.[8] Der dreisteste Bücherdiebstahl des 20. Jahrhunderts ging freilich auf das Konto eines Bibliothekars, der jahrelang täglich ein Buch aus der Kopenhagener Königlichen Bibliothek klaute, naturgemäß mit hohem Sachverstand: Handschriften Kants waren ebenso darunter wie wertvollste Spätinkunabeln. Der im privaten Keller des eifrigen Bibliothekars gehütete Bestand belief sich zuletzt auf ca. 3.000 Bücher im Wert von etwa 40 Millionen Euro – der Dieb war über dem zu spät eingeleiteten Abverkauf seiner Schätze verstorben.[9]

Doch verblasst jede individuelle Bibliomanie, trotz ihrer kriminellen Energie, vor jenen Zerstörungen historischer Bestände, die durch Kriegsauslagerungen von Büchersammlungen, im Zusammenhang mit so verschiedenen historischen Akteuren wie dem bayerischen Kurfürsten Maximilian I. (bzw. Papst Gregor XV.) in Heidelberg, Napoleon, Hitler und Stalin, zustande kamen. Zahlreiche dabei verschwundene Bücher und ganze Bibliotheken sind nicht mehr aufgetaucht. Jacob Grimm hat ein Exemplar des »Simplicissimus«-Erstdrucks besessen, das dann in die ehemalige Berliner Universitätsbibliothek gelangt ist und für Jan-Hendrik Scholtes maßgebliche Grimmelshausen-Ausgabe die Textgrundlage lieferte; das Exemplar ist heute nicht mehr auffindbar.[10]

Das Seltene und die Sammlung

Ist es denn die Seltenheit, die den Bibliomanen antreibt? Ist das einzigartige Buch – ob Manuskript oder Druck – den Büchernarren das, was den Philatelisten ihre »Blaue Mauritius« bedeutet? Den frühen Drucken hat sehr früh die Aufmerksamkeit der Bibliophilen gegolten: Man sammelte bereits in der Renaissance- und Barockepoche die damals ›Alten Bücher‹ und verzeichnete sie in gedruckten Bibliografien. Dabei sind Inkunabeln gar nicht so selten, was die überlieferte Anzahl von Exemplaren betrifft – durchschnittlich spricht man von je 18 erhaltenen Exemplaren. Von den 900-1.000 gedruckten Ausgaben von Shakespeares »First Folio« (1623) existieren heute noch etwa 230, und 79 davon stehen in der Folger Shakespeare Library in Washington, D.C. Die weitaus häufigste Inkunabel, Hartmann Schedels »Weltchronik« (Liber Chronicarum, 1493), ist gar in rund 1.250 Exemplaren erhalten. Selbst im Fall der Gutenberg-Bibel sind von den etwa 180 gedruckten Exemplaren (135 auf Papier, 45 auf Pergament) 47 bis 48 Exemplare überliefert (je nach Zählung, zwei einander ergänzende unkomplette Exemplare scheinen ursprünglich vereint gewesen zu sein), also mehr als jedes vierte Exemplar, freilich jedes anders gebunden, manche auf Pergament gedruckt, manche rubriziert und viele prächtig ausgestattet, etliche jedoch inkomplett. Die Bibel war sowohl vom Inhalt als auch von den Kosten her ein wichtiges und gewichtiges Buch, das man mit Sorgfalt aufbewahrte. Die Bücher des 17. Jahrhunderts dagegen sind oft so selten geworden, dass wir von manchen nur um die Tatsache ihres Erscheinens Bescheid wissen, aber über kein Exemplar verfügen.

Die Erstausgabe des bedeutendsten deutschen Barockromans, des »Simplicissimus Teutsch« Grimmelshausens (1668), ist in acht Exemplaren überliefert, Heinrich Alberts »Arien, etlicher [...] Lieder« gelten in den ersten Auflagen um 1650 im Antiquariatshandel als »unauffindbar«. Dass da so viel verloren ging, ist *in puncto* Inhalt meist auch nicht weiter schade, kennzeichnet aber doch das Auseinandertreten von tatsächlicher großer Seltenheit und dem Sammlerwert. Nicht alles Seltene ist wertvoll, nicht alles Wertvolle selten. Das Sammeln von Kunst und auch von Büchern untersteht nicht dem Diktat des Gebrauchs-, sondern der Einschätzung des Sammlerwerts. Die Emotion des Möchtegernbesitzers stempelt auf Auktionen und in Verkäufen den Wert, und der Antiquariatshandel reizt durch kundige Beschreibung der Objekte Erstere, um Letzteren zu erhöhen.

Selbst wenn zahlreiche Exemplare in den öffentlichen Sammlungen vorhanden sind, erzielt der privat auf dem Antiquariats- oder Auktionsmarkt angebotene Druck oft enorm hohe Erlöse, Werke bekannter Autoren eher als jene unbekannter, berühmte Texte vor Gebrauchsschrifttum, illustrierte Werke vor schlichten Drucken. Die Vorlieben wechseln, illustriertes Medizinisches hat immer Konjunktur, die Theologie durchwandert schon länger eine Talsohle, aber Bibeln werden stets gesammelt. Auch der Zustand des Erhaltenen ist ein vordringliches Preiskriterium. Das allererste Superman-Heft »Action Comic Nr. 1« vom Juni 1938 wurde am 22. Februar 2010 um eine Million Dollar verkauft. Man schätzt die Zahl der erhaltenen Hefte auf etwa 100, doch entsprechend der vielgelesenen und leicht zerstörbaren Gattung sind nur ganz wenige in so tadellosem Zustand erhalten wie das verkaufte Exemplar. Die Handschrift wiederum ist gänzlich einmalig, und so verwundert es nicht, dass ein Brief von George Washington im Dezember 2009 den Rekordpreis von 3,2 Millionen Dollar erzielte.

Der Sammler sucht Einzelnes unter dem Gesichtspunkt des Zusammenhangs, und das absolut rare Buch ist noch wertvoller in der Gesellschaft weiterer seltener Bücher. Das Raritätenkabinett, die Wunderkammer ist das historische Vorbild solcher Sammlungen, die in der Einzigartigkeit des Einzelbelegs einen Kosmos darstellen wollen. Der Kosmos des Sammlers ist sein Thema: ein Sachverhalt oder Themengebiet, seien es Lexika oder

Inkunabeln, seien es erotische Bücher oder Bavarica, seien es Bi-
belausgaben oder Karl May in Erstdrucken oder alles zu »Oliver
Twist« von Dickens. Manche sammeln Autoren wie Shakespeare,
dessen zeitgenössische Ausgaben der amerikanische Ölmagnat
Henry Folger im späten 19. Jahrhundert fanatisch und kapital-
kräftig gesammelt hat, oder eine Stadt wie Wien ist Gegenstand
und zugleich Hüterin der berühmten Viennensia-Sammlungen
von Arthur Mayer (9.000 Titel), Friedrich Engel, Georg Eckl,
Gottfried Eissler oder des bibliophilen Gastwirts aus Margareten,
Franz Haidinger (12.000 Bände). Bildbände, Alben, Kochbücher,
Hexentraktate oder Regimentsgeschichten, Miniaturbücher oder
Bibeln: Alles Gedruckte kann gesammelt werden – und wird es
auch, professionell von den Bibliotheken, leidenschaftlich von
den Sammlern. Und so lockt eine Sammlung ihre Erweiterungs-
stücke geradezu herbei, auch gegen den Widerstand der Besitzer:
»[D]enn das eigne hat eine bestimmte Sammlung, daß sie das
Zerstreute an sich zieht, und selbst die Affektion eines Besitzers
gegen irgend ein einzelnes Kleinod, durch die Gewalt der Masse,
gleichsam aufhebt und vernichtet.«[11] Das absolut Einzigartige ist
sodann die Zusammenstellung des in sich gar nicht so Einmaligen
als Sammlung, als Spezialbestand, als Kollektion. Natürlich will
die Sammlung gepflegt sein, sie ruft beständig nach Erweiterung
und Komplettierung: »Ordnung und Vollständigkeit waren die
beiden Eigenschaften, die ich meiner kleinen Sammlung zu geben
wünschte [...]«.[12] Und darin – wie der Anthologist gegenüber den
Gedichten, die er wählt und neu gruppiert – manifestiert sich die
Autorschaft des Sammlers.

Einzigartigkeit im Handdruckzeitalter

Das Buch dieser Zeit, das ›Alte Buch‹, wie es bei den Sammlern,
den Antiquaren und in den Spezialabteilungen der Bibliotheken
heißt, ist durch und durch handgemacht. Beim Buch der Handdruckperiode kommt kein Automat zum Einsatz, sondern seriel-

le Menschenarbeit. Handgeschöpft ist das Papier, handgemacht sind die geschnittenen Lettern (sie sind mit einem genialen Apparat angefertigt, dem Handgießinstrument, der eigentlichen Erfindung Gutenbergs), die Werkzeuge der Druckerwerkstatt, und natürlich erfolgt auch der Vorgang des Druckens von Hand. Dieser selbst hat kaum ein Berufsgeheimnis: Es ist Teamwork und Kraftarbeit, den Pressbengel immer wieder zu schwingen, den bedruckten Bogen abzunehmen und einen neuen, passend vorgefeuchteten in den Rahmen zu legen, die Farbe mit den Pressballen auf dem Satz zu verreiben, die Form mit dem eingeklappten Blatt unter den Tiegel zu fahren und erneut den Bengel herumzuwirbeln. Das Geheimnis des Druckens liegt in der Anordnung der zu Druckseiten gesetzten Lettern in der Druckform, denn der Text fließt nicht im Kontinuum aufs Papier, er ist vielmehr in einzelne Blöcke unterteilt – in kompliziertem Muster verteilen sich die später fortlaufend zu lesenden Buchseiten auf die Druckform, die eingefärbt und dann abgedruckt wird. Der Druckbogen, der die Presse zweimal durchlaufen muss, wenn er beiderseits bedruckt werden soll, ist die Arbeitseinheit des Gewerbes: Er entspricht der Größe des Schöpfsiebs bei der Papierherstellung, er konnte einmal, zweimal, mehrmals gefaltet werden und ergab somit die Buchgröße zwischen dem Folianten und dem kleinen Duodezbändchen mit seinen zierlichen Blättchen. Die Kraft eines Papierarbeiters, der mit dem passend großen Sieb den Papierbrei aus dem Bottich schöpft, ist somit das Maß der Buchgrößen geworden.

Hätte man Gutenberg in eine Druckerwerkstatt der Goethezeit gestellt, er hätte unverzüglich seine Arbeit aufnehmen können. Die Presse wäre ihm eleganter und weniger klobig vorgekommen als zu seiner Zeit (da gab es nur die Weinpresse als Vorbild), die Schriften in ihrer Vielzahl hätten ihn überrascht, das Papier wäre ihm vielleicht ein wenig billig vorgekommen, und einige Spezialwerkzeuge hätte er genauer mustern müssen, bevor ihm klar geworden wäre, wozu sie dienten. Aber der Arbeitsablauf selbst hatte sich ebensowenig verändert wie das Material, denn nach wie vor war es geschöpftes Hadernpapier, auf dem mit beweglichen, handgesetzten Bleilettern mittels handbetriebenen Pressen gedruckt wurde.

Erst mit der Industrialisierung nach der Aufklärung ändert sich auch die Buchherstellung. Man erfindet Maschinen zur Papiererzeugung (Langsiebpapiermaschine 1798), man beginnt die Pressen mechanisch anzutreiben (Schnellpresse 1812), und man ersinnt schließlich jene Druck- (Rotationsmaschine 1845) und auch Setzmaschinen, die die Herstellung von Gedrucktem so sehr beschleunigen, dass blitzschnell große Auflagen aus der Maschine wandern: Die moderne Tageszeitung mit ihren ursprünglich drei bis vier Ausgaben täglich hatte ihre technischen Voraussetzungen erhalten (Linotype-Setzmaschine 1886).

Das Buch selbst sollte von Anbeginn sich als Ausgabe identisch sein, ein Exemplar des Druckes soll dem andern exakt gleichen. Dass hier Unterschiede auftreten, war die Angst noch zu Gutenbergs Lebzeiten gewesen, als der Bischof von Freising befahl, alle 91 Exemplare eines Breviers, 206 Obsequialia sowie 400 Messbücher einzeln mit der Druckvorlage zu vergleichen, sicherheitshalber.[13] Aber Unterschiede treten immer dort auf, wo Menschen arbeiten, und je früher, je mehr, denn als taylorisierte Maschine ist der Arbeiter erst im 20. Jahrhundert konzipiert worden. Beim Druck auftretende Ungereimtheiten erfordern das Eingreifen der Fachleute: Da wird ein Fehler korrigiert, dort muss die Auflage erhöht und müssen demnach ein, zwei Bögen nachgedruckt werden, hier verlangt eine totgedruckte Illustration nach erneutem Aufstechen oder Nachschneiden, eine gebrochene Letter oder ein unter dem Pressdruck verschobener Satz nach Ausbesserung. Von Shakespeares »First Folio« (1623) wurden durch genaueste Kollation nicht weniger als 40 solcher Druckvarianten festgestellt. Die einzelnen Bögen werden dann zusammengetragen und ergeben das Buch. Die Debatte der Identität solcherart hergestellter Exemplare hat die Buchforschung tatsächlich beschäftigt, und nimmt man es nur genau genug, dann gleichen selbst die einzelnen Exemplare solcher Auflagen des Handdruckzeitalters einander nicht unbedingt. Selbst die einzelnen Exemplare der gleichen Auflage sind also potenziell einzigartig.

Buchgestalt

Um wieviel mehr gilt das von der Gestalt der Bücher, die ja erst ab dem späten 18. Jahrhundert mit Verlagseinband ausgeliefert wurden und damit eine einigermaßen uniforme Erscheinungsform erhielten. Zuvor verfuhren die Käufer nach Lust, Laune, Bedarf und finanziellen Mitteln, wenn sie die in rohen Bögen transportierte und verkaufte Ware erworben hatten. Manches blieb einfach grob geheftet liegen und war als Lese- oder Arbeitsexemplar zur Hand, anderes musste als Geschenkband in der Schule (als Prämie für die Klassenbesten) oder für den Mäzen (als Dank für seine Drucksubvention) prächtig ausgestattet werden, vieles hatte der Buchbinder dem bestehenden Bibliotheksbestand ästhetisch anzupassen – die uniformen Klosterbibliotheken, die blendend weißen Pergamentbände der Bibliothek des Herzog August von Braunschweig und Wolfenbüttel oder die Maroquinbände des Prinzen Eugen von Savoyen erzählen davon. Und es war dem Geschmack und Geldbeutel des Bestellers überlassen, in welcher Form, aber auch in welcher Gesellschaft die Bücher gebunden wurden; manche dickleibigen Bände enthalten zwei, drei oder auch mehr Drucke, und nicht unbedingt nur sachlich zusammengehörige. »Mariage« nannten etwa die französischen Buchhändler des 18. Jahrhunderts die Methode, Unverfängliches mit Pornografischem gemeinsam zu binden, um Letzteres zu tarnen; manchmal genügte auch ein harmloses neues Titelblatt.

Das, was man schwarz auf weiß »getrost nach Hause tragen« kann (in den Worten des Schülers in »Faust I«), trägt man in Gestalt des Buches nach Hause. Texte kann man nicht tragen, sondern nur Behältnisse von Texten, also Medien. Und beim ›Alten

Buch‹ erstaunt allein schon die Vielfalt der Materialien, die im Einsatz stehen, um das Papier zu fassen, denn es braucht Hanf, Wachs, Leinen oder Pergamentstreifchen zum Binden, Holz, Pappe, Seide, Leder und Pergament zum Eindeckeln sowie Farbe, Messing, Ei und Gold zum Schmücken des Einbandes, vom Papier selbst (das im Mittelalter zum Beschreibstoff wird, aber teuer bleibt) und von den Leimen, Kleistern und Farben, von den Nägeln und Nadeln, von den Stempeln und Rollen einmal abgesehen. Da ist ein Flechten und Nähen, ein Sägen und Stemmen, ein Gravieren und Ziselieren der Buckel und Klauen, ein Malen und Färben, ein Prägen und Punzieren, bis das Buch seine ansehnliche Gestalt erhält, in der wir es heute schätzen (und, wenn erschwinglich, auch sammeln). Zum Buchdrucker und Buchbinder gehören also gleichberechtigt Imker und Leinenweber, Seiler und Papiermüller, Leimsieder und Weißgerber, Goldschmied und Siebmacher, Gürtler und Tischler, Holzschneider und Kupferstecher. Im ›Alten Buch‹ erscheint die Welt des ›Alten Handwerks‹ – jedes Buch ist einzigartig.

Texte bewahren die Geschichte auf ihre Art. Die das am nachhaltigsten tun und ihre Bedeutung behalten haben, stehen allesamt bereits im Internet. Die dort noch nicht stehen, aber unsere Kenntnis in die kleineren Falten der Vergangenheit erweitern, bewahren die Bibliotheken. Aber über diesen Text hinaus dokumentieren die alten Bücher, wie mit ihm umgegangen wurde, wie er präsentiert, verarbeitet oder auch beiseite geschoben wurde. Texte führen uns zu Gedanken und Autoren, Bücher zu den Menschen, die die Gedanken verbreitet und die Autoren dem Gedächtnis der Kultur einverleibt haben. Dass diese Zeugnisse auch gut gearbeitet, ja schön sein können, ist Erkenntnis und zugleich Bonus des Sammelns alter Bücher.

1   ECO, Umberto: Der Name der Rose. Aus d. Ital. v. Burkhart Kroeber. München 1982, S. 201.

2   CHARTIER, Roger: The order of books: readers, authors, and libraries in Europe between the fourteenth and eighteenth centuries. Stanford/CA 1994, S. 63.

3   LUTHER, Martin: An die Radherren aller stedte Deutschen lands: das sie Christlich schulen auffrichten vnd hallten sollen. Wittenberg 1524, zit. n. Ders.: An die Bürgermeister und Ratsherrn aller Städte in deutschen Landen, daß sie christliche Schulen aufrichten und halten sollen (1524). In: Ders.: Pädagogische Schriften. Hg. v. Hermann Lorenzen. Paderborn ²1969, S. 62-81, hier S. 80.

4   GOETHE, Johann Wolfgang v.: Winkelmann und sein Jahrhundert. Tübingen 1805. In: Ders.: Sämtliche Werke nach Epochen seines Schaffens. Bd. 6.2: Weimarer Klassik 1798-1806. Hg. v. Victor Lange u.a. München 1988, aus dem biografischen Abschnitt »Skizzen zu einer Schilderung Winkelmanns«, S. 348-381, hier S. 366.

5   »An antiquarian collector, who had a mania for mutilating all the books he could lay hands on, in order to collect title-pages, old types, printers' colophons, etc.« (1897, Jacobi's Gesta Typographica, www.fromoldbooks.org/Jacobi-Geste/memorabilia/John-Bagford.html [zuletzt eingesehen: 23.2.2010]).

6   THEISOHN, Philipp: Plagiat. Eine unoriginelle Literaturgeschichte. Stuttgart 2009, S. 431.

7   HOLLENDER, Martin: Joachim Krüger alias Dr. Krüger-Riebow: Bücherdieb, Antiquar und Agent im Kalten Krieg. In: Bibliothek 30, 1 (2006), S. 69-75, www.bibliothek-saur.de/2006_1/069-075.pdf (zuletzt eingesehen: 17.2.2010).

8   LEFFERS, Jochen: Professor als Bücherdieb. Wertvolle Werke versteigert und Justiz gefoppt, Spiegel Online, Unispiegel, 15.07.2004, www.spiegel.de/unispiegel/wunderbar/0,1518,308780,00.html (zuletzt eingesehen: 17.2.2010).

9   HAFFNER, Peter: Allein im Universum. Eine Anatomie der Bibliomanie. In: Neue Zürcher Zeitung Folio 10 (1991), Thema: Über Bücher, www.nzzfolio.ch/www/d80bd71b-b264-4db4-afd0-277884b93470/showarticle/8e2dee32-60a2-480e-8a06-bf97134603e0.aspx (zuletzt eingesehen: 17.2.2010).

10 ROCKENBERGER, Annika/RÖCKEN, Per: Vom Offensichtlichen. Über Typographie und Edition am Beispiel barocker Drucküberlieferung (Grimmelshausens Simplicissimus). In: editio 23 (2009), S. 21-45, hier S. 31.

11 GOETHE (1988), S. 88.

12 Ebda., S. 90.

13 MÜLLER, Jan-Dirk: Der Körper des Buchs. Zum Medienwechsel zwischen Handschrift und Druck. In: GUMBRECHT, Hans Ulrich/PFEIFFER, K. Ludwig (Hg.): Materialität der Kommunikation. Frankfurt/M. 1988, S. 203-217, hier S. 212f.

MARKUS KRAJEWSKI

Die Auflösung des Textes im Raum. Von Universalbibliotheken und der Transformation des Buchs zur Kartei

In jener Nacht, in der Adson von Melk und sein Lehrmeister William von Baskerville zum ersten Mal in die sakrosankten Bücherhallen der ligurischen Abtei vordringen, wo einige rätselhafte Morde das bis dato geordnete spätmittelalterliche Klosterleben verwirren, sehen sie sich einem weitverzweigten Labyrinth aus verwinkelten Zimmern gegenüber. Nur mit Mühe gelingt es den beiden detektivischen Mönchen, sich einen Überblick über die selbstähnlichen Räume der Büchersammlung zu verschaffen, in denen sie sich zunächst vergeblich zu orientieren versuchen: »rechteckige, oder leicht trapezförmige Zimmer, jedes mit einem Fenster, umgeben den siebeneckigen fensterlosen Innenraum«,[1] der wiederum nur Bestandteil eines umfassenderen Ensembles von vier gleichen, turmartigen Flügeln mit insgesamt rund 50, mit Zitaten aus der Apokalypse des Johannes überschriebenen Zimmern ist, in denen sich jeweils »mächtige Bücherschränke voller säuberlich aufgereihter Bände [befinden]. Jeder Schrank trug ein Schild mit einer Zahl, desgleichen jedes Bord«, heißt es zu Beginn der Nacht des zweiten Tages in Umberto Ecos »Der Name der Rose« von 1980.[2] Gegen diese Überfülle des Wissens jener unzähligen Bücher in sich selbst ähnelnden Zimmern verspricht nur der Aufbau einer eigenen, sondierenden Ordnung jene notwendige topografische Orientierung zu gewährleisten, die bei anderweitig scheiterndem Umgang mit einer solchen Informationsflut ein probates Mittel bereitstellt. Mit Hilfe von selbst angefertigten Karten gelingt es William und Adson – nach einigen weiteren Besuchen der Bibliothek –, sich die differenzierte Systematik und ausgeklügelte Ordnung der Bücher in den symmetrisch angelegten Räumen allmählich zu erschließen, um sich im weiteren Verlauf auf die Suche nach jenem einzigartigen Buch zu begeben, das die Ursache für die ungeheuerlichen Verbrechen in der Abtei darstellt, wenngleich es ›nur‹ vom Lachen handelt. Fündig werden die beiden schließlich erst, als sie den blinden Seher und verhinderten Bibliothekar Jorge von Burgos im geheimen Inneren der Büchersammlung stellen, als er sich vor ihren Augen die Inhalte des Textes – ein alter Topos von Lektüre – buchstäblich einverleibt, indem er die einzelnen Seiten des verloren geglaubten zweiten Buchs von Aristoteles' Poetik über die Komödie auseinanderreißt und aufzuessen beginnt.

Spätestens mit dem Namen dieses blinden Bibliothekarsmönchs, der einen nicht geringen Teil der klösterlichen Büchersammlung auswendig kennt, macht Eco seine Reverenz an den im Alter von 50 Jahren erblindeten, späteren Direktor der argentinischen Nationalbibliothek Jorge Luis Borges und dessen kleine Fantasie »Die Bibliothek von Babel« (1941) über die mögliche Struktur einer Universalbibliothek explizit. Die Bezüge sind offensichtlich, angefangen von der Anlage der gesamten, geometrisch angeordneten Architektur bis hin zum alles umfassenden Inhalt der Klosterbibliothek, die das seinerzeit vorhandene Wissen des Spätmittelalters an einem einzigen Ort versammelt, einschließlich längst verloren geglaubter Schriften wie beispielsweise der vollständigen Poetik von Aristoteles, aber auch der Traktate und Texte von arabischen Gelehrten, jüdischen Mystikern, asiatischen Philosophien etc.

Das Universum, das andere die Bibliothek nennen, setzt sich aus einer undefinierten, womöglich unendlichen Zahl sechseckiger Galerien zusammen [...]. Von jedem Sechseck aus kann man die unteren und oberen Stockwerke sehen: grenzenlos. Die Anordnung der Galerie ist unwandelbar dieselbe. Zwanzig Bücherregale, fünf breite Regale auf jeder Seite, verdecken alle Seiten außer zweien [...],

heißt es bei Borges zu Beginn seiner Erzählung.[3] Doch Eco wäre nicht der listige Romancier und zugleich ein universalhistorischer Semiotiker, würde er Borges' Fantasie ihrerseits lediglich in einem schwachen Echo wiederholen. Aus diesem Grund weist die Bibliothek bei Eco eben nicht eine sich in unendliche Tiefen und Höhen erstreckende, streng sechseckige Wabenstruktur der einzelnen Räume in übereinanderliegenden Stockwerken wie bei Borges auf, sondern variiert dessen Motiv durch teils siebeneckige sowie teils annähernd rechteckige Zimmer, die keineswegs unendlich scheinen, sondern von den Detektiven auf einer Ebene vollständig durchschritten und ermessen werden können. Die Räume wie das beherbergte Wissen dieser Bibliothek sind endlich.

So wie Eco seine Einfälle gezielt aus dem unendlich erscheinenden Meer der Gelehrsamkeit zu fischen versteht, errichtet auch Borges seine »totale Bibliothek« keineswegs ex nihilo. Vielmehr versteht er sie geschickt in das alte Raumgefüge früherer Bibliotheksfantasien einzupassen. Während Eco für seine klösterliche Büchersammlung durch empirische Aufzählung entlegener Autoren und seltener Texte den Anschein erweckt, dass sie das komplette Wissen des Spätmittelalters enthält, führt Borges indes den theoretischen Nachweis, wie eine Universalbibliothek vom Prinzip her beschaffen sein muss, um alle jemals gedruckten – und alle künftigen zu druckenden – Werke zu umfassen. Sein Argument gründet dabei auf einem schlichten Kalkül, das lediglich auf der endlichen Kombinatorik von 25 Zeichen beruht:

Auf jede Wand jedes Sechsecks kommen fünf Regale, jedes Regal faßt zweiunddreißig Bücher gleichen Formats; jedes Buch besteht aus einhundertzehn Seiten, jede Seite aus vierzig Zeilen, jede Zeile aus achtzig Buchstaben von schwarzer Farbe.[4]

In diesem Format ruht nun das »Fundamentalgesetz der Bibliothek«, dem zufolge »sämtliche Bücher, wie verschieden sie auch sein mögen, aus den gleichen Elementen bestehen: dem Raum, dem Punkt, dem Komma, den zweiundzwanzig Lettern des Alphabets«. Aus dieser Gesetzmäßigkeit folgerte einst ein genialer Bibliothekar,

> daß die Bibliothek total ist und daß ihre Regale alle irgend möglichen Kombinationen der zweiundzwanzig und soviel orthographischen Zeichen (deren Zahl, wenn auch außerordentlich groß, nicht unendlich ist) verzeichnen, mithin alles, was sich irgend ausdrücken läßt: in sämtlichen Sprachen.[5]

Der entscheidende Punkt besteht nun darin, dass jedes Buch – sei es noch so lang oder langatmig – irgendwann endet, und jeder Gedankengang daher durch ein Format aus 80 Buchstaben × 40 Zeilen × 110 Seiten ausgedrückt werden kann. Die Schriften der Universalbibliothek enthalten dann in sehr vielen, aber endlichen Varianten alle möglichen Kombinationen aus 25 Zeichen. In einem dieser Bücher wird es daher eine Buchstabenfolge geben, die Goethes »Urfaust« enthält, in einem zweiten den »Urfaust« mit einem Satzfehler auf Seite 69, in einem anderen wiederum eine unverständliche Serie von Buchstabenkombinationen, in denen irgendwo eine in solchem Zusammenhang nur bedingt sinnvolle Zeile mit einem Versprechen auftaucht: ›... bspgd Fxm gmujirm, zfmtg cgeq xba ugue Bonhtj. Alles ist endlich und in Ordnung. Bvuxhl remt Tmp, uybv Agrvhtqw flwgd wawqqtyi, qzcw xkas Mstwzh, bcdghy yglwb Dogyi ...‹

Zwei Jahre vor seiner babylonischen Bibliotheksfantasie verfasst Borges ein kleines Prosastück mit dem Titel »Die totale Bibliothek« (1939). Dieser kurze Text ist in vielerlei Hinsicht be-

sonders aufschlussreich, zum einen weil er darauf verweist, dass
eine solche totale Bibliothek selbstverständlich auch in einer entlegenen Nische den Katalog ihrer selbst enthält ebenso wie den
zwingenden »Nachweis der Fehlerhaftigkeit dieses Katalogs«.[6]
Zum anderen aber ist dieser Text selbst ein Katalog in der Wort-
bedeutung von καταλογος, was nichts anderes heißt als ›ich zähle
auf‹, in diesem Fall nämlich die Quellen, die Borges zwei Jahre
später in seine Erzählung unausgewiesen einfließen lässt. Neben
den kanonischen Verweisen auf Aristoteles und Cicero, Pascal
und Jonathan Swift (sowie einem fehlenden Hinweis auf Leibniz
und sein »Apokatastasis panton«-Fragment von 1715, das jene
Beispielrechnung bereits andeutet und im Folgenden noch zitiert
sei …) findet sich hier unter anderem auch der Hinweis auf Kurd
Laßwitz, den ersten Exponenten dieser Idee einer Universalbibliothek im literarischen Kontext. 1904 verfasst der Gothaer Gym-
nasiallehrer und Pionier der Science-Fiction-Literatur, Laßwitz,
eine kurze Erzählung namens »Die Universalbibliothek«, in der
er mit didaktischer Leichtigkeit die Idee durchspielt, die prinzipielle Unendlichkeit des Wissens mit endlichen Mitteln zu fassen.
Dabei setzt seine Überlegung nicht von ungefähr genau bei Leibniz an. Denn dessen »Apokatastasis«-Fragment wird erst 1889
der Forschung wieder zugänglich gemacht. Leibniz berechnet
darin die Buchstabenanzahl eines Texts, der – so Leibniz – »die
annalistische Geschichte des ganzen Menschengeschlechtes bis in
alle Einzelheiten enthält«.[7] Laßwitz wiederum nimmt diese Überlegung auf, um mit einem einfachen Kalkül zur Bestimmung des
Umfangs der vollständigen Bibliothek – sowie mit unvermerkter
Referenz auf den barocken Universalgelehrten – die Anzahl der
Bände der Universalbibliothek schließlich mit $10^{2.000.000}$ anzuge-
ben. Eine Zahl also, die allein »im Druck etwa eine Länge von
vier Kilometern erreichen würde«.[8] Kaum nötig zu erwähnen,
dass sich das Durchfliegen der Regale in Lichtgeschwindigkeit
auf rund $10^{1.999.982}$ Jahre beliefe, geschweige denn, dass die Büchersammlung damit einen Platz einnähme, für den

der ganze Weltraum bis zu den fernsten uns sichtbaren Nebelflecken so oft genommen werden müsse, dass auch diese Zahl der vollgepackten Welträume nur einige 60 Nullen weniger hätte, als die 1 mit den zwei Millionen Nullen, die unsre Bändezahl angibt.[9]

Das Universum wäre demnach um ein Vielfaches vollständig ausgefüllt mit Büchern. Der Text löste den Raum auf. Im Verlauf von Laßwitz' Erzählung reift dann die Erkenntnis, dass – trotz ihrer endlichen Anzahl von Schriften – die durch strenge Kombinatorik gewonnene Größe der Bibliothek mitnichten vorstellbar bleibt. »Der Verstand ist unendlich viel größer als das Verständnis.«[10]

Während die Idee einer Universalbibliothek in der ersten Hälfte des 20. Jahrhunderts nicht nur in der fantastischen Literatur eine Renaissance erfährt, schickt sich derweil eine parallele, ungleich konkretere Entwicklung ebenso auf der Basis einer Rekombination einzelner Elemente an, das Wissen in seiner medialen Form neu zu organisieren. Um 1900, als Laßwitz seine *Science Fiction* schreibt, findet anderenorts gerade eine unscheinbarere Raumrevolution statt, wenngleich sich hier nichts weniger als eine grundlegende Rekonfiguration der medialen Basis des textgebundenen Wissens ereignet: Um 1900 wird offenkundig, dass sich das Buch längst schon in seine Grundbestandteile aufgelöst hat, das heißt in seine kleinsten Informationseinheiten, und zwar durch eine *mediale Beweglichkeit der Gedanken.* Denn im Gegensatz zur Genealogie der Idee von Leibniz, Laßwitz und Borges, wo das Buch als Wissensträger in allen erdenklichen Kombinationen eine Vollständigkeit des Sagbaren erreicht, um mit den endlos scheinenden Regalen in der Fiktion explosionsartig alle räumlichen Grenzen zu sprengen, setzt die alternative Entwicklung auf eine neue Raumökonomie, Platzeinsparung, Reduktion und selektive Beweglichkeit von Informationsbausteinen, aus denen ein Buch für gewöhnlich besteht. Seinen Anstoß nimmt dieser Prozess in einem eher entlegenen Zweig der Bibliothekstechnik, und zwar an der amerikanischen Ostküste, genauer bei Melvil Dewey in Boston, Amerikas einflussreichstem Bibliothekar seiner Zeit, und dessen 1876 gegründetem *Library Bureau*. Dieses versteht es, unter der richtungsweisenden Firmenbezeichnung den bibliothekstechnischen Diskurs an einen ökonomischen anzukoppeln, indem es bibliothekarische Katalogmöbel an Wirtschaftsunternehmen verkauft. Die entscheidende Geschäftsidee der Firma stellt sich eher zufällig als eine Erkenntnis der Chefsekretärin ein sowie durch reine Selbstreferenz der Objekte: E.W. Sherman, die seit 1887 als Buchhalterin angestellt ist, beharrt nämlich – schon weil sie den buchhalterischen Fähigkeiten ihres Chefs Melvil Dewey kaum traut – auf einer organisatorischen Umstellung, um die Finanzen übersichtlich und zeitsparend zu führen. Während ihrer Tätigkeit im *Library Bureau* lernt sie die Leichtigkeit zu schätzen, mit der Zettelkataloge es erlauben, Listen zu pflegen. Beeindruckt von diesem Prinzip überzeugt sie Dewey, ihre Buchführung selbst vom gebundenen Buchhaltungsbuch auf Karten transferieren zu dürfen. Sherman erhält die Chance zu einer sechsmonatigen Versuchsphase. Sie versichert, sofern nur eine Karte fehle, die gesamten Vorgänge zurück in ein gebundenes Buch zu übertragen – auf Kosten ihrer eigenen, unbezahlten Arbeitszeit. Das Experiment gelingt und gerät damit selbst zur Geschäftsidee. Denn es zeigt sich, dass die Buchhaltung auf losen Zetteln übersichtlicher, revisionsfreundlicher und vor allem schneller bewältigt werden kann, mit weitreichenden Effekten für das moderne Geschäftsleben ebenso wie für die Methoden der Gelehrsamkeit.

Aus den Zettelkatalogsbehältern entwickeln sich mithin rasch neue Instrumente für die Buchführung in Unternehmen und die Büros der Kaufleute. Doch diese Entwicklung greift immer stärker Raum, insofern sich unter dem Begriff »Kartei« das Prinzip der fragmentierten Informationsbausteine auch als (vermeintlich[11]) neues Produktionsverfahren für Schriftsteller und Textproduzenten aller Art bewährt. Um eine verwickelte Geschichte ganz knapp zusammenzufassen: Spätestens mit der so genannten amerikanischen Büroreform, die in Deutschland und vor allem in Berlin nach dem Ersten Weltkrieg große Aufmerksamkeit und breite Rezeption erfährt, halten die Kartei-Systeme oder Loseblattsammlungen und das damit verknüpfte Prinzip der Verzettelung Einzug in die preußischen Schreib- und Amtsstuben, aber auch in die Kontore und Büros der Wirtschaft wie in die poetologischen Verfahren von Literaten und Wissenschaftlern. Ein Ensemble bestehend aus Schreibmaschinen, Kohlepapier, Heftordnern und eben jenen Karteien verspricht der längst nicht mehr als zeitgemäß erkannten Datenverarbeitung auf buchgebundenem Papier große Erleichterung zu verschaffen. Mit den einstigen Zettelkatalogen, die nunmehr als Karteisysteme für geschäftliche und schriftstellerische Zwecke ihre Verwendung finden, gelingt es, statt wie zuvor im gebundenen und daher wenig flexiblen Hauptbuch des Kaufmanns oder in den nicht weniger behäbigen Notizbüchern der Gelehrten die Verzeichnung der Informationen nunmehr auf losen Blättern ebenso beweglich wie zeit- und raumsparend umzusetzen. Während also mit der Universalbibliothek der gesamte (Welt-)Raum sich in nur minimal voneinander verschiedenen Textkombinationen der $10^{2.000.000}$ Bücher auflöst, schlägt die Entwicklung der Kartei einen sehr viel praktikableren Weg ein, insofern man hier das Buch als Wissensträger getreu den Prinzipien der Selektion, Verknappung sowie einer Reduzierung der Fülle in seine Bestandteile, das heißt in lose Blätter mit jeweils einzelnen Gedanken und Informationsbausteinen, aufzulösen plant.

Die alles Wissenswerte bergende Bibliothek mit ihren schweren Folianten und staubigen Büchern werde – so die zeitgenössische Prognose nach dem Beginn der Büroreform – als Raum füllendes Ensemble zu einem Ende gelangen, um durch mobilere Informationseinheiten, sprich Kartotheken und ihre beweglichen Zettel, ersetzt zu werden. Denn einen zielgenauen Zugriff auf das Wissen kann man auch einfacher haben, sofern man die zusammengebundenen Inhalte der Bücher selbst nicht als verleimte und damit unauflösliche Einheiten auffasst, sondern sie vielmehr ihrerseits einem Regime der Beweglichkeit unterwirft. Indem man das Buch also selbst als ein immer schon fragmentiertes Resultat kombinatorischer Vorgänge versteht, gelangt man durch eine Überwindung der Bindung zu einer Umsortierung der eingelagerten Gedanken. Der Mühsamkeit der Universalbibliothek, zunächst alle nur denkbaren und weitestgehend unsinnigen Buchstabenkombinationen zu durchlaufen, wird hier ein minimal-invasiver Zugriff auf einzeln ausgewählte Zettel entgegengesetzt, um dadurch auf sinnvolle und neu geordnete Inhalte zu stoßen. Just zu jener Zeit, in der Laßwitz seine universalbibliothekarischen Berechnungen durchführt, löst sich der Text infolge jener derart aus den Fugen geratenen medialen Anordnung namens Buch auf. Dank eines ungleich stärker auf die Inhalte gerichteten kompositorischen Vereinzelungsprinzips zielt die neue Struktur mit behende umsortierbaren Karten darauf ab, das gebundene Buch als altgedientes kulturtechnisches Element abzulösen.

Verabschiedet wird das Buch als Medium um 1900 zugunsten einer als Innovation ausgewiesenen Speicheranordnung mit beweglicheren Papierabschnitten, die der Buchführung ebenso wie der gelehrten Gedankenproduktion fortan als zentrale Operationsmittel einer neuen Wissenschaft von Ordnung und Organisation genügen. Katalysator und treibende Kraft dieser Tendenz, an dessen vorläufigem Ende nichts weniger als eine neue Universalmaschine steht, ist die Kartei, die in der Folgezeit jedoch ihrerseits bereits wieder schrittweise abgelöst wird durch ihre eigene Automation, namentlich die »Karteimaschine«[12] von Hermann Hollerith. Dessen Produkte, also die Lochkartenmaschinen von IBM als automatisierte Kartotheken, weisen geradewegs die Entwicklungsrichtung hin zum Computer, der sich gegenwärtig anschickt, das Buch letztlich durch seine elektronische Variante zu ersetzen. Doch statt hier jenen Siegeszug von Holleriths Fabrikaten nachzuzeichnen, die ihren Weg antreten

mit dem erstrebten »Endziel [...] schneller, am schnellsten zum
Endergebnis zu gelangen«,[13] sei noch einmal innegehalten, um einige Konsequenzen des angedeuteten Medienwechsels vom Buch
zur Kartei etwas genauer in den Blick zu nehmen.

Victor Vogt, Gründer und Chef des Büromöbelherstellers
Fabriken Fortschritt GmbH in Freiburg, unterzieht 1922 den
Missstand, der vom Buch lange genug impliziert ward und den
zu verabschieden es nunmehr an der Zeit sei, einer sorgfältigen
formtheoretischen Analyse:

> Die volle Wirksamkeit des Buches kommt zur Geltung in allen Fällen,
> in denen es sich um *eindimensionale* Anordnung irgendeines Stoffes
> handelt. Die Fälle sind reichlich verschieden und sehr zahlreich. Die-
> se *einfache Mannigfaltigkeit*, die das Buch beherrscht, kann selbst-
> verständlich der verschiedensten Art sein: Orte, Personen, Geld,
> Material, Mengen und Grössen usw. Da sich das verhältnismässig
> einfache Denken der letzten Jahrtausende durchgängig auf eine Di-
> mension beschränkte, so ist es nur zu natürlich, dass das Buch hier
> in dieser Periode Herr im Hause war. Das Registrieren aller Art ist
> eindimensional. Alle Chronik ist nur einfach ausgedehnt: Alles Ver-
> zeichnen zeitlich aufeinanderfolgender Daten wird zweckmässig in
> einem Buche vorgenommen, die einzelnen Zeichen und Zeilen wer-
> den der Reihe nach dem zeitlichen Verlauf zugeordnet. Alles *Lesen,
> Denken, Sprechen* ist in erster Linie eindimensional.[14]

Das Feindbild *Buch* erfährt hier seitens des Büroorganisators Vogt
eine luzide medientheoretische Analyse, die kaum von ungefähr
die ungleich späteren Einsichten etwa von Vilém Flusser aus den
Neunzigerjahren des 20. Jahrhunderts vorwegnimmt: Das allzu
lange praktizierte Arrangement der Fakten, so die Stoßrichtung
von Vogts medienmaterialistischer Kritik, folgt einer umgekehrten Figur jenes nunmehr zeitgemäßen Verfahrens, anhand eines
ordnenden Schemas das zu Papierabschnitten fragmentierte Aus-
gangsmaterial in einer Abfolge anwachsen zu lassen. Keine lose

und einschubfreundliche Reihung nach alphabetischen Kriterien wartet beim Buch auf Anwendung, sondern Klebstoff füge das fest aneinander, was nach der Diktion der Zeit zusammengehört. Die Ambivalenzen und Vielschichtigkeiten einer Kulturgeschichte, ihre Brüche und Anachronismen, schrumpfen hier zur immer schon verengten Materialität eines endlosen Bandes aus Papier, mithin also zur Grundlage von Papiermaschinen.

> Beim Inhalt eines Druckwerkes in [Buch-]Stabenschrift ist jede Zeile an das Ende der vorangehenden zu bringen. Zerschneiden wir jede Seite und kleben Zeile an Zeile, so wie wir lesen, dann wird aus jeder Seite ein meterlanger, äusserst schmaler Streifen. Es sind aber *alle* Seiten in solche Streifen aufzulösen und dann Seite nach Seite miteinander zu verbinden. Ein Roman löst sich in einen Streifen von Kilometerlänge und zwei bis drei Millimeter Breite auf: ein eindimensionales Gebilde, denn die Breite ist gegenüber der Länge verschwindend.[15]

Die argumentativ so vorbereitete Unzulänglichkeit des Buchs findet ihre Erlösung sodann – was kaum überraschen kann – einzig in den von Vogt verkauften Kartei-Systemen, die als *vieldimensionales* Darstellungsmittel dem Übel abzuhelfen vermögen. Einzig sie beuten die Nachteile des Buchs aus, um letztlich die Eigenheiten vieler Bücher gleichzeitig in sich zu vereinen.

Diese vergleichsweise früh diagnostizierte Krise der Linearität[16] mit einer – gemessen an der Hypertext-Debatte der Jahrtausendwende – unerwarteten Vorwegnahme aktuell anmutender Theorielinien führt bereits in der 2. Auflage des Texts von 1928 zu einer regelrechten »Filosofie der Schreibfläche«.[17] Von einer solchen Ebene weitet sich die Entwicklung jedoch noch weiter aus, hin zu einem raumgreifenden Netzwerk, gewissermaßen zum gewerblichen Gewebe. Denn eingedenk der Verbindungstechnik, die mit einem Querverweis beispielsweise die kaufmännische Kontokorrentkartei mit der entsprechenden Stelle in der

Kundenadresskartei koppelt und damit die zweidimensionale Fläche der Karteikarte durchschießt, folgert ein Meister der Fragmentierung, Praktiker der Kartei und Theoretiker textueller Passagen inklusive eigenwilliger Adressierungslogik: »Die Kartothek bringt die Eroberung der dreidimensionalen Schrift.«[18]

Die Anforderungen, die an die Organisation ökonomischer Gebilde um 1920 herantreten, fordern kraft hoher und sich schnell verändernder Komplexität eine bewegliche Speicheranordnung und dynamische Verwaltung von Informationen. »Mit einer linearen Buchungslinie durch den Komplex ist da nicht mehr gedient.« Vogt muss folgerichtig konstatieren: »Das Buch ist an der Grenze seiner Leistungsfähigkeit.«[19] Doch so schnell und kritiklos lässt sich ein über Jahrhunderte entwickeltes kulturelles Format wie das Buch nicht verabschieden. Albert Predeek, als Bibliothekar offenbar blind für die Bedrohung seitens der Ökonomie, vermutet noch 1927 den Feind optimistischerweise anderswo:

> Es mag freilich noch eine gute Weile dauern, bis das Ende des tausendjährigen Reiches des Buches gekommen sein wird und statt seiner etwa das »Handbuch« jeder Wissenschaft durch eine riesige Kartei von beliebig anzuordnenden Einblattabhandlungen dargestellt wird; aber eine gewisse Abkehr vom Buche ist heute schon in dem unübersehbaren Anschwellen der Zeitschriften zu erkennen.[20]

Nur der feinnervige Seismograf avantgardistischer Entwicklungen, Walter Benjamin, entwirft konsequenterweise längst das Szenario eines obsolet gewordenen Objekts zwischen den zeitgemäßen kaufmännischen und unterdessen ebenso gelehrten Speichersystemen:

> Und heute schon ist das Buch, wie die aktuelle wissenschaftliche Produktionsweise lehrt, eine veraltete Vermittlung zwischen zwei verschiedenen Kartotheksystemen. Denn alles Wesentliche findet

sich im Zettelkasten des Forschers, der's verfaßte, und der Gelehrte, der darin studiert, assimiliert es seiner eigenen Kartothek.[21]

Von hier aus ist es nur noch ein kleiner Schritt, bis der Umweg über das zwischengeschaltete gelehrte Subjekt überwunden ist und sich fortan nur noch Zettelkasten mit Zettelkasten kurzschließt, um ungetrübt Datenströme etablieren zu können, die weniger fehleranfällig übertragen. Doch gelegentlich schlägt ein Kurzschluss Funken, die sich – in einer unglücklichen Verkettung von Zufällen – zu einem Autodafé der immer noch feuergefährdeten Papiermengen entwickeln können. Einerlei, ob es die losen Karten und Zettel in einem Kasten sind, oder aber die »welke[n] Pergamentzungen«, die »wie aus gähnenden Mündern« aus den Schränken und Regalen der mittelalterlichen Klosterbibliothek ragen und »nichts anderes erwarteten, als sich zurückzuverwandeln ins heraklitische Urelement«. Gegen dieses ursächliche Feuer hilft auch keine innere Beweglichkeit der Gedanken. »Die Bibliothek brennt«,[22] ist der berühmte Satz, der die Ekpyrosis der Abtei, das finale Fanal in Ecos gelehrter Kriminalgeschichte lakonisch zusammenfasst und jede klösterliche oder kartentechnische Ordnung erübrigt. Statt wuchernder Texte über Texte in allen erdenklichen Kombinationen breitet sich das alles gleichmachende Feuer unaufhaltsam im Raum aus, gegen das selbst so mobile Einheiten wie lose Zettel nicht gefeit sind.

1 ECO, Umberto: Der Name der Rose. Roman. Aus d. Ital. v. Burkhart Kroeber. München 1997, S. 225.
2 Ebda., S. 224.
3 BORGES, Jorge Luis: Die Bibliothek von Babel. Erzählungen. Aus d. Span. v. Karl August Horst u. Curt Meyer-Clason. Stuttgart 1974, S. 47.
4 Ebda., S. 49.
5 Alle Zitate ebda., S. 51.

6 BORGES, Jorge Luis: Die totale Bibliothek. In: Ders.: Eine neue Widerlegung der Zeit und 66 andere Essays. Aus d. Span. v. Gisbert Haefs. Frankfurt/M. 2003, S. 166-170, hier S. 168.

7 LEIBNIZ, Gottfried Wilhelm: Apokatastasis panton. In: ETTLINGER, Max (Hg.): Leibniz als Geschichtsphilosoph. München 1921, S. 29-31, hier S. 29.

8 LASSWITZ, Kurd: Die Universalbibliothek. Erzählung. Hannover 1998, S. 12.

9 Ebda., S. 14.

10 Ebda., S. 15.

11 Zur Geschichte des Verzettelns, das auf eine ebenso lange Tradition zurückblicken kann wie die Idee der Universalbibliothek, vgl. insgesamt KRAJEWSKI, Markus: Zettelwirtschaft. Die Geburt der Kartei aus dem Geiste der Bibliothek. Berlin 2002.

12 PORSTMANN, Walter: Karteikunde. Das Handbuch für Karteitechnik. Stuttgart 1928, S. 255ff. Die komplexere Geschichte der Transformation der Kartei zur Lochkartenmaschine und weiter zum Computer sei hier nicht wiedergegeben. Siehe dazu z.B. CORTADA, James W.: Before the computer. IBM, NCR, Burroughs, and Remington Rand and the industry they created, 1865-1956. Princeton 1993, insb. S. 44-63 und S. 128ff.

13 BOHNE, Ernst Rudolf: Die neue Sachlichkeit in der Buchführung. Büro-Organisation Bd. 4, Nr. 10 (1930), S. 73-75, hier S. 75.

14 VOGT, Victor: Die Kartei. Ihre Anlage und Führung. Berlin 1922, S. 82 (Hervorhebungen im Original).

15 Ebda., S. 83 (Hervorhebung im Original).

16 Vgl. etwa die von Vilém Flusser analysierten endgültigen Auflösungserscheinungen der Bücher infolge digitaler Technologien. FLUSSER, Vilém: Die Schrift. Hat Schreiben Zukunft? Frankfurt/M. 1992 sowie FLUSSER, Vilém: Krise der Linearität. Bern 1992 (Vortrag im Kunstmuseum Bern, 20.3.1988). Zu ihrer Dimensionalität vgl. auch DELEUZE, Gilles/GUATTARI, Félix: Rhizom. Berlin 1977, S. 10.

17 PORSTMANN (1928). Die zweite Auflage von Vogts Buchkritik in Buchform wird maßgeblich veranstaltet von Walter Porstmann, einem einflussreichen Organisationstheoretiker, der heute (zu Unrecht) als der Entwickler des DIN-A-Papierformats gilt.

18 BENJAMIN, Walter: Einbahnstraße. In: Ders.: Gesammelte Schriften. Bd. IV. Frankfurt/M. 1981, S. 98-140, hier S. 103.

19 Beide Zitate: VOGT (1922), S. 83f.

20 PREDEEK, Albert: Die Bibliotheken und die Technik. Zentralblatt für Bibliothekswesen 44, 9/10 (1927), S. 462-485, hier S. 469.

21 BENJAMIN (1981), S. 103.

22 Alle Zitate bei ECO (1997), S. 635f.

JOHANNA RACHINGER

Wenn ein Buch und ein Kopf zusammenstoßen ...* Annäherungen an ein viel-seitiges Medium

* »Wenn ein Buch und ein Kopf zusammen-stoßen und es klingt hohl, ist das allemal im Buch?«; beliebtes Zitat nach Georg Christoph Lichtenberg.

Buch-Endzeit?

Artikel und Feuilletons, die sich in den letzten Jahren mit dem Medium »Buch« beschäftigten, taten dies fast durchwegs aus dem Blickpunkt seines angeblich bevorstehenden Endes.[1] Und tatsächlich ist der durch Computer und Internet ausgelöste Wandel unseres Umgangs mit Information und Medien ein so weitreichender, dass diese Prognose nahe liegend scheint. Die Untergangsstimmung der »Gutenberg-Galaxis« reicht indes weit ins 20. Jahrhundert zurück, zumindest bis zu Marshall McLuhans bereits 1962 publiziertem Werk dieses Titels.[2] Darin diagnostizierte McLuhan das Ende des Buchzeitalters – genauer das Ende eines mehr als 400 Jahre vom *Buch*druck dominierten Zeitalters – mit dem Aufkommen der elektronischen Medien wie Telegrafie, Telefon, Film, Radio, Fernsehen, also noch lange bevor das Computer- und Internet-Zeitalter angebrochen war.

Diese mehr oder weniger wehmütigen Abgesänge auf das Buch stehen jedoch in seltsamem Kontrast zu seiner scheinbar ungetrübten Beliebtheit und Aktualität. Das Buch wird unverändert als quasi »heiliges Medium« unserer Kultur gefeiert. Buch-»Messen«, wie etwa diejenige in Frankfurt, werden nach wie vor als große kulturelle Ereignisse zelebriert. Das Buch wird – mehr denn je wie es scheint – als besonderes Bildungsgut für die Jugend hochgehalten. In Deutschland brachte der von der UNESCO initiierte »Welttag des Buches« 2009 hinsichtlich der Teilnahme von Verlagen und Schulklassen neue Rekordergebnisse.[3] Und auch der Buchhandel verzeichnet weiter Umsatzgewinne. In Deutschland etwa wurden 2008 eine Milliarde Bücher und andere Druckschriften erzeugt, das ist weit mehr als im Jahr davor.[4] Anzeichen also, die nicht wirklich zu einem aussterbenden Medium passen.

So ist heute auch die Annahme eines friedlichen Nebeneinanders bzw. sogar weitreichender Synergien zwischen den »alten Medien« wie dem Buch und den neuen digitalen Medien weitgehend zum Konsens geworden.[5] Umberto Eco hat dies ironisch auf den Punkt gebracht:

> Den Bibliophilen schreckt weder das Internet, noch die CD-ROM, noch das E-Book. Im Internet findet er heute die Antiquariatskataloge, auf CD-ROM die Werke, die ein Privatmann nur schwer zu Hause haben könnte, wie die 221 Foliobände der Patrologia Latina von Migne, in einem E-Book könnte er leicht die gewünschten Bibliographien und Kataloge mit sich herumtragen, so dass er ein kostbares Repertoire immer bei sich hätte, besonders wenn er eine Ausstellungsmesse für antiquarische Bücher besucht. Im Übrigen vertraut er darauf, dass selbst wenn die Bücher verschwinden würden, sich der Wert seiner Sammlung verdoppeln, was sage ich, verzehnfachen würde. Also, pereat mundus![6]

Folgt man Medientheoretikern wie Norbert Bolz, so hat das Medium des (gedruckten) Buchs zwar längst schon seine Rolle als *Leitmedium* unserer Kultur an Computer und Internet abgetreten. Um das Überleben des Buches brauche man sich aber dennoch keine Sorgen zu machen, denn es ist – so Bolz – »das einzige Medium, das den Bedürfnissen der Menschen entspricht. Es bietet den Trost der Überschaubarkeit«.[7] Günther Anders sprach bereits 1956 von der Antiquiertheit des Menschen,[8] von seiner »Prometheischen Scham« angesichts der von ihm selbst produzierten, immer perfekter und komplizierter werdenden Technik. Die neue, wichtige Rolle des Buchs sieht Bolz in der Folge darin, dass es jene »humane Kompensation« des Einfachen und Überschaubaren bietet, die uns die neuen Medien allemal schuldig bleiben:

> Ein Buch beginnt auf der ersten Seite und endet auf der letzten. [...] Das spezifisch menschliche Verlangen nach einer überschaubaren Welt, nach klaren Strukturen und Ordnungsmustern kann von den klassischen Medien und vor allem vom Buch am besten befriedigt werden.[9]

Ist es wirklich so, möchte man etwas skeptisch fragen, oder äußert sich darin bloß ein durchschaubares Ressentiment der »digital immigrants«, die ihren unaufholbaren Rückstand gegenüber der Generation der »digital natives«* auf diese Weise zu kompensieren und euphemistisch zu verklären versuchen? Gemäß einer Umfrage unter Jugendlichen zwischen 12 und 19 Jahren aus dem Jahr 2006 wird das Medium Buch von diesen als nicht einmal mehr halb so wichtig wie das Internet eingeschätzt.[11]
»Habent sua fata libelli...«

* Der Ausdruck wurde 2001 vom Pädagogen Marc Perensky geprägt. Gemeint ist damit jene Generation der nach 1980 bzw. 85 Geborenen, die bereits mit Computer und Internet aufgewachsen ist.[10]

Historische Abgrenzungen

Sich vor diesem seltsam widersprüchlichen Hintergrund noch einmal die Frage zu stellen, was denn dieses Medium »Buch« eigentlich ist (oder war?), was sein Wesen, seine Eigenart ausmacht, hat seinen Reiz. Sie könnte vor allem auch zeigen, dass wir oft von einem bereits sehr verengten Begriff des Ausdrucks »Buch« ausgehen, seine ganze Bedeutungsbreite aber vielleicht noch gar nicht in den Blick genommen haben.

Wie also sich dem Wesen »Buch« nähern? Ein so vertrauter und alltäglicher Gegenstand, dass er uns gerade in seiner Vertrautheit nie zur Frage oder zum Problem wird. Die *historische* Analyse der Geschichte des Buches wäre ein, allerdings bereits gut und ausführlich dokumentierter Weg,[12] der hier nicht wiederholt werden soll. Nur einige grundsätzliche Feststellungen seien erlaubt, um Missverständnisse und Verkürzungen zu vermeiden. Dass das deutsche Wort »Buch« sich vom Baum – nämlich der Buche – ableitet, weil bei den Germanen angeblich Buchentäfelchen zum Einritzen von Buchstaben verwendet wurden,[13] ist nur ein – vielleicht unbedeutendes – Detail einer langen Historie. Wichtiger ist es festzuhalten, dass es selbstverständlich Bücher lange vor Gutenbergs Erfindung gab und auch bereits einen Buchhandel bzw. Buchmarkt. In Athen etwa zur Zeit von Sokrates wurden philosophische und literarische Texte bereits kopiert und öffentlich zum Kauf angeboten.* Und es gab natürlich auch bereits Bibliotheken in der Antike, wie die legendäre Universalbibliothek von Alexandria mit ihren angeblich 700.000 Papyrusrollen. Selbstverständlich gab es auch bereits Bücher, lange bevor Papier als Beschreibstoff sich in Europa durchsetzte** – die mittelalterlichen Pergamentkodices mit ihren faszinierenden Buchmalereien geben bis heute Zeugnis von der hervorragenden Haltbarkeit dieses Materials. Und – auch diese beinahe frevelhafte Feststellung sei hier erlaubt – es gab auch bereits einen Buchdruck mit beweglichen Metalllettern lange vor Gutenberg, nämlich in Korea, wo mit dem »Jikji«, einem buddhistischen Text des Gelehrten Baegun in chinesischer Sprache aus 1377 das erste mit beweglichen Lettern gedruckte Buch nachweisbar ist. Obwohl dieses Dokument, das sich heute im Besitz der Bibliothèque nationale de France in Paris befindet, bereits 2001 in das UNESCO-Weltregister des Memory of the World-Programms aufgenommen wurde,[15] ja sogar ein eigener Preis der UNESCO danach benannt wurde (»Jikji Memory of the World Prize«[16]), sucht man in europäischen Geschichtsbüchern oft vergeblich nach Hinwei-

* Vgl. dazu den emphatischen Hinweis von Sir Karl Popper auf den ersten Buchmarkt Europas im antiken Athen: »Meiner Hypothese nach, [...] begann die eigentliche europäische Kultur mit der ersten Veröffentlichung, in Buchform, der Werke Homers [...] Homers Epen wurden um das Jahr 550 vor Christi Geburt gesammelt, niedergeschrieben und zum ersten Mal in Buchform veröffentlicht, und zwar von Staats wegen. Das geschah in Athen aufgrund der Initiative des Herrschers von Athen, des Tyrannen Peisistratos. [...] Die kulturellen Folgen waren unabschätzbar und sind es noch immer. In Athen entstand der erste Büchermarkt Europas. Jedermann in Athen las Homer. [...] Hesiod, Pindar, Aischylos und andere Dichter folgten. Athen lernte lesen und schreiben. Und Athen wurde demokratisch.«[14]

** Die Papierherstellung – eine chinesische Erfindung des Hofbeamten Tsai Lun um 100 n. Chr. – gelangte erst im 11., 12. Jh. über Arabien nach Spanien – und damit nach Europa.

sen darauf. Diese kurzen historischen Hinweise sollen aber hier
genügen.

Exkurs in die Sprachphilosophie: Was ist ein Spiel?

Die platonische Frage nach dem zeitlos-unveränderlichen Wesen
des Buches aber scheint heute schlicht unzeitgemäß. Fragen wir
nach der generellen Bedeutung eines alltäglichen und schillern-
den Ausdrucks wie »Buch«, also quasi nach den allgemeinen
Wesensmerkmalen, die allen Büchern gemeinsam sind, so mag
es uns dabei ähnlich ergehen wie Ludwig Wittgenstein mit dem
Ausdruck »Spiel«:

> Betrachte z.B. einmal die Vorgänge, die wir »Spiele« nennen. Ich
> meine Brettspiele, Kartenspiele, Ballspiel, Kampfspiele, usw. Was ist
> allen diesen gemeinsam? – Sag nicht: »Es muß ihnen etwas gemein-
> sam sein, sonst hießen sie nicht ›Spiele‹« – sondern schau, ob ihnen
> allen etwas gemeinsam ist. – Denn wenn du sie anschaust, wirst du
> zwar nicht etwas sehen, was allen gemeinsam wäre, aber du wirst
> Ähnlichkeiten, Verwandtschaften, sehen, und zwar eine ganze Rei-
> he. Wie gesagt: denk nicht, sondern schau! – [...] Vergleiche Schach
> mit dem Mühlfahren. Oder gibt es überall ein Gewinnen und Verlie-
> ren, oder eine Konkurrenz der Spielenden? Denk an die Patiencen.
> In den Ballspielen gibt es Gewinnen und Verlieren; aber wenn ein
> Kind den Ball an die Wand wirft und wieder auffängt, so ist dieser
> Zug verschwunden. [...] Und so können wir durch die vielen, vie-
> len anderen Gruppen von Spielen gehen. Ähnlichkeiten auftauchen
> und verschwinden sehen. Und das Ergebnis dieser Betrachtung lau-
> tet nun: Wir sehen ein kompliziertes Netz von Ähnlichkeiten, die
> einander übergreifen und kreuzen. Ähnlichkeiten im Großen und
> Kleinen.[17]

Die Bedeutung eines Wortes – so Wittgenstein – erkennen wir
aus seinem Gebrauch in unserer alltäglichen Sprache. Es ist we-

nig sinnvoll, nach allgemeinen »absoluten« Wesenszügen eines alltäglichen sprachlichen Ausdrucks zu suchen, sondern vernünftiger jene »Familienähnlichkeiten« zwischen den verschiedenen Verwendungen zu entdecken, die in seinem tatsächlichen Sprachgebrauch deutlich werden. Auch die Bedeutungsfülle des Begriffs »Buch« können wir am ehesten erahnen, folgen wir der Verwendung des Ausdrucks in unserer Alltagssprache. Es wäre müßig nach exakteren Definitionen oder Abgrenzungen dort zu suchen, wo unser tatsächlicher Sprachgebrauch sie nicht vorgibt. »Wir wollen nicht das Regelsystem für die Verwendung unserer Worte in unerhörter Weise verfeinern oder vervollständigen«, sagt Ludwig Wittgenstein an einer anderen Stelle seiner »Philosophischen Untersuchungen«[18] – das wäre (sprachpolizeilich) anmaßend und absurd.

Dass das gedruckte, in bestimmter Auflagenhöhe in identischen Exemplaren erscheinende Taschenbuch sich heute irgendwo im innersten Zentrum unserer Vorstellung eines Buches festgesetzt hat, mag wohl stimmen. Die Verwendung des Ausdrucks reicht aber viel weiter. Denken wir etwa an »Hörbücher«, »E-Books«, oder an Wendungen wie: »ein Tagebuch führen«, »die Bücher eines Geschäfts führen« (Buchhaltung), »heilige Bücher«, »Buchreligionen«, »das Buch der Bücher«, das »Buch des Lebens« usf. Die bekannte Definition der UNESCO[19] greift hier nur einen sehr schmalen Aspekt willkürlich heraus und dient auch nur dem Zweck, die Statistik zur nationalen Buchproduktion zu vereinheitlichen.

liber oder codex

Wie aber Übersichtlichkeit in diesen vielfältigen Sprachgebrauch bringen? Sieht man einmal von metaphorischen Wendungen ab, so zeigt sich, dass sich bei der Verwendung des Wortes »Buch« zwei deutlich verschiedene Bedeutungsfelder vermischen, die im Lateinischen in den Ausdrücken »codex« und »liber« klar unterschieden sind. Einmal meinen wir eine bestimmte *physische Form* eines Informationsträgers, zum anderen meinen wir einen bestimmten (literarischen) *Text. Die einen Bücher werden gebunden, die anderen geschrieben.* Nahe der zweiten Bedeutung liegt auch die alte, heute eher ungebräuchliche Verwendung von »Buch« als Gliederung eines längeren Textes, was wir heute eher Kapitel oder Abschnitte nennen würden. Die zwölf Bücher von Vergils »Aeneis« sind eines von vielen Beispielen dafür.

Gehen wir vom ersten Bedeutungskern aus, so sprechen wir von der Form des »Codex«, die irgendwann ab dem 4. Jahrhundert n. Chr. die davor übliche, meist aus Pergament gefertigte Schriftrolle abzulösen begann. Papyrus-Codices findet man allerdings vereinzelt bereits wesentlich früher. Typisch für die Codexform ist jedenfalls die über einen Buchrücken hergestellte feste Verbindung gleich großer, aufeinander liegender Seiten aus welchem Beschreibstoff auch immer, die sich einzeln umblättern lassen. Geht man von dieser Bedeutung des Wortes »Buch« aus, so ist der Ausdruck »Hörbuch« offenbarer Unsinn. Denn dabei lässt sich nichts umblättern. Das Buch im Sinne des Codex ist ein visuelles Speichermedium für Schrift oder Bilder, es weist eine klare Gliederung in (abzählbaren) Seiten auf. Bei der Übertragung eines Textes auf ein akustisches Speichermedium gehen alle Eigenheiten des »Codex« verloren.

Umgekehrt ist ein leeres, also noch unbeschriebenes Buch, etwa ein gebundenes Schreibheft oder Notizbuch, deswegen kein Buch? Im Sinne des Codex sehr wohl, aber wohl nicht im Sinne des »liber« – Denken wir an Ausdrücke wie: »Hast Du das neue Buch von XY gelesen?« oder »jemand schreibt ein Buch«, so sind wir beim zweiten Bedeutungsfeld: »Buch« im Sinne eines bestimmten Textes.

Die ungeheure und kaum in allen ihren Folgen auslotbare Bedeutung, die die Erfindung der Schrift und damit die Möglichkeit der Verschriftlichung von Wissen mit sich brachte, kann hier aber nicht einmal in Ansätzen skizziert werden. Sie bewirkte, wie Umberto Eco formulierte, dass schon ein Zwanzigjähriger gleichsam Jahrtausende gelebt hat,[20] indem er die Erfahrungen von Generationen seiner Väter und Urväter in schriftlicher Form geistig aufnehmen kann.

Mit Büchern treten wir in geistige Beziehung mit oft schon lange verstorbenen Autoren. Wer heute Platon liest, wird zum stillen Zuhörer seiner Dialoge. Wer Kants »Kritik der reinen Vernunft« liest, unterhält sich imaginär mit einem der größten deutschen Philosophen, auch wenn dieser schon seit mehr als 200 Jahren tot ist.

Für diesen uferlosen Eklektizismus zahlen wir aber auch unseren Preis. Die Menge an tradierten Texten nimmt ständig zu, es gibt kein System der Eliminierung der »strukturellen Amnesie« dieses schriftlich niedergelegten Wissens – von Bücherverbrennungen einmal abgesehen. Damit wird die Menge der schriftlich tradierten Inhalte zur unüberschaubaren Last, der Mensch zur wandelnden transhistorischen Enzyklopädie. McLuhan meinte daher, dass der Akt des Lesens uns in eine Art Trance versetze: »Die Printmedien überziehen das Bewusstsein mit einem Tintennebel. So versinkt die Neuzeit in einen typographischen Schlaf – und seither heißt lesen schlafen, schlafen vielleicht auch träumen.«[21]

Bücher können uns aber auch erschüttern, tief berühren, unser Denken nachhaltig beeinflussen, unser Leben verändern.* Diese Bedeutung schwebte wohl Franz Kafka vor, als er 1904 in einem Brief an seinen Freund Oskar Pollak schreibt:

* In dem Sinn sagte Immanuel Kant etwa von sich: David Hume habe ihn aus seinem »dogmatischen Schlummer geweckt«, Rousseau aber habe ihn als Menschen »zurecht gebracht« – Personen, denen er nie real begegnete.

> Ich glaube, man sollte überhaupt nur solche Bücher lesen, die einen beißen und stechen. Wenn das Buch, das wir lesen, uns nicht mit einem Faustschlag auf den Schädel weckt, wozu lesen wir dann das Buch? Damit es uns glücklich macht, wie Du schreibst? Mein Gott, glücklich wären wir eben auch, wenn wir keine Bücher hätten, und solche Bücher, die uns glücklich machen, könnten wir zur Not selber schreiben. Wir brauchen aber die Bücher, die auf uns wirken wie ein

Unglück, das uns sehr schmerzt, wie der Tod eines, den wir lieber hatten als uns, wenn wir in Wälder verstoßen würden, von allen Menschen weg, wie ein Selbstmord, ein Buch muß die Axt sein für das gefrorene Meer in uns. Das glaube ich.

Gerade auf diejenigen Bücher, die uns aus dem »typographischen Schlaf« wecken, komme es an, meint Kafka. Seine eigenen Texte gehören wohl dazu. Und gleichwohl müssen wir auch die Gefahr anerkennen, dass Bücher, Texte die Tendenz haben, uns in ihrer eigenen Scheinrealität einzuspinnen und dem realen Leben zu entfremden.

Zusammenfassend lässt sich also festhalten: Wenn wir von einem Buch sprechen, meinen wir entweder eher die Einheit eines Textes, oder aber eine bestimmte Form von Speichermedium in der Form des Codex. Das Buch verstanden als textlicher Inhalt ist relativ unabhängig von seinem jeweiligen Trägermedium, ja es könnte auch ein zunächst nur mündlich tradierter Text, wie etwa die Epen Homers, »Buch« genannt werden. In dieser Bedeutung kann man auch sinnvoll von einem Hörbuch sprechen, oder einem digitalen Buch im Internet. Diese modernen Text-Medien lösen sich zwar von der Form des Codex, bieten uns aber immer noch »Bücher« als identische Texte. Die Übertragung in ein akustisches Speichermedium – wie beim Hörbuch – stellt dabei eine wesentlich radikalere Transformation dar als etwa ein eingescannter Text, der am Bildschirm immer noch gelesen wird, oder – wie häufig gehandhabt – wieder ausgedruckt sich in ein Codex-ähnliches Medium zurückverwandelt.

Klar zum Ausdruck kommt diese Unterscheidung von physischer Buch-Form und inhaltlicher Einheit eines Textes auch im bibliothekarischen Umfeld, indem Exemplare (auch »Bindeeinheiten«) von bibliografischen Einheiten, also Titeln, unterschieden werden. Dabei ist der »Titel«, gemeint als Einheit eines Textes, näher betrachtet etwas höchst Eigenartiges, ja geradezu Metaphysisches. Denn in den Büchermagazinen der Bibliotheken findet man nur physische Bände. Auch von den BenützerInnen können nur physische Exemplare bestellt und benützt werden. In den Bibliografien und Verlagskatalogen allerdings werden Titel verzeichnet. Aber in welcher seltsamen Weise existiert ein Titel? Hat er eine eigene Existenz unabhängig von den einzelnen physischen Bänden? Die Frage erinnert an den Nominalismusstreit des Mittelalters. Damals konnte man sich nicht einigen, ob nur einzelne Pferde oder daneben auch die Idee der »Pferdheit« existiere. Die Nominalisten bestritten letzteres – Platon war hingegen der Ansicht, dass den Ideen noch ein wesentlich höherer Grad an Realität zukomme.

Doch BibliothekarInnen haben gelernt, mit tiefgründigen Problemen dieser Art umzugehen. Bibliothekskataloge stellen die entscheidende Verbindung zwischen dem seltsam ›metaphysischen‹ Titel und den konkreten physischen Exemplaren her, indem sie die Standorte und Signaturen angeben. Im Fall eines digitalisierten Textes führt der Weg vom Titel per Link auf das entsprechende Digitalisat – der wahr gewordene Traum von Generationen von LeserInnen.

Klarerweise kann ein Buch, im Sinne eines Titels, in mehreren, inhaltlich identischen Exemplaren in einer Bibliothek vorhanden sein. Genauso kann ein Titel auch aus mehreren Bänden bestehen (denken wir etwa an Meyers Universalenzyklopädie). Aber auch der umgekehrte Fall ist möglich: dass mehrere Titel in einem physischen Exemplar, so genannten »Adligaten«, zusammengebunden sind. Da das Binden ein kostspieliger Prozess war, oft erst später vom Besitzer veranlasst, wurden in früheren Zeiten häufig inhaltlich von einander völlig unabhängige, dünnere Texte zu einem physischen Buch vereinigt. Diese ganz bestimmte Zusammenstellung von Texten existiert dann aber wirklich nur in diesem einen Exemplar.

Aura oder »access« – die Frage nach dem Original

Meint der Ausdruck »mein Lieblingsbuch« einen bestimmten
Text, oder ein bestimmtes physisches Exemplar in meinem Regal? Gilt die Liebe von Bibliophilen nun einem ganz bestimmten
physischen Exemplar oder bestimmten Texten?

Die Antwort muss wohl lauten: beidem. Sie lieben einen Text
– aber in Form eines ganz bestimmten physischen Exemplars, mit
seiner eigenen Historie, in Form einer besonderen bibliophilen
Ausgabe etwa, mit besonderem Einband, besonderer Type, besonderen Illustrationen und vielleicht noch mit den Annotationen eines berühmten Autors. Was hier deutlich wird, ist das Ideal einer ursprünglichen, unlösbaren Einheit von Buchform und
-inhalt, wie sie sich am klarsten in einem unikalen Manuskript
manifestiert.

Bibliotheken verwahren viele Originalmanuskripte dieser
Art. Die Österreichische Nationalbibliothek besitzt – um ein
willkürliches, aber schönes Beispiel herauszugreifen – mit Ludwig Wittgensteins Manuskript 105[22] ein direktes Zeugnis seines
philosophischen Wiederbeginns in Cambridge im Jänner 1929,
nach fast elf Jahren, aus denen wir kaum eine Zeile philosophischen Inhalts von Wittgenstein kennen – Jahre, in denen er u.a.
als Volksschullehrer in kleinen Dörfern im südlichen Niederös-
terreich unterrichtete und ein Haus für seine Schwester Margare-
the Stonborough im dritten Bezirk in Wien baute.

Es ist ein großformatiges, fest gebundenes Schreibbuch, in
dem Wittgenstein in meist kurzen, selten datierten Absätzen seine philosophischen Überlegungen zu Papier bringt, weniger aber
Tagebuch als Protokoll seines Denkens. Mit der ersten Eintra-
gung am 2. Februar 1929 beginnt hier eine neue Phase seiner
philosophischen Tätigkeit und bildet den Ausgangspunkt einer
konsequenten und nicht mehr unterbrochenen philosophischen
Denkarbeit, die sich kontinuierlich bis zu seinen letzten Bemerkungen »Über Gewißheit« wenige Tage vor seinem Tod im April

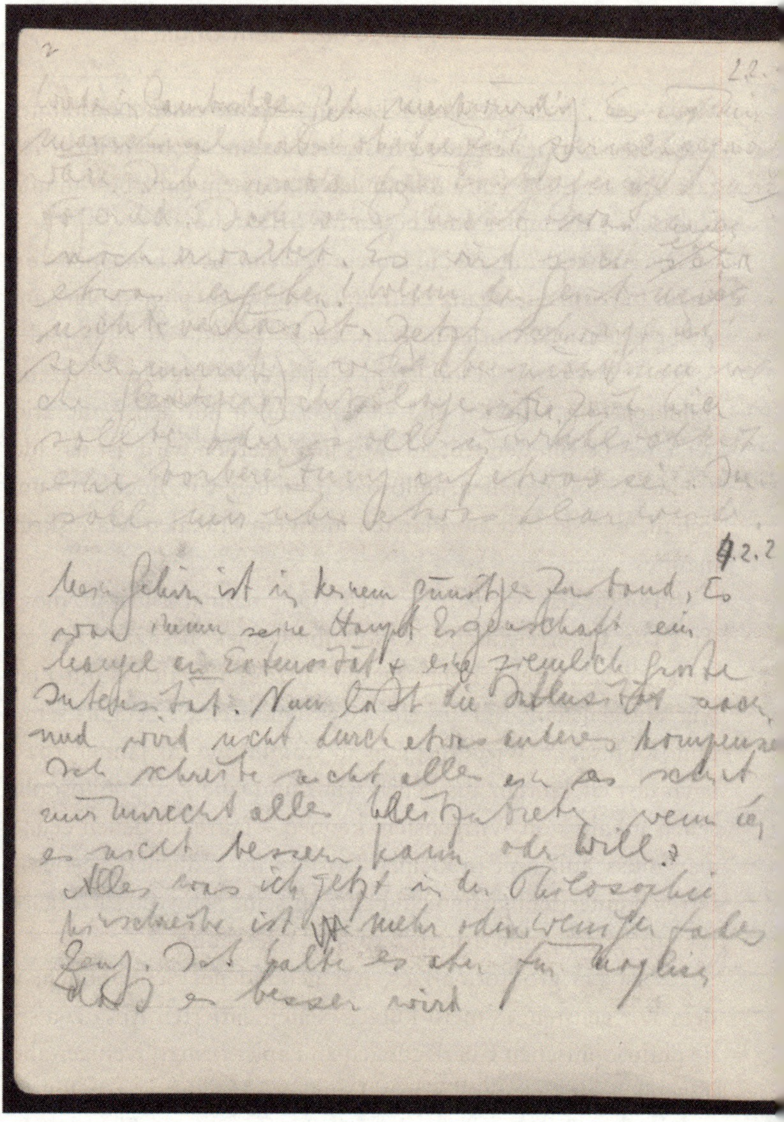

3

Es scheint viel dafür zu sprechen, daß die
Abbildung des Spektrums durch
die Physik wirklich die Einfachste ist.
D.h. daß die Physik die wahre Phänomenologie wäre.
Aber dagegen läßt sich etwas einwenden:
die Physik strebt nämlich Wahrheit d.h.
richtige Voraussagen der Erscheinungen
an während das die Phänomenologie
nicht tut sie strebt ~~Form~~ nicht
Wahrheit an.

Aber man kann sagen: Die Physik ist eine
Sprache + in dieser Sprache sagt sie Sätze.
Diese Sätze können wahr oder falsch
sein. Diese Sätze bilden die Physik + ihre
Grammatik die Phänomenologie (oder wie
man es nennen will)

Die Sache schaut aber in Wirklichkeit anders
aus durch den Gebrauch der mathematischen Terminologie. Wenn z.B. die Wissenschaft
zweifelt ob die ~~beobachteten~~ Erscheinungen
durch die Elektronen- ~~oder~~ Quantentheorie richtig
zu beschreiben sind, so scheint es auf

2.2.29

Wieder in Cambridge. Sehr merkwürdig. Es ist mir
manchmal als ob die Zeit zurückgegangen
wäre. Ich mache diese Eintragungen
zögernd. Ich weiß nicht was mich
noch erwartet. Es wird sich eben
etwas ergeben! Wenn der Geist mich
nicht verlässt. Jetzt schwinge ich
sehr unruhig, weiß aber nicht um welche Gleichgewichtslage. Die Zeit hier
sollte oder soll in Wirklichkeit eine
Vorbereitung auf etwas sein. Ich
soll mir über etwas klar werden.

4.2.29

Mein Gehirn ist in keinem günstigen Zustand. Es
war immer seine Haupteigenschaft ein
Mangel an Extensivität und eine ziemlich große
Intensität. Nun lässt die Intensität nach
und wird nicht durch etwas anders kompensiert.
Ich schreibe nicht alles ein es scheint
mir unrecht alles breitzutreten wenn ich
es nicht besser kann oder will.
Alles was ich jetzt in der Philosophie
hinschreibe ist mehr oder weniger fades
Zeug. Ich halte es aber für möglich
daß es besser wird.

3

Es scheint viel dafür zu sprechen dass die
Abbildung des Gesichtraumes durch
Die Physik wirklich die einfachste ist.
D.h. dass die Physik die wahre Phänome-
nologie wäre.
Aber dagegen lässt sich etwas einwenden:
Die Physik strebt nämlich Wahrheit d.h.
richtige Voraussagen der Ereignisse
an, während das die Phänomenologie
nicht tut sie strebt Sinn nicht
Wahrheit an.

Aber man kann sagen: die Physik hat eine
Sprache + in dieser Sprache sagt sie Sätze.
Diese Sätze können wahr oder falsch
Sein. Diese Sätze bilden die Physik und ihre
Grammatik die Phänomenologie (oder wie
man es nennen will)
Die Sache schaut aber in Wirklichkeit schwieri-
ger aus durch den Gebrauch der mathematischen Terminologie. Wenn z.B. die Wissenschaft
zweifelt, ob die beobachteten Erscheinungen
durch die Elektronen oder durch die Quantentheorie
richtig zu beschreiben sind, so scheint es auf
[den ersten Blick, als handle es sich um
Entscheidungen in der Grammatik.]

1951 erstreckt und die Geschichte der neueren Philosophie nachhaltig beeinflusste.

Der unmittelbare visuelle Eindruck der Manuskriptseiten, von Wittgensteins großzügiger, flüssiger Handschrift und der klaren formalen Gestaltung der Seiten ist faszinierend. »Die Genauigkeit und Schönheit der Seiten entspricht dem in ihnen Gesagten«, schreibt Michael Nedo, der Herausgeber der Wiener Wittgenstein-Ausgabe, über diese Manuskriptbände und vergleicht sie mit der formalen Schönheit von Musik-Partituren.[23]

In unikalen »Büchern« wie diesem manifestiert sich die Einheit von Form und Inhalt in idealtypischer Weise. Es gibt mittlerweile eine Druckausgabe, Ausgaben auf DVD und online[24] inklusive Faksimiles dieses Wittgenstein-Bandes, die für den wissenschaftlichen Diskurs der Scientific Community von größter Bedeutung sind. Vom Originalmanuskript trennen sie freilich Welten. Wer diesen Band je selbst zu Gesicht bekommen, oder gar selbst in Händen gehalten hat, fühlt ehrfürchtig jene Aura des Originals, von der Walter Benjamin sprach:

> Noch bei der höchst vollendeten Reproduktion fällt eines aus: das Hier und Jetzt des Kunstwerks – sein einmaliges Dasein an dem Ort, an dem es sich befindet. [...]
> Man kann was hier ausfällt, im Begriff der Aura zusammenfassen und sagen: was im Zeitalter der technischen Reproduzierbarkeit des Kunstwerks verkümmert, das ist seine Aura.[25]

Bibliophile Sonderausgaben in geringer Stückzahl versuchen sich diesem Ideal anzunähern. Klar ist aber, das die besondere Aura des Originals in konträrem Gegensatz zu seiner einfachen, bequemen Benützbarkeit – oder wie es heute heißt: dem »access« – steht. Um das eine Original zu bestaunen, ist unter Umständen eine Reise um die halbe Welt notwendig. Mit der technischen Reproduzierbarkeit verschwindet die Aura, verbessert sich aber der »access« entscheidend.

Doch nicht erst mit dem Buchdruck löste sich diese ideale Einheit von physischem Exemplar und Inhalt auf. Schon in der Antike, in mittelalterlichen Skriptorien christlicher Klöster wurden Texte abgeschrieben, um sie in mehrfachen Exemplaren verfügbar zu haben. Mit dem gedruckten Buch wird es aber vollends sinnlos, von einem Originalexemplar zu sprechen. Eine Auflage besteht aus identischen Exemplaren, wobei ihrer individuellen Ausschmückung, Bindung gerade in der Frühzeit des Buchdrucks noch eine große Bedeutung zukommt. Das ist der Grund, warum bei der wissenschaftlichen Katalogisierung von Inkunabeln etwa exemplarspezifische Beschreibungen zu den reinen Titeldaten angefügt werden. Und doch war der Buchdruck – worauf oft hingewiesen wurde – die erste eigentliche Massenproduktion, ein Vorbote einer industriellen Revolution, die bald die handwerkliche Herstellung von Einzelstücken in fast allen Produktionsbereichen ablöste.

Für born digital-Medien – also Medien, die schon ursprünglich in elektronischer Form erscheinen – wird die Frage nach dem Original endgültig obsolet. Der Inhalt hat sich vollkommen von einer bestimmten Form des Datenträgers gelöst. Der im »Gesetz über die Deutsche Nationalbibliothek« (2006)[26] verwendete, im Grunde recht seltsame Ausdruck »Medienwerke in unkörperlicher Form« – womit Netzpublikationen im Internet gemeint sind – verweist auf die letzte Konsequenz dieser Entwicklung. Der textliche Inhalt hat sich scheinbar von jeder Art von körperlicher Manifestation gelöst. Er ist als virtuelle Entität quasi unabhängig geworden von physischen Datenträgern, was natürlich streng genommen nicht stimmt, denn auch jeder Text im Internet ist auf physische Datenspeicher angewiesen, auf die zugegriffen wird – also keinesfalls »unkörperlich«. Suggeriert wird aber mit diesem Ausdruck ein rein geistiges, körperloses Sein – nahe dem körperlosen Reich der platonischen Ideen.

Damit sind wir beim exakten Gegenpol des unbeschriebenen, textlosen Buchs angelangt, das nur aus leeren Seiten besteht und nur die reine physische Form des Buches (Codex) repräsentiert. Text-lose Bücher und buchlose Texte: In der Mitte dieser Extreme steht das Original-Manuskript, das als unikale Einheit von Form und Inhalt, von Text und Codex genau in diesem einen, einzigen Exemplar existiert.

Resümee

Kehren wir zu unserem Anfangspunkt zurück, dem angeblichen Ende des Buch-Zeitalters. Die Bedeutung der spezifischen Medienform des Codex als primäres Speichergedächtnis unserer Kultur hat sich heute stark relativiert. Sie wurde vielfach von anderen Datenträgern wie audiovisuellen Medien, Mikrofilmen und heute vor allem von digitalen Medien abgelöst. Unser vertrautes Buch wird aber dennoch in absehbarer Zeit nicht verschwinden – so wenig, wie wir ganz aufs Spazierengehen und Radfahren verzichten wollen, seit es Autos gibt.

Die gesellschaftliche Wertschätzung des Buches gilt mehr noch als der speziellen physischen Form des Codex einem bestimmten Kanon von schriftlich überlieferten Texten, die im Zentrum unseres Kulturerbes stehen. Diese Texte können aber auch auf anderen Datenträgern, z.B. am Laptop oder als Hörbuch, sehr nützlich und sinnvoll rezipiert werden. Dass die Schrift, der Text als solcher seine überragende Bedeutung in unserer Kultur verliert, dass wir uns also von einer sehr stark von der Schrift (visuell) geprägten Kultur wieder zurück zu einer oralen (akustischen) hin bewegen, wäre eine viel weiter reichende These. Dafür mag es zwar manche Anzeichen geben, doch sollte man mit Prognosen dieser Art wohl sehr vorsichtig sein.

1 Vgl. z.B. BOLZ, Norbert: Am Ende der Gutenberg-Galaxis. Die neuen Kommunikationsverhältnisse. München 1993. Exemplarisch ausgedrückt wird diese Stimmung etwa durch folgendes Statement von Eckhard Fuhr:»Bücher schaffen über Generationen hin kulturelle Kontinuität. [...] Ihre Aufbewahrung und Präsentation in öffentlichen und privaten Räumen ist für das kulturelle Klima so wichtig wie der Wald für das natürliche. In den Inhalten der Bücher spiegelt sich der rasende Wandel der Zeit. Aber sie trotzen diesem Wandel eben auch und gewinnen mit zunehmendem Alter oft an Wert. Elektronische Lesegeräte dagegen enden immer als unansehnlicher Technikmüll. [...] Das Gefühl sagt: Bücher sind unersetzlich und elektronische Bücher nur der höhnische Abgesang auf die Buchkultur. Man sollte das Gefühl ernst nehmen.« FUHR, Eckhard: Das Ende des Buches. In: Welt Online vom 13.8.2008, www.welt.de/welt_print/article2302307/Das-Ende-des-Buches.html (zuletzt eingesehen am 10.12.2009).

2 MCLUHAN, Marshall: Die Gutenberg-Galaxis. Das Ende des Buchzeitalters. Düsseldorf 1968 (engl. 1962).

3 Das war der Welttag des Buches 2009: www.welttag-des-buches.de/de/319221 (zuletzt eingesehen am 10.12.2009).

4 Börsenblatt.net. Onlinemagazin des deutschen Buchhandels. News v. 6.7.2009: www.boersenblatt.net/329018 (zuletzt eingesehen am 10.12.2009).

5 Vgl. z.B. auch Rüdiger Wischenbarts Rede am Österreichischen Bibliothekartag in Graz 2009:»Jede Medienrevolution führt die Neuen als die Vernichter des Alten vor, so als gelte es, das eine durch das andre zu ersetzen, *während doch genau dieses niemals stattfindet*: Die jeweils neuen Medien ersetzen nicht die alten, sondern eröffnen neue Räume.« Wischenbart, Rüdiger: Vier politische Variationen auf Jorge Luis Borges: www.perlentaucher.de/artikel/5758.html (zuletzt eingesehen am 10.12.2009).

6 ECO, Umberto: Über Bibliophilie. München 2009, S. 51.

7 Vgl. BOLZ, Nobert: Am Ende der Gutenberg-Galaxis: www.uibk.ac.at/voeb/texte/bolz. html (zuletzt eingesehen am 10.12.2009).

8 Vgl.: ANDERS, Günther: Die Antiquiertheit des Menschen. Über die Seele im Zeitalter der zweiten industriellen Revolution. München 1956.

9 Vgl. BOLZ, Nobert: Am Ende der Gutenberg-Galaxis: www.uibk.ac.at/voeb/texte/bolz. html (zuletzt eingesehen am 10.12.2009).

10 Siehe dazu Wikipedia: de.wikipedia.org/wiki/Digital_Native

11 Auf die Frage, auf welches Medium die befragten 12 bis 19-jährigen Jugendlichen am wenigsten verzichten könnten, antworteten 19 % auf das Internet und nur 8 % auf Bücher; vgl. JIM 2006. Jugend, Information, (Multi-)Media Basisstudie zum Medienumgang 12 bis 19-Jähriger in Deutschland. Herausgeber: Medienpädagogischer Forschungsverbund Südwest: www.mpfs.de/fileadmin/JIM-pdf06/JIM- Studie_2006.pdf (zuletzt eingesehen am 10.12.2009).

12 Vgl. z.B. JANZIN, Marion/GÜNTNER, Joachim: Das Buch vom Buch: 5000 Jahre Buchgeschichte. Hannover 2007 (1995).

13 FUNKE, Fritz: Buchkunde. Ein Überblick über die Geschichte des Buch- und Schriftwesens. München 1992, S. 65.

14 POPPER, Karl: Das erste Buch Europas. In: Ders.: Auf der Suche nach einer besseren Welt. München, Zürich 1984, S. 117ff.

15 Eigentlich:»Baegun hwasang chorok buljo jikji simche yojeol (vol. II)« Vgl.: Memory of the World. UNESCO's programme aiming at preservation and dissemination of valuable archive holdings and library collections worldwide: portal.unesco.org/ci/en/ev.php-URL_ID=22953&URL_DO=DO_TOPIC&URL_SECTION=201.html (zuletzt eingesehen am 10.12.2009).

16 UNESCO/Jikji Memory of the World Prize. The Prize promote the objectives of the Memory of the World Programme: portal.unesco.org/ci/en/ev.php-URL_ID=16050&URL_DO=DO_TOPIC&URL_SECTION=201.html (zuletzt eingesehen am 10.12.2009).

17 WITTGENSTEIN, Ludwig: Philosophische Untersuchungen. Frankfurt/M. 1971, § 66.

18   Ebda., §133.

19   Recommendation concerning the International Standardization of Statistics Relating to Book Production and Periodicals. 19 November 1964 »(a) A book is a non-periodical printed publication of at least 49 pages, exclusive of the cover pages, published in the country and made available to the public« portal.unesco.org/en/ev.php-URL_ID=13068&URL_DO=DO_TOPIC&URL_SECTION=201.html (zuletzt eingesehen am 10.12.2009).

20   ECO (2009), S. 11.

21   Zit. n. BOLZ (1993), S. 195.

22   WITTGENSTEIN, Ludwig: Philosophische Bemerkungen, Bd. I. Cod. Ser. n. 20.018 der Handschriften-, Autografen- und Nachlass-Sammlung der ÖNB.

23   WITTGENSTEIN, Ludwig: Wiener Ausgabe. Hg. v. Michael Nedo. Bd. Einführung/Introduction von Michael Nedo. Wien u.a. 1993, S. 84.

24   Vgl. Wittgenstein's Nachlass. text and facsimile version [20.000 transcriptions of the philosopher's writings as catalogued by von Wright in his 1982 publication The Wittgenstein Papers]/[res. and ed. work by the Wittgenstein Archives at the Univ. of Bergen]. – Bergen electronic edition, completed edition on CD-ROM. Oxford u.a. 2000.

25   BENJAMIN, Walter: Das Kunstwerk im Zeitalter seiner technischen Reproduzierbarkeit. Frankfurt/M. 1963, S. 13 u. 16.

26   www.bgblportal.de/BGBL/bgbl1f/bgbl106s1338.pdf (zuletzt eingesehen am 10.12.2009).

STEPHANIE JACOBS

»Außer Gefecht« – das Buch im Museum. Das Deutsche Buch- und Schriftmuseum der Deutschen Nationalbibliothek in Leipzig

Prolog: Das Buch im Museum

Das Buch im Museum – ein Unding, denn die eigentliche Dimension des Buches – der seitenweise Zuwachs an Information, Vergnügen oder Spannung – bleibt dem Buch in der Vitrine versagt. Man kann es nicht in der Hand wiegen, nicht darüber streichen, nicht riechen, nicht blättern, nicht hören, nicht stöbern, nicht neben das Kopfkissen legen, nicht weiterreichen, nicht einmal verheizen oder zur Stabilisierung kippeliger Schränke nutzen. Das Objekt Buch wird außer Gefecht gesetzt im musealen Schauraum. Es verschließt sich in – fast – jeder Hinsicht der wissenwollenden Neugier des Museumsbesuchers. Warum dann ein Buchmuseum?

Bei näherer Betrachtung wird das Buch in der Museumsvitrine genauso außer Gefecht gesetzt wie jeder andere museale Gegenstand auch, da er immer dem Gebrauch entzogen und dadurch von seiner Bestimmung, seinem Gebrauchs- und Alltagszusammenhang abstrahiert wird. Und gerade darin liegt der Reiz der Musealisierung: Die Beraubung von Dimensionen, die jedem musealen Objekt widerfährt, ist ein Gewinn. Die Aufmerksamkeit wird gelenkt und die Rezeption des Gegenstandes auf das Sichtbare beschränkt. Es gibt keine Ablenkung von dieser Ansicht – und »keine Ablenkung« bedeutet immer auch: Konzentration.

Löst man museale Gegenstände aus ihrem ursprünglichen zeitlichen und räumlichen Kontinuum heraus, werden sie dem Besucher fremd. Peter Sloterdijk spitzt diesen Gedanken zu, indem er das Museum zur »Schule des Befremdens« erklärt. Auf der anderen Seite stellt das Museum eine physische Nähe zum Objekt her, drängt dem Besucher das Fremde auf. Diese gleichzeitige Nähe und Distanz ist die besondere Eigenschaft musealer Gegenstände, die – um mit Walter Benjamin zu sprechen – mit der »Aura« des Originals aufgeladen sind.

Leporello mit Gebeten und Zauberformeln; Batak-Handschrift auf Rinde; Sumatra, um 1800; Klemm-Sammlung: 1958 / Or 1.

So lässt sich die »Fremdheit« des Buches im musealen Raum als Stillstand inszenieren, um dabei die Blicke bewusst auf Besonderheiten in Form und Gestaltung oder andere Einzelinformationen zu lenken. Allein, das Buch in der Vitrine entführt den Museumsbesucher nicht mehr in Traum- und andere Welten und verliert damit eine seiner wesentlichen Bestimmungen. Und genau in dieser scheinbaren Ausweglosigkeit liegt der Reiz des Objektes für die museale Arbeit, denn der Verlust muss kompensiert werden – künstlerisch oder intellektuell. Kompensation bietet für eine kulturhistorisch argumentierende Herangehensweise die Kontextualisierung des einzelnen Buches durch raumbezogene Wissensangebote – meines Erachtens der Königsweg des Zugangs zum überkomplexen Objekt Buch im Museum. Nicht Alleinstellung oder kontextlose Ikonisierung des einzelnen Objekts, nicht Ästhetisierung oder Reihung unter seines Gleichen, sondern Erhellung des Buches durch die Präsentation seines historischen und kulturellen Umfelds, die Demokratisierung der Präsentation durch die Schaffung von Zusammenhängen, die das Objekt zum Bestandteil eines großen Kontextes werden lässt. Hier liegt der Schlüssel einer kulturhistorisch geprägten Museumsarbeit mit dem Buch, die Bildungsauftrag und Neugier miteinander verbindet. Daneben gibt es die Tricks und Auswege, um auch das Buch selbst sprechen zu lassen: Digitale Substrate öffnen einen Zugang zum Buch als Wissenskontinuum, Reprints laden zum Blättern ein, Audiostationen schaffen einen anderen sinnlichen Zugang, Berichte über die Rezeption von Büchern lassen die Kreise, die das Buch in einer Gesellschaft zieht, wiedererstehen.

Kontext schaffen heißt auch, das Buch als musealen Gegenstand nicht von der Vielfalt seiner begrifflichen Aspekte zu trennen, sondern seine Vielschichtigkeit in die museale Praxis zu heben: Sowohl die Sammlungskonzeption als auch das Ausstellungsprofil, die wissenschaftliche Projektarbeit, die Vermittlungsarbeit mit Kindern und das Veranstaltungs- und Kooperationsprogramm sollten auf einen möglichst weiten Buchbegriff ausgerichtet werden. Gerade einer Institution wie dem Deutschen Buch- und Schriftmuseum, deren über 125 Jahre historisch gewachsene Bestände von einer wunderbaren Heterogenität sind, steht ein interdisziplinärer Buchbegriff gut an. Denn das Buch kann als der interdisziplinäre Gegenstand der historischen Wissenschaften schlechthin angesehen werden, sammelte sich bislang doch beinahe alles, was wir unter Kultur verstehen, im Buch, im Geschriebenen. Daher sollte ein Museum, das sich dem

Buch widmet, seine Netze in alle Richtungen der historischen Wissenschaften, der Medientheorien, der Künste und der Informationsgesellschaft auswerfen.

Zur Verdeutlichung des Gesagten möchte ich im Folgenden – nach einem Überblick über die Geschichte und Bestände des Deutschen Buch- und Schriftmuseums – den pragmatisch-empirischen Begriff des Buches, der unserer Arbeit zugrunde liegt, an einigen Beispielen aus aktuellen Projekt-, Forschungs- bzw. Erschließungszusammenhängen heraus entwickeln, sodass parallel zur Vorstellung der Museumsprojekte auch der Ansatz einer Typologie verschiedener Buchbegriffe skizziert werden kann.

Das Deutsche Buch- und Schriftmuseum der Deutschen Nationalbibliothek

Die Sammlung, Ausstellung, wissenschaftliche Bearbeitung und Vermittlung buchwissenschaftlicher und mediengeschichtlicher Zeugnisse ist die Aufgabe des Deutschen Buch- und Schriftmuseums der Deutschen Nationalbibliothek in Leipzig. Im Fokus steht das Buch mit seinen zahllosen Gesichtern: das Buch als geniale Formfindung und als Ideenspeicher, das Buch als Produkt wirtschaftlicher und technischer Prozesse und als Hauptmedium kultureller Kommunikation im neuzeitlichen Europa, das Buch als Konsumartikel und Statussymbol, als Kunstwerk und als zensierter und auf dem Scheiterhaufen der Fundamentalisten verbrannter Informationsspeicher. Es als Einheit zu betrachten und die Summe seiner Funktionen, auch nach dem Übergang ins Zeitalter der digitalen Netzwelt, in den Blick zu nehmen, ist das Anliegen des Museums, das den Status einer zentralen Dokumentationsstätte für die Buchkultur in Deutschland hat.

Der funktionalen und strukturellen Leistungsstärke des Buches – offen für die unterschiedlichsten Themen und Lektürefunktionen, unabhängig von künstlerischen, ethischen und kulturpolitischen Wertungen – historisch nachzuspüren, setzt, wie

der folgende Beitrag zum Profil des Deutschen Buch- und Schriftmuseums zeigen wird, einen empirisch-pragmatischen Buchbegriff voraus, dem jede übergeordnete Festlegung (zum Beispiel
durch ontologisch argumentierende Thesen) in der Praxis eine
Einengung bedeuten würde.

Geschichte

Das Deutsche Buch- und Schriftmuseum – 1884 als Deutsches
Buchgewerbemuseum in Leipzig gegründet – ist das weltweit
älteste und nach Umfang und
Qualität der Bestände eines der
bedeutendsten Museen auf dem
Gebiet der Buchkultur. Zweck
und Aufgabe des Museums
war es laut Gründungsstatut,
für alle mit der Buchherstel-

Im Deutschen
Buchhändlerhaus an
der Hospitalstraße
(heute Prager Straße)
inmitten des Leipziger
Graphischen Viertels
wurde das Museum
am 29. April 1888 neu
eröffnet.

lung, -gestaltung und dem -vertrieb beschäftigten Bereiche nach
dem Vorbild der Kunstgewerbemuseen des 19. Jahrhunderts eine
Stätte umfangreicher Muster- und Studiensammlungen aus Vergangenheit und Gegenwart zu sein und dem durch die industrielle Massenherstellung gezeichneten Buch des ausgehenden 19.
Jahrhunderts neue Orientierung zu bieten. Neben Geschmacksbildung und Belehrung in der für die Buchgestaltung der Zeit typischen sozialutopischen Ausrichtung stand im Fokus der musealen Tätigkeit auch das wirtschaftliche Interesse der Verbände: die
Konkurrenzfähigkeit des deutschen Buchgewerbes. Der Standort
Leipzig war für die Ansiedlung eines Buchmuseums am Ende des
19. Jahrhunderts kein Zufall. Leipzig hatte durch seine herausra-
genden Leistungen und Innovationen auf dem Gebiet der Buch-
und Druckkunst – wie der Herausgabe der ersten Tageszeitung
der Welt (1650), der ersten wissenschaftlichen Zeitschrift (1682),

der Entwicklung des beweglichen Notensatzes und der jahrhundertealten Tradition der Leipziger Buchmesse – ein unverwechselbares historisches Profil als Buchstadt.

Plakat »Internationale Ausstellung für Buchgewerbe und Graphik Leipzig Mai-Oktober 1914«; Entwurf: Walter Tiemann, sign. 1913; Lithografischer Druck: Wezel & Naumann, Leipzig; Grafische Sammlung: 1978 / Bl. 1.

Den Grundstock für den umfangreichen Buchbestand des Museums legte der sächsische Staat 1886 mit dem Ankauf der ca. 3.000 historische Drucke umfassenden Sammlung des Dresdner Schneiders, Verlegers und Büchersammlers Heinrich Klemm. Die Internationale Ausstellung für Buchgewerbe und Grafik Leipzig 1914 (BUGRA), die von dem Kulturhistoriker Karl Lamprecht konzipiert worden und in der Geschichte der Buchkultur von epochaler Bedeutung war, war Anlass, die Ausrichtung des Museums erheblich zu erweitern und es zu einer Forschungs- und Dokumentationsstelle für die gesamte Buch- und Schriftkultur zu machen. Als Deutsches Buchgewerbe- und Schriftmuseum wurde es, aufbauend auf den umfangreichen Forschungsergebnissen und Objektrecherchen der BUGRA, 1915 neu eröffnet.

Unter der Leitung von Albert Schramm und Hans Heinrich Bockwitz entwickelte sich das Museum zu einem wissenschaftlichen Zentrum, in dem die Zeugnisse der Buchkultur und ihrer technischen Grundlagen umfassend gesammelt, bewahrt, er-

374

schlossen und vermittelt wurden. Die Fachbibliothek des Museums hatte schon damals einen auch international anerkannten Ruf als Stätte der Buchwissenschaft.

Schwere Verluste erlitten Museum und Sammlung im Zweiten Weltkrieg: Das Deutsche Buchgewerbehaus – zwischen 1900 und 1914 und seit 1939 wieder Sitz des Museums – wurde im Dezember 1943 in Schutt und Asche gelegt. Die wertvollsten, damals ausgelagerten Stücke der Klemm-Sammlung – Handschriften, Inkunabeln, darunter eine 42-zeilige Gutenbergbibel und eine wertvolle Bucheinband- und Zeugdrucksammlung – beschlagnahmte die sowjetische Armee im September 1945. Sie liegen seitdem in der Russischen Staatsbibliothek in Moskau.

Nach kriegsbedingtem Verlust seiner Wirkungsstätte und nach der Auflösung des Deutschen Buchgewerbevereins Ende 1949 sicherte die Integration des Museums in die Deutsche Bücherei Leipzig sein Fortbestehen. Im Mai 1954 konnte am Deutschen Platz eine erste provisorische Ausstellung eröffnet werden. Der Wiederaufbau der Bestände begann. Die Bibliothek des Börsenvereins der Deutschen Buchhändler zu Leipzig ging Ende 1959, das Deutsche Papiermuseum Greiz 1964 an das Museum über. 1965 konnten neue Räumlichkeiten im Nordwest-Flügel der Deutschen Bücherei bezogen werden.

Mit dem Einigungsvertrag wurde das Museum 1990 eine Abteilung der Deutschen Bibliothek. Durch Übernahmen und Übereignungen großer Sammlungsbestände – genannt seien an dieser Stelle die Wasserzeichensammlung der ehemaligen Forschungsstelle Papiergeschichte des Deutschen Museums München (1992) und die Archivalien und Geschäftsrundschreiben der Börsenvereinsbibliothek (2005) – konnten die Sammlungen des Museums erheblich ausgebaut werden. Eine neue Dauerausstellung »Merkur und die Bücher. 500 Jahre Buchplatz Leipzig« wurde 1996 der Öffentlichkeit übergeben, die Ende 2008 wegen der Baumaßnahmen zum 4. Erweiterungsbau der Deutschen Nationalbibliothek am Deutschen Platz in Leipzig geschlossen wurde.

Mit ihrer Gesetzesnovellierung und Namensänderung in Deutsche Nationalbibliothek im Juni 2006 steht auch für das Deutsche Buch- und Schriftmuseum eine Neuprofilierung als Fachabteilung an. Im vergangenen Jahr konnte das Museum seinen 125. Geburtstag feiern und zu diesem Anlass im Wallstein-Verlag eine Festschrift herausgeben, die unter dem Titel »Zeichen – Bücher – Wissenswelten. 125 Jahre Deutsches Buch- und Schriftmuseum der Deutschen Nationalbibliothek« ein vielschichtiges Mosaik von Beiträgen aus allen Wissenschaftszweigen und Kulturbereichen bereithält, die sich mit Schrift, Buch, Papier und digitalen Medien beschäftigen. Ein wichtiger Meilenstein auf dem Weg zu einem neuen Profil wird die Eröffnung des besagten Erweiterungsbaus sein.

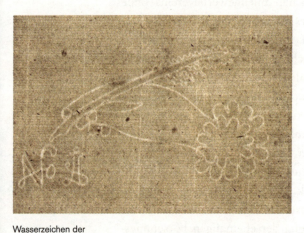

Wasserzeichen der Papiermühle Hegge bei Kempten, Papiermacher Joseph Kösel & Aloys Zumbiel, undatiert, Anfang 19. Jahrhundert; Papierhistorische Sammlungen: II 136/0/3a.

Bestände

Neben der Klemm-Sammlung garantiert ein dichtes Netz von Studiensammlungen, Stiftungen und Nachlässen bedeutender Forscher des Fachgebietes und einzelner Buch- und Schriftgestalter sowie die Fachbibliothek des Museums ein Studien- und Ausstellungsumfeld von hoher Qualität. Auch zählt das Museum einmalige Bestände zur Papiergeschichte mit der weltweit größten Wasserzeichensammlung und eine umfangreiche kulturhistorische Sammlung zu seinen Beständen. Ein besonderes Augenmerk genießen ferner das Künstlerbuch und das gute Gebrauchsbuch.

Die Sammlungen des Deutschen Buch- und Schriftmuseums mit über einer Million Objekten erlauben in ihrer außergewöhnlichen Heterogenität eine interdisziplinäre Herangehensweise an

376

buch- und schriftgeschichtliche Fragestellungen im kultur-, medien- und kommunikationswissenschaftlichen Kontext.

Klemm-Sammlung

Die Klemm-Sammlung ist eine Sammlung buchhistorischer Muster und Fachliteratur. Mit ca. 22.000 Drucken – von der Inkunabelzeit bis zum 21. Jahrhundert – bildet sie den Grundstock des buchmusealen Bestandes und hat zugleich den Rang einer wissenschaftlichen Spezialbibliothek. Benannt ist die Sammlung nach dem Dresdner Schneidermeister Heinrich Klemm (1819-1886), der die Entwicklung der Typografie in deutschen und ausländischen Drucken dokumentieren wollte.

Die Klemm-Sammlung ist keine abgeschlossene historische Sammlung, sondern wird systematisch erweitert. Der Bestand gliedert sich in die folgenden Bereiche: Handschriften, Inkunabeln, Renaissancedrucke, Drucke des 17. bis 19. Jahrhunderts, frühe Pressendrucke, originalgrafische Mappenwerke und Künstlerbücher, Bucheinbände und Fachliteratur zum gesamten Buchgewerbe.

Büste von Heinrich Klemm; Marmor, 1883; Kulturhistorische Sammlung: S 1955/370.

Bibliothek des Börsenvereins der Deutschen Buchhändler zu Leipzig

In den Vierzigerjahren des 19. Jahrhunderts führte die Initiative von Leipziger Buchhändlern zur Sammlung und Bewahrung von Zeugnissen der eigenen Geschichte. 1844 unterbreitete der Verein der Buchhändler zu Leipzig dem Börsenverein der Deutschen Buchhändler das Angebot, seine Fachbibliothek zu übernehmen. Dieser Bestand enthielt neben zahlreichen Zeitschriften auch wissenschaftlich bedeutsame Archivalien.

Den Schwerpunkt bildet die Literatur zur Geschichte des Buchwesens, speziell zum Herstellungs- und Vertriebsprozess des Buches, ergänzt durch Publikationen zur Geschichte der

Biblia, dt., Bd. 1-2 mit Holzschnitten, handkoloriert und Blattgoldauflage; Nürnberg: Anton Koberger, 1483; Börsenvereinsbibliothek: Bö Ink 91.

Schrift, der Beschreibstoffe, der Druckverfahren, der Buchausstattung sowie der Randgebiete der Bibliografie, Bibliophilie und Bibliothekswissenschaft. Bei der kontinuierlichen Ergänzung der Klemm-Sammlung werden ursprünglich in der Börsenvereinsbibliothek vorhandene, im Krieg verloren gegangene Titel mit Vorrang erworben.

Archivalien und Dokumente zur Buchgeschichte

Bildnis des Nürnberger Kartenstechers und -verlegers Johann Baptist Homann; Kupferstich von Johann Wilhelm Winter, um 1720; Grafische Sammlung (Börsenverein): Bö/Bl/P/1293.

Die Sammlung umfasst rund 150.000 schriftliche und bildliche Quellen insbesondere zum Buchhandel und zum Buchdruck des 16. bis 21. Jahrhunderts. Den Kern bildet das Buchhandelsarchiv der Bibliothek des Börsenvereins der Deutschen Buchhändler zu Leipzig, das überwiegend deutschsprachige Archivalien zur Buchgeschichte des 19. Jahrhunderts enthält. Neben Einzeldokumenten wie Briefen und Verlagsverträgen sind auch geschlossene Bestände – Geschäftsrundschreiben, Buchhändlerporträts, Verlagsarchive und Teilnachlässe von Buchhändlern – vorhanden. Zusammen mit dem Historischen Archiv des Börsenvereins des Deutschen Buchhandels in der Deutschen Nationalbibliothek Frankfurt am Main stellt die Sammlung der Archivalien und Dokumente zur Buchgeschichte eine einzigartige Quellenbasis für buchgeschichtliche Forschungen in Deutschland dar.

Sammlung Künstlerische Drucke

Mit einem Bestand von 35.000 Titeln gibt die Sammlung Künstlerische Drucke einen Überblick über die Entwicklung der Buchgestaltung im 20. und 21. Jahrhundert. Bereits 1917 wurde in der Deutschen Bücherei Leipzig damit begonnen, bibliophile Drucke, Mappenwerke mit Originalgrafik und wertvolle Faksimile-Ausgaben gesondert aufzustellen. Diese Sammlung wurde schon bald um Gebrauchsbücher aller Gattungen erweitert. Als das Deutsche Buch- und Schriftmuseum 1950 der Deutschen

378

Bücherei Leipzig angegliedert wurde, wurde die Sammlung dem Museum zugeordnet. Sie fungiert auch als Archiv der Veröffentlichungen, die seit 1929 durch die Deutsche Buchkunst-Stiftung ausgewählt und prämiert werden sowie als Archiv der Bücher der Internationalen Buchkunst-Ausstellungen in Leipzig.

Grafische Sammlung

Die Grafische Sammlung enthält original- und reproduktionsgrafische Einzelblätter und Blattfolgen vom 15. bis zum 21. Jahrhundert. Sie bietet eine Ergänzung zum musealen Buchbestand und umfasst nahezu alle Bereiche des Buch- und Schriftwesens sowie angrenzender Felder. Hier finden sich Arbeiten einzelner Künstler, Werkstätten, Künstlervereinigungen, Druckereien und Verlage, Beispiele zur Entwicklung der grafischen Techniken und Druckverfahren, Entwürfe zur Schrift- und Buchgestaltung, Illustrationen, Schrift (Kalligrafie, Typografie, Initialen, Ornamente, Porträts, Schriftproben), Buchgattungen, Bestandteile des Buches (Exlibris, Signete, Buchumschläge, Lesezeichen, Porträts), Gebrauchsgrafik und Akzidenzen (Amtsdrucksachen, Bilderbogen, Briefköpfe, Einladungen, Etiketten, Geldscheine, Glückwünsche, Guckkastenbilder, Patenbriefe, Speisekarten, Spiele, Stickmuster, Spitzenbilder, Tabakpackungen, Tanzkarten, Theaterzettel, Votivbilder) sowie Dokumente zum Buchwesen.

Exlibris für Karl Rau; Entwurf: Ludwig Hohlwein; Lithografie zweifarbig, um 1910; Grafische Sammlung: Raymund Schmidt / Bl. 3129.

Papierhistorische Sammlungen

Die Papierhistorischen Sammlungen umfassen in einer Vielzahl von Ausprägungen Papiere aus vorindustrieller Zeit und aus fabrikmäßiger Produktion sowie aus kunstgewerblicher und künstlerischer Fertigung. Die Papiere stammen vor allem aus Europa, aber auch aus Asien und Amerika. Die Wasserzeichensammlung ist mit ca. 400.000 Exemplaren die weltweit größte Sammlung dieser Art. Kern der Sammlung sind die Bestände des 1964 in das

Deutsche Buch- und Schriftmuseum integrierten Deutschen Papiermuseums, das 1957 als staatliche Einrichtung auf Basis der Papiersammlung von Karl Theodor Weiß (1872-1945) entstanden war. Die Bestände wurden 1992 erheblich ergänzt, als das Deutsche Museum von Meisterwerken der Naturwissenschaft und Technik in München die 1973 von der Forschungsstelle Papiergeschichte in Mainz übernommene Wasserzeichensammlung nach Leipzig abgab. Die Bestände gliedern sich in folgende Gruppen: Wasserzeichen, Papierproben, Buntpapiere, Riesaufdrucke und Rieseinschlag sowie Archivalien und Dokumente zur Papiergeschichte.

Kulturhistorische Sammlung

Bereits 1884 wurde vom Deutschen Buchgewerbeverein mit dem Aufbau einer kulturhistorischen Sammlung begonnen. Die Zerstörung der Museumsräume im 2. Weltkrieg bedeutete große Verluste auch für diese buchgewerblichen Bestände. Vor allem betroffen waren die historischen Maschinen und Materialien zur grafischen Technik. Die Kulturhistorische Sammlung enthält Sachzeugen zur Buch-, Schrift- und Papiergeschichte, Beschreibstoffe und frühe Buchformen (Stelen, Tontafeln, Papyri usw.), Schreibzeuge und -geräte der verschiedensten Zeitepochen einschließlich Schreibmaschinen, Kultgegenstände des Buch- und Schriftwesens, Bleisatzschriften, Holzschriften, Prägeschriften, Materialien, Werkzeuge und Vorrichtungen der Schriftsetzer, Buchdrucker und Buchbinder, Rohstoffe und Geräte der handwerklichen und industriellen Papierherstellung (Schöpfformen, Egoutteure usw.), Prototypen historischer Maschinen der Papier-, Schrift- und Buchherstellung bzw. -verarbeitung, Druckformen und Geräte verschiedener originalgrafischer und reproduktionstechnischer Verfahren, Computerdrucker, Kopiergeräte, Großscanner und Fotosatzgeräte, künstlerische Buchobjekte und Papierskulpturen.

Fachbibliothek

Die Fachbibliothek des Deutschen Buch- und Schriftmuseums verfügt über mehr als 80.000 Bände deutschsprachiger und internationaler Fachliteratur zur Geschichte von Buch, Schrift und Papier und zu den Randgebieten der Buchwissenschaft, darunter auch »graue Literatur«, wie Kleindrucksachen, Firmenprospekte oder Kataloge, sowie etwa 200 laufende Zeitschriften. Sie wurde aus den früheren Teilbeständen in der Klemm-Sammlung und in der Sammlung Künstlerische Drucke zusammengeführt. Neben der laufenden Erwerbung neuer und älterer internationaler Fachliteratur wird die aktuelle deutschsprachige Fachliteratur laufend aus dem Pflichtexemplarzugang der Deutschen Nationalbibliothek ausgewählt.

Besondere Bestandsgruppen sind Schreibmeisterbücher, Druckschriftproben, Messkataloge, Historische Lehr- und Handbücher, Formatbücher, Firmenkataloge und Musterbücher.

Erwerbung, Erschließung, Projektarbeit: Einblicke in die Arbeit des Deutschen Buch- und Schriftmuseums

Anhand von vier Projekten und Vorhaben des Deutschen Buch- und Schriftmuseums sollen im Folgenden exemplarisch unterschiedliche Begriffsvarianten des Buches skizziert werden, die die interdisziplinäre Ausrichtung des Museums spiegeln.

a. Erschließung und Digitalisierung der Portrait-Sammlung aus dem Besitz des Börsenvereins der deutschen Buchhändler
Gegenstand dieses von der DFG finanzierten Projektes war die formale und inhaltliche Erschließung und Digitalisierung von 3.300 druckgrafischen Portraits als historische Quellen zur Buch- und Verlagsgeschichte des 16. bis 20. Jahrhunderts und deren Präsentation. Die per Schenkungsvertrag 2005 aus den ehemaligen Beständen der Bibliothek des Börsenvereins an die Deutsche

Nationalbibliothek übertragene Portraitsammlung gilt in Sammlungszuschnitt und Qualität der Blätter als einzigartig, sowohl in Hinblick auf ihr Thema – die mit dem Buch beschäftigten Berufsgruppen wie Buchhändler, Drucker, Verleger, Kupferstecher, Buchbinder, Papiermacher, Zensoren etc. – als auch im Vergleich zu anderen berufsspezifischen Portraitsammlungen.

Die Erschließung der Sammlung erfolgt unter Anwendung bibliothekarischer und museologischer Nachweis- und Beschreibungsregeln – zum Beispiel unter konsequenter Anwendung der Normdaten der Deutschen Nationalbibliothek, was in der Museumspraxis alles andere als selbstverständlich ist.

Ziel des Projektes war es, diese seltene und wenig bekannte Bildnissammlung als wesentliches Quellenmaterial für die Buchgeschichtsforschung und darüber hinaus für die Literatur-, Wirtschafts-, Sozial-, Kunst- und Kulturgeschichtsschreibung erstmals und mit entsprechenden Präsentations- und Suchsystemen internetbasiert öffentlich zugänglich zu machen und zugleich konservatorisch zu betreuen. Aus internen buchwissenschaftlichen Fragestellungen wie aus externen Anfragen wissen wir um das wachsende Interesse an wissenschaftlich gut dokumentierten Bildquellen – eine Entwicklung, die ja in allen Wissenschaftsbereichen zu beobachten ist.

Der Begriff des Buches, der in diesem Projekt Anwendung findet, zielt auf eine breite historische Einbettung des Gegenstandes. Die Kontextualisierung der Buchproduktion, des Vertriebs und der Rezeption von Büchern in kulturgeschichtlicher, wirtschafts-, sozial- und technikgeschichtlicher Hinsicht erlaubt einen ikonografisch sehr komplexen Blick auf das Buch. Um nur ein paar Beispiele zu nennen und Neugier für die Sammlung zu wecken: Der Buchhändler als Barockfürst vor schwerem Samtvorhang ist genauso zu finden wie der bescheiden-schüchtern auftretende, Buch druckende Humanist, das Gelehrtenportrait mit den entsprechenden Attributen ebenso wie der als schrulliger Alter karikierte Händler, das klassizistische Portrait des Druckers Bodoni mit schwebendem Adler vor Stadtvedute ebenso wie der als Drucker schon früh gescheiterte Honoré Balzac, der im *gestus melancholicus* als weltvergessenes Genie gezeichnete Schriftsteller und Prediger William Cartright, aber auch der kleine Markthelfer oder der Zensor.

Die Sammlung bietet zahlreiche Bausteine zu einem spannenden Puzzle einer Sozial- und Kulturgeschichte des Buches. Der dem Projekt zugrundeliegende Buchbegriff begreift das Buch mit all seinen Facetten, von der Idee des Humanisten über das Verfassen von Texten, das Redigieren, Verlegen und Drucken bis zur Zensur als Rezeptionsphänomen.

b. Bernstein – The Memory of Paper

Während das Portraitprojekt auf eine kulturhistorische Einbettung des Buches zielt, steht für das Projekt »Bernstein – The Memory of Paper« der Materialcharakter des Beschreibstoffes im Vordergrund. Das Projekt baut auf der Internationalen Bibliografie zur Papiergeschichte (IBP) auf, die ca. 20.000 nach zehn Hauptkategorien systematisierte und in 150 Sachgebiete untergliederte Einträge beinhaltet.

In Bibliotheken, Archiven, z. T. in Museen, ist Papier der am häufigsten vertretene Träger schriftlicher und bildlicher Überlieferung. Für den sachgerechten Umgang mit diesen Beständen ist Wissen über die Herkunft der Beschreibstoffe unabdingbar. Fragen nach Alter und Herkunft von Objekten aus und auf Papier treten in vielen Wissenschaften bei der äußeren Quellenkritik auf: bei der Editionsarbeit, der Verzeichnung von Handschriften und Musikalien, bei der Katalogisierung künstlerischer Arbeiten sowie bei der Restaurierung von Handschriften und Büchern.

Aufbauend auf der Internationalen Bibliografie zur Papiergeschichte beteiligte sich das Museum an dem von der Europäischen Kommission finanzierten Projekt »Bernstein – The Memory of Paper«. Ziel des Projektes, das von neun Institutionen aus sechs europäischen Ländern unter der Leitung der Österreichischen Akademie der Wissenschaften betreut wurde, war die Erstellung einer integrierten europäischen digitalen Umgebung zur Papiergeschichte und Papierkunde. Das Projekt verknüpft zum Beispiel alle derzeit existierenden europäischen Wasserzeichen-Datenbanken und bietet auf diese Weise eine umfangreiche und aussagekräftige Informationsquelle zu Papier. Die Datenbanken werden durch eine Fülle von kontextualisierenden Daten mit bibliografischen und geografischen Inhalten angereichert. Ein wesentliches Ziel des Projektes ist es zudem, die gewonnenen Resultate einer möglichst breiten Öffentlichkeit in Form eines leicht installierbaren Softwarepaketes zugänglich zu machen.

Das Bernstein-Projekt rekurriert auf den Materialcharakter des Buches und der Schrift. Das Projekt und seine Bibliografie zur Papiergeschichte setzen auf einen phänomenologischen Begriff von Schrift- und Buchüberlieferung und ermöglichen dadurch eine weitere analytische Herangehensweise an den Gegenstand unseres Interesses.

c. Ausbau und Weiterentwicklung der Klemm-Sammlung

Das Buch als ein Materialobjekt in einem zu diesem Verständnis des Buches diametral entgegengesetzten Sinne steht im Zentrum eines Erwerbungsschwerpunktes des Museums. Die Gründungsväter sahen es als Zweck und Aufgabe des Museums an, für alle mit der Buchherstellung, -gestaltung und dem -vertrieb beschäftigten Bereiche nach dem Vorbild der Kunstgewerbemuseen des 19. Jahrhunderts eine Stätte umfangreicher Muster- und Studiensammlungen aus Ver-

Die Heilige Schrift, das erste Buch Mose, das erste Capitel, Verse 1-25 (nach einer Ausgabe von 1805); Unikates Malerbuch von Ottfried Zielke, Mischtechnik, Berlin 1993; Klemm-Sammlung: VII 282.

gangenheit und Gegenwart zu sein. Neben Geschmacksbildung und Belehrung stand im Fokus der musealen Tätigkeit auch das wirtschaftliche Interesse der buchgewerblichen Verbände.

Zwei Jahre nach der Gründung des »Centralvereins für das gesamte Buchgewerbe«, später »Deutscher Buchgewerbeverein« übergab der sächsische Staat 1886 dem Museum die im selben Jahr von dem Dresdener Sammler Heinrich Klemm angekaufte Sammlung – eine der bedeutendsten bürgerlichen Büchersammlungen des 19. Jahrhunderts vor allem historischer, aber auch zeitgenössischer Muster. Klemms Ziel war »die Vereinigung von kaum mehr als ein paar tausend besonders charakteristischen Druckwerken behufs typologischer und bibliographischer Studien«, er hoffte aber auch »instructiv auf die Buchdruckerkunst der Jetztzeit wirken zu können«. Damit deckten sich die Interessen des Privatsammlers mit denen des Museums sehr weitgehend: Orientierung durch das Aufzeigen einer drucktechnischen Entwicklungslinie und ästhetische Unterweisung, auch in der für die Buchgestaltung der Zeit typischen sozialutopischen Ausrichtung.

Mit historischem Abstand zu dem normativen Charakter der Konzeption gilt das Sammlungsprinzip Klemms bei der Fortentwicklung der Sammlung noch heute: die Erweiterung des Musterbestandes vor allem nach drucktechnischen Kriterien (Herstellung, Gestaltung, Ausstattung) und nach Werken der Erstdrucker in zahlreichen deutschen und auch anderen europäischen Städten. Mehr als allen anderen Sammlungsgebieten des Museums kommt der Klemm-Sammlung der Status des »Alleinstellungsmerkmals« zu, dessen Weiterentwicklung zur Nagelprobe auch für die zukünftige Arbeit des Museums wird.

d. Das Deutsche Buch- und Schriftmuseum als Archiv der Stiftung Buchkunst

Steht bei der Klemm-Sammlung das Buch als Ergebnis druck- und produktionstechnischer Prozesse in Hinblick auf bibliografische »Delikatessen« im Vordergrund, so liegt ein anderer

Schwerpunkt in der Geschichte der Sammlungen des Deutschen Buch- und Schriftmuseums auf dem Buch als ästhetisch-gestalterischem Objekt.

Der von der Stiftung Buchkunst seit 1965 ausgelobte Wettbewerb »Die schönsten deutschen Bücher, vorbildlich in Gestaltung, Konzeption und Verarbeitung« trägt schon im Titel normative Züge – und ist darin rein strukturell der Norm setzenden Programmatik des Klemm'schen Buchbegriffes verwandt. Doch setzt die Stiftung Buchkunst, deren Wettbewerbsergebnisse in die Sammlungen des Museums einfließen, vor allem ästhetische und funktionale Ansprüche an das Buch: die gelungene Verbindung von Inhalt und Form ist ebenso Wettbewerbskriterium wie die Verarbeitung der Materialien und die Herstellung der Bücher. Wenngleich undotiert ist der Wettbewerb für Verlage und Buchgestalter doch von hohem Prestigewert, Herausforderung und Maßstab zugleich.

Das Buch ist auch hier Muster und Maßstab. Und schon die Auflistung der Träger des Wettbewerbs – der Bundesbeauftragte für Kultur und Medien, der Börsenverein des deutschen Buchhandels, das Land Hessen, die Städte Frankfurt am Main und Leipzig, die Deutsche Nationalbibliothek und andere – unterstreicht den normativen Charakter des Buchbegriffes, der dem »Schönsten Buch« zugrundeliegt. Doch versteht sich der Wettbewerb vor allem als Kunstereignis und verleiht dem Buch *per definitionem* eine Weihe, die es über die pragmatische Definition als Muster heraushebt. Die Stiftung Buchkunst hält aber – und auch dies scheint mir in Hinblick auf den ihr zugrundeliegenden Buchbegriff wichtig zu sein – weitgehend an dem Buch im traditionellen Sinne als beidseitig gestaltete Blätter im Buchblock mit Einband etc. fest. In dieser Hinsicht ist das Buch auch hier vor allem Materialobjekt.

Epilog: Die Zukunft des Deutschen Buch- und Schriftmuseums

Das Deutsche Buch- und Schriftmuseum erhält im 4. Erweiterungsbau der Deutschen Nationalbibliothek in Leipzig attraktive neue
Ausstellungs- und Magazinflächen sowie einen neuen Lesesaal
und einen »Tresor«. Dies alles bietet dem Museum die einmalige
Chance, sich als weltweit ältestes Buchmuseum neu zu positionie-
ren: Der großzügige neue Lesesaal wird die Arbeit an den Beständen und mit der Fachbibliothek des Museums für Wissenschaftler
aus dem In- und Ausland erheblich komfortabler machen. Die
neuen Magazine ermöglichen erstmals in der Geschichte des Museums eine zusammenhängende Aufstellung der verschiedenen
Sammlungen unter idealen konservatorischen Bedingungen.

Die neue Dauerausstellung des Museums geht von einem
weiten Buchbegriff aus: Die Geschichte von Buch und Schrift
als Motor und Gradmesser kulturhistorischer Etappen und Um-
bruchphasen darzustellen und darin die Geschichte der Medieninnovationen zu spiegeln, ist der Horizont, vor dem sich die
neue Ausstellung zeigt. Das Spektrum der Geschichte von Schrift
und Buch im Blick wird die neue Ausstellung auf der Suche nach
historischen Bruchstellen den zeitlichen Bogen von der Antike
bis heute spannen. Sie fächert ein breites Spektrum historischer
Disziplinen um Schrift und Buch auf (Kultur-, Technik-, Alltags-
und Mentalitätsgeschichte, Gesellschaftsgeschichte, Politik- und
Mediengeschichte etc.) und bietet eine *tour d'horizon* von der
Entstehung der Schrift über die Manuskriptzeit, den Buchdruck
mit beweglichen Lettern bis zur digitalen Netzwelt.

Chronologisches Rückgrat der Ausstellung werden unter dem
Titel »Medien prägen Kultur: Schrift, Buch, digitale Welt« die
Medieninnovationen (»Von der Sprache zur Schrift«, »Buch-
druck und die Folgen«, »Digitale Kultur«) sein. Diachron an-
gelegte Ausstellungsbereiche – zum Beispiel »Zensur« oder
»Lesewelten« – werden einzelne Themen epochenübergreifend

behandeln und Kontinuitäten und Brüche nachvollziehbar machen. Angesichts einer Ausstellungsfläche von etwa 800 m² werden einzelne Themen nur kursorisch, »essayistisch«, behandelt. Eine Vertiefung der Fragestellungen leisten zukünftige Wechselausstellungen, Veranstaltungen, Kooperationen oder museumspädagogische Aktionen.

Der Arbeit an der neuen Dauerausstellung liegt ein Buchbegriff von größtmöglicher Komplexität zu Grunde, der aber nicht theoretisch fundiert, sondern von der Qualität der Objekte und vom erzählerischen Kontinuum in der räumlichen Dramaturgie bestimmt wird. Im Zentrum der »Raum-Erzählung« steht das Buch als Hauptmedium kultureller Kommunikation im neuzeitlichen Europa. Die Geschichte des Buches erscheint als wesentlicher Bestandteil der europäischen Kulturgeschichte, einerseits als Medium, andererseits als Motor historischer Prozesse. Auf diese Weise ist das Buch zwar Hauptobjekt der neuen Ausstellung, wird aber im Sinne der historischen und thematischen Kontextualisierung von anderen Objektgattungen flankiert und auch mit Fragen an seine Zukunft im digitalen Netz konfrontiert. Niemand sieht – jenseits kulturpessimistischer Totenrede auf der einen Seite und euphorischer Zukunftsvision auf der anderen – voraus, wo das Buch in 50 Jahren steht. Umso mehr und gerade angesichts des mediengeschichtlichen Umbruchs der vergangenen Jahrzehnte sollte sich buchwissenschaftliche Theoriebildung auch im Museum zwar ihres Handwerkszeuges vergewissern. Doch erscheint heute eine weitsichtige und geduldige Zurückhaltung in der Profilierung starker Theoreme angesichts der – noch anstehenden? – Umwälzungen des Buches im nächsten halben Jahrhundert eine lohnende Übung. Was versteckt sich hinter dem als Schreckgespenst und Menetekel an die Wand der Kulturgeschichte gemalten Schlagwort vom »Ende des Buches«, das in konservativen Kreisen seit Jahrzehnten Konjunktur hat? Geht es um den Verlust der über Jahrhunderte hinweg identitätsstiftenden Rolle des gedruckten Buches für unsere Kultur?

Geht es um wirtschaftliche Interessen? Geht es um den enormen Innovationsschub, den das Buch in den digitalen Netzen erlebt? Wird das Buch plötzlich außer Gefecht gesetzt? Diesen Fragen wird auch in Zukunft die Aufmerksamkeit des Deutschen Buch- und Schriftmuseums als lebendiges Forum für Fragen des Medienwandels gelten.

LORENZ MIKOLETZKY

Archiv und Bibliothek –
Eine ewige Begriffsproblematik.
Sowie einige unmaßgebliche
Gedanken zum Buch allgemein

Die folgenden »Gedankengänge« sind von einem überzeugten Historiker geschrieben, der seit mehr als 40 Jahren den Archivarsberuf ausübt. Sein ganzes bisheriges Leben, nicht nur die Amtstätigkeit, begleitet ihn, seit er lesen kann (und das war schon etwas vor dem Volksschuleintritt der Fall), das Buch. Auch jetzt noch ist er diesem »Bildungsinstrument« verfallen und versucht in seiner geringen Freizeit zu lesen. Nicht nur Fachliteratur, die studiert werden muss, um auf dem Laufenden zu bleiben, nicht nur Schöngeistiges, nein, auch Kriminalromane. Kein Geringerer als Konrad Adenauer, leider vielen Studierenden der heutigen Generation nur nebulos bekannt, brachte Seele und Geist nach anstrengender Arbeit durch deren Lektüre wieder ins Lot. Soweit einige Verständnishinweise zum Verfasser.

Bücher haben der Menschheit immer irgendwie geholfen, sie konnte sich zu allen Zeiten, soweit sie in der Lage war zu lesen, zur Lektüre zurückziehen, und nicht zuletzt wird die Bibel das »Buch der Bücher« genannt, denn vielen Personen bot und bietet dieses Kompendium viel. Man lernt etwa auch Geschichte aus den Berichten des Alten Testaments, das überdies auch spannend geschrieben wurde. Gelegentliche väterliche Fragen nach Besuchen bei Mitschülerinnen/Mitschülern: »Haben sie eine Bar, oder haben sie Bücher?«, prägten sich derart ein, dass auch heute noch der nicht aufdringliche, eher verstohlene Blick in fremden Räumen herumschweift, um Bücher zu entdecken. Gelegentlich verbirgt eine Bücherwand mit Attrappen Wege in andere Räumlichkeiten (besonders in Klöstern, aber auch mit echten [!] Büchern im Prunksaal der Österreichischen Nationalbibliothek), und sie verbirgt des Öfteren profane Dinge, wie eben eine Bar. Von anderen Ansprüchen an die Camouflage vermittels Büchern fast zu schweigen, denn beispielsweise erhielt ich aus den USA gelegentlich Briefe, aus denen hervorging, wie groß ein zu Weihnachten zu schenkender Bildband sein sollte, um ihn optisch auffallend im Vorzimmer hinlegen und damit bei Gästen Bewunderung erregen zu können.

Aber auch wahre (!) Anekdoten können zeigen, welchen Stellenwert Bücher im Leben haben können: Die Gattin eines langjährigen israelischen Botschafters in Wien erzählte, dass sie nach einem Besuch bei ihrem damaligen Verlobten fast weinend ihrer Mutter berichtete, dass dieser so viele Bücher zu Hause hätte. Diese gab ihrer Tochter den weisen Satz auf den Weg: »Es ist besser er hat Bücher, als er hat Weiber.«

Bücher sollten eigentlich jedes Menschen ständige Begleiter sein, und man freut sich, wenn in den öffentlichen Verkehrsmitteln nicht nur die kostenlosen Gazetten zu sehen sind. Auch die lernende Jugend auf dem Weg in die Bildungseinrichtungen ist ein erbaulicher Anblick, wenn sie in Schulbüchern schmökert – und sei es für die unmittelbar bevorstehende Prüfung. Es sollte eben klar sein, dass man ohne Bücher nicht leben kann.

Und daher erscheint es gar nicht so ungewöhnlich, wenn Bibliotheken immer wieder mit Archiven verwechselt werden. Denn begreiflicherweise wird keine Frage so oft gestellt wie die nach dem Beruf, und wenn dann die entsprechende Antwort gegeben wird: »Ich bin Archivar«, so geht in der Regel ein verstehendes Lächeln über die Züge der fragenden Person, und es kommt zur Feststellung: »Ah ja, sie verwalten Bücher.« Auf derartige Meinungsäußerungen kann man nur antworten: »Ja, Bücher habe ich auch, lesen kann ich auch, aber Archivar zu sein bedeutet

☞ Einer der bedeutendsten Vertreter der Geschichtswissenschaft in unserem Lande hatte zu Hause fast keine Bücher, da die wesentlichste Literatur in seinem Institut zu finden war. Seine Kinder mussten immer ein Buch aus ihrer Bibliothek weggeben, wenn sie ein neues erhielten, und doch war in diesem Haus der »Genius des Geistes« daheim.
[Nachtrag des Verfassers]

etwas ganz anderes.« Und dann kommt die fachlich möglichst einfache Erläuterung des Berufes. Am Gesichtsausdruck des Vis-à-Vis sieht man im Laufe der Begriffsbestimmung »Archiv«, ob es interessiert oder nicht. Der Kummer und Leid Gewöhnte, in einem Archiv Tätige (auch hier gilt es die weiblichen Kolleginnen mitzudenken, deren es in den letzten Jahren erfreulicherweise mehr als früher gibt), ist bei solcher Gelegenheit aufgerufen, verschiedene Erklärungsfassungen bei der Hand zu haben.

Im Laufe ihrer verschiedenen Ausbildungen werden die BibliothekarInnen wie ArchivarInnen natürlich in das jeweilige andere Fach eingeweiht. Man erfährt, was Katalogisierungsregeln bedeuten, wofür Provenienz und Pertinenz gut sind, wo und wie man in einer Bibliothek etwas findet – wenn es nicht verreiht ist – und wie derartige Suchaktionen in einem Archiv funktionieren. Alles dies und noch mehr ist zum gegenseitigen Verständnis notwendig, wobei bei Prüfungen im je anderen Fach jedoch Maß gehalten werden sollte. Es ist nicht notwendig alles zu wissen, man muss nur wissen, wo man nachschauen kann. Gelegentliche Fragen eines Wiener Vortragenden nach dem genauen Titel einer finnischen (!) Bibliografie wurde durch den Prüfling zunächst durch schweigende Unkenntnis beantwortet. Auf das neuerliche Nachfragen und die Bemerkung hin, dass diese Publikation in der Vorlesung genannt worden sei, entschloss sich der ob dieser Frage etwas frustrierte Geprüfte zum Hinweis, dass ihm der Titel nicht präsent sei, aber das gesuchte Werk im damaligen Katalograum der Universitätsbibliothek alphabetisch geordnet (d.h. unter Finnland) aufgestellt sei. Dieser pragmatische Hinweis wurde jedoch nur bedingt honoriert, brachte lediglich ein »Genügend« ein.

Das Buch sollte jedes Menschen steter Begleiter sein, durfte schon festgestellt werden, und doch kommt es vor, dass so manche Person, ein Leben lang von Büchern umgeben, doch nicht von der Lesesucht infiziert ist. Eine entsprechende Ansteckungsgefahr wird leider auch in zahlreichen Buchhandlungen nicht zwingend geboten, da oftmals das Verlassen auf fachkundige Beratung seitens der dort Tätigen ein Vabanque-Spiel darstellt. Die Verkäufe-rInnen kennen Neuerscheinungen nicht, können Jugendliteratur nicht richtig empfehlen, und gelegentlich mangelt es überhaupt an Grundkenntnissen auf dem Gebiet der Literatur (wobei hier alles Gedruckte gemeint ist). Das oftmals geäußerte Argument, man könne nicht alle Bücher gelesen haben, ist richtig, aber doch muss hier festgestellt werden, dass die Allgemeinbildung unserer Tage, im Vergleich zu früheren Generationen, deutlich niedriger anzusetzen ist. Gespräche mit Zeitgenossen und -genossinnen zeigen auf, woran das liegen mag: Viele erinnern sich, dass ihnen seitens ihrer Erzieher ein Buch hingelegt wurde, mit dem Hinweis, dass dies zu lesen sei, da es zur Allgemeinbildung gehöre. Dass darunter auch mehrbändige Publikationen zu finden waren, die gelegentlich Widerstand hervorriefen, aber schließlich doch als spannend befunden wurden, gehört auf ein anderes Blatt. Wer hat nicht derartige Momente in Erinnerung! Dass so manches dieser Bücher heute als »altväterisch« eingestuft würde, ändert nichts am Manko der Bildung in unseren Tagen.

Und diese Probleme kann man aus Benutzersicht auch in den beiden Berufsfeldern Bibliothekar und Archivar feststellen. Beispielsweise kam es früher im erstgenannten in durchaus nennenswertem Ausmaß vor, dass Neueingänge in Bibliotheken viel zu lange bei den ReferentInnen liegenblieben, da diese – wie den Wartenden mitgeteilt wurde – erst gelesen (!) werden mussten ... Ein heute kaum noch wahrnehmbares Phänomen. Und die mittlerweile exorbitant gewordenen Massenproduktionen unterlaufen ohnehin jeden Anspruch auf vollständige Abdeckung eines Wissensbereichs bereits im Anlauf.

In der Archivbranche ist es kaum anders. Viele lesen lieber Managementbücher als »Fachliteratur«, und was Allgemeinbildung und -interesse anlangt, so muss des Öfteren nachgestoßen werden. Man fühlt sich in die Zeit versetzt, in der ein Abgeordneter einmal – nicht gerade aus der Perspektive eines bibliophilen Gourmets – davon sprach, dass, wenn er ein Buch sähe, er es schon »gefressen« hätte (und auch der gargantueske Gourmand dürfte da nicht angesprochen worden sein). Das schmerzt gelegentlich doch sehr. Denn wenngleich Archiv und Bibliothek zwei verschiedene Berufsstandorte sein mögen, so bilden sie – nicht zuletzt mit den Museen! – eine Einheit, die stets durch das Buch (und den fachkundigen Umgang damit) verbunden bleiben muss. *Tres faciunt compendium ...*

Es gibt Wissenschaftler, die sich schon am Geruch eines alten Druckes erfreuen, und es ist doch schön, einmal eine Publikation mit eingetragener Widmung zu erhalten, es ist interessant über Lektüre sich auszutauschen, Kritik zu üben oder zu entdecken, dass das Gegenüber einer lektürebasierten Meinung ist, die man ihm nicht zugetraut hätte.

Bei Theateraufführungen ist es wiederum interessant zu wissen, wie das Stück vom Autor ursprünglich angelegt wurde und welche Unterschiede es zu verzeichnen gibt gegenüber der Fassung, in der es (heute gelegentlich »verunstaltet«) dann tatsächlich auf die Bühne kommt. Da hilft immer der Griff nach dem Original, um festzustellen, dass die Erinnerung nicht täuschte, wenn man einen Klassiker »verfremdet« gesehen hat. In der Regel wissen die AutorInnen, was sie wollen und was sie den Interessierten hinterlassen. Daher ist es nicht notwendig, wie es derzeit geschieht, Romane und Novellen zu dramatisieren. Es gibt genug aufführenswerte Literatur. Befürworter anderer Sichtweisen und Zugänge könnten gerne einwenden, dass man sich dadurch die Lektüre mehrbändiger Romane erspare; dennoch: auch in unserer schnelllebigen Zeit sollte man die Muße aufbringen, zu lesen.

Man gibt, als von den hier angeschnittenen Blickpunkten Betroffener, die Hoffnung nicht auf, dass die Neuen Medien die Lesefreudigkeit nicht ganz verdrängen und darf die Meinung äußern, dass das gedruckte Buch auch in Zukunft existieren und nicht das E-Book, die elektronische Form, als Bettlektüre einzig da sein wird.

AMÁLIA KEREKES | KATALIN TELLER

Groß und bündig. Über Gebundenheit und Selektivität im Umgang mit Periodika

Der Journalist ...

legt sich jeden Abend in dem Bewußtsein zu Bett, für die Stunde geschrieben zu haben und weiß, daß am nächsten Morgen mit seinem Geist Käse eingewickelt wird. [...] Daß diese für den Tag Schaffenden und vom Tag Verschlungenen in Artikeln und Glossen, in Betrachtungen und Skizzen oft mehr Nerv und Geist, Witz und nachdenklichen Ernst verausgaben als mancher Bücherfabrikant in dicken Bänden aufstapelt, weiß jeder, der Bücher und Zeitungen liest. Ich freue mich deshalb jedesmal, wenn einer von ihnen den Mut hat, seine zum Tagesdasein verurteilte Arbeit einzufangen und in das Buch zu retten.[1]

Gebunden – gerettet. Die Umwandlung des Ephemeren und Zerstreuten ins Nachhaltige, Überschaubare, wie die zuversichtliche Einschätzung des langjährigen Feuilletonchefs der »Frankfurter Zeitung« Rudolf Geck dies nahelegt, gehört zu den grundlegenden Praktiken der Archivierung von Zeitungstexten. Das gebundene Format, von den einfachen Heftungen bis hin zu den Auswahlbänden und kritischen Ausgaben eines journalistischen Werks, unterstreicht die gängigen Unterscheidungskriterien zwischen Zeitung und Buch: Die Periodizität mutiert zur losen

Abfolge und die Tagesaktualität übernimmt die Funktion historischen Dokumentierens. Die Aufwertung des Bindens, Selektierens und Kommentierens, wenngleich auf Kosten ursprünglicher Kontexte, erhöht die Prestigeträchtigkeit des Mediums, indem den im Wesentlichen anonymen und massenhaft hergestellten Papierwaren wissenschaftliche, individuelle und künstlerische Qualitäten verliehen werden. Dass in der Genese der Zeitungen und Zeitschriften das Buchformat als Vorbild für die enzyklopädische Ausrichtung durchaus Orientierung bot und Buch- und Druckgeschichten ohne längere oder kürzere Kapitel über die Presse undenkbar sind, scheint in den kulturkritisch und -elitär angelegten Überlegungen zu den beiden Medien trotzdem nur eine marginale Bedeutung zu haben. Deshalb sollen die Techniken, Zeitungen an das Buch anzunähern, hier in Form einer zweifachen Reflexion erfasst werden, indem einerseits die von vornherein gegebenen Ähnlichkeiten berücksichtigt werden, andererseits der Sprung ins Wohlgebundene aus Interesse an der historischen oder überzeitlichen Aussagekraft der Presse als Tendenz zur »Verbuchung« erkennbar gemacht wird.

Platzhalter – heftig geheftet

> Im Kaffee Größenwahn sitzt ein Mann und stöhnt: »Es ist zum Haarausraufen! Die Behörde gibt mir kein Papier mehr; wie halt' ich nur meine *Halbmonatsschrift für Gebildete* über Wasser?« »Bitte sehr!« empfiehlt ihm ein Praktikus, »da geben S' halt eine *Monatsschrift für Halbgebildete* heraus!«[2]

Die hinsichtlich Umfang und Aufmachung beeindruckenden Presseprodukte werden nicht selten in die Nähe etablierter Buchsorten gebracht, und zwar als greifbare Zeichen kultureller Orientierung, überhaupt der Alphabetisierung mit einem eigentümlichen Schauwert. Periodische Druckwerke wie Kalender, Jahrbücher oder Monatsschriften der Bildungspresse galten lange Zeit als prominente Bestandteile von Privatbibliotheken und waren mit Blick auf ihren Gebrauchswert und ihr Prestige den enzyklopädischen und lexikalischen Werken durchaus verwandt. Das Versprechen, universelles Bildungsgut zu vermitteln und gegenüber der Tagesaktualität auf eine gewisse Distanz zu gehen, verwischt lesesoziologisch gesehen die Grenzen zwischen Büchern und periodischen Drucksorten, wobei sich zugleich hinsichtlich der Presse im Allgemeinen eine weitere Vergleichbarkeit auftut: »Das Lexikon umfasst die Konstanten, die Zeitung die Variablen, und beide gleichen sich in der Fähigkeit, mit einem Minimum an Strukturierung ein Maximum an ›Information‹ zu transponieren.«[3] Die umfassende Definition dieser Printmedien als Wissensspeicher verdeutlicht zugleich die Unterschiede in der Anordnung der Informationen: Das Nach- und Nebeneinander verschiedener Gattungen ist im Fall der Zeitungen der stets kritisierten, kunterbunten Simultaneität unterworfen, die Vielfalt und Endlosigkeit suggerieren will; wohingegen der »topisch geordnete Zusammenhang« – für den Bibliothek und Buch als spektakuläre Anordnungssysteme von Informationen eine Art Geschlossenheit garantieren sollen – von »sachlich definierte[n] Relevanzkriterien« konstituiert wird, »die nicht relativ zum jeweiligen Zeitkontext sind«.[4]

Dieses Bildungsideal, datiert auf die Frühneuzeit, tat den privaten und wissenschaftlichen Interessen an den Periodika jedoch keinen Abbruch. Als Prestigeobjekte, als Desiderate aus der Sicht von Sammlern, weist aber ihre Archivierung und Bündelung ein Spezifikum auf, das

der Operationsweise des Mediums selbst in gewisser Weise entgegenläuft, indem es auf die Akkumulierung von Wissen statt auf die Kommunikation von Informationen zielt. Als zentrale Schaltstelle zur Überführung von Information in Wissen fungieren dabei die Register, die von Zeitschriften wie »Westermann's Monatsheften« sorgfältig angelegt und gepflegt werden; sie erst ermöglichen die

Transformation des »schnellen Erinnerns und Vergessens« in ein »langsames«, auf Dauer angelegtes Programm der Archivierung, das über das Register zum Gedächtnisbuch wird.[5]

Die systematische Erfassung von Zeitungsinhalten, die jenseits der jährlichen oder halbjährlichen Heftung Ordnung schaffen möchte, ergibt indessen aberwitzige Lösungen. Beispielsweise liest sich das Sachregister, das der »Weltbühne« unter anderem aufgrund der forcierten Umstellung von Artikeltiteln verpasst wurde, wie folgt:

Die Weltbühne (Berlin), Sachregister zum Jahrgang 25 (1929)

Brecht, Bert —	21	783
— im Original	20	764
— Was dem einen		
— ist, ist dem andern		
dillig	21	785
Breitbach, Josef —	4	153
Bretonen, Oesterreicher		
und —	1	4
Briands Force mystique	3	88
Brief, Kleiner —	24	913
— nach Mailand	23	867
Briefkurse	6	235
Brockhaus	25	935
Bronnen, Arnolt —	26	953
Buch, Ist das deutsche —		
zu teuer?	11	422
—, Wer das — liebt,		
verbietet es	12	440
Büchertag, Ketzereien		
zum —	12	441
Buenarenser	8	295
Bürger und Edelmann	9	342
Bürgerkriegsromantik	7	248
Burian, Der —	4	142
Castiglioni, Curtius		
und —	24	910
Causa finita?	25	948
Cavour	2	73
Chanson für eine Frank-		
furterin	2	64
Chemische, Der — Krieg	16	589
—r Parademarsch	13	469
Chemnitz	8	314
Christen und Juden	5	185
Colbert, Carl —	26	964
Coty . . 1 10 2 48	3	91
—, Wer steckt hinter —?	16	594
Cunos Schatten	18	653
Curtius und Castiglioni	24	910
Czinner, Lubitsch, Du-		
pont, —	11	414

Tragödie	25	922
Diarrhoe des Gefühls	12	446
Dichter, Der — und der		
Führer	15	576
Diktatur, Die — der		
Angst	17	621
—, Die neueste —	22	805
Dill, Was dem einen		
brecht ist, ist dem		
andern —ig	21	785
Dittmann oder Paul Levi?	5	165
Doch noch was Neues		
im Westen	11	426
Dolbin, B. F. —	15	564
Don Juan	3	100
Douglas, Apologie des		
Lord Alfred —	5	187
Drache, Der sterbende —	7	244
Dreizack, Der zer-		
brochene —	2	41
Dujardin	22	834
Dupont, Lubitsch, —,		
Czinner	11	414
Edda, Auferstehung		
der —	2	76
Ehepaare, Gewisse —	14	527
Eine, Die —!	23	877
Eisner, Mein Gegner		
Kurt —	8	290
Engel, Eduard —	7	263
England vor den Wahlen	6	205
Englische Musik	3	94
— Wirtschaft, englische		
Wahlen . . 20 737	21	775
Enoch Arden in der		
Mietskaserne	5	198
Entdeckungsfahrt	18	688
Entspannung	25	950
Erinnerungs-Industrie	24	914
Experten	20	759
Fabel	1	36
Fabrik	16	611
Fähnchen, Die Frau mit		

Die Systematisierungswut hat auch Blätter wie die »Fliegenden« erwischt, deren Register glücklicherweise als fester Bestandteil des Witzblattes gilt und die Sinnlosigkeit der Kategorisierung legitimiert:

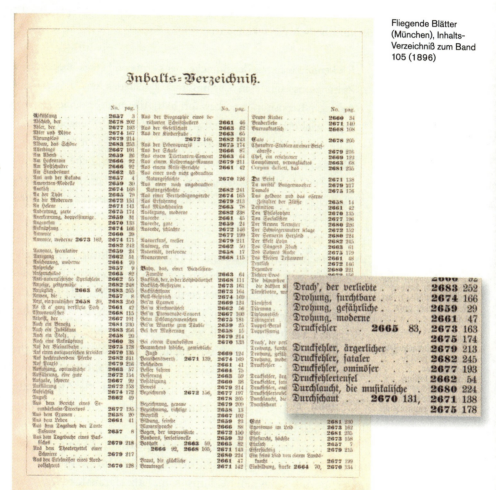

Fliegende Blätter (München), Inhalts-Verzeichniß zum Band 105 (1896)

Dass dieser leserfreundliche Service höchstens den Charme eines Lexikoneintrags vermitteln kann, wird im Vergleich zur professionellen Praxis des Zeitungsausschnitts sichtbar, die vorerst der

Eitelkeit von Privatkunden, insbesondere von Künstlern, zwecks Erfassung der Rezeption und der Ermessung von Konsuminteressen zuarbeitete, im Prinzip aber als Urform der Nachrichtenagenturen gilt.[6] Die Sezierung von Zeitschriften nach Themengebieten stellt indes eine mit der Erstellung von Registern vergleichbare technische Schwierigkeit dar:

> Ich kenne Einen aus der Branche, der dermalen bereits über 80.000 Zeitungsausschnitte in Cartons und Tischläden und Kästen und sonstigen Repositorien aufbewahrt hält, Alles mit sorgsamer Genauigkeit nach Abtheilungen und wieder in Unterabtheilungen geschieden, die alle ihre betitelten Umschläge bekommen, welches riesige Material noch seine einzelnen Register besitzt, dazu einen General-Index, um das Nachschlagen zu erleichtern und das Auffinden eines Fleckchens Papier aus einem Wuste von Zetteln überhaupt möglich zu machen.[7]

Als ungleich einfachere Aufgabe galt die Gestaltung und gleichzeitige Privatisierung wie Uniformierung der Zeitungsbestände. Werbungen wie »Einbanddecken der ›Muskete‹ für alle Jahrgänge sind vorrätig«[8] finden sich zuhauf, wobei auch der anspruchsvolle Einband, etwa im Fall von »Über Land und Meer« und »Westermann's Monatshefte«, Einzug in die Wohnzimmer hielt. Als unikale Verzierung der Bände kam das Supralibros zum Einsatz, als meist vergoldeter Einbandschmuck für die Außenseite des Vorderdeckels, in dieser Hinsicht durchaus im Stil der üblichen Bucheinbände.[9]

Die Praxis des Zeitungsbindens als eigenständige Kunst zu behandeln, wäre im Allgemeinen sicherlich verfehlt, es gibt jedoch einige Spezifika, die mal als Lapsus, mal als Herausforderung im Bibliothekswesen wahrzunehmen sind. Die in Wien in der ersten Hälfte des 20. Jahrhunderts erschienene »Kleine Volkszeitung« wurde zum Beispiel nicht nach Seiten, sondern nach Blättern gebunden, d.h. dass sich im Falle einer 24-seitigen Ausgabe die

Reihenfolge der Seiten wie folgt gestaltet: 24-1/2-23/22-3/4-2
1/20-5 etc. Auf die akute Gefahr der Lückenhaftigkeit verweisen
auch die Werbetexte der Buchbinder:

> Für Archive oder auch für private Zeitungssammler stellen wir gerne
> Zeitungsbände her, die einen bestimmten Zeitraum umfassen – je
> nach Stärke der Zeitungen. Mit einem Schild oder einer Prägung auf
> dem Buchrücken können Sie die Bände dann nebeneinander ord-
> nen und haben einen leichten Zugriff darauf, wenn Sie einmal etwas
> Bestimmtes aus einer bestimmten Zeit suchen. Ob es sich hier um
> Tageszeitungen, Wochen- oder Monatszeitungen handelt, spielt kei-
> ne Rolle. Wenn Sie es wünschen, kontrollieren wir gerne die Reihen-
> folge, dann können gegebenenfalls fehlende Ausgaben nachgereicht
> werden oder falsch liegende Zeitungen an die richtige Stelle gelegt
> werden.[10]

Die offiziellen Vorschriften zum Kollationieren von Zeitschriften
verraten allerdings eine gewisse Großzügigkeit hinsichtlich der
Vollständigkeit von Zeitungsjahrgängen:

> Beim Standard-Kollationieren von Zeitschriften müssen die Voll-
> ständigkeit und die richtige Reihenfolge der Hefte kontrolliert und
> gegebenenfalls korrigiert werden. Dabei müssen zusätzlich Titel-
> blatt, Inhaltsverzeichnis, Index, Supplemente und andere Beilagen
> wie vorgesehen positioniert werden. [...] Unvollständige oder schad-
> hafte Hefte sind für weitere Behandlung kenntlich zu machen oder
> so zu binden, wie sie sind.[11]

Dass nicht nur der Raumsinn, sondern auch die Reizschwelle der
BibliothekarInnen durch Zeitungsbände herausgefordert wird,
kann an den unverschleiert deklarierten Vorbehalten dem Format gegenüber abgelesen werden:

Hier [in der Bibliothek] erwirbt ein Bibliothekar die Zeitung, darf sie selbst nicht lesen, muß sie aber für den Leser bereithalten. [...] Nach kurzer Zeit folgt das Binden, das wegen des Formates und des Umfanges nicht nur mit hohen Kosten verbunden ist, sondern auch mit jedem Band eine Verschärfung des Raumproblems im Magazin mit sich bringt. [...] Es tritt also nach dem Binden das ein, was der Bibliotheksbenützer am wenigsten schätzt: eine restriktive Benützung, die an Beschränkungen bei der Benützung von alten und seltenen Büchern erinnert. Kopierverbot und eingeschränkte Ortsleihe zwingen den Leser in die Bibliothek [...].[12]

In der Geschichte des Zeitungseinbindens vermischen sich allenfalls private Interessen mit wissenschaftlichen Überlegungen: Aus den Beständen der Wiener Nationalbibliothek zusammengestellt führte 1928 die Wiener Tageszeitung »Der Tag« als frühesten Befund der »Gebundenheit« die kollationierten Bände der Fugger-Zeitungen aus den Jahren 1568-1604 an.[13] Die brandenburgischen Kurfürsten und preußischen Könige fingen auch früh mit der Sammlung an, und wenngleich sich das Pflichtexemplargesetz vom 26. Oktober 1699 nicht ausdrücklich auf Periodika bezog, wurde dies nach der Regelung vom 28. Dezember 1824 landesweit eingeführt. Nach dem systematischen Aufbau der Zeitungssammlung kam bereits der Gedanke eines Zeitungsmuseums auf, das 1886 begründet wurde und sowohl vollständige Zeitungsnummern wie auch Zeitungsausschnitte (auch als wegweisende Technik für die künftige Presseforschung) umfasste.[14]

Dieses wissenschaftlich begründete und in letzter Zeit durch die Mikrogeschichte verstärkte Sammeln alltagsgeschichtlicher Befunde verdeckt jedoch keineswegs die mit dem klassischen Büchersammeln vergleichbaren Reflexe, die der Triebhaftigkeit des Sammelns,[15] d.h. dem Selbstzweck der Anhäufung von seriellen Beständen entspringen:

Ich habe von einem General erzählt, der seinen Leibdiener zum soi-disant »Leibbuchbinder« umgestaltete. Der Mann fand mehrere Nachahmer; ein anderer Militär ließ es sich ein schweres Stück Geld kosten, um aus seinem ungelehrigen Fourierschützen ebenfalls einen ausgezeichneten »Pappenheimer« zu machen. Der Herr putzte die Stiefel, fegte die Zimmer, reinigte die Kleider, kaufte Fleisch und Gemüse und kochte eigenhändig, indessen sein »Wenzel« die Tausenden (nie zu lesenden) Bücher binden mußte, und zwar sammt und sonders *uniform* mit gleichen Schildern, nach der Farbe seiner einstigen Aufschläge. Wie hatte der Antiquar, dem das ungeheure Lager später zufiel, sich zu mühen, die so geschmacklos adjustirten Bücher-Colonnen an den Mann zu bringen.[16]

Zur Entwertung durch die private Sammellogik gesellt sich das Phänomen der Entgrenzung, die in der additiven Reihung addiktive Symptome erkennbar macht:

Ich kenne einen, der Nägel von der Straße aufklaubt, gerade klopft und einsortiert. Solange er unter seinem Bett nicht seine Black & Decker mitsamt ihren Ergänzungsteilen sieht, kann er nicht ruhig schlafen. Seine Sammlung mehr oder minder unnützer Dinge, zu der auch die vollständigen Jahrgänge der »Neuen Zürcher Zeitung« 1947-63 gehören, hat ihn mittlerweile aus seiner Wohnung vertrieben. Er ist jetzt woanders untergeschlupft und besucht sie von Zeit zu Zeit.[17]

Dem musealen Wert solcher Sammlungen haftet dabei eine Art Anachronismus an, da das Gesamtbild der uniformierten Bände die Techniken aus der Zeit vor der vom Verlag verantworteten Umschlaggestaltung in Erinnerung ruft. Dass sich hinter diesen edlen Massiven, als lesesoziologischer Befund aus Ungarn, nicht selten die Jahrgänge des legendären Sportblattes »Népsport« (Volkssport) vor der Wende verbergen, hängt unserer unprofessionellen Vermutung zufolge mit dem unrühmlichen Umstand zusammen, im Blatt den Ausbund der objektiven Berichterstattung

entdeckt zu haben, wobei wir auf die Witzeleien über das sanitä-
re Schicksal anderweitiger Presseprodukte der Zeit aus Gründen
der Scham nicht näher eingehen können ...

Platzwechsel – bündig entbunden

Um die Nähe von Sport und Zeitungsband einmal mehr zu betonen, scheint der erste Schritt der wissenschaftlichen Handhabung
der Pressedokumente ebenfalls sportive Züge aufzuweisen. Die
einstweilen nicht digitalisierten Zeitschriften, die mit Müh und
Not in den Lesesälen herumgeschleppt werden, und die Mikro-
filmsammlungen, die als Vorzimmer augenärztlicher Praxen spezielle Exerzierplätze für die Augen bieten, sind die ersten Stufen,
um in der periodischen Masse an einzelne »Zeitausschnitte«[18]
heranzukommen. Der kokette Hinweis auf herumliegende Zei-
tungsprodukte und ihre alltagspraktische Anschlussfähigkeit
wird auch in einer äußerst beliebten journalistischen Themen-
wahl, in der Reflexion auf das genuine Arbeitsmaterial, stets lan-
ciert, wie etwa vom Leipziger Publizisten Hans Reimann inmitten der Räumungsarbeiten seiner Privatbibliothek:

> Rechts und links sind Türen aus solider Eiche, in der Mitte ist Glas.
> Deshalb stehen die gut aussehenden Bände in der Mitte: der Haupt-
> mann, der Shaw, der Gogol und alle die Wackeren, die sich auf Ge-
> samtausgaben gestürzt haben. Links sind Zigarren und Schnaps und
> Zeitschriften und unerledigte Briefe und dahinter die Pornographi-
> en; und rechts herrscht das broschierte Chaos.[19]

Ins Wissenschaftliche gewendet: Versuche, das Originalformat
in einer als Buch katalogisierten Medieneinheit erahnen zu lassen, verweisen in drei Richtungen: Als älteste Systematisierung
gilt die Umwandlung der jährlichen Produktion in eine Art
Auslese, vom Zeitungsverlag selbst vorgenommen, was in weiterer Folge, größere Zeiträume umfassend, als Selbsthistorisie-

rung der Zeitungen in Form von Jubiläumsausgaben einen panoramatischen und nicht selten (etwa im Fall der »Frankfurter Zeitung«[20]) selbstkritischen Charme erhielt. Die Bände aus den publizistischen Produkten etablierter Autoren oder Journalisten changieren zwischen Vollständigkeit (samt philologischem Apparat) und einer häufig kaum begründeten, zeitlose Best-of-Ideale imaginierenden Auswahl, die die ursprünglichen Koordinaten der einzelnen Texte meist unterschlägt. Anthologien, die den Versuch wagen, einem thematischen Vorhaben entsprechend unterschiedliche Zeitungstexte zusammenzuführen, vermehren sich in letzter Zeit und schöpfen aus beiden Zugängen, indem sie dem ursprünglichen Kontext durch ausführlichere Hinweise auf den Erscheinungsort Rechnung tragen und – aus marketingtechnischen Überlegungen meistens unausgesprochen – auch der Prominenz der in einschlägigen Themen reisenden Journalisten Raum geben möchten. Die so entstandenen Bücher bewahren die Medienspezifika der Zeitungen insofern, dass der Nachdruck typografischer Besonderheiten, die Beibehaltung chronologischer Ordnungen in der Abfolge der Artikel und überhaupt die Lesepraxis, die dem Herumstöbern in den bereits mehrfach mit den Beiwerken zum Autoren- und Zeitungsprofil verlinkten Texten zuarbeitet, die Linearität des Leseprozesses sprengen.

Eines der kuriosesten Beispiele einer autoren- und gattungsspezifischen Transformation stellen die gesammelten Dreizeiler des französischen Journalisten Félix Fénéon dar, dessen aus gefundenen Agenturmeldungen fabrizierte Terzinen für den Tagesgebrauch Romanstoffe *in nuce* beinhalten und auch dem täglichen Bedürfnis an absurden Geschichten entgegenkommen: »Ein Dutzend Zeitungshändler meldeten lauthals ein imaginäres Attentat der Anarchisten gegen die Madeleine und wurden festgenommen.«[21]

Eine weitere Steigerungsstufe, und da wollen wir nicht scheinheilig unser Licht unter den Eimer stellen, stammt aus der eigenen Werkstatt. Wir versuchten mehrmals, auch durch die Einbindung der Möglichkeiten digitaler Speichermedien wie CD-ROMs und begleitender Websites, durch die Rekonstruktion des publizistischen Umfelds und durch die Verbindung unterschiedlichster Texte eine größtmögliche Komplexität zu gewährleisten, was jedoch erneut auf ein Jenseits des Buchformats verwiesen hat, nunmehr in Richtung Hypertextualität.[22] Während wir versuchten, die thematisch ausgerichteten Anthologien multimedial zu unterfüttern, damit die mediale Vielfalt der Originalausgaben und die unterschiedlichen wissenschaftlichen Interpretations- und Verwertungsmöglichkeiten sichtbar werden, wollten wir zugleich den Kanonisierungserwartungen Genüge tun und haben stets eine mehr oder weniger beschnittene, aber der linearen Lesbarkeit angenäherte Printfassung bereitgestellt. Unser Ideal, von der Aufmachung der Zeitungen möglichst viel in die Reproduktion hinüberzuretten, knüpft an das von Peter Sloterdijk formulierte Desiderat an, wonach der Anordnung Reste des rhetorischen Erbes innewohnen und auch Phänomene des Missbrauchs der alles vermischenden und ausgleichenden Gliederung zeittypische Aussagekraft aufweisen. Die Untersuchung und pressewissenschaftliche Nachahmung der Praktiken der »Einreihung in den Informationsfluß«[23] geht jedoch allenfalls mit Kollateralschäden einher, die ihrerseits, wie ebenfalls von Sloterdijk auf den Punkt gebracht, Risiken und Nebenwirkungen der Zeitungsgeschichte offen legen – gerade in ihrem Bemühen um einen geordneten, von einem historischen Blickwinkel legitimierten Querschnitt:

Ohne ein jahrelanges Abstumpfungs- und Elastizitätstraining kann kein menschliches Bewußtsein mit dem zurechtkommen, was ihm beim Durchblättern einer einzigen umfangreichen Illustrierten zugemutet wird; und ohne intensive Übung verträgt keiner, will er nicht geistige Desintegrationserscheinungen riskieren, dieses pausenlose Flimmern von Wichtigem und Unwichtigem, das Auf und Ab von Meldungen, die jetzt eine Höchstaufmerksamkeit verlangen und im nächsten Augenblick total desaktualisiert sind.[24]

1 GECK, Rudolf: Journalisten-Bücher. In: Frankfurter Zeitung v. 16.1.1925, zit. n. TODOROW, Almut: »Wollten die Eintagsfliegen in den Rang höherer Insekten aufsteigen?« Die Feuilletonkonzeption der »Frankfurter Zeitung« während der Weimarer Republik im redaktionellen Selbstverständnis. In: DVjs 62 (1988), S. 697-740, hier S. 728.

2 N. N.: Ein Ausweg. In: Muskete v. 11.04.1918 (Beiblatt; Hervorhebung im Original).

3 SLOTERDIJK, Peter: Kritik der zynischen Vernunft. Bd. 2. Frankfurt/M. 1983, S. 565.

4 ZEDELMAIER, Helmut: Buch, Exzerpt, Zettelschrank, Zettelkasten. In: POMPE, Hedwig/SCHOLZ, Leander (Hg.): Archivprozesse. Die Kommunikation der Aufbewahrung. Köln 2002, S. 38-53, hier S. 39ff.

5 BUTZER, Günter: Von der Popularisierung zum Pop. Literarische Massenkommunikation in der zweiten Hälfte des 19. Jahrhunderts. In: BLASEIO, Gereon/POMPE, Hedwig/RUCHATZ, Jens (Hg.): Popularisierung und Popularität. Köln 2005, S. 115-135, hier S. 122.

6 HEESEN, Anke te: Der Zeitungsausschnitt. Ein Papierprojekt der Moderne. Frankfurt/M. 2006, S. 86ff.

7 SCHLÖGL, Friedrich: Das kuriose Buch. Komische und tragikomische Geschichten von vernünftigen und anderen Sammlern, Liebhabereien und Fexereien, vereinzelten Originalen, Viertel-, Halb- und Ganz-Narren, merkwürdigen Käuzen, stillen Sonderlingen u. dgl. Wien 1882, S. 53f.

8 Muskete, z.B. Inserat v. 12.12.1918.

9 FUNKE, Fritz: Buchkunde. Ein Überblick über die Geschichte des Buch- und Schriftwesens. Leipzig ²1963, S. 297.

10 www.buchbinderei.net/page12109.html (zuletzt eingesehen: 11.1.2010).

11 HOFMANN, Rainer/WIESNER, Hans-Jörg: Bestandserhaltung in Archiven und Bibliotheken. Hg. v. DIN Deutsches Institut für Normung e.V. Berlin, Wien u.a. 2007, S. 171.

12 BERGMANN, Helmuth: Leihverkehr von Zeitungen: Rückkehr zum Bibliothekstourismus? In: WALRAVENS, Hartmut/KING, Edmund (Hg.): Newspapers in International Librarianship. Papers Presented by the Newspapers Section at IFLA General Conferences. München 2003, S. 33-35, hier S. 33.

13 Der Tag v. 27.5.1928, S. 32.

14 Vgl. FIEBIG, Alexander/ZELLER, Joachim: Von der Zeitungssammlung zur Zeitungsabteilung der Staatsbibliothek zu Berlin. In: WALRAVENS, Hartmut (Hg.): Newspapers in Central and Eastern Europe. Zeitungen in Mittel- und Osteuropa. Papers Presented at an IFLA Conference Held in Berlin, August 2003. München 2005, S. 33-37; HEESEN (2006), S. 127f.

15 STAGL, Justin: Homo Collector: Zur Anthropologie und Soziologie des Sammelns. In: ASSMANN, Aleida/GOMILLE, Monika/RIPP, Gabriele (Hg.): Sammler – Bibliophile – Exzentriker. Tübingen 1998, S. 37-54, hier S. 47.

16 SCHLÖGL (1882), S. 26f.

17 STAGL (1998), S. 47.

18 HEARTFIELD, John: Zeitausschnitte. Fotomontagen 1918-1938 aus der Kunstsammlung der Akademie der Künste Berlin. Hg. v. Freya Mülhaupt. Ostfildern 2009.

19 REIMANN, Hans: Ordnung im Bücherschrank. Feuilletons. Leipzig 2007, S. 40-43, hier S. 40 (EA: Neue Leipziger Zeitung v. 28.9.1928, S. 2).

20 LYNAR, Ingrid Gräfin (Hg.): Facsimile Querschnitt durch die Frankfurter Zeitung. Eingel. v. Benno Reifenberg. Bern, München, Wien 1964.

21 FÉNÉON, Félix: Elfhundertelf wahre Geschichten. Aus d. Franz. v. Hans Thill. Frankfurt/M. 1993, S. 47. Für den Hinweis, aber auch für das Objekt selbst, sind wir Peter Plener zu Dank verpflichtet.

22 KEREKES, Amália/TELLER, Katalin (Hg): Keresztmetszetek 1867-1939. Tudományképek és kulturális technikák a magyar és német nyelvű kultúrában. CD-ROM [Querschnitte 1867-1939. Wissenschaftsbilder und kulturelle Techniken in der ungarisch- und deutschsprachigen Kultur. CD-ROM]. Budapest 2007; germanistik.elte.hu/tudomanykepek

23 SLOTERDIJK (1983), S. 562f.

24 Ebda., S. 563.

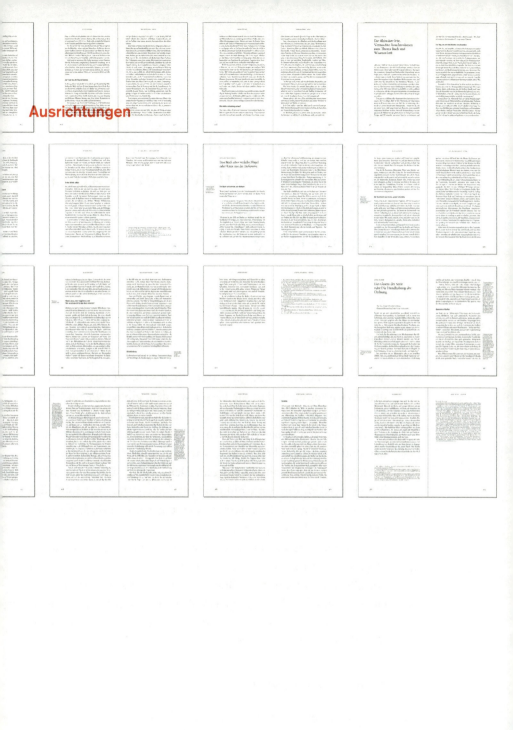

Ausrichtungen

BENEDIKT FÖGER

Verblassen die dunklen Buchstaben auf weißem Papier? Die Neuen Medien und die Buchverlage

Das Dilemma

Wenn sich die Zeiten ändern, fragt man sich, wie sie wohl werden. Erwartet man, dass sie besser werden, gibt es wenig Grund für eine Veränderung. Es wird ja ohnehin alles gut. Sagen einem die zuständigen Experten jedoch, dass die Zeiten schlechter werden, harrt man am besten aus, wartet ab oder sucht in der Zwischenzeit nach einem Schuldigen. Denn wenn die Zeiten nicht besser werden, sind sie wohl jetzt am besten und man sollte das tun, was man getan hat, dass sie so gut geworden sind. Nämlich das, was man bisher getan hat.

In genau diesem abwartenden und innovationsfeindlichen Dilemma befinden wir uns, wenn wir über die Gegenwart und vor allem die Zukunft des Büchermachens im Zeitalter der neuen elektronischen Medien nachdenken. Wir erleben eine Zeitenwende, wie es sie seit der Erfindung des Buchdruckes in dieser Branche nicht gegeben hat.

Die größte Bibliothek der Welt

Vor 15 Jahren verbrachte ich einige Monate in einem kleinen uruguayischen Küstendorf namens Cabo Polonio. Cabo Polonio zeichnet sich vor allem dadurch aus, dass es keine Infrastruktur besitzt. Es führt keine Straße nach Cabo Polonio, es gibt keinen Landungssteg, keinen elektrischen Strom, kein Telefon, keinen Friedhof oder sonstige kommunale Strukturen wie Rathaus, Schule oder Krankenhaus. Mit etwas gutem Willen kann man ein Gasthaus und ein Geschäft ausmachen.

Dieser gelebte und reale Anarchismus rührt aus der Gründungsgeschichte des Dorfes. In den Fünfzigerjahren des vorigen Jahrhunderts gründeten ehemalige Strafgefangene, die sonst nirgendwo hin konnten oder wollten, an einem leeren Küstenstreifen die illegale Ansiedlung. In den Sechzigerjahren kamen durch die Hippiebewegung eine Art Künstlerkolonie und ein paar Aussteiger hinzu. Insgesamt leben heute rund 100 Menschen ganzjährig dort. Ich selbst verbrachte meine Tage mit Spaziergängen und dem Beobachten der ansässigen Seelöwenkolonie, die zu den größten Südamerikas gehört.

Eines Tages, als mein Aufenthalt dort dauerhaft gewirkt haben musste, winkte mich einer der Dorfbewohner heran und führte mich mit großer Geste in sein Haus. Mit einer bedeutungsvollen Handbewegung lenkte er meinen Blick auf ein Buchregal im Vorzimmer seines Hauses. Rund drei- bis vierhundert Bücher aus den verschiedensten Herkunftsländern und Genres waren da versammelt. Spanische Literatur neben amerikanischen Computerhandbüchern. Englische Klassik neben deutschen Reclam-Heften. Das sei die öffentliche Bibliothek von Cabo Polonio. »Wir haben zwar keinen Bürgermeister und keinen Totengräber, aber ich bin der Bibliothekar«, erklärte mir der Hausbesitzer, der Leonard Cohen zum Verwechseln ähnlich sah, stolz. Ich dürfe mir ausleihen, was immer ich möchte. Einziges Zugeständnis meinerseits müsste sein, dass ich bei meiner Abreise die Bücher als Schenkung hinterlassen würde, die ich selbst auf meiner Reise mitgebracht hätte. Ich kam dem Angebot gerne nach, las Bücher von Jorge Luis Borges und Virginia Woolf, einen Reiseführer aus den Sechzigerjahren und ein Pflanzenbestimmungsbuch aus etwa derselben Zeit. Dafür hinterließ ich am Tag meiner Abreise den »Dreigroschenroman« von Bertolt Brecht, Gedichte von Joseph Brodsky, einen Thriller von Robert Ludlum und meinen Argentinien-Reiseführer der Reihe »Lonely Planet«.

Akribisch wurde in jedem der Bücher mein Name als Stifter vermerkt und mein erstaunter Blick wurde mit der Erklärung erwidert: Es müsse alles seine Ordnung haben, denn möglicherweise würde dies durch ihre Abgeschiedenheit einmal die größte verbliebene Bibliothek der Welt sein. Man wisse schließlich nie, ein Dritter Weltkrieg, ein Meteor..., so der Bibliothekar Cohen, mit ernster Miene.

Dazu ist es zum Glück bis jetzt noch nicht gekommen. Und im Gegenteil, derzeit scheint eher die Angst vor einer anderen weltgrößten Bibliothek umzugehen. Und die befindet sich, wenn man die Anzeichen richtig deutet, bereits seit geraumer Zeit im Besitz der Firma Google.

Google macht einen guten Job. Leider ist es unserer

Die Firma Google kann lediglich als eines der Symptome dienen, durch die das erwähnte neue Zeitalter sich bemerkbar macht, aber es zeigt, womit wir es zu tun haben.

1998 ging die Suchmaschine Google erstmals online und entwickelte sich binnen kürzester Zeit zu einem weltweiten Phänomen. Mit rasanter Geschwindigkeit gingen die Google-Programmierer daran, »die auf der Welt vorhandenen Informationen zu organisieren und allgemein zugänglich und nutzbar zu machen«. Ein selbstbewusster Vorsatz, der wie ein Versprechen auf eine schöne neue Welt klang und sich mittlerweile zum Albtraum für Datenschützer und Rechteinhaber entwickelt hat.

Das zugrundeliegende Geschäftsmodell ist so einfach wie genial: Google macht fremde Inhalte im Internet auffindbar und zugänglich und schaltet daneben Werbung, an der es Geld verdient. Die Frage des geistigen Eigentums interessiert Google nicht sonderlich, was mit einer Doktrin des US-amerikanischen Urheberrechts argumentiert wird, nämlich *Fair Use*. Dadurch wird die Nutzung auch von geschützten Inhalten erlaubt, sofern sie dem Allgemeinwohl dient.

Es ist nicht nur klar, dass so eine Bewegung auch vor Büchern nicht halt macht, sondern Bücher waren von Anfang an im Masterplan von Google enthalten. Sehr früh schon wurde begonnen, im großen Stil Buch-Inhalte elektronisch zu erfassen und digital zugänglich zu machen.

Die amerikanische »Authors Guild« und die »Association of American Publishers« gingen deshalb schon 2005 gegen Google wegen unerlaubten Scannens von Büchern aus Bibliotheksbeständen gerichtlich vor. Man erwartete sich eine juristische Klärung, was nun wirklich als *Fair Use* gelten würde und welche Nutzung im Internet erlaubt wäre. Doch drei Jahre später einigten sich die Streitparteien völlig überraschend auf einen Vergleich und präsentierten der Öffentlichkeit stolz das »Google Book Settlement«, das von nun an für Urheber auf der ganzen Welt bindend sein sollte. Was folgte war eine Welle der Empörung und eine Flut von Beschwerden vor allem von europäischen Verlagen und Verlegerverbänden. Stellvertretend für die österreichischen Verlage brachte der Czernin Verlag beim zuständigen New Yorker Gericht Einwände gegen den Vergleich ein. Die gemeinsamen internationalen Anstrengungen zeigten Erfolg: Der Vergleich wurde in letzter Sekunde zurückgezogen und überarbeitet. Die neue Vereinbarung soll nur mehr für Bücher gelten, die beim US-Copyright Office registriert oder in Australien, Großbritannien, Kanada oder den USA erschienen sind. Mit allen anderen Rechteinhabern muss neu verhandelt werden. Ein unerwarteter und großer Erfolg für die Urheberrechte, der aber am Grundproblem nichts ändert: Google macht fraglos einen guten Job. Leider ist es unser Job. Denn es ist unsere Aufgabe und unser Interesse, die Inhalte unserer Bücher und Bibliotheken möglichst vielen Menschen weltweit problemlos zugänglich zu machen.

Mit der Online-Bibliothek »Europeana« versucht die Europäische Union ein eigenes, nicht kommerzielles Digitalisierungsprojekt auf die Beine zu stellen. Doch weder verfügt dieses über die entsprechenden Geldmittel noch über den uneingeschränkten Willen der Mitgliedsstaaten, alles daran zu setzen, um Google Paroli bieten zu können. Es könnte der wichtigste Schritt in Richtung Demokratisierung und soziale Gerechtigkeit sein, den die europäische Union je vor sich hatte, und es läuft alles auf die Monopolstellung eines privaten Medienkonzerns hinaus.

Google wird aber nicht deshalb zum Monopolisten über das weltweite Wissen, weil das sein erklärtes Ziel ist, sondern weil es seinen Konkurrenten an Know-how, Willen und Durchsetzungskraft fehlt. Es greift zu kurz, Google wegen seiner Fähigkeiten zu verdammen, dazu ist es auch schon viel zu sehr Teil unserer Realität geworden und nicht nur der virtuellen. Es gilt aber, die rechtsstaatlichen Grenzen aufzuzeigen und vor allem die Rechte der geistigen Eigentümer zu wahren.

Die Verlage als Verführer

Mittlerweile geht es aber nicht mehr »nur« um eine Online-Bibliothek, sondern um die Verlagerung großer Teile des Print-Bereiches in digitale Medien. Das kann für die traditionellen Buchverlage ebenso eine Chance darstellen, wie auch als Gefahr empfunden werden. Es gilt daher zu erkennen und aufzuzeigen, wo die Stärken der Verlage bereits jetzt liegen und nicht ersetzt werden können.

Sollte es nach Firmen wie Google, Initiativen wie der Piratenpartei und mutmaßlich dem Großteil der Internetnutzer gehen, brauchen wir in Zukunft keine Verlage mehr (und niedergelassene Buchhändler schon gar nicht).

Es gibt bereits Fälle, wo Autoren ihre Bücher ausschließlich elektronisch verbreiten. Sie lassen ihr (elektronisches) Cover professionell gestalten, bezahlen einen Lektor und einen Setzer, und das Feuilleton kommentiert: »Außer einem Verlag fehlt dem Ergebnis also nichts.«

Es sind also nur Kleinigkeiten wie Verlag und einprägsames Logo, die da fehlen? Wie in allen Bereichen des Internets tritt die Marke in den Hintergrund. Es ist ohnehin alles verfügbar und alles vergleichbar. Man braucht keinen emotionalen Mehrwert, den die Marke, sprich der Verlag, dem Kunden sozusagen aufzwingt.

Dem ist heftig zu widersprechen. Und die nahe Zukunft wird zeigen, wieso die selbstverlegten elektronischen Bücher Einzelphänomene und ein Minderheitenprogramm bleiben werden.

Denn der Großteil der Leser will verführt werden und die renommierten Verlage übernehmen gerne die Rolle der Verführer. Mit Taktgefühl und Raffinesse dringen sie ins Bewusstsein ihrer Leser und machen ihnen Lust auf neue Bücher. Nicht nur, dass sie diese ansprechend kleiden und entsprechend ausgestalten. Sie präsentieren sich und ihre Bücher auch auf einem heiß umworbenen Markt. Ohne sich gegenseitig schlecht zu machen, verstehen sie es, sich voneinander abzuheben und mit besonders gelungenen Produkten hervorzustechen. Und die Menschen wollen überzeugt und verführt werden. Sie wollen sich für das Schönere, Bessere, Interessantere und manchmal auch Gewagtere entscheiden können. Mit einem Buch wollen sie mehr kaufen als nur einen Titel, dem ein längerer Text folgt. Sie wollen Inhalte. Und sie wollen die Zusammenhänge, die durch die Herkunft und das damit verbundene besondere Versprechen eines Verlages entstanden sind.

Jeder gute Verlag steht mit seinem Namen für eine Haltung. Für eine Geschichte und eine sich daraus ergebende Richtung. Für Qualität und Glaubwürdigkeit. Für Kontinuität und das Entdecken von Neuem. Autoren wollen gepflegt und Bücher betreut werden. In den wenigsten Fällen bedeutet das erste Buch eines Autors den ersehnten Durchbruch. Ein Verlag baut seine Autoren auf, betreut sie nachhaltig und steht auch bei anfänglichen Misserfolgen zu ihnen. Er verliert nie den Glauben an sie, solange sie selbst an sich glauben können. Und selbst wenn sie den Glauben an sich selbst verloren haben, hilft er ihnen auf die Beine und zurück zum Schreiben. Dafür gibt es unzählige Beispiele in der Literaturgeschichte und im täglichen Verlagsleben.

Ein Verlag hilft aber auch den Büchern auf den Weg. Bringt sie den Buchhändlern näher und den Menschen, die daraus Gewinn ziehen wollen. Umwirbt die Journalisten und dient die Neuerscheinungen dem Feuilleton an. Und all das mit seinem guten Namen. Mit seiner starken Marke, die in Zeiten von No-Names immer den Vorteil hat, ein Qualitäts- und Vertrauensanker zu sein.

Und nicht zu vergessen: Ein Verlag garantiert seinen Autoren eine der Verbreitung entsprechende finanzielle Vergütung. Sei es für ihr literarisches, wissenschaftliches oder sonstwie publizistisches Schaffen. Eine nicht unwesentliche Tatsache, die berücksichtigen zu können die Internetkonzerne bislang nur unzureichend oder in den meisten Fällen gar nicht unter Beweis gestellt haben.

Ein Hoch auf die Digital Natives

In den 15 Jahren seit ich die vermeintlich »größte zukünftige Bibliothek der Welt« in Cabo Polonio besucht habe, hat sich die Welt von Grund auf verändert. Und wir dürfen uns auf unseren traditionellen Errungenschaften nicht ausruhen und uns der digitalen Weiterentwicklung und ihren Mechanismen und Funktionsweisen nicht verschließen. Diese Gefahr besteht aber aus dem eingangs geschilderten Dilemma heraus, und diese innere Bedrohung ist größer als das, was da von außen auf uns zukommt.

So wie uns Google bereits die Errichtung einer Weltbibliothek mehr oder weniger aus der Hand genommen hat, dürfen wir uns nicht die weitere Gestaltung unserer digitalen Zukunft aus der Hand nehmen lassen. Der Gerichtserfolg gegenüber Google war ein erster wichtiger, wenn auch nur reaktiver, Schritt. In Zukunft dürfen wir nicht nur reagieren, sondern müssen aktiv gestalten und produzieren. In erster Linie geht es nicht darum, wie wir unsere Inhalte übers Internet verbreiten, sondern darum, wie wir als Verlage und unsere Autoren ihrerseits damit überleben können.

Zum einen erlaubt es uns das Internet, Zielgruppen für unsere klassischen gedruckten Produkte anzusprechen, die noch vor wenigen Jahren für uns kaum erreichbar waren. Eine übersichtliche, selbsterklärende und trotzdem dynamische und ständig aktualisierte Website gehört mittlerweile schon zum Standardrepertoire. Doch erst seit Kurzem beginnen die deutschsprachigen Verlage, ihre Zielgruppen auch über soziale Netzwerke zu kontaktieren. Dort finden sich sowohl das traditionelle Publikum als auch die *Digital Natives*, die von Kindheit an mit dem Computer leben. Gerade die sind es aber, die entgegen der landläufigen Meinung vermehrt auf gedruckte Bücher und Tageszeitungen zurückgreifen, da sie das Gefühl des Modernitätsverzuges nicht kennen und vielfach ›alphabetisierter‹ sind als die Generation vor ihnen. Unmodern gibt's nicht. Und getan wird ohnehin nur, was etwas bringt. Erreichbar sind diese Menschen aber tatsächlich am einfachsten über das Netz. Und hier geht es darum, Dramaturgien zu schaffen, die aus der Flut von Informationen dauerhaft herausleuchten. Das ist hochrelevant für die Buch-Branche. Es müssen Dramaturgien sein, die interessant sind, aber nicht aufdringlich. Es geht darum, eine Beziehung aufzubauen, und das gelingt Verlagen als starken Marken viel leichter als Produkten ohne Umfeld und ohne Geschichte.

Zum anderen geht es darum, für unsere digitalen Inhalte eine entsprechende Vergütung zu erreichen. Dazu wird es notwendig sein, sich einige Eigenschaften derer anzueignen, die derzeit am meisten Geld mit unseren Inhalten verdienen, die so genannten Internet-Piraten.

Einer der prominentesten Fälle, wo dies mit Erfolg gelungen ist, ist die Homepage »Pirate Coelho« des Bestsellerautors Paulo Coelho. Der Schriftsteller ist überzeugt, dass er durch das Bereitstellen seiner Bücher zum kostenlosen Download den Absatz seiner Printbücher erst so richtig angekurbelt hat. Da der Autor von vielen Übersetzungen seiner Bücher gar nicht die Rechte hatte, stellte er alle Links zu Filesharing-Seiten zusammen und eröffnete sein eigenes Raubkopie-Portal. Seine Verleger waren anfangs strikt dagegen, aber als die Besucherzahlen der Seite eine Million im Monat überstiegen und die Printverkäufe vor allem in Ländern mit ansonsten erheblichen Vertriebsproblemen gigantisch stiegen, waren sie doch überzeugt. Die Leute fingen offenbar an, die Bücher am Bildschirm zu lesen, gingen dann aber in den Buchladen oder bestellten die gedruckten Ausgaben über Internet, weil das auf die Dauer praktischer und billiger war.

Wenn wir auch als Anbieter im Netz erfolgreich sein wollen, sollten wir uns von den Vertriebsstrategien der analogen Welt verabschieden und von den Erfolgsrezepten der Medienpiraten lernen. Wir sollten uns weder auf einen möglichen Kopierschutz noch auf Schutzmaßnahmen wie Geoblocking oder Netzsperren verlassen. Unser Angebot muss einfach besser sein als das der illegalen Konkurrenz. Es muss günstig sein, aber reichhaltig. Es muss einfach zu handhaben sein, aber in einer unvergleichlich hohen Qualität. Und zu guter Letzt muss es sympathisch und auch unter den *Digital Natives* mit einem positiven Image versehen sein.

Parallel dazu muss ein Bewusstsein geschaffen werden, dass die illegale Nutzung kreativer Inhalte vor allem den Kreativen selbst schadet und nicht als Kavaliersdelikt gesehen werden darf. Wer solche unrechtmäßig bereitstellt – und sei es auch in nicht kommerzieller Absicht – muss verfolgt und bestraft werden können.

Was hätte Gutenberg getan?

Das erste Online-Projekt für kostenlose elektronische Bücher erhielt übrigens den Namen »Projekt Gutenberg«. Und wenn wir diese Zeitenwende schon mit der zu Lebzeiten Gutenbergs verglei chen, können wir uns auch gleich die Frage stellen: Was hätte Gutenberg getan, wenn er die aktuellen Umbrüche miterlebt hätte?

Nun, Gutenberg hat ja schließlich auch den Buchdruck nicht neu erfunden, er revolutionierte ihn nur durch Weiterentwicklung. In seinem Fall durch die Erfindung der beweglichen Metall-Lettern. Gutenberg blieb am Puls der Zeit und entwickelte ein bestehendes System durch aufmerksames Beobachten, beständiges Forschen und kreative Innovation zu einer revolutionären Technologie weiter. Die Lettern waren nur ein Teil davon, ihm ging es um deren Herstellung, Verwendung und Ästhetik. Ihm ging es nicht um irgendeine Druckerfarbe, sondern um Tinte, die Bestand haben sollte und praktisch in der Anwendung war. Er wollte eine Druckerpresse, die nicht nur gut und zuverlässig druckte, sondern auch schnell und billig. Das alles waren Ansätze, wie wir sie uns auch heute vor Augen führen sollten, wenn wir diejenigen sein wollen, die die stattfindende Revolution gestalten und zu einem erfolgreichen Verlauf führen. Die Inhalte haben wir bereits, jetzt geht es darum, den Weg für ihre standesgemäße Verbreitung frei zu machen.

Als Verleger sind es nach wie vor die dunklen Buchstaben auf einem weißen Blatt, um die es uns geht und die uns vorantreiben.

Wir leben davon, die dunklen Buchstaben auf den weißen Blättern anzuordnen, diese zu handlichen Paketen zusammenzuschnüren und zu verkaufen. Doch die dunklen Buchstaben auf dem weißen Blatt beginnen erstmals seit 500 Jahren zu verblassen, und die handlichen Pakete lösen sich langsam auf.

Daraus dürfen wir aber nicht schließen, dass unsere Ideen und unsere Inhalte, unsere Geschichten und unsere Berichte an Wichtigkeit und Wahrheit verlieren.

Kein Text verliert seine Schönheit durch sein Erscheinungsbild. Das Erscheinungsbild kann höchstens helfen, die Schönheit des Textes leichter kenntlich zu machen.

In Wahrheit geht es uns darum, dass die Menschen unsere Bücher lesen. In welcher Form sie das tun, sollte uns egal sein.

MICHAEL HUTER

Die Bleiwüste lebt.
Vermischte Anachronismen
zum Thema Buch und
Wissenschaft

»Ich ziehe mich zurück und mache etwas anderes. Vielleicht wieder als Planzeichner oder als Krankenpfleger arbeiten, aber am liebsten zum Zirkus gehen und als Jongleur auftreten.« Das sagte der prominente Typograf und Buchgestalter Viktor Malsy auf die Frage, was er denn als »Gestalter eines sterbenden Mediums« in Zukunft machen werde. Seine Antwort war, dass schon im Studium das Jonglieren seine eigentliche Stärke gewesen wäre und nicht etwa das Aktzeichnen. Auf besonderen Wunsch – in der Reihe vor mir lächelte eine Zuhörerin charmant – werde er daher jetzt als Abschluss eine kurze Einführung in die Kunst des Jonglierens geben. Es komme darauf an, die Bälle zu werfen, erklärte er, während er mit drei Orangen sehr gekonnt demonstrierte, wie es gemacht wird. Anfänger machten immer den Fehler, sie fangen zu wollen.

Das war ein wirklich toller Abschluss eines interessanten Vortrages, der vor einiger Zeit an der Universität für angewandte Kunst in Wien zu hören war. Der Titel der Veranstaltung: »Wie werde ich ein verdammt guter Buchgestalter.« Anscheinend wollen immer noch viele junge Leute gute Gestalter eines angeblich sterbenden Mediums werden, denn die Veranstaltung war sehr gut besucht. Neben dem Jonglierkurs waren übrigens auch noch Erfolge und Höhepunkte aus seiner Karriere zu bestaunen und der Titel der Veranstaltung hätte ohne Weiteres auch »Wie halte ich einen verdammt guten Vortrag« lauten können.

Der Tag, an dem die Bücher verschwanden

Eine Woche und ungefähr 30 Powerpoint-Präsentationen später wusste ich: Das Buch ist vielleicht nicht tot, aber man redet nicht mehr davon. Auf einem Kongress zum akademischen Publizieren in Berlin ließ sich Jill Cousins, die Projektleiterin von »Europeana«, der EU-Datenbank zur europäischen Kulturgeschichte, mit dem Hinweis vorstellen, sie habe während der Projektentwicklung kein einziges Buch in der Hand gehabt (privat schon, verriet sie dann im vertraulichen Gespräch). Von Büchern war hier überhaupt nur am Rande die Rede, entweder im Zusammenhang von Geistes- und Sozialwissenschaften oder von »kleineren« Verlagen, eigentlich aber nur im Rückblick. Ein prominenter Vertreter der Verlagsbranche ging noch einen Schritt weiter und meinte sogar, ebenfalls vertraulich, er frage sich, ob nicht die Tage des wissenschaftlichen Verlagswesens überhaupt gezählt seien. Was ist hier los?

Auf nichts trifft mehr zu als auf die Wissenschaft, was Manuel Castells schon in den Neunzigerjahren bemerkt hat: Die neuen Medien führen nicht dazu, dass die Realität virtuell wird, sondern die Virtualität real. In der Wissenschaft gibt es keine zweite Wirklichkeit neben der realen, sondern nur eine virtuelle, die durch elektronische Medien vermittelt und erzeugt ist.[1]

Ausgerechnet im Humboldt-Saal der Berlin-Brandenburgischen Akademie der Wissenschaften, im Rahmen einer Podiumsdiskussion der erwähnten Konferenz »Academic Publishing in Europe 2009« habe ich erlebt, was Vordenker schon lange fordern: den Abschied von vertrauten Vorstellungen und Metaphern. »Open Books« hieß das Thema einer »Satellite Session«. Da war gerade von der Zukunft des wissenschaftlichen Buches die Rede, von E-Books und populären Paperbacks, von neuen Geschäftmodellen, von hybriden Produkten in Print und digitaler Form und so weiter und so fort, als plötzlich eine englische Verlegerin von »longform publications« sprach, nicht von Büchern oder Monografien, auch nicht elektronischen, sondern eben von »longform publications«. Das Wort »Buch« war überflüssig geworden.

War nun – 2009, an einem trüben Jännertag, mittags um halb eins – eingetreten, was schon vor fünfzig Jahren prophezeit wurde, nämlich das Ende der Zeit, in der man »schwarze Tinte auf tote Bäume« gestrichen hatte? Fünfhundert Jahre lang hatte das Buch in der fünftausendjährigen Geschichte schriftlicher Texte glanzvoll regiert, bis es sich innerhalb von fünf Minuten in die Langformpublikation verwandelte und – von den meisten unbemerkt – verschwand.

Reale Virtualität

Ist das Buch jetzt tot? Selbst wenn man sich nicht an Spekulationen beteiligen will – in der Wissenschaft, genauer gesagt: in der Forschung, sieht es stark danach aus. Zumindest gilt, was der Pop-Dadaist Frank Zappa über den Jazz gesagt hat, nämlich er sei nicht tot, sondern rieche nur ein bisschen komisch. Es gibt die Bücher noch, aber niemand redet mehr gerne darüber.

An der Oberfläche merkt man vielleicht gar nicht so viel. Wissenschaftliche Artikel erscheinen weiter in den einschlägigen Zeitschriften bei renommierten Verlagen, sowohl als Online-Publikationen als auch im Druck. Für die Karrierechancen von Wissenschaftlern ist es nach wie vor entscheidend, wie die Namen von Verlagen und Zeitschriften klingen, die auf ihrer Publikationsliste stehen. Autorinnen und Autoren bleiben den traditionellen Publikationsritualen und dem magischen Denken verhaftet: Etwas ist erst dann veröffentlicht, wenn der Geist Buch geworden und ›erschienen‹ ist. Auch die Erfolge der so genannten »Open Access«-Bewegung halten sich trotz unbestreitbarer Auswirkungen und massiver Förderung noch in recht überschaubaren Grenzen. Dennoch ist der Umbau des gesamten Systems in vollem Gang. Neue Technologien und die Bedürfnisse im wissenschaftlichen Alltag sind dabei die treibenden Kräfte.

In der Wissenschaft ist die »Kultur der realen Virtualität« (Manuel Castells) bereits Wirklichkeit. In der nächsten, spätestens übernächsten Generation des Netzes wird alles mit allem verknüpft sein: Personen mit Personen, Personen mit Informationen und Informationen mit Informationen. Nach der sozialen Dimension des Web 2.0 wird im Web 3.0 auch eine logische Dimension zur inhaltlichen dazugekommen sein. Die Suche und Verbreitung von Wissen erfolgt dann nicht mehr mechanisch nach Schlagworten an der Oberfläche, sondern nach logischen Strukturen in der Tiefe. Im semantischen Netz erschließen Computer den Sinn und die Relevanz von Inhalten für Personen. Das ist nicht nur für die Verarbeitung von Information wichtig, sondern auch für die Frage, was man damit machen darf. Die elektronische Gestaltung von Lizenzierungsprozessen bleibt ein heißes Thema.

Während die einen fieberhaft daran arbeiten, den Zufall auszuschalten, bemühen sich andere, ihn wieder einzuführen. Wer Jahrgänge von Zeitschriften durchgeblättert oder Regale durchsucht hat, kennt das Phänomen: Man findet etwas, was man gar nicht gesucht hat, das sich aber in der Folge als weit wertvoller herausstellt als das Gesuchte. Die Entdeckung Amerikas, die Erfindung des Teebeutels oder die Entwicklung des Internets sind Beispiele für ein Phänomen, das man im Englischen mit einem Kunstwort »Serendipity« bezeichnet. Wie soll man noch etwas zufällig entdecken, wenn die Suche immer genauer und treffsicherer wird? Kein Problem, man baut noch bessere Suchmaschinen, die auch das finden, was nicht gesucht wird.

Aber nicht nur die Technik, sondern auch das Verhalten und die Bedürfnisse der Wissenschaftler treiben den Wandel voran. Als sich das Angebot an wissenschaftlichen Publikationen durch die Hochpreispolitik einiger Verlagskonzerne verknappte, forderten Wissenschaftler den offenen und kostenlosen Zugang zu wissenschaftlichen Publikationen für jedermann. In der »Open Access«-Bewegung treffen wirtschaftliche und politische Motive auf technische Machbarkeit. Seit er technisch möglich ist, liegt der kostenlose und barrierefreie Zugriff auf Information nicht nur bei Laien, sondern auch bei Wissenschaftlern und in der Politik im Trend.

Glaubte man anfangs noch, dass alle Probleme gelöst seien, wenn Forschungsergebnisse ins Netz gestellt würden, hat sich inzwischen eine realistischere Betrachtung durchgesetzt. Es stellte sich nämlich schnell heraus, dass die Entwicklung von Publikationen auch mit Kosten verbunden ist. Die Frage, wer dafür aufkommen soll, wird weiterhin teilweise recht emotional diskutiert. »There is no such thing as a free meal«, sagt man in England, wenn man sagen will, dass alles seinen Preis hat. »Es gibt kein Freibier«, übersetzte der Verleger Georg Siebeck ins Deutsche und verband das mit einem Plädoyer für Markt, Wettbewerb und verlegerische Initiative.

In dieses Bild passt auch, dass Universitäten die Herstellung und Verbreitung von wissenschaftlicher Literatur als einen Teil ihrer Tätigkeit entdecken. Mit der Benennung »University Press« partizipieren sie an dem Prestige, das sich mit den Namen einiger amerikanischer Universitätsverlage verbindet. Die verdanken ihre Existenz allerdings der Tatsache, dass es zwar ursprünglich renommierte Universitäten, aber – anders als in Europa – keine entsprechenden Verlagsunternehmen gab. Die amerikanischen University Presses veröffentlichen gerade das nicht, was die Europäer zu ihrem Kernprodukt erkoren haben: Qualifikationsschriften und subventionierte Forschungsliteratur.

Im Bücherhimmel

Die Bücher sind nicht tot, im Gegenteil, sie erstehen gerade wieder. Zur gleichen Zeit wie ganze Systeme der Gutenberg-Galaxis untergehen, erleben die Bücher eine wunderbare Massenauferstehung. Sie kommen alle wieder, die verlorenen, verwaisten, vergriffenen, sogar die, die bis jetzt in den meisten Bibliotheken geschlafen haben, weil noch nie irgendwer die Seiten aufgeschnitten, geschweige denn darin gelesen hätte. Google bringt die Bücher zurück.

Seit dem Jahr 2004 scannt Google ganze Bibliotheksbestände, um sie unter »google book search« Nutzern zugänglich zu machen. Das ist bei so genannten »gemeinfreien« Werken unproblematisch, weil sie nach Ablauf einer Schutzfrist auch für andere als nur private Zwecke genutzt werden können. Google scannt aber auch Bücher, an denen Autoren und Verlage nach wie vor ausschließlich alle Rechte haben. Das Prinzip lautet dabei offenbar: Was technisch machbar ist, wird auch gemacht, und was einmal gemacht ist, wird irgendwann auch erlaubt. Egal wie man die globalen Rechtsprobleme lösen oder welche Alternativen man zum Google-Monopol finden wird; wenn sie gestorben sind, kommen alle Bücher in den Himmel, als Dokumente und Dateien.

Auch wenn die Bücher in der Wissenschaft schon lange – zumeist in Büchern – tot gesagt werden – dass sie überall sonst am Leben sind, sieht jeder. Es werden so viele geschrieben, gelesen, gekauft, verschenkt und entlehnt wie nie und angeblich gehört die Buchbranche sogar zu den Gewinnern der Wirtschaftskrise. Auch die Verlage verschwinden nicht von heute auf morgen. Sobald die Fachleute und Forscher nämlich nicht mehr ganz unter sich sind, braucht es andere, die Inhalte auswählen, entwickeln und die »Zielgruppen organisieren«.

Ob elektronisch, traditionell oder beides – was die Leser sehen ist nicht das, was die Autoren geschrieben haben, meint der Verleger Wulf von Lucius, und, könnte man hinzufügen, ohne Verlage hätten sie es vielleicht gar nicht geschrieben. Wenn jetzt auch noch die Laien dazukommen, die ganz gern einmal ein Sachbuch in die Hand nehmen, dann sind auch die Buchgestalter gefragte Leute, vorausgesetzt natürlich, sie sind verdammt gut.

Die Freuden und Leiden einer Symbiose

Woher schöpfen die Bücher Ihre Lebenskraft? Von Umberto Eco, einem mehr als berufenen Zeugen, stammt die bekannte Feststellung: »Ich kann nicht glauben, dass das Buch ein obsoleter Gegenstand werden kann. [...] Es bleibt ein technisch vollendetes Meisterwerk (wie der Hammer, das Fahrrad ...), das sich, soviel man auch noch erfinden mag, nicht mehr verbessern lässt.«[2] Das Buch ist demnach ein vollkommener Gegenstand der materiellen Kultur. Es bildet einen Höhepunkt in der Entwicklung menschlicher Werkzeuge. Und: Bücher sind Dinge. Ohne sie wären wir verloren. Wie Stofftiere oder Spielsachen die Entwicklung fördern, so erzeugen Autos, Häuser, Kleider, Musikinstrumente, Sportgeräte, Kunstwerke, Kommunikationsmittel die Identität ihrer Besitzer. Ohne äußere Objekte, die ihm gehören, meinte der Soziologe Georg Simmel, würde das Ich ausdehnungslos in einem Punkt zusammenfallen. Weil die Menschen zum Leben Dinge brauchen, brauchen sie auch Bücher. Noch.

Es ist daher kein Zufall, dass Verlage der äußeren Form, der Ausstattung und dem Buchdesign, immer mehr Aufmerksamkeit schenken. Weil die Funktion als Textspeicher nicht mehr genügt und das Buch nicht mehr konkurrenzlos ist, unter Umständen bei Funktion und Benutzbarkeit sogar unterlegen ist, wird es zum Design- und Kultobjekt stilisiert. Die Verlage setzen auf ästhetische Reize, die das Buch den elektronischen Medien voraus hat.

Das Buch hat beste Werte bei Funktionalität und Benutzbarkeit, ist ergonomisch und anthropomorph, eben menschengerechtes Design. Das bürgerliche Zeitalter hat das Ding Buch sogar zu »Freunden« und besseren Menschen als manche wirklichen gemacht. Das immer wieder bemühte und inzwischen schon etwas abgedroschene Bild vom Kriminalroman, den man nur als Buch an den Strand oder gar ins Bett mitnehmen möchte, verrät etwas von der Symbiose von Mensch und Buch.

Allerdings, die Freundschaft ist störanfällig. Noch bevor sich die Beziehung so richtig entwickelt hat, entsteht schon eine Krise. Im Sommer 1737 verbringt der junge Jean-Jacques Rousseau die glücklichsten Tage seines Lebens. Auf Les Charmettes, dem Landgut seiner Gönnerin und mütterlichen Geliebten, lernt er das Glück des Landlebens und die Freuden der Liebe kennen. Er wäre aber nicht der Autor der »Bekenntnisse«, wenn Rousseau nicht den Leser an seinen Nöten und selbstverschuldeten Qualen teilhaben ließe, wie die folgende Episode zeigt: Jean-Jacques studiert in der Bibliothek und entgeht dabei nur knapp einer Katastrophe.

Meine falsche Vorstellung von den Dingen überzeugte mich, dass man, um ein Buch mit Nutzen zu lesen, alle Kenntnisse haben müsse, die es voraussetzt, ohne dass der Gedanke in mir aufkam, dass der Verfasser sie selbst oft nicht einmal hat und sie je nach Bedarf aus anderen Büchern schöpft. Durch diese närrische Vorstellung wurde ich jeden Augenblick aufgehalten, genötigt, ständig von einem Buch zum anderen zu laufen, und manchmal hätte ich, ehe ich bis zur zehnten Seite des Buches gekommen war, das ich studieren wollte, Bibliotheken erschöpfen müssen.[3]

Rousseau war vermutlich weder der Erste noch der Letzte, der sich in Büchern verlieren und in Bibliotheken verirren sollte. Interessant ist jedoch die Art, wie er sozusagen nach rückwärts liest und das gespeicherte Wissen zu seinen Quellen zurückverfolgt. Er macht die sehr moderne Erfahrung, dass hinter Texten unzählige andere Texte stehen und Bücher nach allen Seiten offen sind. Wenn die Einbände fehlen, ist ein jedes Buch der Eingang in ein »unermessliches Labyrinth«. Zeitverlust, Verwirrung und ernste Anzeichen von Ich-Verlust sind die Symptome dessen, was man als Rousseau-Syndrom bezeichnen könnte. Er nimmt an, alle Bücher lesen zu müssen, die dieses eine voraussetzt und macht – unter den Bedingungen der Gutenberg-Galaxis – die Erfahrung

eines grenzenlosen Hypertextes. Zum Glück erkennt er gerade
noch rechtzeitig, dass der Weg, den er eingeschlagen hatte, buchstäblich in die Irre führt, und entkommt, bevor er sich »ganz
darin verloren hatte«. Dagegen dass sich »Maman« inzwischen
einen erfahreneren Liebhaber genommen hat, hilft freilich auch
das nicht ...

Gerade der Vorteil des Buches, dass es jenes Wissen enthält,
das ein Autor für einen Leser aufgeschrieben hat, entgeht dem
armen Rousseau. Ein Buch hat zwei Deckel, so wie die Bibliothek
vier Wände hat. Schon als Objekt vermittelt das Buch Vertrauen in
die Beherrschbarkeit von Wissen. Das Medium garantiert dafür,
dass sich auf Fragen auch Antworten finden lassen. Das Buch sagt,
dass ein Thema behandelt, das heißt handlich gemacht werden
kann. Das Wissen mag grenzenlos sein, das Buch ist es nicht. Dass
es ein Ende hat, ist vielleicht eines seiner Erfolgsgeheimnisse.

Es gibt noch andere. Für die Identität von Intellektuellen
waren Bücher bis vor Kurzem unverzichtbar, und zwar sowohl
als Leser als auch als Autoren. Schreiben ist die vollkommene
Darstellung von Intelligenz. Wenn sich aber Intellektualität am
besten im Schreiben inszeniert, dann ist das Buch, das gedruckte
Wort, dafür das ideale Medium. Der Geist sucht sich einen Körper und findet ihn im Buch. Auch für Leserinnen und Leser sind
Bücher praktisch nützlich: Sie dienen als Quelle, Speicher und
Gedächtnis – oder als Vergrößerung des Ich.

Der Romancier Carlos Maria Dominguez erzählt in seinem
Roman »Das Papierhaus« von einem Professor für klassische
Philologie, der die Zubereitung des Kaffees in seiner Küche absichtlich in die Länge zieht, um dem Gast die Gelegenheit zu geben, seine Bücherregale zu bewundern. Wie »ein riesiges, offenes
Gehirn« stellt er inzwischen seine Bibliothek zur Schau, bevor er
»befriedigt lächelnd« ins Wohnzimmer zurückkehrt.[4]

Der Inszenierungswert von Büchern ist nach wie vor nicht zu
vernachlässigen. Das gedruckte Buch genießt bislang Ansehen,
z.B. als Besitz und Geschenkartikel. (Ein Buch kommt immer gut

an, selbst wenn man ziemlich sicher weiß, dass es der Empfänger nie lesen wird.) Aber auch hier ist das Buch in Bedrängnis geraten, der Prestigeverlust unübersehbar. Es wirkt besser, gekonnt ein Gerät zu bedienen als in einem Buch zu lesen. Was Peter Handke in Bezug auf das Autofahren bemerkt hat, lässt sich auch auf die Informationstechnik übertragen:

> Die Tatsache oder Einbildung, die Technik zu beherrschen, besorgt vielen von uns ein Gefühl der Geborgenheit, mit dem man aber dennoch, im Gegensatz zu den alten Geborgenheitssystemen, ganz alltäglich auftreten kann, weil die Erscheinungsform dieses Gefühls paradoxerweise die äußerste Sachlichkeit ist.[5]

Von der Seite zum Schirm und wieder zurück

Vielleicht ist aber die Frage, ob das Buch überlebt oder verdrängt wird, gar nicht die richtige Frage. Man übersieht dabei, dass sich unter dem Einfluss der neuen Medien inzwischen eine viel einschneidendere Veränderung vollzieht: die von der Schrift zum Bild oder – bildlich gesprochen – von der Seite zum Schirm. Obwohl von den neuen Medien ausgelöst und potenziert, betrifft der Wandel weniger das Medium als den Modus der Kommunikation.

Auch dass die Schrift mehr und mehr vom Bild ersetzt oder, besser gesagt, ergänzt wird, ist kein Anlass zu Kulturpessimismus. Wichtig ist, dass man es weiß. Informationen werden immer bildlastiger und Buchseiten schirmartiger. Sozialsemiotiker gehen inzwischen soweit, zu behaupten, dass Bücher eigentlich streng genommen gar keine Bücher mehr sind, weil der für das Buchzeitalter dominante Schriftmodus auch im Buch vom Modus des Bildes abgelöst wird.

Die Fähigkeit, bildhafte Information zu verstehen und Wichtiges von Überflüssigem zu unterscheiden, ist eine Überlebensfrage. Nicht zuletzt, um einer Form jener Krankheit zu entgehen, die man nach dem Pseudonym eines Landsmannes Jean-Jacques Rousseaus als »Stendhal-Syndrom« bezeichnet hat. Auf einer Italienreise im Jahr 1817 wurde der Dichter Opfer des »cultural overflow«. Beim Besuch von Santa Croce in Florenz war er von der Schönheit und der Masse an Kunst und Bildern derart überwältigt worden, dass er einen Nervenzusammenbruch erlitt. Man vermutet, dass ein derartiger Zustand totaler Erschöpfung und Überforderung, der vor allem bei Italientouristen beobachtet wurde, in erster Linie dem exzessiven Bildkonsum geschuldet war.

In der Wüste, allein

Ich würde mich eigentlich nicht als Büchermenschen bezeichnen. Inzwischen, bilde ich mir ein, habe ich sogar ein recht unsentimentales Verhältnis zu Büchern. Ich stelle sie nicht gern zur Schau und auch als fremde Gehirne finde ich Bücherwände nicht besonders reizvoll. An kleinen Fehlleistungen merke ich, dass ich mich auch als Buchleser schon im Medienzeitalter eingerichtet habe: Bei der Lektüre von »Witiko« (Winkler Weltliteratur, Dünndruckausgabe) hätte ich viel darauf gegeben zu erfahren, wer wohl gerade in diesem Moment sonst noch bei Stifter »online« wäre. Gerne hätte ich spontane Grüße und die Erfahrungen einer ebenso mühevollen wie lohnenden Textdurchquerung ausgetauscht. Ich habe auch schon die Suchfunktion für meine Handbibliothek vermisst. Die wenigen Zitate für diesen Beitrag wären wesentlich leichter zu finden gewesen.

Und trotzdem: Am selben Tag, als Steve Jobs in San Francisco das iPad, anscheinend das lange gesuchte Missing Link zwischen Laptop und Smartphone, der staunenden Öffentlichkeit vorstellte, brachte mir der Briefträger ein Buch, das ich schon ewig lesen und selbstverständlich auch besitzen wollte. Es handelt sich um die – laut Klappentext – »anspruchsvollste, ausgewogenste und kohärenteste« Theorie der literarischen Erzählung: Gérard Genettes Standardwerk »Die Erzählung«[6], ein Monolith von einem

Buch, ohne Untertitel oder Abbildungen, keine Illustration am Umschlag, eine einzige großformatige klein und eng bedruckte Bleiwüste. Aber wer hat gesagt, dass es nicht sehr schön sein kann, so ganz allein in der Wüste?

1   CASTELLS, Manuel: Der Aufstieg der Netzwerkgesellschaft. Opladen 2004, S. 375ff.
2   ECO, Umberto: Das Buch, ein technisch vollendetes Meisterwerk. In: Ders.: Das alte Buch und das Meer. München, Wien 1995, S. 10-13, hier S. 10.
3   ROUSSEAU, Jean-Jacques: Bekenntnisse. München 1981, S. 232f.
4   DOMINGUEZ, Carlos Maria: Das Papierhaus. Frankfurt/M. 2004, S. 17.
5   HANDKE, Peter: Das Öl des Weltmeisters. In: Der Spiegel 33 (1975), S. 88f., hier S. 88.
6   GENETTE, Gérard: Die Erzählung. Paderborn, München ³2010.

EVELYNE POLT-HEINZL

Das Buch aber verleiht Flügel oder Raus aus der Defensive

Unter der Dusche wurde mir klar: /
Nicht überall kann man lesen, /
aber fast überall.[1]

Ein Buch ist mehr als ein Medium

Wenn Joseph Jacobson, Leiter der Forschungsstelle für virtuelle Bücher am Bostoner MIT, die Vorteile des alten »Mediums« Buch beschreibt, klingt das so:

> Es ist eine großartige Navigation. Wenn du eine Seite umblätterst, ist die vorherige nicht gleich verschwunden. Unser Tastsinn verbindet sich hier mit dem zerebralen Ortssinn, was jedes Erinnern und Wiederfinden in der Regel enorm erleichtert. Der Akt des Blätterns unterstützt den Leser bei der Orientierung in umfangreicheren Argumentationen, etwa bei längeren Texten.[2]

Allerdings ist das Bild des Buches als Medium aktuell für die Buchkultur oft weniger eine modernisierende »Ehrenrettung« als die simplifizierende Unterwerfung unter einen Sprachgebrauch, der alles unter den Tisch fallen lässt, was im momentan hegemonialen Kontext des »Digitalismus«[3] nicht enthalten scheint. So erging es auch dem Bleistift. Hans Hiebel verzeichnet in seiner »Kleinen Medienchronik«[4] minutiös alle Entwicklungsschritte der Schriftkultur, auch die Stenografie kommt ausführlich vor, sie verbindet sich gut mit den Akzelerationserfahrungen unserer Zeit. Die schrittweise Perfektionierung des dazugehörenden Bleistifts jedoch fehlt; er wird nur ein einziges Mal erwähnt, obwohl er für den Alltag lange Zeit von zentralerer Bedeutung war als die zahlreichen Experimente mit Schreibmaschinen. Allerdings kann er keine bedeutsamen technologischen Enkel vorweisen und Genealogien dominieren auch in der historischen Wahrnehmung den Blick. Der Krieg tötet auch im Frieden, war ein Slogan der Friedensbewegung. Etwas überspitzt könnte man analog formulieren: Unreflektierte Technikbegeisterung in der Forschergegenwart verstellt den historischen Blick auf zentrale Momente technologischen Fortschritts, die etwas abseits der neuen Leittechnologien liegen. Also kein Bleistift, aber doch die Kurzschrift als schreibtechnisches Symbol für die Beschleunigung der Zeit.

Das Buch jedenfalls ist mehr als ein Medium zum Transport von Texten, es öffnet ein Universum, und das meint nicht nur die in ihm verwahrten inhaltlichen Welten, sondern auch die ästhetische Freude am Buch. Es ist ein praktisches und zugleich formschönes Objekt. Das Lesen von Büchern bedeutet in jedem Fall mehr als das Lesen gescrollter Texte. Dieses »Mehr« umfasst auch das sinnliche Vergnügen, ein Buch in der Hand zu halten und durchzublättern, das ist in der digitalen Lesewelt so nicht zu haben. Beim Lesen sind, bewusst oder unbewusst, keineswegs nur die Augen beteiligt. Die Nase atmet den je eigenen Geruch des Buches ein, die Hand spürt die Beschaffenheit des Einbands und des Papiers, das Ohr hört das feine Geräusch beim Umblättern. Das Buch ist ein Gesamtkunstwerk, das alle Sinne beschäftigt. Auch wenn sich das industrielle Buchdesign durchgesetzt hat und viele ästhetische Traditionen der Buchkunst – wie Prägeband für die taktile Wahrnehmung oder Farbschnitt und Vignetten – ins Abseits geraten sind.

Denn anstatt selbstbewusst dem lautstarken Auftritt der neuen Medien die genuinen Qualitäten und einmaligen Angebote des Buches entgegenzuhalten, hat sich die Buchkultur starr wie die Katze vorm Mauseloch postiert und krampfhaft versucht, zuerst dem Fernsehen, dann dem PC und dem Internet in ihrer buchfremden Ästhetik nachzueifern und darüber, E-Book hin oder her, die uneinholbare Einmaligkeit des Buches selbst beinahe vergessen.

Das ist ein bekanntes Phänomen: Wenn neue Medien auftreten, bedienen sie sich ohne Scheu bei den transformierbaren Eigenheiten und ästhetischen Ausformungen des »alten« Mediums; das aber bleibt erstarrt und unbeweglich, was seine formalen wie ästhetischen Potenziale betrifft, oder arbeitet gar latent und unbewusst an ihrer Zerstörung im falschen Bemühen, der technologischen Entwicklung hinterher zu stolpern. Dadurch wächst das imagemäßige Missverhältnis zwischen alt und neu, das Neue hat oft schon vor dem Praxistest gesiegt, weil das Alte von vornherein kapituliert.

»Au weia, /
da kommt der
Büchernarr!«, /
sagte der Bühnenstar /
zum Medienzar.

Die Buchwelt war immer schon interaktiv

Vieles, was in der ersten Internet-Euphorie als Novität gefeiert wurde, war Lesern immer schon vertraut. Dass man, von Link zu Link weiterklickend, vielleicht nicht immer das findet, was man sucht, dafür aber von Dingen und Informationen gefunden wird, die man gar nicht gesucht hat, das kennt der Buchmensch vom Stöbern in Buchregalen, an denen nach Herzenslust entlang geschlendert, rausgefischt, durchgeblättert und wieder reingestellt werden kann. Was dabei entdeckt wird, sind aber nicht nur Inhalte, sondern Buchgestalten, Gerüche, Materialien, Ästhetiken und auch kulturelle Vernetzungen.

Denn auch der Link selbst ist der Buchwelt nicht fremd, sondern eigentlich eine Art Weiterentwicklung des Reichs der Fußnote. Diese kleingedruckten Anmerkungen liefern seit je abschweifende Informationen, die den linearen Fluss des Textes unterbrechen, und sie enthalten Literaturverweise, die eine Art virtuelle Bibliothek darstellen. Es hat bis ins Jahr 2009 gedauert, bis ein Buchgrafiker – in einem Bildband über das Wiener Hochhaus in der Herrengasse, erschienen im Metroverlag – auf die Idee gekommen ist, den Link grafisch mit der Fußnote zu überblenden: Ein Wort wird mit einer farbigen Punktlinie versehen, am Buchrand ist der »Fußnotentext« in derselben Farbe zu lesen. Das Ergebnis ist ein geschmäcklerisches Zwitterwesen, das entsteht, wenn man die Logik eines Mediums in ein anderes transformiert, ohne Gefühl für Stimmigkeit und Zusammenhänge. Dass es die Fußnote ist, die den Link präfiguriert, ist dem Grafiker sichtlich entgangen.

Ein Schlüsselbegriff der neuen Informationstechnologien ist das Zauberwort »interaktiv« geworden. 2001 wurde in Gießen ein eigenes Zentrum für Medien und Interaktivität (ZMI) gegründet, das sich »mit den vielfältigen Wirkungen interaktiver *digitaler* [Herv. Verf.] Medien in Gesellschaft, Politik, Wirtschaft, Kultur und Wissenschaft«[5] beschäftigt. Noch die Auflage des Duden-Fremdwörterlexikons 1997 ordnet den Begriff den Bereichen Psychologie und Soziologie zu; interagieren wird als »aufeinander bezogenes Handeln zweier oder mehrerer Personen, Wechselbeziehung zwischen Handlungspartnern« beschrieben, und interaktiv (ein Begriff, der in der Ausgabe von 1977 noch nicht vorkommt) als »Interaktion betreibend«. Der heutige Sprachgebrauch überantwortet das Begriffsfeld »Interaktion« ausschließlich auf das Verhältnis Mensch–Maschine bzw. auf von Maschinen vermitteltes Interagieren von Menschen und ist uns in dieser Verwendung so selbstverständlich geworden, dass wir es als gegeben hinnehmen, mit Maschinen zwischenmenschlich zu verkehren. Durch diese Monopolisierung ist in Vergessenheit geraten, wie interaktiv das Verhältnis Autor–Buch–Leser immer schon war.

Dabei hätte die Literaturwissenschaft just zu dem Zeitpunkt, als die neuen Medien lärmend die Schreibtische enterten, einen Ansatz bereitgehalten, der dem schwammigen Begriff der »digitalen« Interaktivität selbstbewusst entgegengehalten hätte werden können: Intertextualität hieß das Zauberwort, das ein neues

Instrumentarium an die Hand gab, aufzuzeigen und zu benennen, wie Bücher immer schon in Dialog miteinander stehen, wie Autorinnen und Autoren über Jahrhunderte hinweg miteinander kommunizieren und wie die Leserinnen und Leser mit jedem Rezeptionsakt an diesem Dialog »mitschreiben«.

Das vorauseilende Mindergefühl begleitet die Buchwelt schon seit einem halben Jahrhundert. Während hier immer noch von Plagiat oder Neuaufguss gesprochen wird, hat die Musikindustrie die Cover-Version zu einer eigenen Sparte erhoben und selbstbewusst wie geschäftlich erfolgreich vermarktet. Auch den Hörbuchboom hat die Literatur – wie auch der Hörfunk – perfekt verschlafen und nicht für eine Wiederbelebung und Neuplatzierung eigener Formate wie dem Hörspiel genutzt. Bevor das Hörbuch Hörbuch hieß und als Funkerzählung in den Regionalsendern des Hörfunks lief, rümpfte jeder die Nase. Ein neues Label – und das Geschäft rollt an. Das hat die Buchkultur noch nie begriffen.

Tendenziell geht sogar das Wissen verloren, dass Bücher den Kopf des Lesers lüften und seine Gedanken ankurbeln können. »Be Creative!« Das war der Titel einer pädagogischen Großveranstaltung des österreichischen Unterrichtsministeriums im Herbst 2009. Wohl unbewusst kommt in der Formulierung der Befehlston der schwarzen Pädagogik als peppige Formel zurück, und niemand schien daran zu denken, dass kreativ allein, ohne gesellschaftspolitische Grundierung, gar nichts bedeutet. Kreativ war zweifelsohne auch der Börsenbetrüger Bernard Madoff, der mit seinem Pyramidenspiel Milliarden von Dollar verzockt hat. Ein Linzer Kunstprofessor hat wörtlich die »enorme kreative Leistung«[6] gewürdigt, die dazu gehöre, so viele Netzwerke betrügerisch und parallel zu bedienen. Und kreativ muss letztlich auch jeder Serienkiller oder Gefängnisausbrecher sein. Im großzügig ausgestatteten Schüler-Labor der »Be Creative!«-Veranstaltung standen jede Menge technischer Apparate für Experimente oder sonstige Interaktionsangebote zur Verfügung und natürlich ungezählte Monitore – nach einer Leseecke oder gar »Schreibwerkstatt«, zwei zugegeben konventionellere Transmissionsriemen zur Förderung von Fantasie und geistiger Beweglichkeit, suchte man vergeblich. Die Pädagoginnen und Pädagogen selbst nehmen das Buch zunehmend aus dem Pool an Angeboten des Widerständigen und Anregenden heraus, aus dem sich die Heranwachsenden bedienen können.

Es war einmal rebellisch, so der US-amerikanische Rapper Saul Williams, mit Alkohol oder Drogen abzuhängen und der Welt so zu zeigen, dass man sich nicht für sie interessiert, heute sei für ihn rebellisch, ein Buch zu lesen.[7] Das ist ein Ansatz, der Vertretern der Buchbranche bislang nicht eingefallen ist.

Hausgemachter Imageverlust

Wer viel liest, / braucht weniger Geld.

Eigentlich ist es absolut unverständlich, dass bei dem aktuellen Breitbandangebot an Lebenshilfe- und Wellnesstipps das rekreative Potenzial des Lesens nicht aktiv propagiert wurde. Lesepausen können den Tag strukturieren, sie sind entspannend und anregend zugleich. Das Buch kann überall dort helfen, Lebensqualität zurückzuerobern, wo sie von den Überforderungen des immer rascher und immer unplanbarer ablaufenden Alltags bedroht wird, wo das gesteigerte Lebenstempo in Sinnkrisen und Depressionen kippt. Was alle möglichen Kursangebote oder Institutionen wie der »Verein zur Verzögerung der Zeit« anpeilen und versprechen: Die Begegnung mit dem Buch kann es erfüllen. Freilich, ob ein Leseakt glückt, ist immer auch von äußeren Faktoren abhängig, und hier kann bewusstes Zelebrieren nachhelfen: ein ansprechendes Ambiente, ausreichende Bequemlichkeit, Ausschalten von Störfaktoren (Telefon), Stimmung hebendes Beiwerk wie Getränke oder Naschereien. Für viele Alltagstätigkeiten bilden sich im Lauf eines Lebens Rituale heraus, auch für das Lesen. Weshalb sollte man diese Aspekte nicht offensiv bewerben?

Außerdem vermag das Buch selbst mitten im Strom urbaner Hektik einen Umraum zu schaffen, in dem sich durchatmen lässt.

Lesen im öffentlichen Raum, da wurde in den 1970er und 1980er Jahren viel gespöttelt über die intellektuellen Angeber, aus deren Sakkotaschen stets das neueste Buch aus Günther Buschs edition suhrkamp lugte. Das lehrt zwei Dinge: Damals war ein Verlagsprogramm an seiner Buchgestalt zu erkennen – wäre das Suhrkamp-Taschenbuch nicht sofort als solches erkennbar gewesen, wäre die auffällige Platzierung ohne den gewünschten Effekt geblieben. Dass das heute nicht mehr so ist, zeigt hingegen, wie sehr die Buchbranche die Zeichen der Zeit, die auf Labeling und Branding stehen, missverstanden oder missachtet hat. Das Buch hat seine Marke – den Verlag – freiwillig preisgegeben zugunsten eines covermäßigen Einheitsbreis und wundert sich jetzt, dass Google alles umsonst will und Buchinhalte nicht einmal mehr unter die Rubrik Produktpiraterie fallen – im Übrigen eine der Boombranchen der Mafia. Während jede designte Haarspange Markenschutz beanspruchen kann, der Turnschuh sowieso, die Sonnenbrille oder jedes Leiberl mit irgendeinem Tierlogo, wird allen Ernstes mit dem Etikett der Demokratisierung das Urheberrecht in der Kunst als reaktionär und ewiggestrig in die Steinzeit gebombt. Und an dieser Entwicklung ist die Buchwelt nicht unschuldig, denn sie war in ihrer Anpassung an die neuen medialen Formen und Kulturgesten besonders widerstands- und gedankenlos.

Bekanntlich wohnt jedem Trend eine Gegenbewegung inne. Was die Buchkultur nicht erkannt hat, hat die Schreibkultur aktiv aufgegriffen. Just mit der Ausrufung des papierlosen Büros sind ausgestorben geglaubte Utensilien wieder aufgetaucht. Traditionsreiche Firmen haben den Zug der Zeit erkannt und bieten klassische Produkte wieder an. Markenfüller und -kugelschreiber sind ein Statussymbol geworden, die Löschwiege aus Buchenholz ist ebenso wieder erhältlich wie der Federputzer aus einem Bündel vernieteter Lederläppchen oder die Bleistifthülse und der -verlängerer. Vielleicht werden eines Tages auch Löschpapierhefte von der Werbewirtschaft wiederentdeckt – nach den

Lesezeichen einer der ältesten Träger von branchenfremden Reklamebotschaften. Eine Neuauflage der alten Reise-Schreibschatulle und zugleich eine intelligente Form der Rückeroberung verlorenen Image-Terrains ist der »Laptop, analog«, den die Firma Manufactum anbietet: ein robuster Schreibtisch für unterwegs, aus lackiertem Aluminiumblech, unverwüstlich und praktisch konstruiert; unter der Schreibfläche mit Klemmhalter eine herausnehmbare Zwischenablage, darunter Fächer für Stifte und Papier nach Bedarf.

Auch der erste PC-Schreibtisch war gleichsam über Nacht designed. Die Lesekultur blieb da weit zurück. Kein einziges der einst reichhaltigen Angebote, das Lesen bequem zu gestalten, wurde neu platziert oder gar weiterentwickelt. Das Museum für Kunsthandwerk in Frankfurt am Main zeigte 1985 eine Ausstellung mit dem Titel »Die Kunst des Lesens. Lesemöbel und Leseverhalten vom Mittelalter bis zur Gegenwart«. Der Katalog[8] zeigt die große Bandbreite von designerischen Möglichkeiten, um das Lesen in allen Körperlagen angenehmer zu gestalten. Da gibt es Schreib- und Lesetische mit aufklappbaren Lesepulten, Lesebetten und Lesestühle mit mobilen Buchauflageflächen samt integrierten Beleuchtungssystemen in Form strategisch angebrachter Leselampen und schwenkbaren Ablageflächen für Notizzettel, Schokoladevorräte, Aschenbecher oder Trinkgefäße; für schwüle Sommerabende wurde gar ein mechanischer Fächer mit Fußbedienung entwickelt. Seit vielen Jahrzehnten hat die Buchkultur nicht einmal mehr versucht, die Industrie zu neuen Angeboten an Leserinnen und Leser zu motivieren – sie müssen sich mit Fernsehstühlen behelfen, während das Lesepult als Manuskripthalter auf die Computertische emigriert ist.

Formatfragen

Wie datenverarbeitete Texte zu formatieren sind, damit sie beim Empfänger lesbar ankommen, darüber wissen alle User Bescheid,

So mancher
Nichtleser /
kommt mir vor
wie ein Vogel im Käfig /
der hinausposaunt: /
Ich bin frei
wie ein Vogel!

auch über die Zollgröße der Bildschirme. »Format« als Begriff der Buchkultur – wie groß ist ein Folio-, Quart-, Oktav- oder Duodezband? – kennt kaum mehr ein Leser.

Dem »Informationsleser« wurde das Buch primär nützlicher Gebrauchsgegenstand, dessen Lebensdauer von der – zumeist kurzlebigen – Aktualität seines Inhalts bestimmt wird. Rasch vernutzte, dafür billige Verschleißformen sind seine durchaus adäquate äußere Erscheinungsform. Ein »Buch ohne Bund« ist schon lange nicht mehr mit einem »Menschen ohne Kleid« (Abraham à Santa Clara) zu vergleichen. Wer kümmert sich noch um den Zusammenklang von Ausstattung und Gehalt eines Buches? Text und Schmuck müssen ebenso zueinanderpassen wie der Charakter der Illustrationen zu Schrift und Seitenaufbau. Selbst buchkünstlerisch engagierte Verlage haben hier mittlerweile einiges an Treffsicherheit eingebüßt. Wenn Hans Magnus Enzensbergers »Andere Bibliothek«, die etwas verloren in der Spaßkultur-Programmsuppe des Eichborn Verlages herumschwimmt, 1998 Michel de Montaignes leichtfüßige Gedankenspaziergänge als feudale Familienbibel präsentiert, mit Ornamentik in Gold außen und Himmelblau innen und dem programmatischen Untertitel »Erste *moderne* Gesamtübersetzung« in geprägten Goldlettern, scheint der Elementarsatz der Buchkunst vergessen, dass Ausstattung und Gehalt einander entsprechen sollen.

Das ist die Folge eines strategischen Versäumnisses der Buchkultur. Dem bürgerlich humanistischen Bildungsverständnis war es zu keinem Zeitpunkt ein Bedürfnis, das Buch als Objekt mit eigener Ästhetik und komplexer Herstellungsgeschichte im Rahmen des Leseunterrichts zu verankern, nun rächt sich die Geringschätzung des Handwerklichen in den Studierstuben. Bis heute erfährt man weder in der Mittelschule noch in einem langen Studium der Germanistik je Konkretes über das Buch als Objekt. Selbst im Laufe eines langen, akademisch ausgebildeten LeserInnenlebens sammelt sich allenfalls ein zufälliges, unsystematisches Wissen an. Da Wissen dazu neigt, myzelartig an bereits bekannten Synapsen neue Informationen anzulagern, ist es völlig unverständlich, dass die Vermittlung eines Minimalwissens über Buchästhetik und Buchgestalt, Bindeart und Materialfragen nicht genuiner Bestandteil des schulischen wie universitären Unterrichts war und ist. Dass es sich bei »Kapitalband«, »Kopf« und »Schwanz« um Fachausdrücke der Buchkultur handelt, weiß dementsprechend kaum jemand, über Taktfrequenzen und Speicherkapazität hingegen ist jeder PC-Nutzer informiert. Selbst über den Seitenspiegel wurde unter dem Titel Layoutfragen erst diskutiert, als QuarkXpress das Desktop-Publishing in den Büros und Wohnzimmern implementierte – nicht selten mit schmerzlichen Folgen für die Buchkultur. Bis hin zur Unsitte, Buchseiten mit bunt gesetzten Kästchen im Stil der Banner-Werbung der Websites auszustatten – was die klassischen RORORO-Monographien seit einiger Zeit so sehr verunstaltet.

Und just als die Wehklage über die Bildüberflutung so richtig anhob, entzog die Buchkultur ihre künstlerische Aufmerksamkeit jenen Elementen, die das Bild immer schon in den Buchkörper inkorporierten. Die Buchwelt reagierte mit einem Niedergang der Cover-Kultur, der völligen Abkehr von der Frontispiz-Tradition oder ästhetisch gestalteter Vorsatzblätter. Die Buchhersteller der vergangenen Jahrzehnte haben kein einziges der traditionellen Elemente, dazu gehören auch Schmutztitel, Buchschnitt, Lesebändchen, neu durchdacht oder ästhetisch wie praktisch weiterentwickelt.

Während Webdesigner daran gingen, an einer eigenen Ästhetik zu arbeiten und Lehrstühle dafür eingerichtet wurden, bedruckt die Buchkultur ihre Cover nur mehr mit mehr oder minder stimmigen Bildelementen und verzichtet auf jede komplexere Gestaltung.

Das Cover gehört aber zur Buchästhetik, und da dominiert aktuell das Laute und Schrille, vor allem dort, wo sich Konkurrenzprodukte dicht und wenig unterscheidbar tummeln. Etwa bei den vielen Benimmbüchern, die heute Ratgeber heißen. Gerade die Ratgeber, Wörterbücher, Hobbyanleitungen und Stadtführer werden aussterben und zur Gänze ins Internet abwandern, warnt einer der vielen Untergangspropheten der Buchkultur.[9] Sollen sie doch. Den raschen Informationsleser an das Internet zu verlieren, mag ein geschäftlicher Verlust für die Verlage sein, aber keiner für das Kulturgut Buch. Doch selbst im seriösen Segment gibt es keine ästhetische Trennlinie mehr zwischen Buch- oder CD- oder DVD-Cover. Ein Bekenntnis zu grafischer Verlagsidentität und besonnener Ästhetik findet man allenfalls bei kleinen, von den Medienkonzernen (noch) unabhängigen Verlagen. Jeder Besuch in der Buchhandlung zeigt, dass sich die Bücher saisonal zum Verwechseln ähnlich sehen – die buchästhetischen Ausnahmen kann man rasch herausfinden, so diese Bücher überhaupt noch präsent gehalten werden.

Es gibt nicht
zu viele Bücher, /
nur zu viele Nichtleser.

Materialfülle statt Uniformierung

»Regalhaltung von Taschenbüchern ist Literaturquälerei«[10] – unter diesem Motto startete der Amerikaner Rom Hornbaker 2001 sein Projekt www.bookcrossing.com. Die Teilnehmer setzen markierte Bücher an wohl geschützten Orten frei; die glücklichen Finder können sich, so sie Lust dazu haben, anonym in der Community melden und ihre Leseerfahrung mitteilen. Binnen Kurzem waren Hunderttausende daran beteiligt und sorgten so für eine artgerechte Haltung von Büchern, zu der eben gehört, dass sie gelesen werden.

Auf dem Weg zum ersten Leser, also in ihrer Latenzzeit in der Buchhandlung, war das Regal in Kontinentaleuropa – in der angloamerikanischen Buchwelt ist ja vieles anders – seit Jahrhunderten die bewährte Lagerform für Bücher. Buchhandlungen mit raumhohen Holzregalen, deren obere Etagen mit Leitern bedient werden, gibt es natürlich noch, sie zählen aber zu einer gefährdeten Spezies. Die großen »Buchhandlungen« gleichen heute einrichtungstechnisch eher den Verbrauchermärkten an den Stadträndern. Was

verschämt mit vereinzelten »Stapeltiteln« im Umfeld der Kassen-
pulte begonnen hat, ist Präsentationsprinzip geworden. Riesige,
palettenartig aufgebaute Inseln sind strategisch über den Raum
verteilt. Auf diesen Inseln liegen die Bücher gestapelt, das Cover
nach oben, jeder Titel in multipler Häufung aufgetürmt. Dazwischen und an den Rändern hin sieht man – wie in große Ferne
gerückt – Mobiliarteile, die an die einstigen Buchregale erinnern.
Sie wurden deutlich geköpft und reichen gerade so weit, wie es
der Augenhöhe des durchschnittlichen Mitteleuropäers entspricht.
Leitern gibt es hier mit Sicherheit keine. Die Entfremdung von
Buch und Regal zeigt sich auch darin, dass sich gern Schreib- und
Bürowaren einschmuggeln oder grellbunter Geschenkkitsch.

Wo man dazwischen Bücher findet, ist die Ordnung in den
Regalen das, was werbestrategisch »aufgelockert« heißt. Vorbei
die Zeiten der bunt und eng aneinandergereihten Buchrücken –
wie Gewehr bei Fuß stehen die Bücher heute gern en face zum
Kunden. So hat man Bücher zuletzt im Mittelalter aufbewahrt,
als sie noch per Hand geschrieben wurden und eine Ansammlung
von 300 Exemplaren als gewaltige Bibliothek galt. Reduktion ist
auch das Verkaufskonzept der Buchgroßmärkte: Das, was die
großen Verlage bzw. die als Labels in den Verlagskonzernen ge-
führten Verlagsnamen Saison für Saison als »Spitzentitel« aus-
rufen, stapelt sich folgsam auf den Tischen und Paletten – und
sonst nichts.

Verloren ist mit der Stapelhaltung auch die Geruchsverfüh-
rung, die den Buchkäufer aus den Regalen einer Buchhandlung
einst anwehte. Staub kann sich dank der raschen Umschlags-
häufigkeit der vergleichsweise wenigen Titel kaum bilden, man
würde ihn auch gar nicht bemerken. Denn es dominiert der Geruch der Plastikfolien, in die die Masse der Bücher eingeschweißt
bleibt, und der ist nicht anders wie in der Frischfleischabteilung.
Verloren hat sich auch eine charakteristische Körperhaltung
der Buchkäufer. Regalhaltung der Bücher erfordert eine gewisse Neigung des Kopfes, um die Rückentitel zu entziffern. Das

Stöbern in Buchregalen ist eine eigene Kulturtechnik, die etwas vom Abenteuer des Lesens auf den Buchkauf überträgt. Im Buchgroßmarkt kann sie kaum geübt werden, weil alle Bücher auf dem Schautablett liegen und pausenlos die Signale ihrer schrillen Cover aussenden. Hier tritt man nicht ein, um Entdeckungen zu machen, sondern um sich zu informieren, was aktuell in den Sellerlisten aufscheint oder welche Verfilmungen in Kino und Fernsehen gerade anlaufen.

Wer liest, /
schnarcht nicht.

Staub muss man wegblasen oder
Wie verschnarcht ist das Buch wirklich?

Mittlerweile gibt es auch konkrete virtuelle Bibliotheken bzw. virtuell konkrete Bibliotheken, oder wie immer man das ausdrücken soll. Damit ist nicht die Sammlung digitalisierter Bücher gemeint, sondern die Bibliothek als Gebäude, die es nur virtuell gibt, zum Beispiel die Zentralbibliothek im Online-Spiel Second Life. Von außen sieht das Gebäude aus wie einer Gespenstergeschichte des 18. Jahrhunderts entnommen, innen wie die Privatbibliothek eines adeligen Hauses aus dieser Zeit: hölzerne Regale, Gemälde, konventionell aneinandergereihte Buchrücken. Bemerkenswert dabei sind die »Träger« der Regale: »schwarze, knorpelige, leicht nach oben sich verjüngende Wandstützen von baumartiger Anmutung«, die an die Ausstattung »irgendwelcher sinistrer Paläste oder Grotten der Königinnen der Nacht und Fürsten des Bösen«[11] aus Comics und Filmen erinnern. Während real in den Bibliotheken die Zahl der Bildschirm-Arbeitsplätze wächst und die Buchregale wie in den Buchhandlungen immer mehr an Höhe verlieren, Bibliotheken sich also sichtbar in Multimediazentren verwandeln, katapultiert die virtuelle Welt die Bibliothek gewissermaßen in die Urzeit zurück. Walter Moers spielt in seinem satirischen Roman »Die Stadt der Träumenden Bücher«[12] genau mit diesem künstlichen Verstauben der Buchkultur: Er erfindet Buchhaim, die Welthauptstadt der Antiquare, in der sich alles nur ums Buch dreht und alles »hoffnungslos unmodern« riecht, woraus Moers eine absolut moderne Fantasystory macht. Interessant ist, dass neben dem verstaubten Eindruck, den die Zentralbibliothek von Second Life macht, mittlerweile viele reale Bibliotheken in Second Life Repräsentanzen haben, seit Mai 2008 hat mit der Bayerischen Staatsbibliothek auch die erste große deutsche Bibliothek hier einen Auftritt.

Auch das Klischee vom einsamen, verschrobenen Leser ist unausrottbar und falsch. Denn Leser wollen sich austauschen über das Gelesene. Das führt zu Klüngelbildungen, mit all den Vor- und Nachteilen, die jeder Expertenrunde innewohnen – und es führt zum Rezensionswesen. Schrift entwickelt leicht einen gewissen Ansteckungseffekt; Leser werden schnell Schreiber. Wenn über sonst nichts, kann man immer noch über Bücher schreiben, die man sowieso liest, und seinen Leseeindruck gewissermaßen in geregelten Bahnen einem breiteren Leserkreis kundtun. Auch hier hat das Internet wie auch die E-Mail ungeahnte Mitteilungsbedürfnisse geweckt – dieser spontane Austausch der Leser ist durchaus zu begrüßen. So diese Lesermeinungen nicht, und das ist die Google-Gefahr, mit Literaturkritik verwechselt werden. Soziale Netzwerke, erklärte ein Mitarbeiter des ZMI Gießen in der Sendung »Computer und neue Medien«[13], entstehen daraus, dass das System aufgrund der Nutzerprofile Partner vorschlägt, die eine neue Form zielgerichteter Kommunikation ermöglichen, als Beispiel nannte er die Buchvorschläge von Amazon. Und niemand erhob Einspruch, dass gerade Leser sich immer schon über Bücher ausgetauscht haben und dazu nie automatisierte Buchtipps benötigt haben, die sich im besten Fall an getätigten Kaufakten, im schlimmsten Fall an geleisteten Schmiergeldern orientieren.

Kollationieren

Kollationieren hieß einmal, für die richtige Aneinanderreihung der Druckbögen im Bindevorgang zu sorgen. Während wir ge-

Kaum ein Buch /
ist ohne Fehler, /
so uch /
der Mensch.

lernt haben, mit Computerabstürzen und Virenbefall zu leben, verzeichnet die Buchkultur eine Reduktion der Fehlerhäufigkeit gegen Null. Heute gibt es kaum mehr Fehlbindungen, also eingebundene Leerseiten oder verwechselte Buchlagen, was noch in den 1970er Jahren nicht selten vorkam. Würden die Verlage nicht immer mehr am Lektorat sparen, wäre auch die Druckfehlerhäufigkeit in den Griff zu bekommen.

In der erwähnten Sendung der Reihe »Computer und neue Medien« betonten alle Akteure immer wieder, dass dieser oder jener Multitouch-Tisch – angepriesen ob seiner Option für Multiusing, auch das war das Buch immer schon, nur das Wort dafür hat kein Leser erfunden – »sofort startet«. Es war eine hörbar kontrafaktische Aussage, denn sie wurde nur gemacht, um die Zeit zu überbrücken, bis das Ding tatsächlich in die Gänge kam. »Kids entdecken das Buch« heißt ein Cartoon Bernd Zellers: Ein kecker Youngster mit Baseball-Kappe, Schild nach hinten, verwegenen Blicks, liest in einem Buch und fragt ziemlich verblüfft: »Hää – bin ich da jetzt schon drin oder was?«[14] So schnell kann's gehen. Nicht ungefährlich, aber spannend. Und eigentlich überraschend modern.

1 Die Motti sind Christian Futschers »Buch gut, alles gut (135 aus 404)« entnommen, erschienen 2007 als Sonderdruck Nr. 39 der Edition Freibord; eine Aphorismensammlung, die eines Tages eine kulinarischere Präsentationsform erfahren möge.

2 Zit. n. STEURER, Jakob: Im Gespräch mit dem Text. In: Die Presse v. 9.11.2002.

3 PANNEN, Thorsten: Anmerkungen aus dem Zettelkasten eines angestellten Hochstaplers nebst Theorie zum Verschwinden der Hochstapelei im entwickelten Digitalismus. In: Kultur & Gespenster 9 (2009), S. 103-111, hier S. 110.

4 HIEBEL, Hans H.: Kleine Medienchronik. Von den ersten Schriftzeichen zum Mikrochip. München 1997.

5 www.zmi.uni-giessen.de/home/ueberuns.html (zuletzt eingesehen: 1.12.2009).

6 HORNY, Henriette: »Der Glamour ist vorbei«. Interview mit Herbert Lachmayer. In: Kurier v. 11.1.2009.

7 ORF-Interview im Ö1-Morgenjournal v. 26.11.2009.

8 HANEBUTT-BENZ, Eva Maria (Hg.): Die Kunst des Lesens. Frankfurt/M. 1985.

9 BLUHM, Detlev: Von Autoren, Büchern & Piraten. Kleine Geschichte der Buchkultur. Düsseldorf 2009, S. 241.

10 NIEDERMEIER, Cornelia: Das Projekt vom großen Buchbefreien. In: Der Standard v. 3./4.1.2004.

11 KEMP, Wolfgang: Raumschiffe im Bücher-All. In: Literaturen 1/2 (2008), S. 76-82, hier S. 82.

12 MOERS, Walter: Die Stadt der Träumenden Bücher. Roman. München 2004.

13 Ö1 v. 2.12.2009.

14 ZELLER, Bernd: Kids entdecken das Buch. In: Freitag v. 17.12.1999.

PETER PLENER

Das Gesetz der Serie
oder Die Handhabung der
Ordnung

You Can't Judge a Book By Its Cover.
(Desperate Housewives, Folge 77, EA 11.11.2007)

Bereits mit der dem allchristlichen Abendland wesentlich erschienenen Verabschiedung der Schriftrolle und an deren statt
Verbreitung einer zunächst handschriftlichen Buchkultur hatte
es eine Zielvorgabe gegeben: schneller, billiger und zuverlässiger
zu kopieren. Dvon ausgehend gestaltete das gedruckte Buch ab
Mitte des 15. Jahrhunderts das abendländische Paradigma neu.
Die beweglichen Bleilettern ergaben nichts weniger als die ver-
bindliche Grundlage einer Kulturtechnik, die späterhin als »eu-
ropäisch« durchgehen konnte.

Oft bleibt bei Betrachtungen zum Medienwechsel das Fak-
tum unberücksichtigt, dass das Buch an sich bereits zu Gutenbergs Zeiten bekannt und als Medium attraktiv war. Bei der
Verbreitung formatierten Kulturguts haben sich somit vor allem
die Art der Graphemfixierung, die Genauigkeit der Kopien und
die Geschwindigkeit des Produktionsablaufs (sowie die Optimierung der Kosten) geändert. Das Buch blieb jedoch Inbegriff der
Vervielfältigung, ob nun als Abschrift, Druck oder Digitalisat.*
Seit dem Ende des 20. Jahrhunderts gibt es nun angeblich
Abhilfe, denn eine zunehmend um sich greifende Apparatur okt-
royiert eine neue Leitkultur. Diese ist zunächst keine Bedrohung,

* Selbst das Unikat er-
zählt noch von diesem
Begehr.

448

sondern als mediale eine vermittelnde Realität – mit all ihren Parallelschaltungen und Ausdifferenzierungen mittels o und 1.*
»Finster, finster«, meint der »alte Sünder« Paul Hörbiger – und schaltet 1951 zwecks Beweisführung das Licht aus. Woraufhin sein Vis-à-vis Maria Andergast animiert bestätigt: »Gar nichts kann man seh'n!« Dazu intoniert ein Damen-Trio: »Stell dir vor, es geht das Licht aus / Sag was würdest du dann tun? / Keine Angst, es geht noch nicht aus / Aber trotzdem, sag mir's nun.« Ob abgedreht oder ausgefallen, die Frage pressiert auch dem digitalen Leitparadigma des 21. Jahrhunderts: Was passiert, wenn das Netz ausfällt, der Strom weg ist?

Gebrannte Kindles

Als Ende des 20. Jahrhunderts Phänomene wie Book-on-Demand, Hörbücher und auch elektronische Buchkopien (auf CD-ROM wie auch im Internet) auftauchten, waren das noch je unterschiedliche Formen ein und desselben Ausgangsprodukts: des gedruckten Buches eines Verlages mit Sinn für die Mischkalkulation. Bei all dem war auch die Zuordnung des Produkts zu seinem Urheber und seinen Distribuenten – Verlag und Buchhandel – wesentlich. Man kannte sich aus und es gab halbwegs funktionierende Geschäftsmodelle.

Die seit Jahrhunderten mit unterschiedlichem Erfolg unternommenen Anstrengungen im Sinne ökonomischer Rendite hatten jedoch offensichtlich einer ganz spezifischen Komponente bedurft, um im Zuge des angestrebten Paradigmenwechsels innerhalb nur weniger Jahre einzigartige Konsequenzen zu zeitigen: Die fragliche Zutat war die elektronische Verbreitung, die Konsequenz ihrer Einführung die Zerstörung der gewohnten Geschäftseinteilung.

Zum Weihnachtsgeschäft 2009 kam die Meldung, dass Amazon (USA) erstmals mehr E-Books für den hauseigenen E-Reader Kindle denn gedruckte Bücher verkaufen konnte.* Als wäre die

*Ihre metaphysische Ursprungsgeschichte bezieht diese Dichotomie vom Ende des 17. Jahrhunderts her, wenn Leibniz den »Wunderbaren Ursprung aller Zahlen aus 1 und 0« findet und das binäre System auf dem Gegensatz von Gott zu allem anderen gründet. Turing und Zuse werden keine 250 Jahre später das binäre System mit Hilfe von Maschinen dynamisieren. Dafür braucht es den gegen klingende Münze abzutauschenden Chip, und dieser braucht seinen Saft.

*Billig ist es, darauf hinzuweisen, dass vermittels Amazons Kindle-Technologie 2009 im Zuge eines kleinen Updates (auf Grund akut aufgetretener Urheberrechtsprobleme) ein Buch aus den virtuellen Bibliotheken der KäuferInnen gelöscht wurde: George Orwells »1984«. Gewiss ein Zufall, denn sowohl ein Menetekel als auch eine gewitzte PR-Strategie sehen anders aus.

Medienwelt ein großer Echoraum, berichteten britische Medien nur knapp zwei Wochen später, Anfang Jänner 2010,[1] dass in Südwales bemerkenswert viele alte Menschen bei Buchtrödlern um wenige Pennies umfangreiche Bücher erwerben würden. Insbesondere Enzyklopädien, aber auch Kurs- und Telefonbücher waren gefragt. Die anhaltende Kälte und die hohen Preise für Kohle forderten ihren Tribut.* Microsoft veröffentlichte, nur Tage nach der Swansea-Meldung, die Software für einen Slate genannten Tablet-PC (von Hewlett-Packard) und Apple setzte schließlich ein iPad ans vorläufige Ende der Nahrungskette. Die Kindles haben zwar so wie gedruckte Bücher keinen optimalen Heizwert, aber in veritablen Medienverbundmaschinen eine direkte Konkurrenz. Ihre Chance ist gleich Null und um museale Arterhaltung wird sich niemand kümmern.

> * Dass Bücher relativ schlecht brennen (sie kokeln meist nur), scheint als Erfahrungswert nicht hinreichend bekannt zu sein.

Dies alles ist nur die technische Seite neuer Unsicherheiten, während es ans wirklich Eingemachte geht: Der Streit um Google-Books, Urheberrechte, DRM (Digital Rights Management) und Publikationserfordernisse geht von einer Runde in die nächste, doch Anfang Februar 2010 teilte ein bejubelter deutscher Nachwuchsstar fröhlich mit, dass sie nicht wenige Teile ihres Romandebüts aus dem Buch (!) eines Bloggers und anderweitigen Quellen bezogen hatte.** Ihre Devise: »Originalität gibt's sowieso nicht, nur Echtheit.« Der Verlag assistierte – anstatt sich Gedanken über seine Geschäftsgrundlage zu machen – postmodernd, dass die Autorin eben »mit der ›Sharing‹-Kultur des Internets aufgewachsen« sei.

> ** Konkret ging es um die Frage, wie viel Helene Hegemann für »Axolotl Roadkill« (Ullstein) aus diversen Texten – u.a. »Strobo« (SuKuLTuR) von einem gewissen »Airen« – durchaus geradewegs übernommen hatte. Gustav Seibts Kommentar »Anything Ghost« in der »Süddeutschen Zeitung« vom 22.2.2010 ist nichts hinzuzufügen.

Freunde derartiger Camouflage kriegen, was sie verdienen – und können sich auf twelvesouth.com/products/bookbook (die Doppelung am Schluss heißt: man muss auf Nummer Sicher gehen) das lang ersehnte Utensil für den nächsten Coffeeshop-Besuch erwerben: »A novel way to cover MacBook.« Denn irgendeine Form von Substitut braucht es, da die E-Books jeglicher Provenienz die Relevanz der Umschlagsgestaltung unterlaufen werden. Juvenal hatte wohl noch etwas anderes im Sinn, als er in seinen »Satiren« (II, 8) dekretierte: »Fronti nulla fides.«*

Die Zauberer vom OS

Das Wort ist seit Ende Jänner 2010 nicht mehr Papierfleisch, sondern Elektrizität im Zeichen des Buches Jobs – vormals Hiob –, das E-Book tritt im Verbund einer mobilen Multimedia-Entertainment-Culture gegen das gedruckte Buch an. Dessen Massenfertigungsverfahren tragen seit ungefähr 150 Jahren für die Selbstauflösung zahlreicher übersäuerter Hervorbringungen Sorge, sodass heute viele Bücher und Manuskripte in den Regalen wie einst modrige Pilze auf der Zunge des Lord Chandos zerfallen. Apropos Zunge: Die Compact Discs der Hörbücher – wie hört sich Literatur an? – geben eine eigenartige Zwitterform ab. Sind sie hinsichtlich des barrierefreien Zugangs noch eine Notwendigkeit, driftet ihre Verwendung darüber hinaus, abgesehen von der Mischkalkulation, ins Nebulose. Stellen mit erhöhtem Konzentrationserfordernis werden akustisch sonor und/oder authentisch bedient, ihr Nach- und Wiederhören erfordert erhöhten technologischen Einsatz, und ohnehin dürfte die Halbwertszeit dieser Produkte selbst unter jener eines Buches aus DDR-Produktionszeiten liegen. Nach erfolgter Entmagnetisierung braucht es dann nur mehr eine kurze Reflexion zum Thema Sondermüll.** Kurzum (und darauf so ziemlich jede Wette): Die Hörbücher werden sich in Bälde (gemeinsam mit Filmen u.ä. Zusatzangeboten) ins multimediale Angebot des E-Books eingemeindet finden.

* Wie sollte er auch ahnen, dass Sigmund Freud dereinst die bereits in der Antike bekannte Schiefertafel hinsichtlich ihrer Speicherkapazitäten mit dem Wunderblock abgleichen, Walter Benjamin aus der Avantgarde-Diskussion heraus vermittels der Reproduktionsfrage sich des Kunstwerkbegriffs annehmen und Claude E. Shannon von 0 auf 1 und wieder zurück schalten würde – auf dass weitere 100 Jahre später nicht mehr vom Buch und der Originalität, sondern vom »Book« und der »Echtheit« die Rede ist?! Die sich perfektionierenden Medienverbünde schließen stets aufs Neue den Schaltkreis.

** Soviel auch zu Insertionen à la: »Alle 160.000 Seiten abendländischer Philosophie auf einer DVD. Statt 800 Büchern brauchen Sie jetzt nur noch diese schmale Scheibe, die die Welt ist.«

Wozu überhaupt noch diese stummen, unbewegten Bücher, immer und immer wieder, eins und noch eins und noch viele mehr? Selbst die Billy-Regale haben schon ihre 30 Jahre auf dem Regalholz und Pressspanplatten machen ein schlechtes Raumklima. Bei uns kommt die Literatur also demnächst wahlweise aus der Steckdose, dem LAN oder über das W-LAN. Die Racks der Server ersetzen die Regale des Eigenheims. Anstatt allzu schwergewichtiger Bücher hält man ein schlankes elektronisches Teil in der Hand, auf dass der Saft nie ausgehe und die Verlinkung ewig stehe.

Zeit wie auch Informationswert sind durchaus relative Begriffe, und was als Ablaufdatum wirklich zählt, ist, was entgegen der Zeitläufte Bestand hat.*

Wir befinden uns im 21. nachchristlichen Jahrhundert, das »Book« ist sehr wichtig geworden, Zusätze wie »i«, »E-«, »Net« oder »Power« potenzieren dessen Relevanz; dem »Buch« wird gerade noch das anheischende Affix »Hör« – wie »Horch!« – zugebilligt. Statt dem Buchkorpus – dreidimensionaler Erfahrungsraum eines geschriebenen oder gedruckten Buches – hat ein *Operating System* die Oberfläche gewonnen. Derweil brennen winters rund um Swansea die Bücher. Die Verhältnisse sind – mit Dylan Thomas, King Crimson und Friedrich Adolf Kittler gesprochen – »starless and bibleblack«.**

Trennblätter

In der so apostrophierbaren »Wendezeit« vom gedruckten zum digitalen Buch liegt, gerade angesichts der Beschleunigungen des Debattenwesens, der Schritt zurück nahe, die Frage, was denn das gewesen sein soll: das Buch. Hinsichtlich der Diskursformen ist – wie so oft bei medienhistorischen Verwerfungen – klar, dass zahlreiche alte Phänomene und Diskussionen in neue Umschläge drängen und diese Prozesse beobachtet sein wollen. Aber ist es vor dem Hintergrund des aufgetretenen Gesumses nicht spannender,

*Ray Bradbury soll die erste Fassung von »Fahrenheit 451« – damals noch »The Fire Man« – auf einer Münzschreibmaschine im Keller der UCLA-Bibliothek ins Reine getippt haben: Immer wieder 10 Cent einwerfend. Schlussendlich hätte das Typoskript USD 9,80 gekostet.

** Der vorliegende Beitrag schließt an den Aufsatz »Per Gutenberg durch die Turing-Galaxis« des Verfassers (2006) an. Dort wird die hier nur angedeutete Frage der Datenströme und des Rauschens im Sinne potenziell aufschlussreicher Überkomplexität aufgegriffen.

sich zu fragen, welche Funktionen die Seiten und das Umblättern haben, welche Bedeutung der Bindung und dem Buchrücken zuzumessen ist? Es ist nicht sonderlich gewagt, festzustellen, dass es im Zusammenhang mit dem Buch spezifische Formen der Ordnung gibt; aber ist es ebenso zulässig, zu behaupten, dass sich die jeweiligen materiellen Eigenschaften und die daraus ableitbaren taktilen Empfindungen auf die dem Buch geschuldeten Kulturtechniken auswirken? Wodurch unterscheiden sich die seriellen Eigenschaften des Hand- wie auch mechanischen Drucks von denen der elektronischen Kopie – und wie lassen sich demgegenüber Formen der Individualität herstellen?* Der allgemein zu vernehmenden Behauptung, dass alles inklusive dem Geschäft unumkehrbar Richtung elektronische Kopie und Suchabfragen schleudere, halten wir entgegen: Das macht nichts.

Die Speicher für die digitalen Sammlungen werden bald einmal leichter ausbaubar sein als die analogen der Hausbibliothek. Auf unabsehbare Zeit kritisch bleibt jedoch das Formatproblem.** Der zig Milliarden schwere Herstellerkrieg rund um die DVD hat mittlerweile dazu geführt, dass ein Standard sich langsam durchsetzt, während das Medium bereits als veraltet gilt. Für die E-Book-Frage besteht ein sehr ähnliches Problem, wenngleich es eine zusätzliche Schwierigkeit gibt: Hinter dem Medium »Netz« zeichnet sich kein erlösendes, weil einfacher zu denkendes, Neues ab. Denn »Netz« meint zuerst wie zuletzt stets einen Anspruch auf Verfügbarkeit – und impliziert doch zugleich auch Manipulationsbestrebungen.

Das gedruckte Buch hat keines dieser Probleme, sein Standard ist das Papier, sind die gedruckten und gebundenen Graphemschichtungen; die »Vernetzung« der Inhalte besorgen die Lesenden.

Kurz: Die angestrebte Re-Ökonomisierung des Buches mit den elektronischen Mitteln und Bedingungen des 21. Jahrhunderts ist dazu angetan, einen funktionierenden – aber als ineffizient deklarierten – Standard nachhaltig zu beschädigen und an seine Stelle das Disparate und Divergente zu setzen. Darin liegt auch

* Denn das ist eine der vielen aufzulösenden Paradoxien: dass der angestrebten seriellen Produktion des Buches die individuelle Nutzung nicht einfach gegenübersteht, sondern dass sich entsprechende Anforderungen ineinander verschränken.

** Vielleicht können dann auch Kleinigkeiten wie die Frage der Rechte für Back-ups der Sammlung und des vernetzten Suchbefehls quer durch diese klargestellt werden. Übrigens: Haben Sie schon einmal eine vor 20 Jahren aufgesetzte Festplatte erfolgreich gebootet?

der entscheidende Unterschied zwischen dem einstigen Wechsel vom geschriebenen zum gedruckten Buch und dem gegenwärtig laufenden Medienswitch, und deshalb kann von Vergleichbarkeit keine Rede sein: Das Buch an sich lag im 15. Jahrhundert schon vor und stellte ein durch vorangegangene Jahrhunderte hindurch erprobtes Medium dar, es gab in diesem Sinne für den »User« keinen Wechsel der »Hard-« oder »Software«.

Victor Hugo lässt im »Nôtre Dame de Paris« (1842) seinen Protagonisten, den Erzdechanten Claude Frollo, der ein Buch in der Hand haltend aus dem Glockenturm auf die Stadt blickt, prophezeien: »Dieses wird jenes zerstören.« Hugo geht es um Kulturgeschichte: Indem er sich auf die (für die erzählte Zeit aktuelle) Innovation des Buchdrucks bezieht, hält er das Buch gegen die von der Architektur des Mittelalters bestimmten Zeitalter, die gerade ihrer metaphysischen Generalpräferenzen und dogmatischen Alleinvertretungsansprüche verlustig gehen. Frollos und mit ihm Hugos Rede handelt von medialen Bedingungen für den Paradigmenwechsel einer Leitkultur.

Spezifische Seiten

Seiten lassen sich, gemäß der auf die beschriebene Vorder- sowie die unbeschriebene Rückseite der Schriftrolle Bezug nehmenden Papyrologie, nach *recto* bzw. *verso* unterscheiden. Wesentlich ist dabei sowohl für die Schriftrolle als auch das Buch mit seiner Bindung die »Festsetzung« der Seite, d.h. der je bestehende Bezugsrahmen. Um nun in jenem des gedruckten Buches zu bleiben: *recto* eröffnet mit dem Umblättern, dem seitenweisen manuellen Akt und der Überwindung des feinen haptischen Widerstands, den neuen Blick auf *verso* und *recto*, ändert den jeweils wahrnehm- und in Folge verarbeitbaren Seitenraum (übrigens ist die Entwicklung eines so genannten »bionischen Fingers« – d.h. einer blitzschnell und zugleich schonend die Seiten umblätternden Fingerprothese – eine der zentralen Herausforderungen bei modernen Bücherscan-Maschinen). Dieser ist seinerseits nicht ohne den Buchkörper zu denken. Die Seiten stecken einen Raum ab und sind ihrerseits Teil des *Buchmaßes*. Gerade wenn ein Satz schier nicht enden will, macht das Blättern über Seiten hinweg erst deutlich, weshalb dieser bestimmte Satz dieser spezifischen Länge bedarf. Das Umblättern gibt dem Satz und seinen Worten im wahrsten Sinne zusätzliches Gewicht. Derartige Sätze künden von einem Anspruch und zugleich von den Bedingungen ihrer Entstehung. Die notwendige Konzentrationserfordernis mittels eines elektrifizierten Geräts »abzuscrollen«, eliminiert hingegen eine nicht unwesentliche Komponente.

Und die Sätze haben eine weitere Funktion: Sie verweisen durch ihre »Buchstaben«, die gedruckten Lettern und Satzzeichen, auf die dem Raum zusätzliche Struktur verleihende Funktion von Satzspiegel und Zeilenraster. Die Komposition der jeweiligen Seiten verrät somit ein je individuelles Maß an Organisationsdiktat und ist Instrumentarium einer Buch-Ordnung. Diese äußert sich auch über Parameter wie die Fixierung der Seiten (Einband, Paginierung, Akt des Blätterns) und die Gestaltung des Raums der Seiten (Weißraum, Zeilendurchschuss, Marginalspalten, Typografie etc.). Davon ausgehend ließe sich die Vermutung prüfen, dass unsere Kultur auf einen mittels Bindung zu fixierenden Seitenraum hin angelegt ist.

Die Basis des »Gesamtkonzepts Buch« ließe sich nun stark vereinfacht festsetzen: Der Buchdruck dient dazu (und sein ökonomisches Modell stellt folgerichtig darauf ab), zunächst eine Individualisierung zu verallgemeinern (vom Manu-/Typoskript zum gedruckten Werk), um danach die Massenware den kulturell präformierten Möglichkeiten der Individualisierung anheim zustellen. Das Angebot der Aneignung (ein Gutteil davon ausgesprochen physische, materielle Zugriffe, die bei den medialen Nachfahren unserer Tage nur sehr bedingt und dann lediglich in der virtuellen Simulation möglich sind) beginnt mit der Möglichkeit des Erwerbs. Danach kommen Materialien und Verfahren

wie etwa Lesezeichen, Post-its, Widmungen, Unterstreichungen, Exlibris, Bleistiftstriche, die Kulturtechnik der Maginalien,
einfache »Eselsohren«, abgenützte Buchrücken oder auch das
Einstellen auf den Regalen zum Zug. Und insofern muten auch
fabrizierte Phänomene der Re-Individualisierung, wie etwa Vor-
zugsausgaben, nicht paradox an. Dem reproduzierten Gegenstand (mit seinen seriellen Merkmalen) soll abweichende und
dadurch besondere Bedeutung zugewiesen werden, es geht um
Spuren der Aneignung, die nach dem Erwerb gelegt werden. Damit ist der Zweck beidseits erfüllt.

Ordnung und Format, Maß und Materialität

Das Buch als Ergebnis eines Fertigungszusammenhangs hat nicht
zu hintergehende Abfolgen aufzuweisen, und insofern wird jede
kulturelle Leistung, die mit dem Buch zusammenhängt (lesen,
schreiben, annotieren, kommentieren oder zeichnen), durch ein
Bedingungsgefüge bestimmt. Der Zwang zu Struktur und Konzentration ist dadurch Teil einer Jahrhunderte alten analogen
Kulturgeschichte und -technik. Werden diese mit dem Anspruch
eines ubiquitären Weltwissens auf Abruf und seiner digitalen
(ebenso normierenden) Ordnung konfrontiert und in weiterer
Folge neu formatiert, ist mit Konsequenzen zu rechnen.

Wie wichtig die Formatierungen und Maßstäbe des Buches
für eine Einordnung der Welt sind, erweist bereits Herman Melville 1851 in seinem »Cetology« überschriebenen 32. Kapitel des
»Moby-Dick«, wenn er die Folio-, Oktav- und Duodezformate
(Ismael begründet, weshalb er das Quartformat nicht heranzieht)
zur Basis seiner angewandten Walkunde macht. An den einge-
fügten Kommentaren und mehrfachen Bedeutungszuschreibun-
gen erweist sich Melvilles Satire, am Vergleich und in der Form
des Maßes an sich der weltliterarische Rang des Buches.

Für das gedruckte Buch ist die Zusammenkunft von Raum,
Zeit und Bedeutung zentral. Auch das »Beiwerk« der Bücher –

Bücherlisten, Zettelkataloge, Datenbanken, Bibliografien u.a. – weist in diese Richtung und letztlich verdeutlicht die architektonische Multiplikation des Buches – etwa in Form einer Bibliothek oder auch nur eines Bücherregals – die (bis vor Kurzem noch als unauflösbar zu denken gewesene) Einheit. Stets geht es um die Ausformung von Organisation.

Die Bindung, die fixierte Seitenabfolge, die klare Festlegung von Anfang und Ende bzw. vorne und hinten vermittels der Buchdeckel oder zumindest eines Einbands ... Das Buch steht für ein (um ganz genau zu werden: sein) Prinzip der Ordnung. Sehr ähnlich verhält sich die Organisation des Plurals, der »Bücher«, dazu. Wir finden diese in der Bibliothek, in einem Katalog (dem Zettelkasten oder der Datenbank), in der Buchhandlung, im Antiquariat oder im Auslieferungslager, aber auch bei der privaten Büchersammlung. Und mitunter geraten Bücherstapel sogar durcheinander. Doch stets steht eine Vielzahl an Einzelordnungen für das Gesamtprinzip ein und verspricht dadurch, dass Ordnung an sich machbar wäre. Es geht also auch um ein Versprechen und seine Einlösung bzw. und genauer: seine stete Einlösbarkeit. Darauf lässt sich Kultur gründen.

Das Gesetz der Serie

Das Buch stellt sich als materiell fassbares Resultat einer Produktion dar und bedarf, gleich welcher Gestaltung auch immer, einiger der folgenden seriellen Merkmale, um tatsächlich kenntlich und benennbar zu werden: Seitennummerierung, dadurch und vermittels der Bindung eine feste Seitenabfolge, bei autobiografischen Textsorten kommen im Sinne sortierter Folgen die Datumsangaben hinzu (die zusätzlich das chronologische Maß hineinbringen). Sind weitere Inhalte (Schrift, Druckbild) gegeben – verlaufen diese von links nach rechts oder von rechts nach links, von oben nach unten –, verstärken sie auf Grund zwingender Vorgaben (d.h. Ordnungsrufe) der Abrufbarkeit und grundsätzlich Verstehbarkeit den dem Buch fest eingeschriebenen *Charakter des Ablaufs* an sich.*

* Ein scheinbares
Gegenbeispiel wie
etwa Franz Kafkas
diaristische Nutzung
seiner Notizbücher
widerspricht dem nicht,
denn die Abfolge der
Zeichen erfolgt dort in
kleineren Ordnungs-
einheiten – Absatz für
Absatz, Satz für Satz,
mittels des Datumsein-
trags Zusammengehö-
rendes etc.; die Notate
enthalten spezifische
Verweissysteme und
sorgen für deren Ver-
knüpfung.

Es geht beim Buch um eine mehrfach ausgewiesene Form der Abfolge (bzw. um Verschränkungen, denkt man etwa daran, wie Arno Schmidt seine Parallelitäten in »Zettels Traum« organisiert). Dieses Prinzip geben die Erfordernisse der Reproduktion vor und u.a. daraus leitet sich die Serie ab.

Die Serie im bewegten Bild ist heute die neue Erzählform dessen, was bis vor Kurzem noch das Kino zu leisten sich anheischig machte. Aus unterschiedlichen Gründen stellte sich mit Ende des 20. und Beginn des 21. Jahrhunderts eine neue narrative Form auf den Bildschirmen ein, die bis dahin v.a. in Comic-Heften, Fortsetzungsromanen, im Kitsch, in der Trivialkunst sowie in der bildenden Kunst und ihren Ausprägungen vielfache Aufmerksamkeit und großen Erfolg erfahren hatte. Zugespitzt ließe sich sagen: Was die Telenovela vorbereitete, ist heute das große Heimkino der Feuilletonisten. Doch wie bei allen medialen Wandlungen gilt der Grundsatz, dass nie eine vollständige Ablöse gegeben ist, sondern es vielmehr eine Aufnahme des Vorangegangenen ins Erscheinungsbild und in die Wirkungsformen des Nachfolgenden festzustellen gilt. Die längeren Erzählstrecken, die Inanspruchnahme großer narrativer Bögen, die neue Dialogizität und Komplexität der Serien hat ihren Ursprung in der erfolgsorientierten Vorgabe und ist wesentlich Ausfluss einer Strategie. Auf der Metaebene wird stets davon gehandelt, wie und zu welchem Zweck sie geplant und gebaut wurde. Es gibt ein Fabrikationsmuster, einen formalen Bezugsrahmen für die noch so divergent scheinen wollende Vielfalt und damit ein Verweismuster (auch in »Twin Peaks«).

Dies ist auch dann der Fall, wenn es mitunter notwendig ist, eine Leerstelle aus Eigenem zu überbrücken, den *spectator in seria* zu geben – denn bei allen Vorleistungen des Seriellen hat die Serie an sich neben dem Referenzrahmen auch noch etwas zu bieten, das sich als »Entwicklung« bezeichnen lässt (wie beim Fortsetzungsroman und formal analog zu den abfolgenden Kapiteleinheiten). An diesem Punkt der Rezeption kommen ein maschinell Serielles und die individuelle Lesart zusammen und ist die Wahrung einer Gesamtsicht möglich. Das ist beim Buch nicht anders. So wie die Bögen dereinst der *Kustoden* bedurften, damit die richtigen Seiten sich finden und binden lassen, so bedurfte und bedarf es des *lector in fabula*, der aus der seriellen Abfolge sich einen Reim zu machen versteht.

Entscheidend ist auch, dass sich das Buch über die Bücher bestimmt, in sich bereits den Plural trägt. Edmond Jabès spitzt das noch nach innen hin zu: »Das Buch vervielfacht das Buch.« Das ließe sich auch äußerlich konstatieren: Das Buch ist in seiner medialen Bedingtheit dem Gesetz der Serialität, der Reihung, verpflichtet (spätestens seit Gutenberg,* aber die Tendenz der Vervielfältigung gibt es schon zuvor). Anders formuliert: Das Buch bedarf, wie man es auch dreht und wendet und durchblättert, seit seiner Einführung im Sinne der Verbreitung von Erzählung und Lehre, der Kopien seiner selbst und zugleich der Ordnung in sich. Der ökonomische Imperativ zur billigen Massenproduktion kann insofern problemlos umgesetzt werden, als dieser auf einer kulturellen Bedürfnislage fußt und die Einrichtung eines stabilen Systems der Handhabung erfordert.

Natürlich wurden bereits Schriftrollen kopiert und wurde mit diesen Abschriften gehandelt (etwas spezieller war die Art und Weise, wie die Bibliothek von Alexandria im Altertum exponenziellen Zuwachs erfuhr). Aber gegenüber der Rolle ist das Buch mit seinem äußerlich-formalen Anspruch auf Vollständigkeit – und natürlich unter Berücksichtigung kultureller Umbrüche und den sich daraus ergebenden Notwendigkeiten, Beweislast schriftlich tragen zu können – noch viel deutlicher ein die Aufforderung zur Kopie in sich tragender Gegenstand.

Das Buch, das die Schriftenrolle ablöst, zeigt mit seinem Erscheinen auf der medialen Bühne (noch vor den beweglichen Lettern Gutenbergs im 15. und noch vor denen des koreanischen »Jikji Simche Yogol« aus dem 14. Jahrhundert, auch noch vor

* Denn das war die unzweifelhaft große Leistung des Mannes, von dem noch nicht einmal das Geburtsjahr als gesichert gilt, dies war die Initialzündung: die Zerlegung des Textes in alle Einzelelemente, die Kombination von Typenguss und Hochdruck sowie vermittels der Optimierung der zahlreichen Einzelkomponenten die Verfeinerung des Gesamtsystems. (Wobei mit Johann Fust und Peter Schöffer zwei weitere wichtige Personen am Beginn der Entwicklung stehen.)

den chinesischen Hochdruckverfahren um 1040) auch das Einsetzen einer neuen Weltordnung an: Nicht mehr der als unendlich zu denkende Text der Rolle (deren revolutionärer Nachfahre die amerikanische Unabhängigkeitserklärung gewesen ist, deren armer, proletarisch vor sich hin hämmernder Nachkomme ein Nadeldrucker mit Endlospapier war und deren reicher, schillernder Erbe nun das E-Book sein will), dessen und deren Verweiskraft immer auf etwas anderes, außerhalb Befindliches (und gerne auch: Höheres) hin orientiert ist, sondern das nunmehr eindeutig und auf einen Blick wie Griff mit einem Anfang und einem Ende versehene Buch liegt nun im Mittelpunkt. Das, was es zu sagen gibt, ist zwischen den Buchdeckeln und also auf den unwiderruflich aneinandergereihten Seiten zu finden. So lautet das totale Versprechen des Buches an sich. (Und kam das Alte Testament, der Logos, nicht von Gott? Gibt nicht der 2. Vers der 2. Sure des Korans eindeutig Auskunft?)

Wenn die Einheit von Wort und Ding als Beziehungsgefüge sich ansehen lässt, so dürfte die Rede vom Buch und den Büchern kontinuierlich auch eine Beziehungskrise mit verhandeln, die an der Unvereinbarkeit von Metapher und Materialität sich abzuarbeiten beliebt. Denn selten wird so strikt zwischen Buchtext und Buchform unterschieden, wie es die Versuche anstellen, den Gegenstand des Buches an sich zu vermitteln. Dies rührt wohl auch aus den Schwierigkeiten her, dass vom Text zu reden stets die Gefahr mit sich bringt, darüber das Trägermedium außer Acht zu lassen. Und sind es nicht auch zu viele Texte, steht nicht die Aporie der Unüberschaubarkeit selten so deutlich einem vor Augen wie diesfalls?

Aber weder eine textgebundene Zuschreibbarkeit noch eine eindeutig sich gebende Buchform reichten für sich genommen aus. Stets geht es um die Einheit, ungeachtet dessen, dass diese nicht konsequent beachtet wird: Sie ist jedoch der von jahrhundertelang eingeübten kulturellen Praktiken her abgeleitete Sinn dessen, was als ›Buch‹ zu betrachten so selbstverständlich zu sein scheint.

Totalität

»Bücherwelt und Weltbuch« sind, um mit Hans Blumenberg über »Die Lesbarkeit der Welt« zu sprechen, aufeinander bezogen. Denn die materialiter abgesicherte Fähigkeit des Buches zur umfassenden Selbst- und Fremdreferenzialität gewährleistet eine »Herstellung von Totalität«: »Die Kraft, Disparates, weit Auseinanderliegendes, Widerstrebendes, Fremdes und Vertrautes am Ende als Einheit zu begreifen oder zumindest als einheitlich begriffen vorzugeben, ist dem Buch [...] wesentlich.« Wenn Blumenberg hier richtig liegt, besteht die Provokation des Trägermediums Buch in sich wie auch äußerlich betrachtet in der je wechselseitigen Perfektionierung eines Begriffs von Totalität. Das Buch genügt sich jedoch selbst und verweist überdies auch noch auf andere Bücher.

Doch gibt es zwei besondere Tücken zu beachten: Denn nach dem bislang Festgestellten könnte man – das wäre die erste Falle – sagen: ›Hat man ein Buch gesehen (gar: gelesen – und wir lassen hier außer Acht, dass man viele Bücher gelesen haben muss, um eines tatsächlich gelesen zu haben), hat man alle gesehen.‹ Dann wäre wohl alles gesagt. Die derart vermittels bemüht getarnter Kulturnähe allzu gewollt witzige, jedenfalls ostentative Ausstellung einer Kulturferne erfährt ihr Problem jedoch recht unvermittelt aus Grundbedingungen des Buches wie der Bücher an sich: Die Bedingtheiten der Serie und ihrer Ordnung unterlaufen die Grundbedingungen für Verständnis auf Basis eines einzelnen Exemplars. Die zweite Problematik ergibt sich ebenfalls aus der Totalität des Trägermediums Buch, wenngleich dabei nicht Verweiskraft und Respondenznotwendigkeit im Vordergrund stehen: Jedes Buch zeugt ganz allein für sich bereits von einem zentralen Bestimmungsmerkmal – von der bewusst gesetzten Kulturleistung eines Anfangs, eines Fortgangs und eines Endes. Ich muss somit beides zusammendenken: die Serie und die Totalität.

Jedes Buch verabschiedet ausgesprochen rüde die Idee vom unabgeschlossenen Text (und auch deshalb bedarf es der seriellen Merkmale!): Während die Rolle, vor wenigen Jahren noch das Endlospapier älterer Nadeldrucker und heute die Maschine mit Scroll-Funktion, noch den Gedanken an den ewig fortlaufenden Text zu zitieren oder zumindest ein wenig zu unterstützen vermag, macht ein Buch klar: Hier ist der Anfang, hier ist das Ende,[2] dazwischen ist die von wem auch immer setzbare Totalität. (Gegen die Derrida in seiner »Grammatologie« vom Leder zu ziehen suchte, indem er dekretierte: »Die Idee des Buches, die immer auf eine natürliche Totalität verweist, ist dem Sinn der Schrift zutiefst fremd.«) Die Buchform sichert unhintergehbar eine Form der Überschaubarkeit, die daraus sich ergebende Möglichkeit einer Ordnung ist die Grundlage der Bibliothek und ähnlicher Wissensspeicher. Diese Bedingtheit des Buches durch seine Materialiät erfasst konsequenterweise auch den Text.

So lässt sich resümieren: Das Buch steht zwingend für mehrere Grenzziehungen, an denen sich abzuarbeiten Ausweis einer Kulturleistung ist. Zugleich steht das Buch bereits im Singular mittels serieller Gesetzlichkeiten für seinen Plural. Das Serielle wiederum bedarf seinerseits der Ordnung. Das Buch stellt diese sicher und seine Handhabung beruht zwingend darauf. Das Buch sagt: ›Das ist alles.‹[3]

---

1   U.a. »Metro«, »Guardian« oder auch »Independent«. Schließlich sendete CBS noch entsprechende Angaben um die Welt.

2   Welche Schwierigkeiten sich damit seit jeher auftun können, zeigt ein Video der norwegischen Show »Øystein og jeg« (2001) unter www.youtube.com/watch?v=pQHX-SjgQvQ (zuletzt eingesehen: 29.1.2010).

3   Und der scheinbare Ausbruch aus diesem selbstreferenziellen System (es gilt das Prinzip der Systemerhaltung), zugleich dessen Bestätigung, sind die Fuß- oder Endnoten, die Anmerkungen in der Marginalspalte – die Vorläufer des elektronischen Links; sie alle sagen, etwas geschwätzig und mit dem Gestus der Selbstbestätigung: ›Da schau auch her‹, ›Lies dort nach‹, ›Denk da weiter‹, letztlich sagen sie also: ›Und so weiter‹.

Verwendete Literatur:
ADLER, Mortimer J./DOREN, Charles van: Wie man ein Buch liest. Übers. v. Xenia Osthel-
der. Frankfurt/M. 2007 I BARABÁSI, Albert-László: Linked. The New Science of Networks.
Cambridge/MA 2002 I BLUMENBERG, Hans: Die Lesbarkeit der Welt. Frankfurt/M. 1986
I BRADBURY, Ray: Fahrenheit 451. Ballantine 1995 I DERRIDA, Jacques: Grammatologie.
Übers. v. Hans-Jörg Rheinberger u. Hanns Zischler. Frankfurt/M. ⁴1992 I DUSINI, Arno:
Das Buch. In: Ders.: Tagebuch. Möglichkeiten einer Gattung. München 2005, S. 109-139
I FREUD, Sigmund: Notiz über den »Wunderblock« (1925 [1924]). In: Ders.: Gesammelte
Werke. Bd. XIV: Werke aus den Jahren 1925-1931. Frankfurt/M. 1999, S. 3-8 I HUGO,
Victor: Der Glöckner von Notre-Dame. Übers. v. Else von Schorn. Frankfurt/M. 2002
I JABÈS, Edmond: Das Buch der Fragen. Übers. v. Henriette Beese. Frankfurt/M. 1989
I JOCHUM, Uwe: Geschichte der abendländischen Bibliotheken. Darmstadt 2010 I KRA-
JEWSKI, Markus: Zettelwirtschaft. Die Geburt der Kartei aus dem Geiste der Bibliothek.
Berlin 2002 I Kursbuch 133: Das Buch (September 1998) I MCLUHAN, Marshall: Under-
standing Media. The Extensions of Man. Toronto 1964 I MELVILLE, Herman: Moby-Dick.
Übers. v. Matthias Jendis. München 2003 I PETSCHAR, Hans/STROUHAL, Ernst/ZOBERNIG,
Heimo (Hg.): Der Zettelkatalog. Ein historisches System geistiger Ordnung. Wien, New
York 1999 I PLENER, Peter: Per Gutenberg durch die Turing-Galaxis. www.kakanien.ac.at/
beitr/emerg/PPlener1.pdf (zuletzt eingesehen: 31.1.2010) I Reclams Sachlexikon des Bu-
ches. Hg. v. Ursula Rautenberg. 2. verb. Aufl. Stuttgart 2003 I SCHMIDT, Arno: Zettels
Traum. Frankfurt/M. 2002 I SHANNON, Claude E.: Ein/Aus. Ausgewählte Schriften zur
Kommunikations- und Nachrichtentheorie. Hg. v. Friedrich Kittler. Berlin 2000 I
TÜRCKE, Christoph: Vom Kainszeichen zum genetischen Code. Kritische Theorie der
Schrift. München 2005 I TURING, Alan M.: Intelligence Service. Schriften. Hg. v. Bernhard
Dotzler u. Friedrich Kittler. Berlin 1987 I WÜRGLER, Andreas: Medien in der Frühen Neu-
zeit. München 2009 I ZIMMER, Dieter E.: Die Bibliothek der Zukunft. Text und Schrift in
den Zeiten des Internet. Hamburg 2000.

Anhang

33 Lemmata zu »Buch, das« bzw. »Bücher, die«

Originäres Kulturprodukt, bestehend aus einem mitunter sehr langen, theoretisch eindimensionalen Buchstabenstrom, der notwendigerweise gebändigt und umgelenkt in mehrere, umbrochene Zeilen auf den zwei Dimensionen einer Fläche angeordnet, idealerweise eine Flut von Gedanken anschwemmt. Robust im Format (mit ihm kann man fiktive Welten errichten), wenngleich anfällig für Zerstörung durch die Urelemente Feuer, Wasser (lässt die Fläche aufquellen zur Skulptur im Raum) sowie durch die Zeit, wobei das B. ein geeignetes Mittel für die verlorene Suche nach ihr darstellt, auch wenn es selbst mit ihr in allen vier Dimensionen zu Staub zerfällt. MA.K.

Instrumentarium einer Ordnung, die sich über Parameter wie die Fixierung der Seiten († Einband, † Paginierung, Akt des † Blätterns), deren Raum († Weißraum, † Typografie, † Satzspiegel, † Durchschuss, † Format) sowie die notwendige Handhabung bestimmt; logistisches Beiwerk (externe † Paratexte, † Bücherlisten, † Zettelkataloge, † Datenbanken und † Bibliografien) unterstützt die Möglichkeiten der Ökonomisierung und sorgt für eine Zurichtung spezifischer Kulturtechniken. Das B. trägt in sich den Plural und ist dem Gesetz der Serie verpflichtet. P.P.

Information speicherndes Objekt aus zusammengebundenen Blättern (genäht, geklebt), gemacht aus Pflanzen und Erde, auf denen menschliches Denken und Wissen aufgedruckt oder handgeschrieben, -gezeichnet ist, und das durch die Möglichkeit seiner Vervielfältigung dank der Erfindung des B.drucks im 15. Jahrhundert menschliches Denken und Wissen allen Menschen, die lesen (und schreiben) können, zugänglich macht. Bis dahin waren der Austausch und die Weitergabe so genannter Information auf geografische und soziale Faktoren beschränkt. G.F.

Meistens Pl., eigtl. Scheinsingular, da es aus anderen B.n verfertigt wird. ↑ Medium, das ↑ Text bzw. Abbildungen enthält. Aufgrund seiner langen ↑ Mediengeschichte hoch ideologisiert, da häufig Alleinstellungsmerkmal bestimmter soz. Gruppen (↑ B.religion, ↑ Gelehrte, ↑ Gebildete, ↑ B.halter). Zu Zeiten von ästhetischem Reiz, heute meist wertlos u. unansehnlich. Der Tauschwert eines B.es ist von vielen Faktoren abhängig (z.b. Umfang, Alter, Häufigkeit, Gestaltung), der Gebrauchswert meist vom ↑ Inhalt. W.M.

Papiererzeugnis von verflixt hohem spezifischen Gewicht, das gleichwohl mitunter der leichten Unterhaltung dient, unter dem aber, worüber sich schon Lichtenberg wunderte, in einem »weitläufigen Verstand« auch »Compendia, Kompilationen, Wetterbeobachtungen und Zänkereien« subsumiert werden, ja sogar »Lotterielisten und Musterkarten«, das also zwischen seinen beiden Deckeln, welche das gedruckte Papier Halt gebend umfassen, einen Raum völliger Freiheit eröffnet. D.S.

Nie geschichtslos, selten geruchsneutral, manchmal verführerisch, oft langweilig, meist Arbeit, immer nützlich – und sei es zur Stabilisierung kippliger Schränke; ein Senkblei

in unbekannte Welten; von der Wiege (Korrekturfahnen) bis zur Bahre (Altpapier) tritt das B. überwiegend in Herden (respektive Regalmetern) auf; durch den atemberaubenden Erfolg der digitalen Innovationen hat es zwar an Territorien verloren, wird aber unersetzlich bleiben. S.J.

In seiner 1.0. Variante (aus Papier) ist das B. eine nicht periodische Druckschrift, die dem Kunden im Regelfall zwischen zwei Einschlagdeckeln serviert wird. Tritt momentan in einen Beliebtheitswettbewerb mit seiner entmaterialisierten 2.0. Variante (Elektro-B.) ein – Ausgang des Duells offen, aber von großer Bedeutung für eine seit Jahrhunderten gewachsene B.- und Lesekultur. C.W.

Dient als Mittel zur Erinnerung an Gespräche, die einer Aufzeichnung wert erachtet werden. Sein Defizit ist, dass es auf Fragen immer nur dieselbe Antwort gibt und sein Autor ihm gegenüber Kritikern nicht zu Hilfe kommen kann. Erweist sich allerdings nützlich für eine »zweite Fahrt«, bei der man etwas gestützt auf die Schrift unternimmt. A.D.

B. ist ein mehrdeutiger Ausdruck. Er meint im Sinne des lateinischen »codex« eine sich etwa ab dem 4. Jh. n. Chr. durchsetzende physische Form von Schriftträger, bei der etwa gleich große Seiten am B.rücken fix miteinander verbunden werden. Im Sinne des lateinischen »liber« meint das Wort einen zusammenhängenden Text. J.R.

Es lässt sich legen, stellen, in Händen halten, vorzeigen und verstecken. Als Kassiber kann es gefährliche Inhalte transportieren, als großformatiger Prachtband so tun, als ob alles in ihm enthalten wäre; was es enthält, ist jedenfalls mindestens so widersinnig wie es Sinn macht. B.F.

Dreidimensionaler Gegenstand aus gebundenen Lagen von Flachware, an dem viele gearbeitet haben, damit andere und sie selbst daran und damit weiterarbeiten können, wobei Genuss nicht gänzlich ausgeschlossen ist. Vgl. auch † Wortkonvolut, † Buchstabenversammlung. ST.K.

Historisch erstaunliche Ausstülpung der im Menschenkörper gespeicherten Erinnerungen durch Transformation der Stimme auf Papier. Enthält Wahres, aber auch viel Falsches. Volumen variabel, Sequenz linear, Übertragungsgeschwindigkeit individuell, Funktion unklar. E.S.

Eine der möglichen physischen Manifestationen von † Literatur; in seiner Effizienz im Bereich der Populär- und Trivialliteratur bislang unerreichtes Mittel zum Auslösen der Phänomene Transportiertwerden († Transportation) und Eintauchen († Immersion). T.E.

Orte, die in der Vergangenheit, der Gegenwart und auch der Zukunft liegen und an die sich zurückzuziehen sich immer wieder lohnt. Sie sind das Trägermedium für unser Wissen, unsere Ideen, unsere Gedanken und vor allem unsere Sehnsüchte. B.F.

Aktuell unter pathologischen Mindergefühlen leidendes analoges Kreativitätsformat von höchster systemischer Zuverlässigkeit, mit Multitasking-, Multiusing- und Multitouching-Optionen samt 10 hoch unendlich Verlinkungsmöglichkeiten. E.P.-H.

Substitut tätowierter oder verwundeter menschlicher Haut, hergestellt aus mehreren übereinandergeschichteten Lagen speziell präparierter Tierhäute, vorzugsweise von ungeborenen Lämmern und Ziegen, keinesfalls von Kühen oder Eseln. LY.M.

Körperorientierter Behelf zur visuellen Wahrnehmung und Verarbeitung von größeren Informationsmengen auf flächigen Strukturen, in der Organisation und Navigation seiner Zeichenketten ausgereiftes Emblem des analogen Zeitalters. F.E.

»Ein Buch«, so sagt ein arabisches Sprichwort, »ist wie ein Garten, den man in der Tasche trägt«. Manchmal auch wie ein Kamel, das dich mitten in der Wüste abwirft. Und oft wie ein Feld, das niemand bestellt hat. D.A.

» [...] im allgemeinen mehrere zu einem Ganzen verbundene Blätter oder Bogen Papier, Pergament etc., mögen diese beschrieben sein oder nicht.« (Meyers Konversations-Lexikon, 1874) Man beachte das lockere Satzende. M.M.

Ein Buch ist etwas Schönes, für das Leben wichtig und in gedruckter, gebundener Form noch immer ein Begleiter für Mußestunden, die sich jeder Mensch trotz aller Hektik irgendwie bereithalten sollte. LO.M

Ein Lustobjekt, das (im Unterschied zu vielen anderen Lustobjekten) schamfrei und schuldlos genossen wird, weil es zugleich – und zwar völlig zu Recht – auch als Kulturgut bezeichnet werden kann. H.S.

Ein kinetisches Objekt, dessen Vernutzung und Verbrauch nicht primär Vernichtung bedeutet, sondern als sichtbares Zeichen der Aneignung und Transformation verstanden werden kann. MO.K.

Erst wenn das Gesetz der sinnvollen Nachbarschaft wirksam wird, entscheidet sich das Schicksal gebundener und zerlegter Druckwerke. (Mit Dank an Aby Warburg.) A.K./K.T.

Ein mittels diverser Bindungstechniken irreversibel gebundenes Seitenkonvolut, mit einem Einband verbunden und durch diesen geschützt. W.B.

Eingefangen zwischen zwei rechteckige Papp- oder Leinendeckel findet sich das ganze Universum: erdacht, erlebt und geliebt. R.S.

Gut allein durch bloße Existenz; am behaupteten »Ende des typografischen Zeitalters« mehr geliebt als je zuvor. M.H.

Funktionieren ohne Ein- und Ausschaltknopf, sie brauchen nur jemanden, der bereit ist, mit ihnen mitzudenken. G.R.

»[...] ist ein Spiegel, wenn ein Affe hineinguckt, so kann freilich kein Apostel heraus sehen.« S.K

Aus einem B. lesen wir das heraus, was uns im tiefsten Inneren berührt. E.P.

Mehrere gebundene (und womöglich beschriebene oder bemalte) Blätter. U.W.

Entkörperter, in einer materiellen Konserve gespeicherter Geist. A.A.

... der zweitbeste Freund des Menschen – nach dem Fußball. W.P.

ein Buch ist ein Buch ist ein Buch ist ein Buch. M.R.

Autorinnen und Autoren

Aleida Assmann

Studierte Anglistik und Ägyptologie in Heidelberg und Tübingen. Nach Promotion (1977) und Habilitation (1992) nahm sie 1993 einen Ruf auf eine C4-Professur für Anglistik und Allgemeine Literaturwissenschaft an der Universität Konstanz an, wo sie bis heute lehrt. Forschungsaufenthalte am Zentrum für Interdisziplinäre Forschung in Bielefeld (1995), am Wissenschaftskolleg zu Berlin (1998/99) und Warburg-Haus, Hamburg (2005) sowie Gastprofessuren an den Universitäten Princeton (2001), Yale (2002, 2003, 2005), Wien (2005) und Chicago (2007) vertieften interdisziplinäre Interessen, Kontakte und Kooperationen vor allem mit Psychologen, Historikern und Soziologen. 2009 erhielt sie den Max-Planck-Forschungspreis im Themenfeld ›Geschichte und Gedächtnis‹.

Publikationen (Auswahl): *Erinnerungsräume. Formen und Wandlungen des kulturellen Gedächtnisses* (München 1999, 4. Aufl. 2009); *Einführung in die Kulturwissenschaft. Grundbegriffe, Themen, Fragestellungen* (Berlin 2006, 2. überarb. Aufl. 2008); *Der lange Schatten der Vergangenheit. Erinnerungskultur und Geschichtspolitik* (München 2006); *Geschichte im Gedächtnis. Von der individuellen Erfahrung zur öffentlichen Inszenierung* (München 2007).

David Axmann

* 1947 in Wien, Kulturjournalist. 1980-2002 Kultur-, dann Chefredakteur der kulturpolitischen Zeitschrift *Wiener Journal*, seit 1981 Herausgeber des literarischen Nachlasses von Friedrich Torberg. Publikationen (Auswahl): *Das Waldviertel. Portrait einer Kulturlandschaft* (Wien 1981); *Die Doppelkreutzer. Kriminalnovelle* (Wien 1985); *Friedrich Torberg. Die Biographie* (München 2008).

Walter Bohatsch

War von 1973 bis 1978 für John German Inc. sowie für Gottschalk + Ash in Montreal tätig. Von 1978 bis 1981 absolvierte Bohatsch das Postgraduate-Studium »Grafikdesign und Filmdesign« an der Schule für Gestaltung in Basel. 1988 besuchte er Studienlehrgänge im Bereich »Computer und Graphic Design« an der Carnegie Mellon University, Pittsburgh, und an der Harvard University, Cambridge. Von 1989 bis 1991 unterrichtete Bohatsch an der Hochschule für angewandte Kunst in Wien experimentelle und computerunterstützte Typografie. Von 1997 bis 1998 nahm Bohatsch einen Lehrauftrag für integrales Gestalten an der Fachhochschule Vorarlberg/InterMedia wahr.

Aufsätze (Auswahl) in: *BauArt 3*: »Beobachtungen« (1992, S. 48-51); *Circular, the magazine of the Typographic Circle* 3 (London 1994, S. 20); *Maestros Alemanes, Suizos, Austriacos del Afiche Contemporáneo* (1999, S. 11); *Typografische Monatsblätter* 5/6 (2002, S. 50-65); *adambräu – Bauen mit Zeichen* (2005, S. 22-25). Buch: *Continuously* (Salzburg, München 2007, Hg.).

Alfred Dunshirn

* 1977, klassischer Philologe mit Schwerpunkt antike Philosophie. Assistent am Institut für Philosophie der Universität Wien. Publikationen u.a. zum homerischen Epos, zu Platon und Antikem bei Hei-

degger. Zuletzt: *Griechisch für das Philosophiestudium* (Wien 2008).

Thomas Eder

* 1968, Literaturwissenschafter und -vermittler. Seit 2002 Lehrbeauftragter am Institut für Germanistik der Universität Wien, 2005/2006 Postdoc-Fellow, 2007/2008 Universitätsassistent. Seit 2009 Fachreferent für das Publikationswesen im Bundespressedienst des österreichischen Bundeskanzleramtes. Auszeichnungen: Wissenschaftspreis der Österreichischen Gesellschaft für Germanistik 2002, Förderungspreis für Wissenschaft der Stadt Wien 2008. Publikationen (Auswahl): »*Unterschiedenes ist/gut«. Reinhard Priessnitz und die Repoetisierung der Avantgarde* (München 2003); *Zur Metapher* (München 2007, Mithg.); *Lob der Oberfläche. Zum Werk von Elfriede Jelinek* (München 2010, Mithg.).

Franz M. Eybl

* 1952, forscht und lehrt im Arbeitsbereich Neuere Deutsche Literaturwissenschaft am Institut für Germanistik der Universität Wien. Publikationen zur deutschen Literatur des 17. bis 20. Jahrhunderts, zur Theorie und Praxis der Rhetorik, zur Buch- und Mediengeschichte und zu kulturwissenschaftlichen Fragestellungen, u.a.: *Delectatio. Unterhaltung und Vergnügen zwischen Grimmelshausen und Schnabel* (Bern u.a. 2009); *Kleist-Lektüren* (Wien 2007);

Aloys Blumauer und seine Zeit (Bochum 2007, Mithg.); *Strukturwandel kultureller Praxis. Beiträge zu einer kulturwissenschaftlichen Sicht des theresianischen Zeitalters* (Wien 2002); *Elementare Gewalt. Kulturelle Bewältigung. Aspekte der Naturkatastrophe im 18. Jahrhundert* (Wien 2000), *Geschichte des Buchhandels in Österreich* (Wiesbaden 2000, Mithg.); *Enzyklopädien der Frühen Neuzeit* (Tübingen 1995); *Abraham a Sancta Clara. Vom Prediger zum Schriftsteller* (Tübingen 1992); *Gebrauchsfunktionen barocker Predigtliteratur* (Wien 1982).

Bernhard Fetz
* 1963, Direktor des Literaturarchivs der Österreichischen Nationalbibliothek und Privatdozent am Institut für Germanistik der Universität Wien. Leitende Mitarbeit an größeren wissenschaftlichen Projekten (u.a. Ludwig Boltzmann Institut für Geschichte und Theorie der Biographie). Literaturkritiker für den *Österreichischen Rundfunk, Die Presse, Falter* und *Neue Zürcher Zeitung*; Ausstellungsgestaltungen. Zahlreiche Arbeiten v.a. zur Literatur und zur Kulturgeschichte des 20. Jahrhunderts. Mitherausgeber der Albert-Drach-Werkausgabe in zehn Bänden.
Publikationen (Auswahl): *Ernst Jandl. Musik Rhythmus Radikale Dichtung* (Wien 2005, Hg.), *Spiegel und Maske. Konstruktionen biographischer Wahrheit* (Wien 2006,

Mithg.); *Das unmögliche Ganze. Zur literarischen Kritik der Kultur* (München 2009); *Die Biographie – Zur Grundlegung ihrer Theorie* (Berlin 2009, Hg.).

Gundi Feyrer
* 1956 in Heilbronn/Neckar. Lebt in Córdoba, Wien und Köln. Arbeit mit Wort, Bild und Ton seit 1982: Performance, Poesie, Zeichnung, Trickfilm, Hörspiel, Feature, Musik, Theater, Objekte, Miniaturportraits (bemalte Keramik), Übersetzung.
Publikationen (zuletzt): *7 Meter im Quadrat, Überlegungen und Gedanken in einem Pariser Rattenloch* (Wien 2009); *Bilderwasser* (Klagenfurt 2009).

Benedikt Föger
* 1970 in Ried i. I., Studium der Biologie und Germanistik in Wien. Forschungsaufenthalte an der Oxford University und in Uruguay. Österr. Förderungspreis für Wissenschaftspublizistik 2002, Bruno Kreisky Preis für verlegerische Leistungen 2004. Seit 2004 geschäftsführender Gesellschafter des Czernin Verlages. Vorsitzender des Österr. Verlegerverbands und Vizepräsident des Hauptverbands des Österr. Buchhandels. Wissenschaftsjournalist (v.a. im *Spectrum* der *Presse* und im *Universum Magazin*) und Sachbuchautor: *Die andere Seite des Spiegels – Konrad Lorenz und der Nationalsozialismus* (Wien 2001); *Konrad Lorenz. Biografie* (Wien 2003).

Michael Huter

* 1954 in Innsbruck, Studium der Germanistik und Anglistik in Innsbruck und Wien, 1983-1986 Lektor am Istituto Universitario Orientale in Neapel, 1990-2005 Verlagsleiter des Facultas Universitätsverlages in Wien, 2002-2005 Mitglied der Geschäftsführung der UTB für Wissenschaft GmbH Stuttgart, 2006 Gründung des Verlages Huter & Roth in Wien (www.huterundroth. at); Verlagsprojekte, Textproduktion, Lehrtätigkeit.

Stephanie Jacobs

* 1963, Studium der Kunstgeschichte, Philosophie und Psychologie in Bamberg, Perugia, Bonn und Berlin; Promotion zur deutschen und französischen Buchillustration des 19. Jahrhunderts. Studienaufenthalte u.a. an der Herzog-August-Bibliothek in Wolfenbüttel, der Bibliothèque nationale Paris und am Mellon Center der Yale University in New Haven. Ausstellungskuratorin mit Schwerpunkt auf kulturhistorischen Themen; seit 2007 Leiterin des Deutschen Buch- und Schriftmuseums der Deutschen Nationalbibliothek. Publikation (zuletzt): *Zeichen–Bücher–Wissensnetze. 125 Jahre Deutsches Buch- und Schriftmuseum der Deutschen Nationalbibliothek* (Göttingen 2009, Hg.).

Amália Kerekes

* 1976, Germanistin mit den Schwerpunkten Pressegeschichte, ungarische Emigration in Wien nach der Räterepublik. Oberassistentin am Lehrstuhl für deutschsprachige Literaturen des Instituts für Germanistik an der Eötvös-Loránd-Universität, Budapest. Publikationen (zuletzt): *Post festum. Szabadtéri játékok a két világháború közott Salzburgban, Szegeden és Pécsett* (2009, Mithg.); *Pop in Prosa. Erzählte Populärkultur in der Moderne* (Frankfurt/M. u.a. 2007, Mithg.); *Schreibintensitäten. Alterationen der journalistischen Wahrnehmung im Spätwerk von Karl Kraus* (Frankfurt/M. u.a. 2006).

Samo Kobenter

* 1960 in Klagenfurt, Studium der Germanistik und Kunstgeschichte an der Universität Wien, 1979-1988 Mitarbeiter diverser Zeitungen und Magazine, 1988-2007 Redakteur der Tageszeitung *Der Standard* (Wirtschaft, Außenpolitik, Innenpolitik). Seit Mai 2007 Leiter des Bundespressedienstes im österreichischen Bundeskanzleramt. Publikationen (Auswahl): *Republik der Sekretäre. Die Seilschaften der Machthaber in Österreich* (Wien 1997); *Abseitsfalle. Essays zu Fußball, Literatur und Politik* (Wien 2005); *Seitenwechsel. Geschichten vom Fußball* (Wien 2008, Mithg.).

Mona Körte

* 1965, Literaturwissenschaftlerin mit den Schwerpunkten deutsch- und europäisch-jüdische Literatur und Kultur, Erinnerungstheorien, Dingforschung, Kanon- und Zensurforschung. Gastprofessuren in Charlottesville / USA und Graz. 2009 Habilitation mit *Essbare Lettern, brennende Schrift.* »*Buch- und Schriftvernichtung*« *in der europäischen Literatur der Neuzeit.* Publikationen u.a. zu ›literarischem Antisemitismus‹, zu Dingen auf Reisen, zum deutsch-jüdischen ›Familienroman‹. Zuletzt zum Thema »Buch«: *Verbrennen Überschreiben Zerreißen. Formen der Bücherzerstörung in Literatur, Kunst und Religion* (Berlin 2007, gem. mit Cornelia Ortlieb); *Bücher im Feuer – Funktionen eines Mythos* (In: Vanessa Giannò [Hg.]: *Al fuoco! Au feu! Es brennt!* Lugano 2010, S. 137-154).

Markus Krajewski
* 1972, Medienhistoriker mit den Schwerpunkten randständige Epistemologie, Kulturgeschichte des Dieners und Werkzeuge des Wissens. Gastprofessuren u.a. in Harvard und Berlin. Inhaber der Juniorprofessur für Mediengeschichte der Wissenschaften an der Fakultät Medien der Bauhaus-Universität Weimar. Publikationen u.a. zu Projektemachern um 1900, Theorie und Geschichte von Zettelkästen sowie zur Kulturgeschichte der Glühbirne. Zuletzt: *Der Diener. Mediengeschichte einer Figur zwischen König und Klient* (Frankfurt / M. 2010).

Stephan Kurz
* 1981, studierte Germanistik, Publizistik und Kommunikationswissenschaft in Wien und Konstanz. Derzeit Assistent in Ausbildung am Institut für Germanistik an der Universität Wien. Arbeiten zur Mediengeschichte der Typografie, zur Schrifttheorie sowie zur Editorik. Publikationen zur Schrift- und Typografiegeschichte, u.a.: *Der Teppich der Schrift. Typografie bei Stefan George* (Frankfurt / M., Basel 2007).

Werner Michler
* 1967, Ass.-Prof. am Institut für Germanistik der Universität Wien, Mitarbeit an Forschungsprojekten, 2001/02 Research Fellow am Internationalen Forschungszentrum Kulturwissenschaft in Wien, 2003 Visiting Scholar an der Modern Languages Faculty der Universität Oxford. Publikationen (u.a.): *Darwinismus und Literatur. Naturwissenschaftliche und literarische Intelligenz in Österreich, 1859-1914* (Wien, Köln, Weimar 1999); *Zur Geschichte der österreichisch-slowenischen Literaturbeziehungen* (Wien 1998, Mithg.); *Zur regionalen Literaturgeschichtsschreibung. Fallstudien, Entwürfe, Projekte* (Linz 2007, Mithg.). Weiters Aufsätze zur deutschsprachigen, insb. österreichischen Literatur des 18.-20. Jahrhunderts, zu Naturwissenschaft und Literatur und zur Geschichte und Theorie der

literarischen Gattungen sowie Editionen (u.a.): *Peter Rosegger, Gustav Heckenast: Briefwechsel 1869-1878* (Wien, Köln, Weimar 2003, Mithg.). Dzt. Arbeit an der Herausgabe der Briefe Adalbert Stifters für die Historisch-Kritische Ausgabe.

Lydia Miklautsch

* 1964, Professorin für Ältere Deutsche Literatur an der Universität Wien.
Publikationen v.a. zur Literatur und Kultur des Hochmittelalters. Zuletzt: *Walther von der Vogelweide und die Literaturtheorie. Neun Modellanalysen von »Nemt, frouwe, disen cranz«* (Stuttgart 2008, Mithg.).

Lorenz Mikoletzky

* 1945, Archivar und Historiker mit Schwerpunkt Neuere Geschichte und Zeitgeschichte. Generaldirektor des Österreichischen Staatsarchivs und Honorarprofessor für Neuere österreichische Geschichte an der Universität Wien.
Publikationen zu österreichischer und europäischer Geschichte sowie Archivistik.

Manfred Moser

* 1943 in Wels, lehrte Sprachphilosophie und Rhetorik an der Universität Klagenfurt.
Publikationen zur Philosophie, Semiotik, Linguistik, Kunst und Literatur, ferner Prosa und Theatertexte. Bücher: *Schönheit, Schnitt und Narbe. Das ästhetische Ideal der plastischen Chirurgie* (Stuttgart 1988); *Schreiben ohne Ende. Letzte Texte zu Robert Musil. Essays* (Wien 1992); *Second Land. Ein Heimatroman* (Salzburg 1992); *Baustellen. Sieben Begehungen* (Wien 1993, gem. mit Wilhelm Moser); *Alpen* (Wien 1994, Mithg.); *Stone* (London 2002, Texte v. M.M., Fotos v. Wilhelm Moser); *Bewegung Aufenthalt – Aufenthalt Bewegung* (Klagenfurt 2008, Mithg.); *Li* (Klagenfurt 2009, gem. mit Klaus Ratschiller, Fotos v. Elisabeth Baudisch).

Wolfgang Pennwieser

* 1975 in Oberösterreich, Dr. med., Studium in Innsbruck, Berlin, Wien und Ho Chi Minh City. Arbeitet als Arzt an der Psychiatrie und als systemischer Psychotherapeut i. A. u. S. Doktert seit 2002 beim österreichischen Fußballmagazin *ballesterer* als Kolumnist.
Publikation (zuletzt): *Platzwunde – Dr. Pennwiesers Notfallambulanz für Fußballer* (Wien 2008).

Eva Pfisterer

* 1952, Studium der Volkswirtschaft und Soziologie in Linz, der Publizistik und Politikwissenschaft in Salzburg sowie der Philosophie in Berlin; Mag. rer.soc.oec. Seit 1979 Journalistin, Autorin, Medien- und Rhetoriktrainerin sowie Media Consultant. Ausgezeichnet u.a. mit dem Horst-Knapp-Preis für Wirtschaftsjournalismus. Zahlreiche Publikationen, zuletzt: *Werte – aber welche?* (Berlin u.a.

2006, Mithg.); *Arbeit – der Mensch zwischen Selbst- und Fremdbestimmung* (Berlin u.a. 2008, Mithg.).

Peter Plener

* 1968, Germanist, Historiker, Kultur- und Medienwissenschafter; 1993 - 2005 Lektor/Dozent an Universitäten im In- und Ausland; 2001 Gründer und bis 2007 Leiter der Internetplattform für Zentraleuropaforschung, *Kakanien revisited*; 2004 - 2006 wissenschaftlicher Mitarbeiter im Parlament, 2007/08 Kabinettsmitglied im Bundesministerium für Landesverteidigung. Seit 2008 Abteilungsleiter für Pressearbeit und Publikationswesen im Pressedienst des österreichischen Bundeskanzleramtes.

Publikationen (Auswahl): *Medien Konstrukte Literatur. Miszellen zur österreichischen Kultur um 1900* (Frankfurt/M. u.a. 2004); *A perem felől. Emergenciák és médiakonfigurációk, 1900/2000* (Budapest 2006, Mithg.); *Seitenwechsel. Geschichten vom Fußball* (Wien 2008, Mithg.).

Evelyne Polt-Heinzl

* 1960, Literaturwissenschafterin und -kritikerin, Ausstellungskuratorin. Publikationen v.a. zur Literatur um 1900 und der Nachkriegszeit, zu Frauenliteratur und Buchkultur sowie kulturwissenschaftliche Motivuntersuchungen. U.a.: *Bücher haben viele Seiten. Leser haben viele Leben* (Wien 2004); *Ich hör' dich schrei-*

ben. *Eine literarische Geschichte der Schreibgeräte* (Wien 2007); *Einstürzende Finanzwelten. Markt, Gesellschaft und Literatur* (Wien 2009).

Johanna Rachinger

* 1960, Studium der Theaterwissenschaften und Germanistik. 1987/1988 Lektorin beim Wiener Frauenverlag, 1988 - 1992 Leiterin der Buchberatungsstelle beim Österreichischen Bibliothekswerk, 1992 - 1995 Programmleiterin und seit 1994 zusätzlich Prokuristin, schließlich 1995 - 2001 Geschäftsführerin beim Verlag Ueberreuter. Seit Juni 2001 Generaldirektorin der Österreichischen Nationalbibliothek. 2003 mit dem Wiener Frauenpreis ausgezeichnet.

Michael Rohrwasser

* 1949 in Freiburg, Literaturwissenschaftler, seit 2005 Professor für Neuere Deutsche Literatur an der Universität Wien.

Zahlreiche Aufsätze und Monografien, u.a.: *Der Stalinismus und die Renegaten* (Stuttgart 1991); *Coppelius, Cagliostro und Napoleon. Der verborgene politische Blick E.T.A. Hoffmanns* (Basel, Frankfurt/M. 1991); *Freuds Lektüren* (Gießen 2005).

Gerhard Ruiss

* 1951, Autor, Musiker, Geschäftsführer der IG Autorinnen Autoren, Verfasser von Hand- und Sachbüchern zur Literatur. Berufsausbil-

dung: Schriftsetzer, Reproduktions-
fotograf.
Publikationen u.a.: *Schwarz.Buch.
Kulturpolitische Protokolle* (Wien
1999); *Das Chefbuch* (Wien 2001).
Gedichtbände: *Indikationen* (2000);
Sänger im Bad (Wien 2001); *2nd
Happy Shop* (Wien 2003); *ah da oh*
(Wien 2003); *single swingers* (Wien
2003); *dichter schreiben keine ro-
mane* (Köln 2004); *Kanzlergedichte*
(Wien, Krems 2006). Zuletzt Neu-
übersetzung/Nachdichtung der drei-
bändigen Gesamtausgabe der Lieder
Oswalds von Wolkenstein: *Und wenn
ich nun noch länger schwieg'* (Bozen,
Wien 2007); *Herz, dein Verlangen*
(Bozen, Wien 2008); *So sie mir pfiff
zum Katzenlohn* (Bozen, Wien 2010).

Hermann Schlösser

* 1953, Dr. phil., Redakteur der
Wiener Zeitung (Beilage *extra*) und
Literaturwissenschaftler.
Publikationen (zuletzt): *Kasimir
Edschmid. Expressionist Reisender
Romancier* (Bielefeld 2007); *Wie
kommt der Esel auf die Brücke?
Kleine Merkhilfen gegen die große
Vergesslichkeit* (Wien 2008, gem.
mit Gerald Jatzek).

Rotraut Schöberl

Gründerin der Leporello-Buchhandlungen, Buchhändlerin aus Leidenschaft.

Daniela Strigl

* 1964 in Wien, Germanistin, Es-
sayistin und Literaturkritikerin u.a.

für *Der Standard*, ORF-Radio, FAZ;
2005 Scholar in Residence an der
Rutgers University, New Jersey, seit
2007 am Institut für Germanistik
der Universität Wien tätig. War von
2003 bis 2008 Mitglied der Jury des
Ingeborg-Bachmann-Preises, 2009
Jurorin für den Deutschen Buch-
preis. Erhielt den Österreichischen
Staatspreis für Literaturkritik 2001.
Veröffentlichungen v.a. zur österreichischen Literatur des 20. Jahrhunderts, zuletzt: »*Wahrscheinlich bin
ich verrückt ...*« *Marlen Haushofer
– die Biographie* (3. Aufl. 2009).

Ernst Strouhal

Lebt und arbeitet in Wien. Ao. Univ-
Prof. am Institut für Kunstwissen-
schaften, Kunstpädagogik an der
Universität für angewandte Kunst
Wien. Zuletzt in Buchform erschie-
nen: *Rare Künste. Zur Kultur- und
Mediengeschichte der Zauberkunst.*
(Wien, New York 2007, gem. mit Bri-
gitte Felderer) sowie der Essayband
*Umweg nach Buckow. Bildunter-
schriften* (Wien, New York 2009).

Katalin Teller

* 1973, Kulturwissenschafterin mit
den Schwerpunkten Pressegeschichte, Unterhaltungs- und Massenkul-
tur der Zwischenkriegszeit. Oberassistentin am Lehrstuhl für Ästhetik
des Instituts für Kunsttheorie und
Medienforschung an der Eötvös-
Loránd-Universität Budapest.
Publikationen (zuletzt): *Keresztmetszetek 1867-1939. Tudományképek*

és kulturális technikák a magyar és német nyelvű kultúrában (CD-ROM 2007, Mithg.); *Pop in Prosa. Erzählte Populärkultur in der Moderne* (2007, Mithg.).

Christoph Winder
* 1955 in Bregenz, Studium der Germanistik, Romanistik und Rechtswissenschaften in Innsbruck, Bordeaux und Wien. Lehrtätigkeit an verschiedenen Wiener Gymnasien. Seit 1989 Redakteur der Tageszeitung *Der Standard*, zunächst im Ressort Außenpolitik; seit 2006 Leiter der Feuilletonbeilage *Album* und Kolumnist.
Publikation (zuletzt): *Da muß man durch – Mein Wörterbuch zur Gegenwart* (Waltrop 2009).

Uwe Wirth
* 1963, Professor für Neuere Deutsche Literatur und Kulturwissenschaft an der Justus-Liebig-Universität Gießen.
Monografien: *Die Geburt des Autors aus dem Geist der Herausgeberfiktion. Editoriale Rahmung im Roman um 1800: Wieland, Goethe, Brentano, Jean Paul und E.T.A. Hoffmann* (München 2008); *Diskursive Dummheit. Abduktion und Komik als Grenzphänomene des Verstehens* (Heidelberg 1999). Herausgeberschriften: *Dilettantismus als Beruf* (Berlin 2010, Mithg.); *Logiken und Praktiken der Kulturforschung* (Berlin 2008, Mithg.); *Kulturwissenschaft. Eine Auswahl grundlegender*

Texte (Frankfurt/M. 2008, Hg.); *Performanz. Zwischen Sprachphilosophie und Kulturwissenschaften* (Frankfurt/M. 2002, Hg.).

Die Herausgeber danken Angela Heide, Barbara Thosold, Ulla Vogler-Kremsmayer und Ulrike Wahsner für das Korrektorat. Julia Kaldori und Gerhard Robausch haben uns auf je eigene Weise drucktechnisch unterstützt; Arno Dusini sei für bibliophile Komplizenschaft gedankt.

Ταράσσει τοὺς ἀνθρώπους οὐ τὰ πράγματα,
ἀλλὰ τὰ περὶ τῶν πραγμάτων δόγματα.

Nicht die Dinge selbst beunruhigen die Menschen,
sondern ihre Urteile und Meinungen über sie.